DATA ANALYSIS USING R AND PYTHON

임상수·홍성주 지음

R과 Python을 활용한 데이터분석

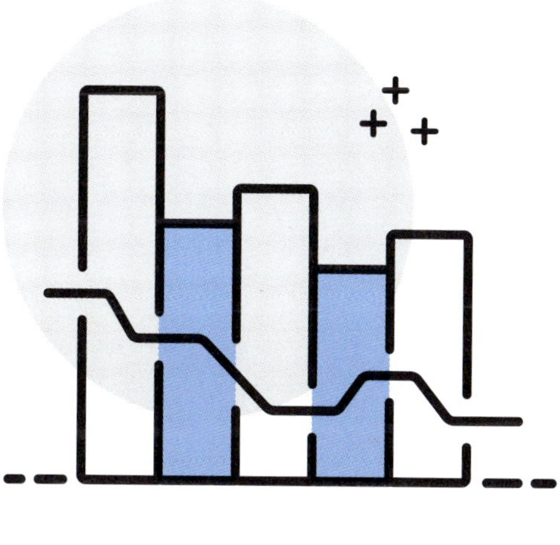

자유아카데미

데이터 분석 현장에서는 흔히 한 가지 도구나 언어만으로 업무가 이루어지지 않습니다. 통계 분석에 강점을 가진 R과 머신러닝 및 시스템 개발에서 널리 활용되는 Python은 많은 기업과 연구기관에서 동시에 쓰이는 대표적인 데이터 분석 언어입니다. 팀 내에서도 어떤 구성원은 R을, 다른 구성원은 Python을 선호하는 경우가 많습니다. 그러나 기존 교재는 대부분 한 가지 언어만을 다루고 있어, 두 언어를 함께 배우고자 하는 학습자를 위한 통합 교재는 드문 상황입니다.

이러한 현실적 필요에 따라 이 책은 실무자와 학습자가 두 언어를 유연하게 활용하며, 공통된 사고방식을 체득할 수 있도록 기획되었습니다. 실제로 현업에서는 R과 Python의 활용 영역이 겹치기도 하고 서로 보완하기도 합니다. 따라서 두 언어의 특성을 동시에 익히고, 장단점을 비교 분석하는 능력은 필수적입니다. 그러나 현장에서 두 언어를 자유롭게 넘나들며 능숙하게 활용하는 실무자는 많지 않습니다. 대부분 한 언어에 특화된 자료로 학습하거나, 별도의 자료로 두 언어를 각각 배우기 때문입니다. 이것이 바로 이 책이 탄생한 이유이기도 합니다.

이 책은 두 언어를 따로 설명하는 데 그치지 않고, 동일한 문제를 두 언어에서 어떻게 해결할 수 있는지를 가능한 한 유사한 구조로 제시합니다. 독자는 각 장마다 "개념 → R 코드 → Python 코드"의 흐름을 반복적으로 확인하면서 두 언어를 넘나드는 데이터 분석 사고력을 자연스럽게 익히게 됩니다. 특히 코드 예시는 단순히 문법 나열에 그치지 않고, 개념 이해와 구현을 일치시키는 데 중점을 두었습니다. 이를 통해 독자는 어떤 언어를 사용하더라도 문제 해결의 핵심 로직을 깊이 이해하고 자신 있게 구현할 수 있는 역량을 갖추게 될 것입니다.

또한, 학습 부담을 줄이기 위해 본문 설명은 핵심 원리에 집중하고, 복잡한 옵션이나 세부사항은 장 말미의 Tip 상자로 분리했습니다. 필요할 때만 참고할 수 있도록 하여 독자가 복잡한 세부사항에 얽매이지 않고 핵심 개념에 집중할 수 있게 돕습니다.

이 통합적 접근 방식을 통해 독자는 다음의 세 가지 핵심 역량을 자연스럽게 기르게 될 것입니다.

첫째, 데이터 분석의 핵심인 개념 중심의 문제 해결력을 우선적으로 확보합니다. 언어는 도구일 뿐이며, 중요한 것은 문제를 어떻게 바라보고 해결하는가 하는 본질적인 사고법입니다.

둘째, 두 언어 사이의 차이를 명확하게 비교하고 대조하면서 두 언어를 더욱 깊이 있게 이해할 수 있습니다. 이를 통해 독자는 실전에서 자신이 사용하는 언어를 상황에 따라 더 효율적으로 선택할 수 있게 됩니다.

셋째, 프로젝트나 업무 환경에서 요구하는 언어를 자유롭게 선택하고 활용할 수 있는 실무 역량과 자신감을 키우게 됩니다. 특정 언어에 종속되지 않고 필요에 따라 유연하게 대응하는 능력은 데이터 사이언스 분야에서 필수입니다.

결국, 이 책의 궁극적인 목표는 R과 Python의 문법적 차이를 넘어, 어떤 환경에서도 흔들리지 않는 사고 체계를 구축하는 것입니다. 이 책의 마지막 장을 덮을 때쯤이면, 독자는 특정 언어의 문법에 얽매이지 않고 목표와 상황에 따라 자유롭게 언어를 선택해 문제를 해결하는 유연하고 통합적인 데이터 분석가로 성장해 있을 것입니다.

책을 집필하는 데 최선을 다하였지만 부족한 부분이 있을 수 있습니다. 이 점은 양해를 바라며, 출간 후 나올 수 있는 수정사항 등은 자유아카데미 홈페이지(www.freeaca.com) 자료실에 제공할 예정이니 참고하기 바랍니다.

자, 이제 1장을 펼치고 양손에 R과 Python을 들 준비를 시작해봅시다.

2025년 9월

저자 일동

차례

참고 사이트

1. https://www.r-project.org/
2. https://posit.co/
3. https://www.python.org/
4. https://www.anaconda.com/

1장

R, Python 소개 및 설치하기

R

1. R 소개
2. R 설치하기
3. RStudio 소개 및 설치
4. 유용한 RStudio 단축키
5. Rtools 소개 및 설치

Python

1. Python 소개
2. 파이썬 설치하기
3. Spyder 소개 및 설치

1장

이번 장에서는 먼저 R과 Python이 어떤 언어인지 소개하고, 각 언어가 데이터 분석에서 어떤 역할을 담당하는지 설명합니다. 이어서 독자가 직접 실습할 수 있도록 두 언어의 실행 환경을 설치하고 구성하는 방법을 안내합니다.

설치 과정을 복잡하게 느끼는 독자도 있을 수 있지만, 모든 단계는 그림과 함께 따라 하기 쉬운 방식으로 구성되어 있으니 걱정하지 않으셔도 됩니다.

이 과정을 통해 여러분은 단순히 프로그램을 설치하는 것을 넘어, 앞으로의 학습과 실습을 위한 분석 환경을 준비하게 됩니다. 이는 앞으로 다룰 수많은 데이터 분석 과제의 출발점이자, 여러분만의 실험실을 만드는 첫걸음입니다.

이제, 두 언어의 특징을 살펴보고, 분석 도구로서의 첫 세팅을 시작해 보겠습니다.

R

1 R 소개

통계 컴퓨팅과 그래픽을 위한 강력한 프로그래밍 언어이자 소프트웨어 환경이며 데이터 분석뿐만 아니라 통계 모델링, 머신러닝 그리고 데이터 시각화 등 다양한 분야에서 널리 사용되고 있습니다. R은 오픈 소스 소프트웨어로, 전 세계의 연구자, 데이터 과학자, 통계학자들이 지속적으로 개발하고 개선하고 있습니다.

1.1 R의 역사

R은 1990년대 초 뉴질랜드 오클랜드 대학의 로스 이하카(Ross Ihaka)와 로버트 젠틀맨(Robert Gentleman)에 의해 개발되었습니다. 이들의 목표는 통계 교육을 위한 접근하기 쉬운 도구를 만드는 것이었습니다. R이라는 이름은 개발자들의 이름 첫 글자에서 유래했습니다.

1995년에 오픈 소스로 공개된 이후, R은 전 세계 통계학자들과 데이터 과학자들의 관심을 받으며 빠르게 성장했습니다. 현재는 R Core Team이라 불리는 20여 명의 핵심 개발자들에 의해 주도적으로 관리되고 있지만, 전 세계의 수 많은 기여자들이 R의 발전에 참여하고 있습니다.

1.2 R의 특징

- 오픈 소스: R은 무료로 사용할 수 있는 오픈 소스 소프트웨어입니다. 이는 누구나 R을 사용, 수정, 배포할 수 있음을 의미합니다. 이러한 특성으로 인해 R은 지속적으로 발전하고 있으며, 최신 통계 기법들이 빠르게 구현되고 공유됩니다.
- 크로스 플랫폼: R은 Windows, macOS, Linux 등 다양한 운영 체제에서 동작합니다. 이는 사용자가 어떤 컴퓨팅 환경에서도 R을 사용할 수 있음을 의미합니다.
- 확장성: R의 가장 큰 강점 중 하나는 그 확장성에 있습니다. 사용자들은 자신만의 함수

를 작성하거나 패키지를 개발하여 R의 기능을 확장할 수 있습니다. CRAN에는 현재 18,000개 이상의 패키지가 등록되어 있어, 거의 모든 종류의 데이터 분석 작업을 수행할 수 있습니다.

- 그래픽 기능: R은 뛰어난 데이터 시각화 도구를 제공합니다. 기본 그래픽 시스템부터 ggplot2와 같은 고급 패키지까지, R은 복잡한 데이터를 효과적으로 시각화할 수 있는 다양한 도구를 제공합니다.
- 통계 분석: R은 광범위한 통계 기법을 내장하고 있습니다. 기본적인 기술 통계부터 고급 머신러닝 알고리즘까지, R은 데이터 과학의 전 과정을 지원합니다. 선형 및 비선형 모델링, 시계열 분석, 분류, 클러스터링 등 다양한 분석 기법을 쉽게 적용할 수 있습니다.
- 활발한 커뮤니티: R은 전 세계적으로 매우 활발한 사용자 커뮤니티를 가지고 있습니다. 이는 문제 해결, 정보 공유, 새로운 기술 학습에 큰 도움이 됩니다. 온라인 포럼, 컨퍼런스, 지역 모임 등을 통해 R 사용자들은 지식을 공유하고 네트워크를 형성합니다.

2 R 설치하기

R 프로그램은 The R Project for Statistical Computing(https://www.r-project.org/)에서 기본 프로그램을 내려받아 이용할 수 있으며, 다양한 운영체제(대표적으로, Windows, Linux, macOS)를 지원합니다. R 설치 과정은 간단하며, 다음 단계를 따르면 쉽게 설치할 수 있습니다.

2.1 R 다운로드

(1) 웹 브라우저를 열고 R 프로젝트 공식 웹사이트에 접속하여, "download and install R" 링크를 클릭합니다. (https://posit.co/download/rstudio-desktop/)

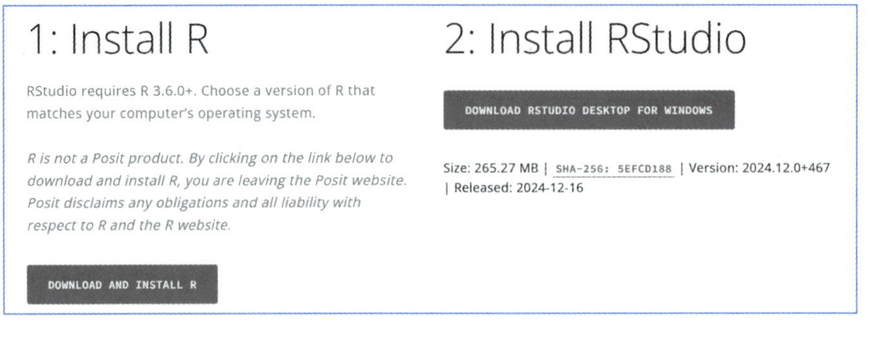

(2) 운영 체제에 맞는 버전을 선택합니다. (예: Windows 사용자는 "Download R for Windows" 클릭)

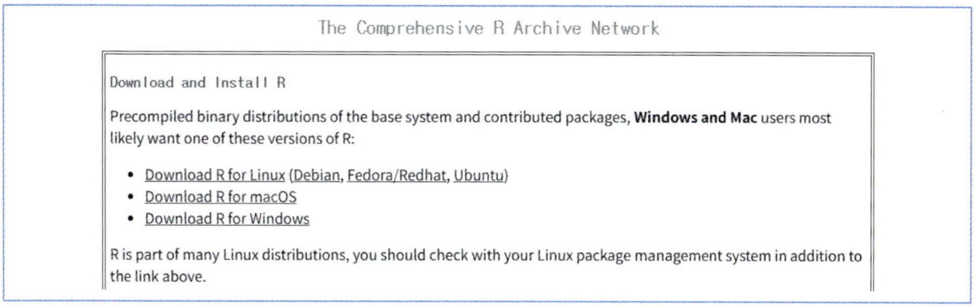

(3) "base" 서브디렉토리를 선택합니다.

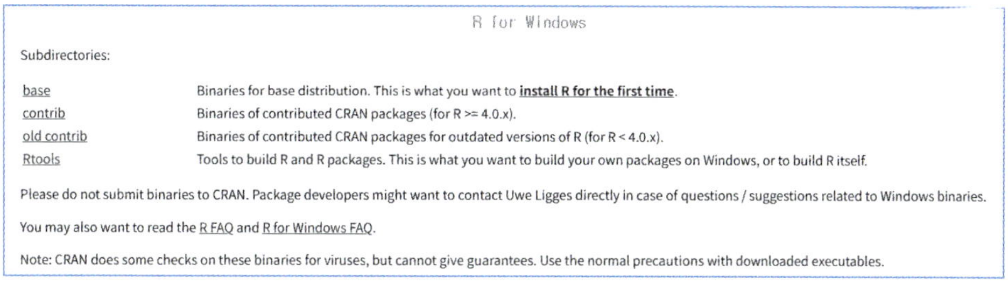

(4) "Download R x.x.x for Windows"(x.x.x는 최신 버전)를 클릭하여 설치 파일을 다운로드합니다.

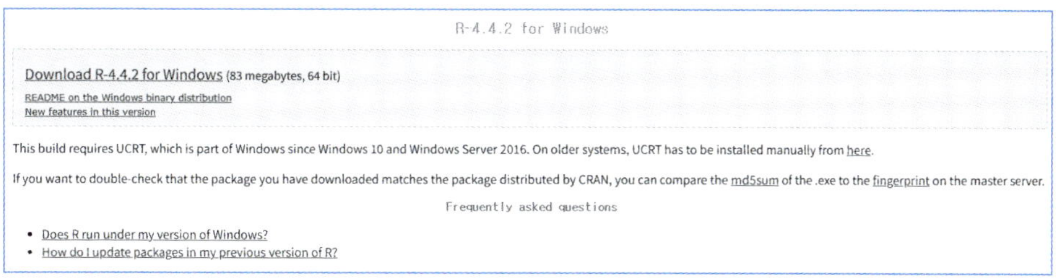

2.2 R 설치

다운로드한 설치 파일(R-x.x.x-win.exe)을 이용하여 더블 클릭하면 R 프로그램의 설치가 시작됩니다. 기본적으로 특별한 설정이 필요하지 않으며 아래의 순서에 따라 설치 마법사의 지시를 따라 진행합니다. 대부분의 경우 기본 설정을 그대로 사용해도 무방하며, 아래의 순서에 따라 쉽게 설치가 가능합니다.

(1) 실행 클릭

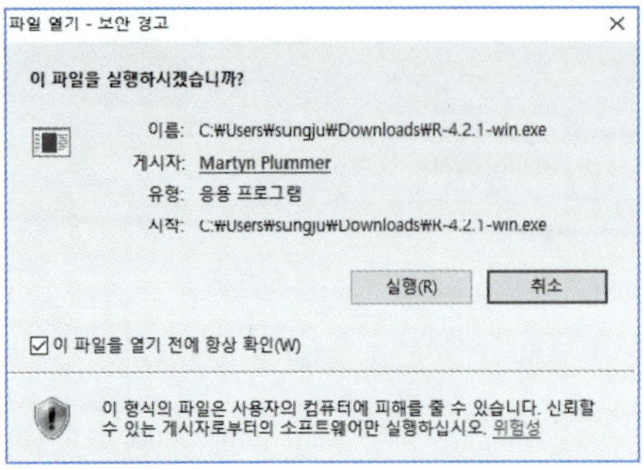

(2) 설치 언어 선택 후 확인 클릭

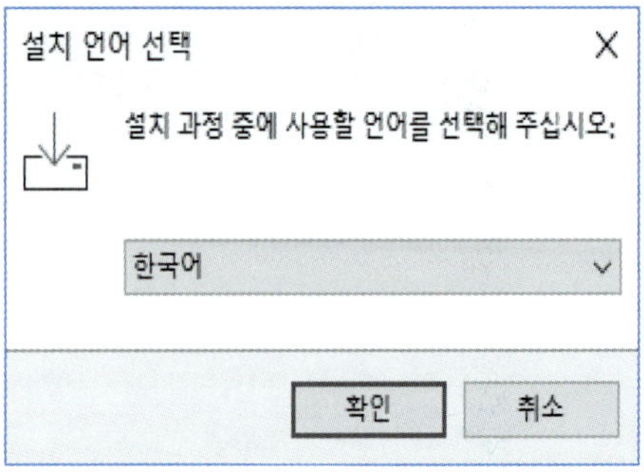

(3) 다음 클릭

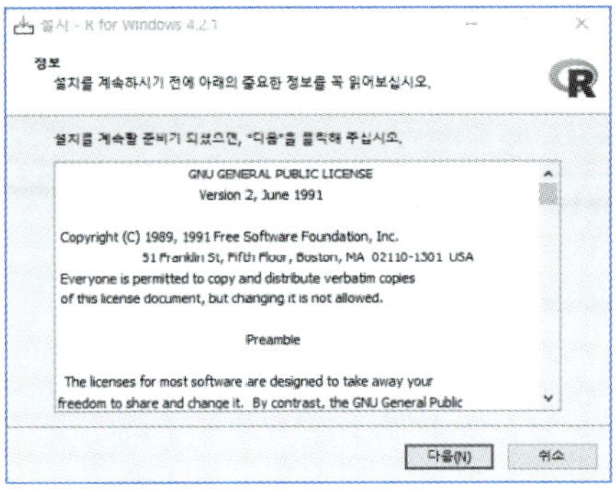

(4) 다음 클릭

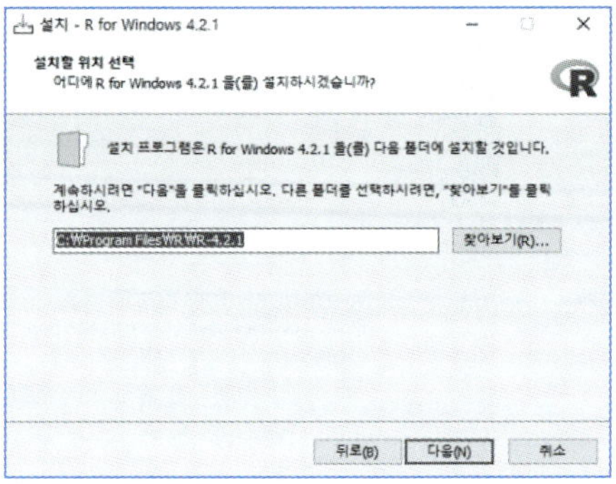

(5) 다음 클릭

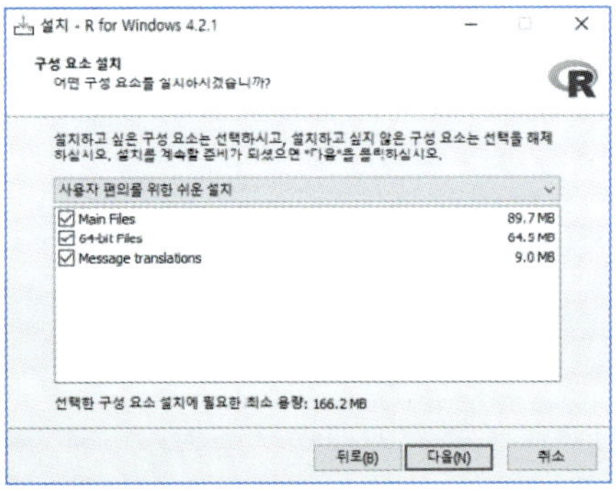

(6) 다음 클릭

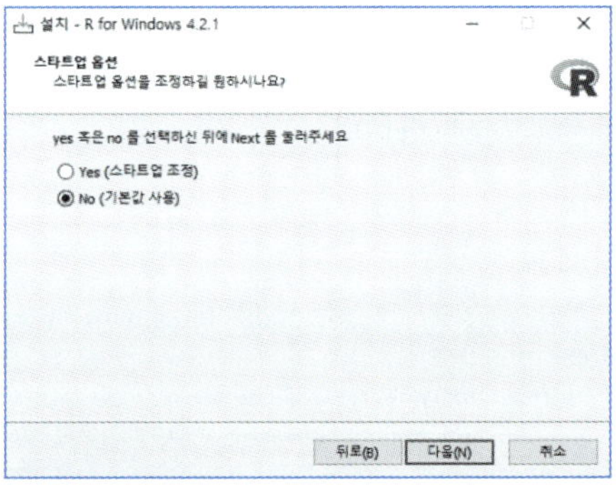

(7) 다음 클릭

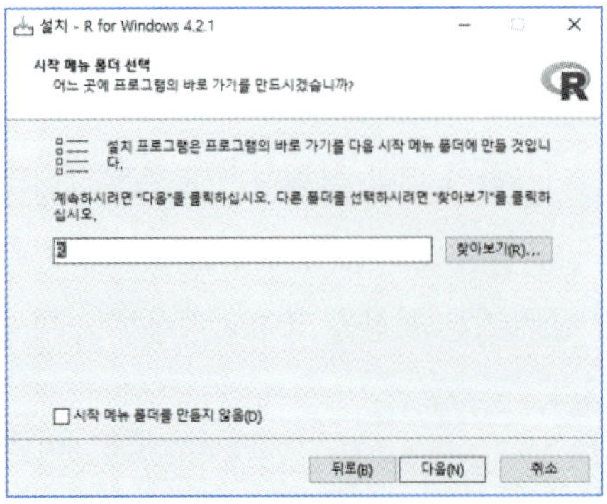

(8) 설치 중

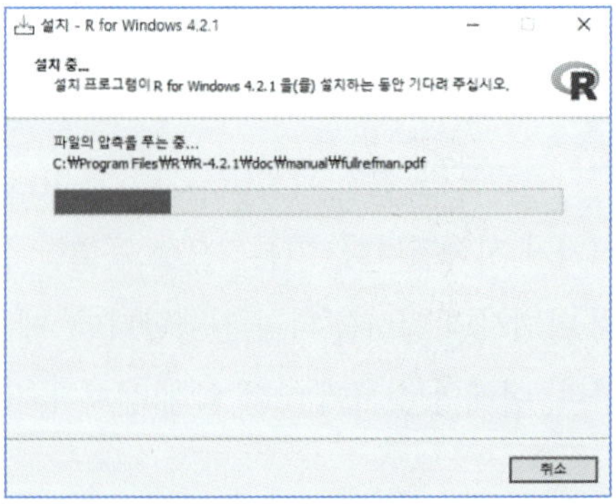

(9) 완료 클릭

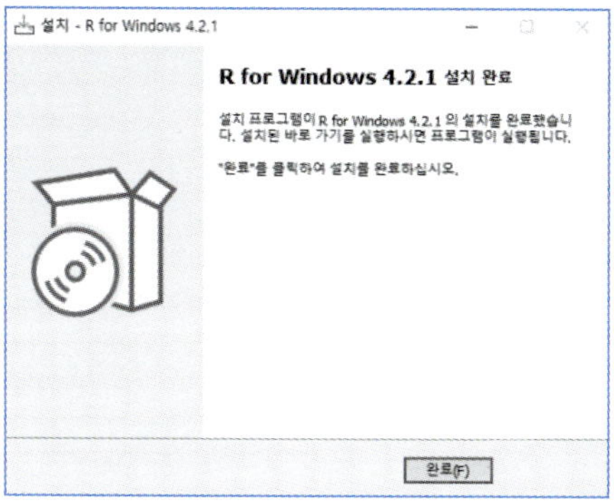

2.3 R 실행하기

설치가 완료되면 시작 메뉴에서 R.x.x.x을 찾아 실행할 수 있습니다. R을 실행하면 RGui 가 열립니다. 기본적으로 RGui는 R Console을 제공하는데 이는 윈도우의 메모장과 비슷한 빈 화면과 비슷합니다. 여기에 R 명령어를 입력하고 결과를 바로 확인할 수 있습니다.

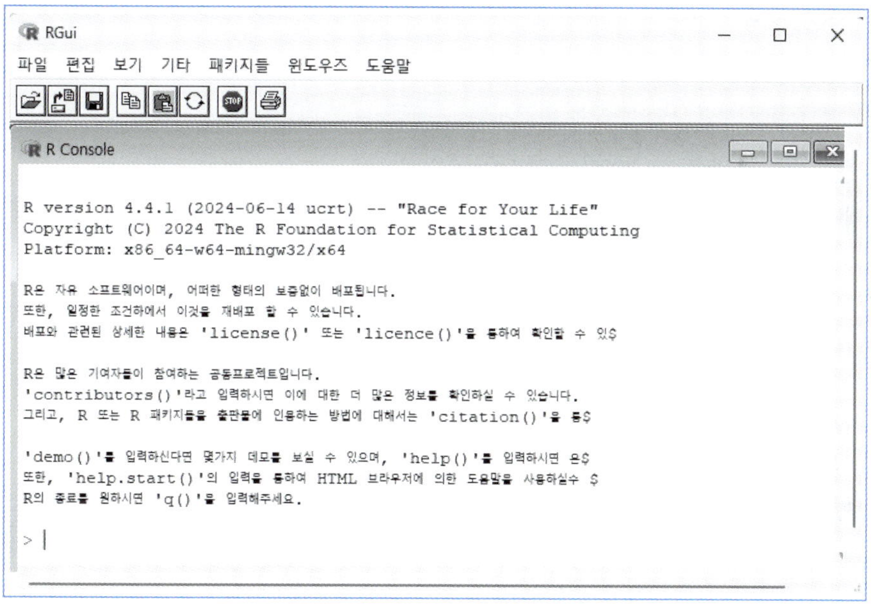

예를 들어, R Console에서 다음과 같은 간단한 계산을 해볼 수 있습니다.

$$2 + 3$$

이 명령어를 입력하고 Enter를 누르면, R은 다음과 같은 결과를 출력합니다.

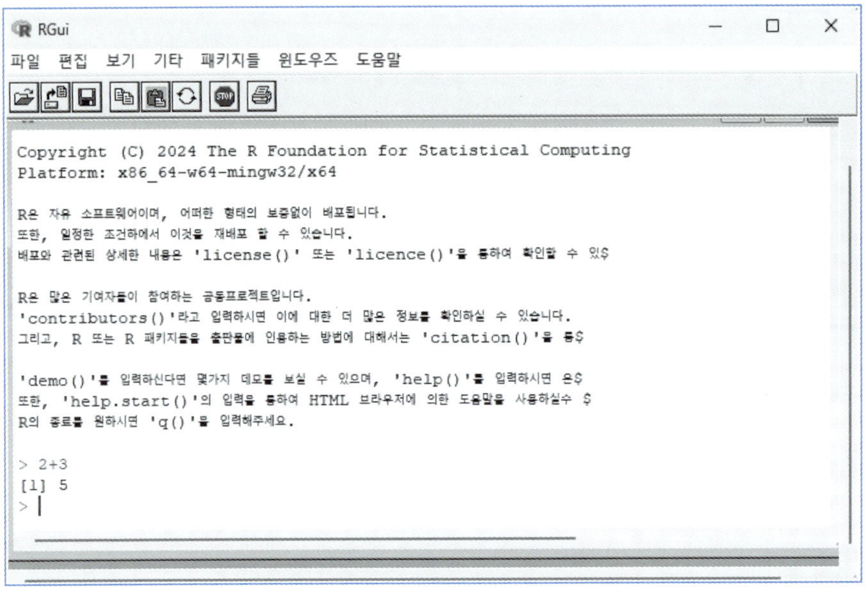

한편, RGui는 단순한 콘솔과 편집창만을 제공하여 효율적인 코딩 작업에 제한이 있습니다. 이러한 한계를 극복하기 위해 대부분의 R 사용자들은 RStudio라는 자유-오픈 소스 통합 개발 환경(free open source IDE)을 선호합니다. RStudio는 코드 편집, 데이터 시각화, 패키지 관리, 프로젝트 관리 등 다양한 기능을 통합적으로 제공하여 보다 효율적이고 편리한 R 프로그래밍 환경을 제공합니다. 다음 장에서 RStudio의 설치 방법과 주요 기능들에 대해 자세히 알아보도록 하겠습니다.

3 RStudio 소개 및 설치

3.1 RStudio 소개

RStudio는 R을 손쉽게 사용할 수 있게 무료로 제공하는 오픈 소스 통합 개발 환경(IDE)으로, 코드 작성, 결과 확인, 객체이름, 그래프 등을 한눈에 파악할 수 있게 하는 인터페이스입니다. 이러한 직관적인 인터페이스를 통해 데이터 분석, 통계 처리, 시각화 등을 효율적으로 수행할 수 있게 만들어 주며, 특히 통계 분석과 데이터 사이언스 분야에서 널리 사용되고 있습니다.

3.2 RStudio의 특징

- 통합 개발 환경: RStudio는 코드 편집기, 콘솔, 데이터 뷰어, 그래프 출력 창 등을 하나의 인터페이스에서 제공하여 효율적인 개발 환경을 구성합니다.
- 데이터 시각화: ggplot2와 같은 강력한 시각화 패키지를 지원하며, 생성된 그래프를 별도의 창에서 확인하고 저장할 수 있습니다. 또한 다양한 형식으로 그래프를 내보내기할 수 있어 보고서 작성에 용이합니다.
- 프로젝트 관리: 프로젝트 단위로 작업을 관리할 수 있으며, 작업 디렉토리, 환경 설정, 히스토리 등을 프로젝트별로 독립적으로 유지할 수 있습니다. 이를 통해 체계적인 프로젝트 관리가 가능합니다.

3.3 RStudio 다운로드 및 설치

3.3.1 RStudio 다운로드

웹 브라우저를 열고 R 프로젝트 공식 웹사이트에 접속하여, "download Rstudio desktop for windows" 링크를 클릭하여 설치합니다. (https://posit.co/download/rstudio-desktop/)

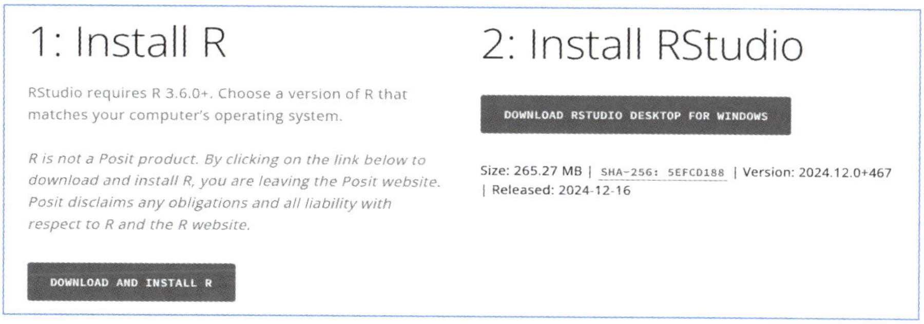

3.3.2 RStudio 설치

다운로드한 설치 파일(RStudio-x.x.xxxx.exe)을 더블 클릭하면 RStudio 프로그램의 설치가 시작됩니다. RStudio를 설치하기 전에 먼저 R을 먼저 설치하고 RStudio를 설치해야 하며, 기본적으로 특별한 설정이 필요하지 않습니다. 대부분의 경우 기본 설정을 그대로 사용해도 무방하며, 아래의 순서에 따라 쉽게 설치할 수 있습니다.

(1) 다음 클릭

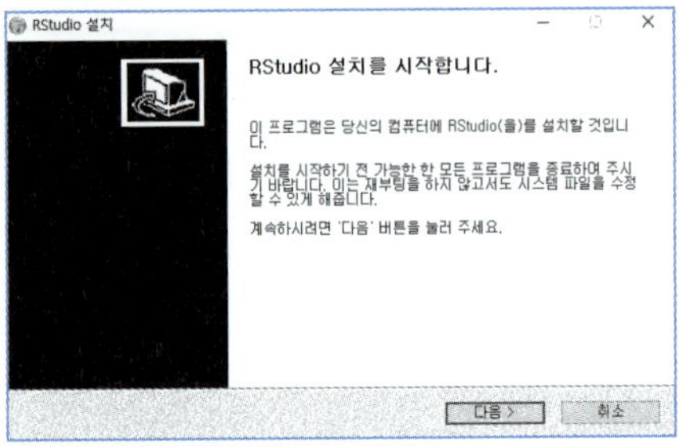

(2) 다음 클릭

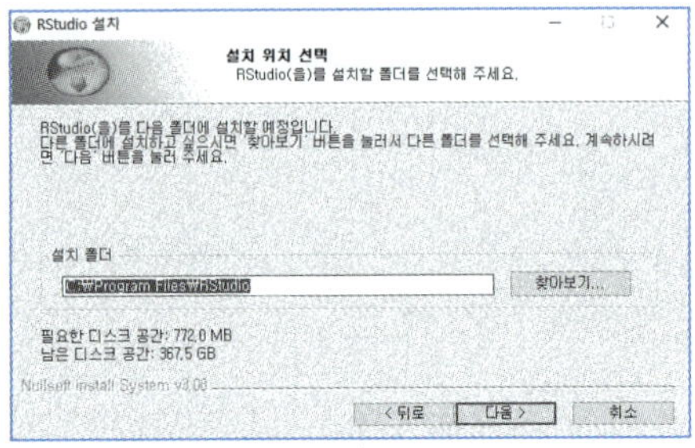

(3) 설치 클릭

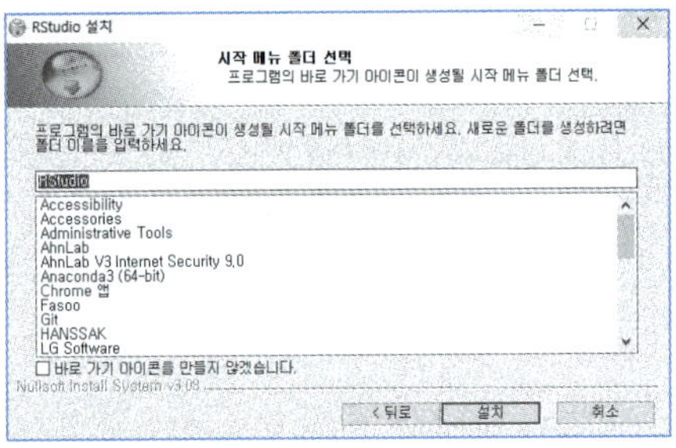

(4) 설치 중

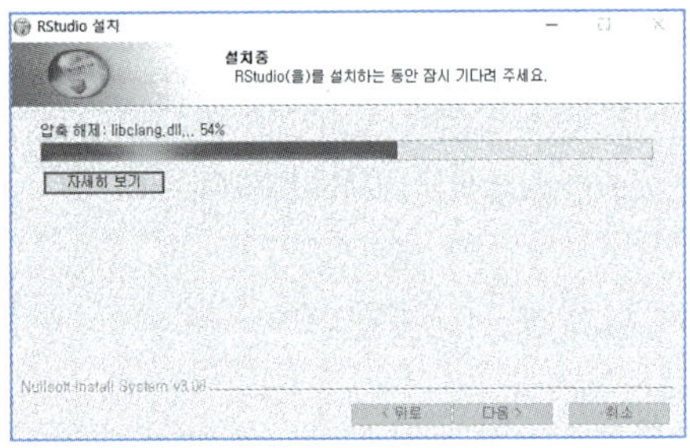

(5) 마침

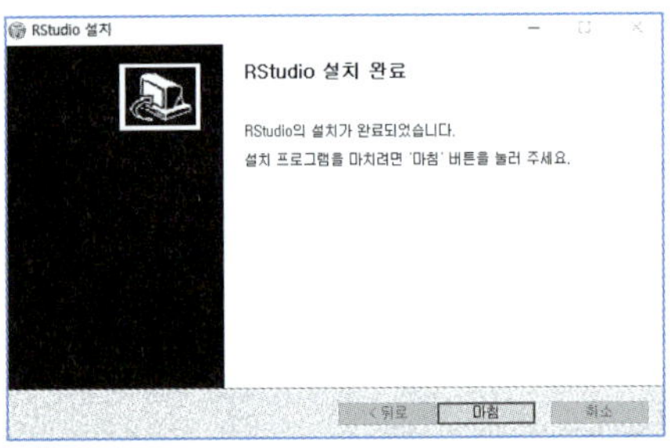

설치가 완료되면 윈도우에서 RStudio를 검색하여 RStudio를 실행할 수 있습니다.

3.4 RStudio 인터페이스 화면 구성

RStudio의 기본 레이아웃은 스크립트(Script), 콘솔(Console), 환경(Environment), 파일(Files) 총 네 개의 주요 패널로 구성되어 있으며, 각 패널의 위치는 사용자 설정에 따라 조정할 수 있습니다.

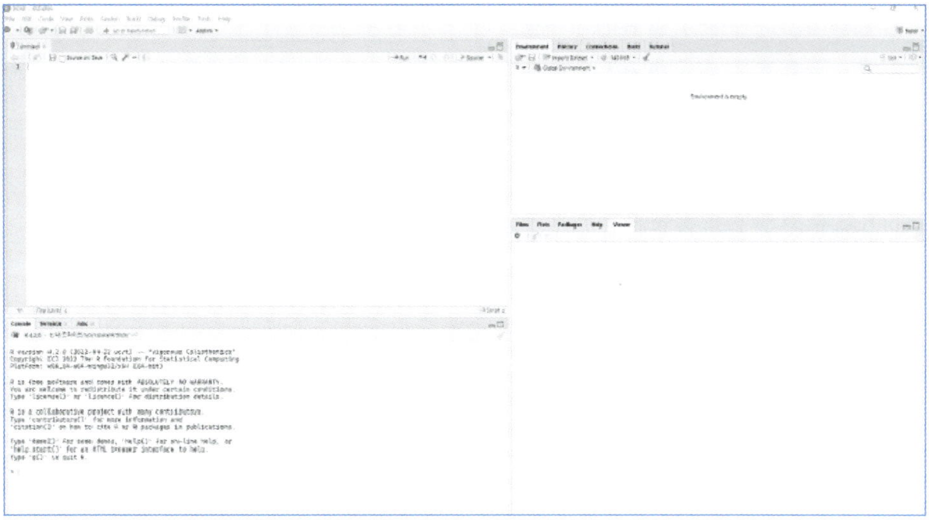

3.4.1 스크립트(좌상단)

스크립트는 RStudio에서 R코드를 작성하고 저장할 수 있는 메모장과 같은 문서 편집기 역할을 하는 주요 작업 공간입니다. 이곳에서는 R 스크립트, R Markdown, Shiny 앱 등 다양한 유형의 파일을 작성하고 편집할 수 있습니다. 여러 개의 탭을 통해 다수의 파일을 동시에 열어 관리할 수 있으며, 코드 실행, 디버깅, 문서 컴파일 등 다양한 작업을 수행할 수 있습니다.

3.4.2 콘솔/터미널(좌하단)

- 콘솔(Console): 콘솔은 R 프로그래밍의 핵심 실행 환경으로, 사용자가 R 명령어를 직접 입력하고 즉시 그 결과를 확인할 수 있는 대화형 인터페이스입니다. 사용자는 화살표 키를 사용하여 이전에 실행했던 명령어들을 쉽게 탐색하고 재사용할 수 있으며, 모든 계산 결과와 출력이 이곳에 표시됩니다.
- 터미널(Terminal): 터미널은 운영체제의 명령 프롬프트와 유사한 기능을 제공하는 공간입니다. 이곳에서는 Git 명령어나 파일 시스템 작업과 같은 시스템 수준의 명령어를 실행할 수 있습니다. 사용자는 필요에 따라 여러 개의 터미널 세션을 동시에 열어 관리할 수 있으며, SSH를 통해 원격 서버에 접속하여 작업을 수행할 수도 있습니다.
- 작업(Jobs) 탭: 작업(Jobs) 탭은 오랜 시간이 소요되는 R 작업을 효율적으로 관리할 수 있는 공간입니다. 대규모 데이터 처리나 복잡한 분석 작업을 백그라운드에서 실행하면서, 동시에 다른 작업을 수행할 수 있습니다. 사용자는 이 탭을 통해 실행 중인 작업의 진행 상황을 모니터링하고, 완료된 작업의 결과를 확인할 수 있습니다.

3.4.3 환경/히스토리/연결(우상단)

- 환경(Environment): 환경(Environment) 탭은 현재 R 세션에서 사용 중인 모든 객체를 한눈에 볼 수 있는 공간입니다. 데이터 프레임, 함수, 벡터 등 다양한 유형의 객체들이 이곳에 표시되며, 각 객체의 구조와 내용을 빠르게 확인할 수 있습니다. 사용자는 필요에 따라 객체들을 필터링하거나 정렬할 수 있어, 많은 객체가 있을 때도 원하는 정보를 쉽게 찾을 수 있습니다.
- 히스토리(History): 히스토리(History) 탭은 사용자가 이전에 실행했던 모든 R 명령어의 기록을 보관하고 관리하는 공간입니다. 이전에 실행한 명령어들을 시간 순서대로 확인할 수 있으며, 특정 키워드나 조건으로 명령어를 검색하고 필터링할 수 있습니다. 필요한 명령어를 찾았을 때는 이를 손쉽게 소스 편집기나 콘솔로 복사하여 재사용할 수 있어, 효율적인 코드 관리가 가능합니다.
- 연결(Connections): 연결(Connections) 탭은 원격 데이터 원본 및 데이터베이스에 연결할 수 있는 연결 창을 제공합니다. 이 기능은 로컬 컴퓨터에 저장할 수 없는 대규모 데이터를 사용하거나 원격 서버에서 작업하는 동료와 협업하는 데 유용합니다.

3.4.4 파일/플롯/패키지/도움말(우하단)

- 파일(Files): 파일(Files) 탭은 현재 작업 디렉토리의 파일과 폴더를 탐색하고 관리하는 공간입니다. 이 탭에서는 파일과 폴더의 생성, 삭제, 이름 변경이 가능하며, 파일 업로드와 다운로드를 수행할 수 있습니다. 또한 작업 디렉토리를 변경하고 각 파일의 크기나 수정 날짜와 같은 속성을 확인할 수 있습니다.
- 플롯(Plots): 플롯(Plots) 탭은 R 코드를 통해 생성된 모든 그래프와 시각화를 표시하는 공간입니다. 사용자는 이 탭에서 그래프를 확대하거나 축소할 수 있으며, 이전에 생성된 플롯들을 탐색할 수 있습니다. 생성된 그래프는 PNG, JPEG, PDF, SVG 등 다양한 형식으로 내보내기가 가능하며, 플롯 히스토리를 통해 이전에 생성한 그래프들을 관리할 수 있습니다.
- 패키지(Packages): 패키지(Packages) 탭은 R 패키지를 관리하는 중심 공간입니다. 이 탭에서는 새로운 패키지의 설치, 기존 패키지의 업데이트 및 제거가 가능합니다. 또한 패키지를 로드하거나 업로드할 수 있으며, 각 패키지의 버전이나 의존성 등의 상세 정보를 확인할 수 있습니다. CRAN, Bioconductor, GitHub 등 다양한 소스에서 패키지를 검색하고 설치할 수 있습니다.
- 도움말(Help): 도움말(Help) 탭은 R의 함수, 패키지, 개념에 대한 포괄적인 문서와 예

제를 제공합니다. 키워드 검색을 통해 필요한 도움말을 쉽게 찾을 수 있으며, 패키지별로 문서를 탐색할 수 있습니다. 예제 코드를 직접 실행하거나 복사할 수 있고, 관련된 함수나 개념으로 쉽게 이동할 수 있는 하이퍼링크를 제공합니다.

- Viewer 탭: Viewer 탭은 HTML 위젯, Shiny 앱, 그리고 기타 웹 콘텐츠를 표시하는 공간입니다. 이 탭에서는 동적인 웹 콘텐츠를 렌더링할 수 있으며, R Markdown 문서의 HTML 출력을 확인할 수 있습니다. 특히 plotly나 leaflet과 같은 대화형 시각화 도구의 결과물을 효과적으로 표시하고 상호작용할 수 있습니다.

4 유용한 RStudio 단축키

RStudio는 작업 효율성을 높이기 위한 다양한 단축키를 제공합니다. 주요 단축키는 다음과 같습니다.

(1) 일반

- Ctrl + Enter: 현재 라인 또는 선택된 코드 실행
- Ctrl + Shift + Enter: 현재 스크립트 전체 실행
- Ctrl + S: 현재 파일 저장

(2) 편집

- Ctrl + Space: 코드 자동 완성
- Ctrl + Shift + C: 선택된 라인 주석 처리/해제
- Ctrl + I: 선택된 코드 들여쓰기 정리

(3) 보기

- Ctrl + L: 콘솔 화면 정리
- Ctrl + Shift + F10: 모든 플롯 재시작
- Ctrl + 1/2/3/4: 각 패널로 포커스 이동

(4) 디버깅

- F10: 다음 라인으로 이동 (Step)
- Shift + F4: 객체 브라우저 열기
- Ctrl + Shift + B: 모든 중단점 관리

5 Rtools 소개 및 설치

5.1 Rtools 소개

Rtools는 Windows 환경에서 R 패키지를 개발하고 컴파일하는 데 필요한 필수 도구 모음입니다. C, C++, Fortran 등의 코드를 포함하는 R 패키지를 빌드하고 설치하는 데 사용되며, 특히 소스에서 R 패키지를 컴파일할 때 필요한 컴파일러와 기타 개발 도구들을 포함하고 있습니다.

5.2 Rtools 다운로드 및 설치

5.2.1 Rtools 다운로드

(1) 웹 브라우저를 열고 "Rtools"를 검색하여 CRAN 웹사이트에 접속합니다. 그리고 사용 중인 R 버전과 호환되는 Rtools 버전의 링크를 클릭합니다. (https://cran.r-project.org/bin/windows/Rtools/)

RTools: Toolchains for building R and R packages from source on Windows

Choose your version of Rtools:

RTools 4.4	for R versions from 4.4.0 (R-release and R-devel)
RTools 4.3	for R versions 4.3.x (R-oldrelease)
RTools 4.2	for R versions 4.2.x
RTools 4.0	for R from version 4.0.0 to 4.1.3
old versions of RTools	for R versions prior to 4.0.0

(2) "Rtools44 installer"를 클릭하여 파일을 다운로드합니다.

Installing Rtools44

Rtools is only needed for installation of R packages from source (those that need compilation of C/C++ of Fortran code) or building R from source. R can be installed from the R binary installer and by default will install binary versions of CRAN packages, which does not require Rtools44.

Moreover, online build services are available to check and build R packages for Windows, for which again one does not need to install Rtools44 locally. The Winbuilder check service uses identical setup as the CRAN incoming packages checks and has already all CRAN and Bioconductor packages pre-installed.

Rtools44 may be installed from the Rtools44 installer or 64-bit ARM Rtools44 installer. It is recommended to use the defaults, including the default installation location of C:₩rtools44.

When using R installed by the installer, no further setup is necessary after installing Rtools44 to build R packages from source. When using the default installation location, R and Rtools44 may be installed in any order and Rtools44 may be installed when R is already running.

On ARM, binary versions of packages are currently not available from CRAN, so Rtools44 is required to install any package that needs compilation.

5.2.2 Rtools 설치

다운로드한 설치 파일(rtools44-xxxx-xxxx.exe)을 이용하여 더블 클릭하면 Rtools 프로그램의 설치가 시작됩니다. 기본적으로 특별한 설정이 필요하지 않으며 아래의 순서에 따라 설치 마법사의 지시를 따라 진행합니다. 대부분의 경우 기본 설정을 그대로 사용해도 무방하며, 아래의 순서에 따라 쉽게 설치할 수 있습니다.

(1) Next 클릭

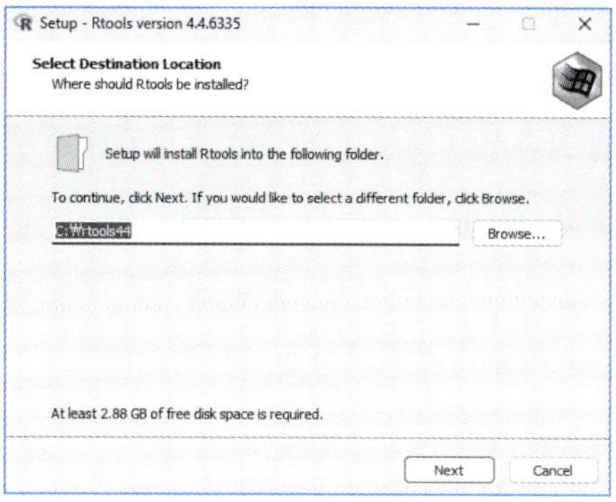

(2) Next 클릭

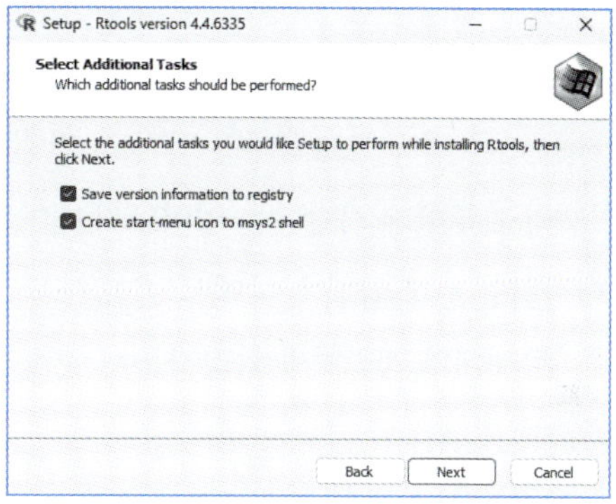

(3) Install 클릭

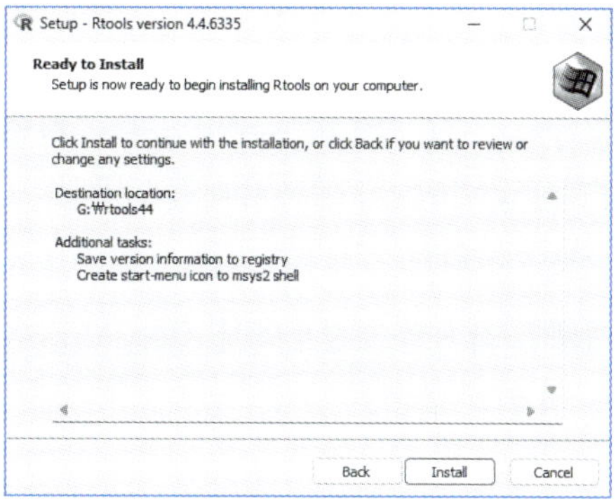

(4) 설치 중

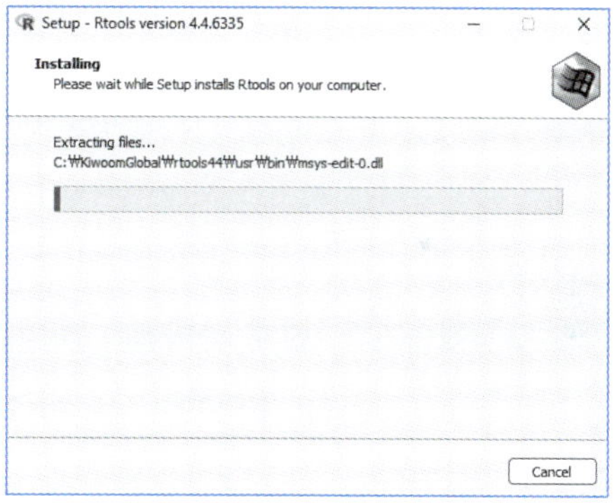

(5) 마침

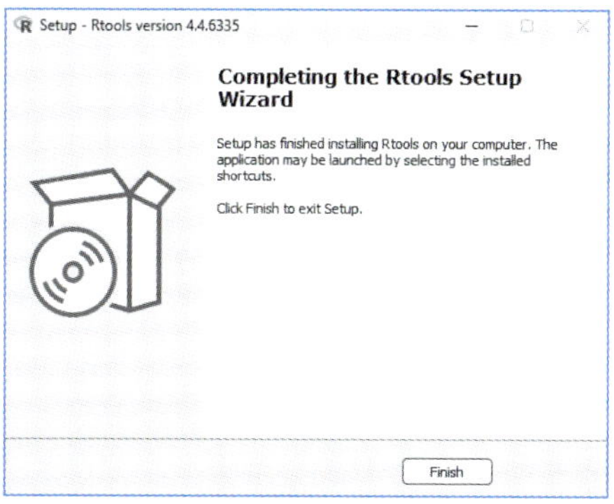

Python

1 Python 소개

Python은 범용 프로그래밍 언어로, 간결하고 직관적인 문법으로 인해 초보자부터 전문가까지 모두에게 사랑받는 언어로써 데이터 분석, 웹 개발, 자동화 스크립트, 인공지능 및 머신러닝 등 다양한 분야에서 널리 사용되고 있습니다. 파이썬은 오픈 소스 소프트웨어로, 전 세계의 개발자와 과학자들이 지속적으로 개발하고 개선해오고 있습니다.

1.1 Python의 역사

파이썬은 1990년대 초 네덜란드의 귀도 반 로섬(Guido van Rossum)에 의해 개발되었습니다. 귀도는 ABC라는 교육용 언어에서 영감을 받아 간결하면서도 강력한 프로그래밍 언어를 만들고자 했습니다. 파이썬이라는 이름은 그가 좋아했던 코미디 그룹 '몬티 파이썬의 날아다니는 서커스(Monty Python's Flying Circus)'에서 유래했습니다.

1991년에 첫 번째 버전이 공개된 이후, 파이썬은 전 세계 개발자들의 관심을 받으며 빠르게 성장했습니다. 현재 파이썬은 비영리 단체인 파이썬 소프트웨어 재단(Python Software Foundation, PSF)에 의해 관리되고 있으며, 수많은 기여자들에 의해 계속 발전하고 있습니다.

1.2 파이썬의 특징

- 오픈 소스: 파이썬은 무료로 사용할 수 있는 오픈 소스 소프트웨어입니다. 누구나 파이썬을 사용하고 수정하며 배포할 수 있습니다. 이러한 특성으로 인해 파이썬은 지속적으로 발전하고 있으며, 다양한 라이브러리가 빠르게 개발되고 공유되고 있습니다.
- 크로스 플랫폼: 파이썬은 Windows, macOS, Linux 등 다양한 운영 체제에서 동작합니다. 사용자는 어떤 컴퓨터 환경에서도 파이썬을 사용할 수 있습니다.

- 간결한 문법: 파이썬은 코드가 읽기 쉽고 간결한 문법을 가지고 있어, 초보자들도 쉽게 배울 수 있습니다. 이는 코드 유지보수를 용이하게 하고 개발 속도를 높이는 데 도움을 줍니다.
- 확장성: 파이썬은 다양한 표준 라이브러리와 타사 라이브러리를 통해 확장성이 뛰어납니다. 데이터 분석을 위한 pandas, 웹 개발을 위한 Django, 머신러닝을 위한 TensorFlow 등 다양한 라이브러리가 파이썬의 기능을 확장해 줍니다.
- 대화형 개발 환경: 파이썬은 대화형 인터프리터를 제공하여, 개발자가 즉각적으로 코드를 테스트하고 결과를 확인할 수 있습니다. 이는 프로토타입을 빠르게 개발하는 데 유리합니다.
- 활발한 커뮤니티: 파이썬은 전 세계적으로 매우 활발한 사용자 커뮤니티를 가지고 있습니다. 문제 해결, 정보 공유, 새로운 기술 학습에 있어 큰 도움을 받을 수 있습니다. 온라인 포럼, 컨퍼런스, 지역 모임 등을 통해 파이썬 사용자들은 지식을 공유하고 네트워크를 형성합니다.

2 파이썬 설치하기

파이썬(Python)은 공식 웹사이트 Python.org(https://www.python.org/)에서 기본 프로그램을 다운로드하여 사용할 수 있으며, 다양한 운영체제(Windows, Linux, macOS)를 지원합니다. 파이썬 설치 과정은 간단하며, 다음 단계를 따르면 쉽게 설치할 수 있습니다.

2.1 파이썬 다운로드

웹 브라우저를 열고 파이썬 공식 웹사이트에 접속하여, 홈페이지 상단의 "Downloads" 메뉴를 클릭합니다. 그리고 "Python x.x.x"(x.x.x는 최신 버전 번호)를 클릭하여 설치 파일을 다운로드합니다.

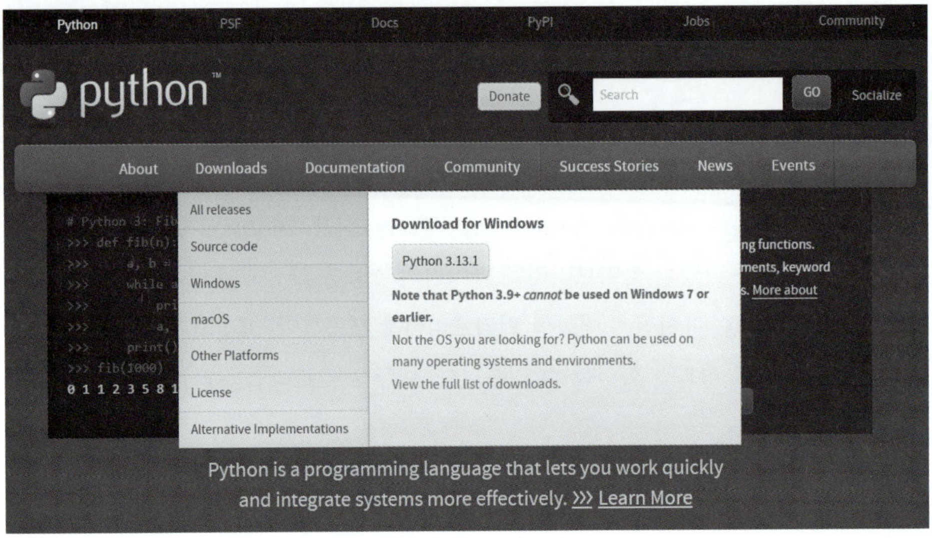

2.2 파이썬 설치

(1) 다운로드한 설치 파일(.exe)을 더블 클릭하여 실행합니다. 설치 창에서 "Add Python to PATH" 옵션을 체크한 후, "Install Now"를 클릭합니다. 이 옵션을 선택하면 파이썬 실행 파일을 명령 프롬프트에서 쉽게 접근할 수 있게 됩니다.

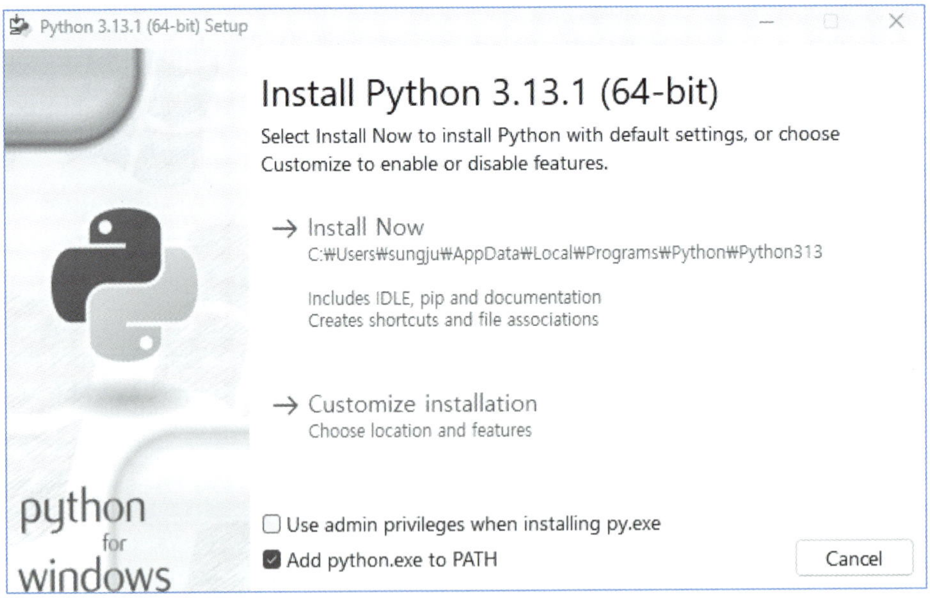

(2) 설치가 완료되면 '설치 완료' 메시지가 나타나며, 'Close' 버튼을 클릭합니다.

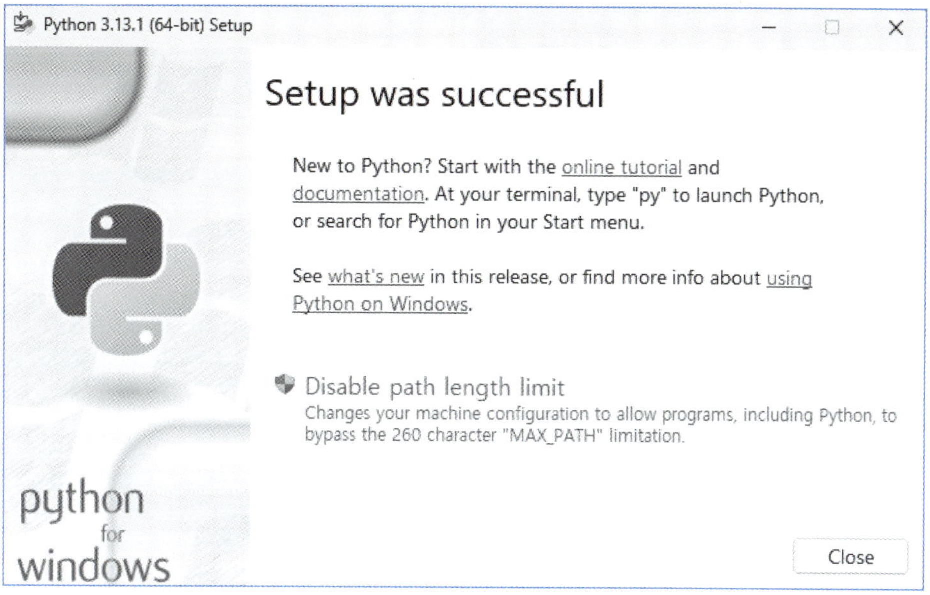

2.3 파이썬 실행하기

설치가 완료되면 시작 메뉴에서 Python x.x를 찾아 실행할 수 있습니다. Python을 실행하면 Python IDLE가 열립니다. 기본적으로 IDLE는 Python Shell을 제공하는데 이는 윈도우의 cmd의 빈 화면과 비슷합니다. 여기에 Python 명령어를 입력하고 결과를 바로 확인할 수 있습니다.

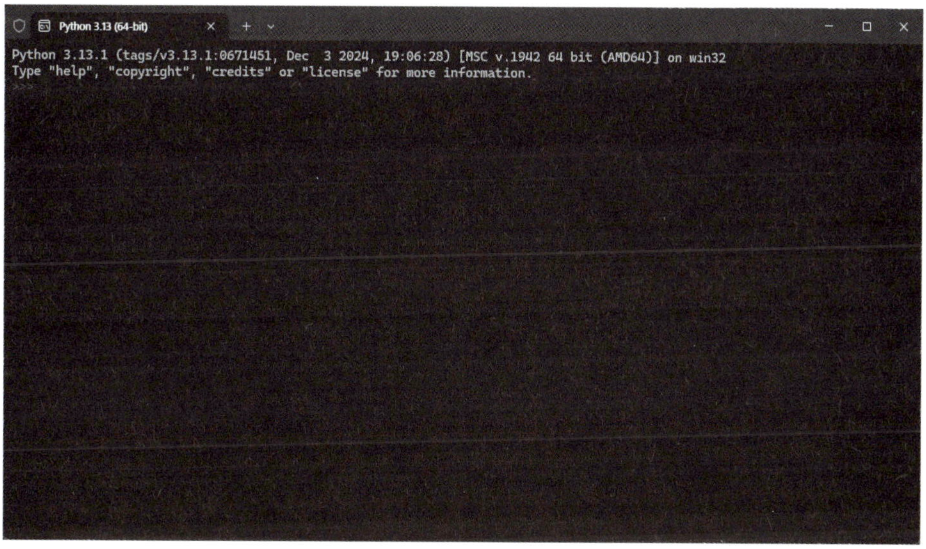

예를 들어, Python Shell에서 다음과 같은 간단한 계산을 해볼 수 있습니다.

$$2 + 3$$

이 명령어를 입력하고 Enter를 누르면, Python은 다음과 같은 결과를 출력합니다.

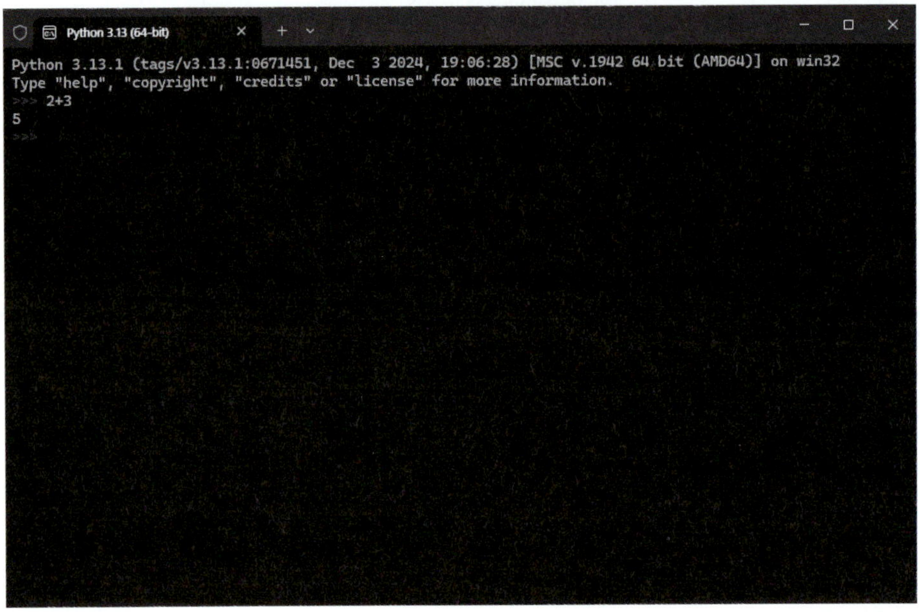

한편, IDLE는 단순한 쉘과 편집창만을 제공하여 효율적인 코딩 작업에 제한이 있습니다. Python 개발을 위한 다양한 IDE(통합 개발 환경)가 있는데, PyCharm, Visual Studio Code, Jupyter Notebook 등이 널리 사용됩니다. 이 중에서 우리는 데이터 분석에 특화된 Spyder IDE를 사용할 것입니다. 다음 장에서 Spyder의 설치 방법과 주요 기능들에 대해 자세히 알아보도록 하겠습니다.

3 Spyder 소개 및 설치

3.1 Spyder 소개

Spyder(Scientific Python Development Environment)는 과학 컴퓨팅을 위해 설계된 강력한 Python IDE입니다. MATLAB과 유사한 개발 환경을 제공하며, 특히 데이터 분석, 과학 컴퓨팅, 그리고 수치 계산 작업에 최적화되어 있습니다. 변수 탐색기, 통합 디버거, IPython 콘솔 등을 제공하여 과학자, 엔지니어, 데이터 분석가들 사이에서 널리 사용됩니다.

3.2 Spyder의 특징

- 통합 개발 환경: Spyder는 Python 코드 편집기, IPython 콘솔, 변수 탐색기, 도움말 뷰어 등을 하나의 인터페이스에서 제공하여 효율적인 과학 컴퓨팅 환경을 구성합니다.
- 과학 컴퓨팅 지원: NumPy, SciPy, Matplotlib과 같은 과학 컴퓨팅 패키지를 완벽하게 지원하며, 대화형 플롯팅과 데이터 시각화 기능을 제공합니다. 또한 Jupyter 노트북과의 통합도 지원합니다.
- 고급 편집 기능: 코드 자동 완성, 실시간 구문 검사, 변수 탐색, 디버깅 도구 등 전문적인 개발을 위한 다양한 기능을 제공합니다. IPython 콘솔을 통해 대화형 개발이 가능하며, 과학적 계산 결과를 즉시 확인할 수 있습니다.

3.3 Spyder 다운로드 및 설치

3.3.1 Anaconda 다운로드

Spyder는 Anaconda 배포판을 통해 쉽게 설치할 수 있습니다. Anaconda는 파이썬과 다양한 데이터 과학 도구들을 포함하고 있어, 한 번에 여러 유용한 패키지를 설치할 수 있는 편리한 방법입니다.

(1) 웹 브라우저에서 Anaconda 공식 웹사이트에 접속하여 우상단에 "Free Download"를 클릭합니다. (https://www.anaconda.com/)

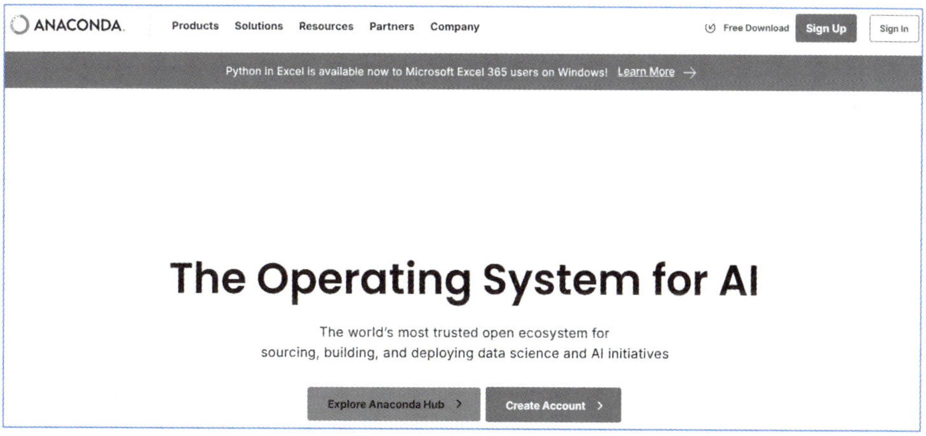

Python

(2) 본인의 email을 입력 후 "Submit" 버튼을 클릭합니다.

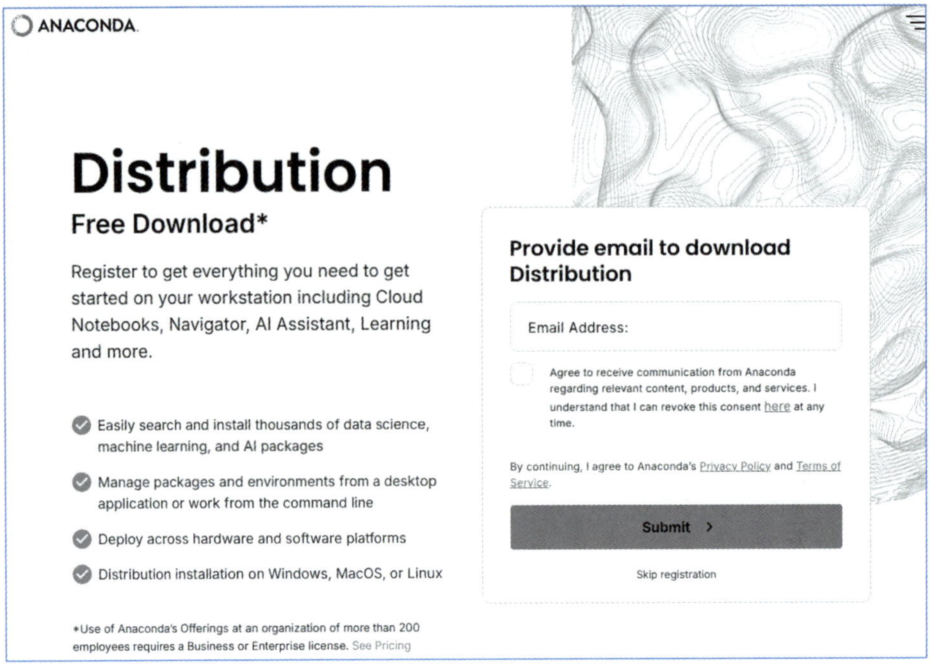

(3) "Download" 버튼을 통해 Anaconda를 다운로드합니다.

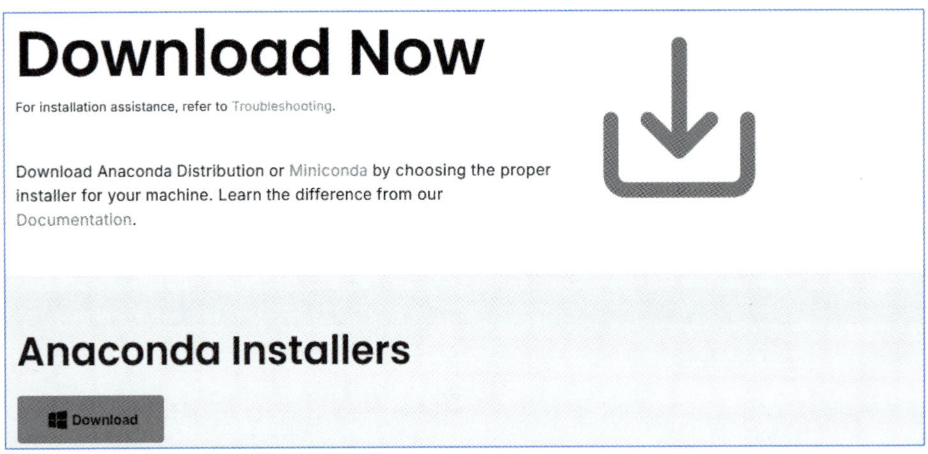

3.3.2 Anaconda 설치

다운로드한 설치 파일을 실행하여 설치를 진행합니다. 설치 중 "Add Anaconda to my PATH environment variable" 옵션을 선택할 수 있지만, 기본 설정을 사용하는 것이 일반적입니다.

(1) Next 클릭

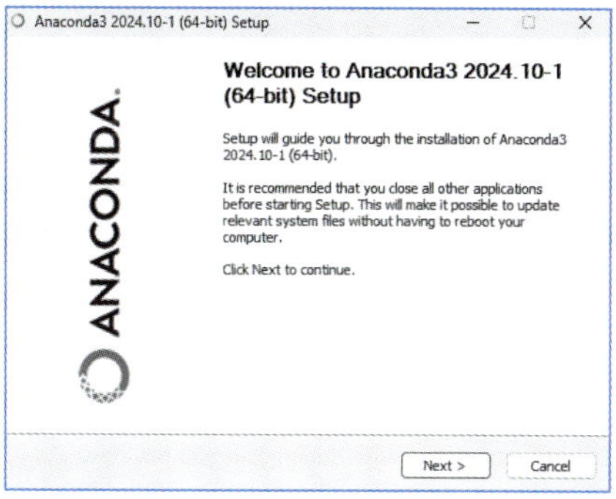

(2) I Agree 클릭

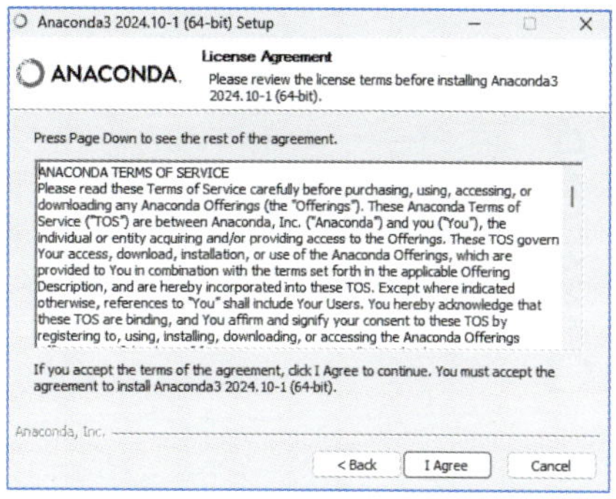

(3) Next 클릭

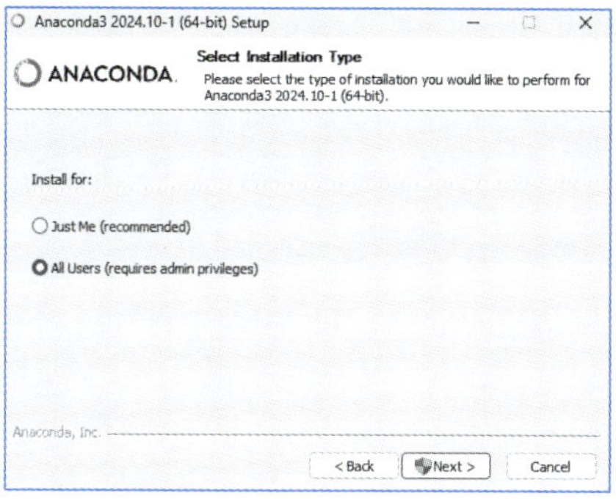

(4) I Agree 클릭

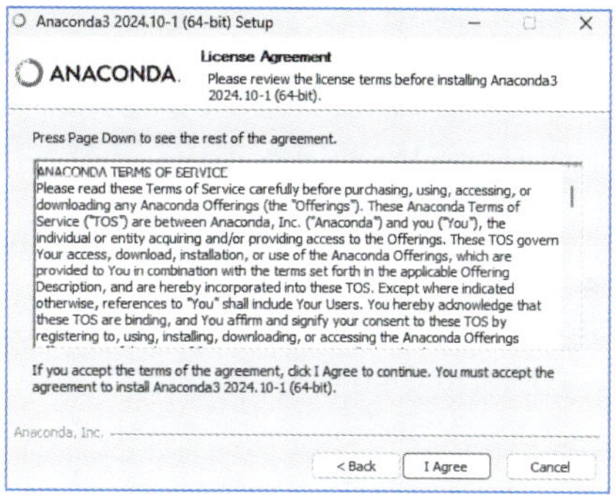

(5) Next 클릭

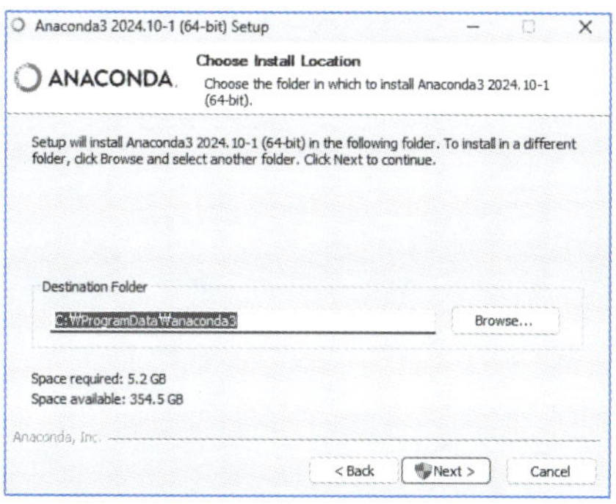

(6) Install 클릭

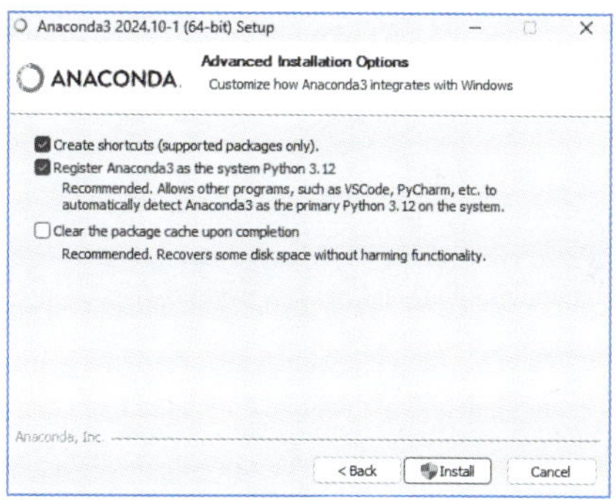

(7) 설치 중

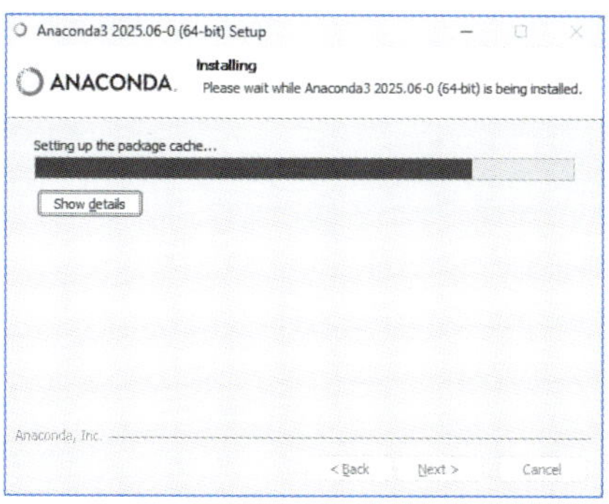

(8) 설치 후 Next 클릭

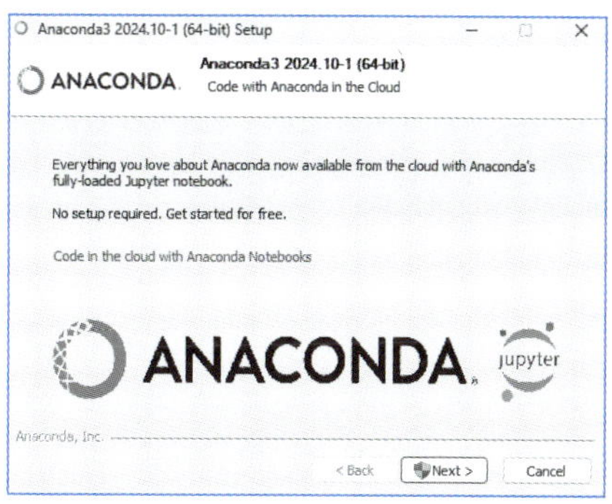

(9) Finish 클릭

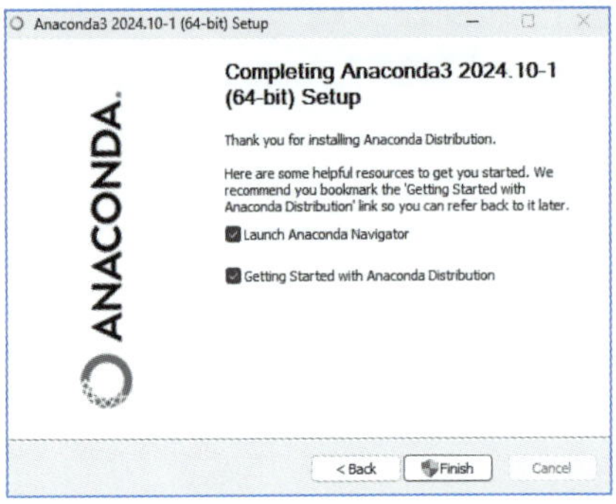

설치가 완료되면 윈도우에서 Spyder를 검색하여 Spyder를 실행할 수 있습니다.

3.5 Spyder 인터페이스 화면 구성

Spyder의 기본 레이아웃은 에디터(Editor), IPython 콘솔(Console), 변수 탐색기(Variable Explorer), 총 세 개의 주요 패널로 구성되어 있으며, 각 패널의 위치는 사용자 설정에 따라 조정할 수 있습니다.

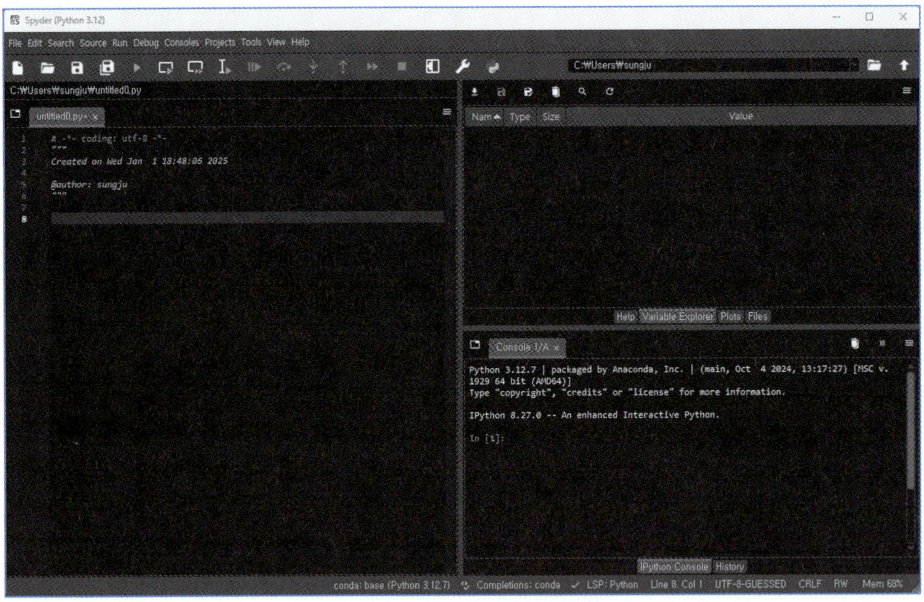

3.5.1 편집기(좌측)

편집기는 코드를 작성하고 편집하는 메인 영역으로, Python 코드의 가독성을 높이기 위한 구문 강조 기능과 함수, 변수명, 모듈명 등을 자동으로 완성해주는 기능을 제공합니다. 사용자는 여러 개의 탭을 통해 다수의 파일을 동시에 열고 관리할 수 있으며, 코드 실행과 디버깅, IPython 콘솔로의 코드 전송이 가능합니다.

3.5.2 변수 탐색기/플롯 창/파일 탐색기(우상단)

- 변수 탐색기(Variable Explorer): 현재 IPython 세션에서 사용 중인 모든 변수를 실시간으로 보여주는 도구입니다. 사용자는 각 변수의 타입, 크기, 값을 즉시 확인할 수 있으며, 데이터프레임, 배열, 딕셔너리와 같은 복잡한 자료구조의 내용도 표 형식으로 쉽게 볼 수 있습니다. 또한 변수의 값을 직접 수정할 수 있어 데이터 분석 과정에서 매우 유용합니다.
- 플롯 창(Plots): Matplotlib 등의 라이브러리로 생성된 그래프를 표시하는 전용 공간입니다. 사용자는 그래프를 자유롭게 확대하거나 축소할 수 있으며, 필요한 경우 이미지 파일로 저장할 수 있습니다. 여러 그래프의 히스토리를 관리할 수 있으며, 다양한 이미지 형식으로 내보내기가 가능합니다.
- 파일 탐색기(File): 파일 탐색기를 통해 작업 디렉터리를 쉽게 탐색하고 관리할 수 있습니다. 새로운 파일을 생성하거나, 기존 파일을 열고, 이름을 변경하거나 삭제하는 등의 기본적인 파일 관리 작업을 수행할 수 있습니다.

3.5.3 IPython 콘솔(우하단)

IPython 콘솔은 대화형으로 코드를 실행하고 결과를 즉시 확인할 수 있는 환경을 제공하며, 그래프, 표, HTML 등 다양한 형식의 출력을 지원합니다. 변수 탐색기와 연동되어 실행 중인 변수들의 상태를 실시간으로 확인할 수 있으며, 다중 IPython 커널을 통해 여러 독립적인 Python 환경을 동시에 실행할 수 있습니다.

3.6 유용한 Spyder 단축키

Spyder는 작업 효율성을 높이기 위한 다양한 단축키를 제공합니다. 주요 단축키는 다음과 같습니다.

(1) 일반

- F5: 전체 스크립트 실행
- F9: 선택한 코드만 실행
- Ctrl + S: 현재 파일 저장
- Ctrl + N: 새 파일 생성

(2) 편집

- Tab: 코드 자동 완성
- Ctrl + 1: 선택 영역 주석 처리/해제
- Ctrl + Alt + I: 자동 들여쓰기
- Ctrl + Z: 실행 취소
- Ctrl + Y: 다시 실행

(3) 보기

- Ctrl + Shift + Alt + V: 변수 탐색기 표시/숨기기
- Ctrl + Shift + H: 도움말 표시/숨기기
- Ctrl + Alt + Shift + E: 파일 탐색기 표시/숨기기

(4) 디버깅

- F12: 브레이크포인트 설정/해제
- F10: 한 줄씩 실행 (Step Over)
- F11: 함수 내부로 들어가며 실행 (Step Into)
- Ctrl + F6: IPython 콘솔 재시작

2장

기본 개념 및 데이터 타입

프로그래밍 언어를 처음 학습할 때는 다음과 같은 세 가지 물음을 통해 핵심 개념을 이해하는 것이 중요합니다.

- 데이터를 어떻게 이름 붙여 저장할 것인가?
- 데이터를 어떤 타입으로 지정할 것인가?
- 어떤 연산을 수행할 것인가?

데이터는 메모리에 저장되며, 이를 관리하기 위해 변수라는 이름을 붙여 사용합니다. 그리고 변수에는 반드시 타입을 지정해야 하며, 타입은 값이 숫자인지, 문자열인지, 혹은 참 · 거짓을 나타내는 논리값인지와 같은 성격을 규정합니다. 마지막으로 지정된 타입에 따라 수행할 수 있는 연산이 결정됩니다. 이러한 연산에는 덧셈과 뺄셈과 같은 산술 연산, 두 값을 비교하는 관계 연산, 조건을 결합하는 논리 연산 등이 포함됩니다.

타입이 올바르게 지정되지 않으면 계산 오류나 프로그램 중단이 발생할 수 있습니다. 따라서 변수 · 타입 · 연산자는 별개의 요소가 아니라, 데이터를 안전하고 효율적으로 다루기 위한 하나의 기본 체계라 할 수 있습니다.

이번 장에서는 이 기초를 탄탄히 다지기 위해 다음 내용을 차례로 살펴보겠습니다.

- 변수 선언과 관리
- 원시 데이터 타입의 특징과 변환
- 산술 · 관계 · 논리 연산자의 기본 활용

R

1 변수

변수(Variables)는 프로그래밍에서 가장 기본적인 개념 중 하나로, 데이터를 저장하는 메모리 공간입니다. R에서 변수는 기본 데이터 타입인 숫자(numeric), 문자열(charactcr), 논리값(logical) 등을 저장할 수 있을 뿐만 아니라, 데이터 프레임(data frame), 리스트(list), 함수(function) 등과 같은 복합 객체도 저장할 수 있습니다.

1.1 변수 생성 및 할당: =, <-

R에서 변수를 생성하고 값을 할당할 때 '=' 또는 '<-' 연산자를 사용합니다. R에서는 '<-'를 사용하는 것이 관례입니다. '='도 작동하지만, '<-'를 사용하는 것이 좋습니다.

예시

```
# '<-' 연산자를 사용한 할당
x <- 5

# '=' 연산자를 사용한 할당
y = 10
```

참고사항

– 하나의 변수에는 오직 하나의 값만을 저장할 수 있으며 두 개 이상의 값을 입력할 때 오류를 발생시킵니다. 예를 들어, (x <- 1, 2, 3)과 같은 코드는 오류를 발생시킵니다.

1.2 변수 확인: print()

print() 함수는 화면에 텍스트나 변수의 값을 출력할 때 사용하는 출력함수입니다. 기본적으로 문자열, 숫자, 변수 등 어떤 타입의 데이터든 출력할 수 있습니다. 예를 들어 'print("Hello")', 'print(42)', 'print(변수명)'처럼 사용할 수 있습니다.

예시

```
x <- 5
print(x)

print("Hello")

print(42)
```

실행 결과

```
> x <- 5
> print(x)
[1] 5
>
> print("Hello")
[1] "Hello"
>
> print(42)
[1] 42
```

1.3 변수명 규칙

R에서 변수명을 결정할 때 따라야 할 규칙이 있습니다. 이러한 규칙들은 코드 가독성, 기술적 제약, 오류 방지, 국제 표준화, 유지보수성을 위해 필요합니다.

(1) 문자, 숫자, 점(.), 밑줄(_)만 사용 가능

(2) 숫자로 시작할 수 없음

(3) 예약어(if, for, while 등)는 사용할 수 없음

예시

```
valid.name <- 10        # 올바른 이름 (R에서는 점을 많이 사용)
validName <- 30         # 올바른 이름 (카멜 케이스)
valid_name_2 <- 40      # 올바른 이름 (밑줄 포함)

# 잘못된 이름 예시 (주석 처리되어 있어 실행되지 않음)
# _valid_name <- 20     # 밑줄로 시작할 수 없음
# 2invalid <- 50        # 숫자로 시작할 수 없음
# invalid-name <- 70    # 하이픈은 사용할 수 없음
# if <- 80              # 예약어는 사용할 수 없음
```

참고사항

- 변수 이름은 의미 있고 설명적이어야 합니다. 예를 들어, 'x'보다는 'total.score'와 같은 이름이 더 좋습니다.
- R에서는 전통적으로 점(.)을 사용한 명명 규칙을 선호합니다(예: 'my.variable'). 하지만 최근에는 다른 언어와의 호환성을 위해 카멜 케이스(예: 'myVariable')나 스네이크 케이스(예: 'my_variable')도 많이 사용됩니다.

1.4 변수 찾기

ls() 함수를 통해 현재 환경에 존재하는 모든 변수의 이름을 확인할 수 있습니다. 이는 특히 많은 변수를 다루거나 긴 스크립트를 작성할 때 유용합니다.

예시

```
x <- 10
y <- "Hello"
z <- TRUE

# 모든 변수 나열
ls()
```

RStudio를 사용하는 경우, 우측 상단의 "Environment" 탭에서 현재 환경의 모든 변수를 시각적으로 확인할 수 있습니다. 이 탭은 각 변수의 이름, 값, 타입 등의 정보를 제공합니다.

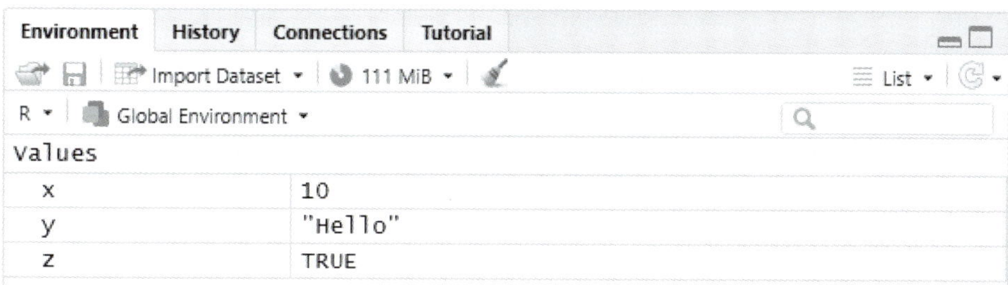

1.5 변수 삭제: rm()

변수를 메모리에서 삭제하려면 rm() 함수를 사용합니다. 변수를 삭제함으로써 대용량 데이터 처리 시 메모리를 효율적으로 관리하거나, 작업 환경을 깔끔하게 유지하는 데 도움을 줍니다.

예시

```
rm(x)

# 여러 변수 동시에 삭제
rm(y, z)

# 모든 변수 삭제
rm(list = ls())
```

참고사항

- 'rm(list = ls())'는 현재 환경의 모든 변수를 삭제하므로 신중하게 사용해야 합니다.
- 삭제된 변수는 복구할 수 없으므로, 중요한 데이터는 먼저 저장해 두어야 합니다.
- Rstudio를 사용하는 경우, 우측 상단의 "Environment" 탭에서 빗자루 버튼을 통해 모든 변수를 삭제할 수 있습니다.

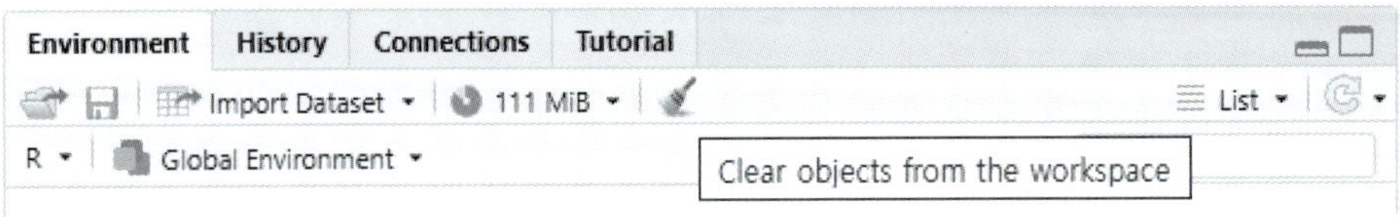

2 데이터 타입

데이터 타입(Data Type)은 컴퓨터가 정보를 저장하고 처리하는 방식을 정의하는 분류 체계입니다. 이는 마치 도서관에서 책을 주제별로 분류하는 것과 비슷합니다. R에서는 여러 가지 데이터 타입을 지원합니다. 주요 타입은 다음과 같습니다.

(1) 수치형(numeric): 실수와 정수를 포함

(2) 문자형(character): 텍스트 데이터

(3) 논리형(logical): TRUE 또는 FALSE

예시

```
num_var <- 42.5        # 숫자형
char_var <- "Hello, R!"  # 문자형
bool_var <- TRUE       # 논리형

# 변수의 타입 확인
print(class(num_var))
print(class(char_var))
print(class(bool_var))
```

실행 결과

```
> num_var <- 42.5   # 숫자형
> char_var <- "Hello, R!"  # 문자형
> bool_var <- TRUE  # 논리형
>
> # 변수의 타입 확인
> print(class(num_var))
[1] "numeric"
> print(class(char_var))
[1] "character"
> print(class(bool_var))
[1] "logical"
```

R

R은 동적 타이핑 언어이므로, 변수의 타입을 명시적으로 선언할 필요가 없습니다. 하지만 이로 인해 의도치 않은 타입 변환이 일어날 수 있으므로 주의해야 합니다. R에서 사용되는 기본 데이터 타입에 대해 더 자세히 알아보겠습니다.

2.1 수치형(numeric)

수치형은 숫자를 표현하는 데이터 타입이며 R에서는 기본적으로 모든 숫자를 실수로 처리합니다. R에서는 다음과 같이 두 가지 주요 수치형이 있습니다.

(1) 정수(Integer): 소수점이 없는 온전한 숫자입니다. 예: 1, 42, -10

(2) 실수(Double): 소수점이 있는 숫자입니다. 예: 3.14, -0.5, 2.0

예시

```
x <- 5  # 정수처럼 보이지만 실제로는 실수
y <- 5.0  # 명시적인 실수

print(class(x))
print(class(y))

# 정수형으로 명시적 변환
z <- as.integer(5)
print(class(z))
```

실행 결과

```
> x <- 5   # 정수처럼 보이지만 실제로는 실수
> y <- 5.0   # 명시적인 실수
>
> print(class(x))
[1] "numeric"
> print(class(y))
[1] "numeric"
>
```

```
> print(class(x))
[1] "numeric"
> print(class(y))
[1] "numeric"
>
> # 정수형으로 명시적 변환
> z <- as.integer(5)
> print(class(z))
[1] "integer"
```

2.2 문자형(character)

문자형은 텍스트 데이터를 저장하는 데 사용됩니다. 단일 문자부터 긴 문장, 단어까지 모든 종류의 텍스트를 포함할 수 있습니다. R에서는 작은따옴표(' ') 또는 큰따옴표(" ")로 문자열을 표시합니다.

- 예: "Hello, World!", '데이터 분석'

문자형 데이터는 텍스트 처리, 문자열 조작, 자연어 처리 등에서 중요하게 사용됩니다.

예시

```
string_A <- 'Hello, World!'
string_B <- "Hello, World!"

print(string_A)
print(string_B)
```

실행 결과

```
> string_A <- 'Hello, World!'
> string_B <- "Hello, World!"
>
> print(string_A)
[1] "Hello, World!"
> print(string_B)
[1] "Hello, World!"
```

참고사항

- R에서는 작은따옴표와 큰따옴표를 구분하지 않지만, 한 번 시작한 따옴표는 같은 종류의 따옴표로 닫아야 합니다. (잘못된 예시: "Hello, World!')
- 문자열 내에 따옴표를 포함하려면 이스케이프 문자(₩)를 사용하거나 다른 종류의 따옴표로 문자열을 감싸면 됩니다.

```
string_A <- "He said, \"Hello!\""
string_B <- 'He said, "Hello!"'
```

2.3 논리형(logical)

논리형은 참(TRUE) 또는 거짓(FALSE) 두 가지 값만을 가질 수 있는 데이터 타입입니다. 주로 조건문이나 필터링 작업에서 사용됩니다.

- 예: TRUE, FALSE

논리형은 비교 연산(>, <, ==, != 등)의 결과로 자주 생성되며, 데이터 분석 시 특정 조건을 만족하는 데이터를 선택하는 데 유용합니다.

예시

```
x <- TRUE; y <- FALSE
and_result <- x & y  # AND 연산
or_result <- x | y   # OR 연산
not_x <- !x          # NOT 연산

print(and_result)
print(or_result)
print(not_x)
```

실행 결과

```
> x <- TRUE; y <- FALSE
> and_result <- x & y
> or_result  <- x | y
> not_x      <- !x
>
> print(and_result)
[1] FALSE
> print(or_result)
[1] TRUE
> print(not_x)
[1] FALSE
```

참고사항

- R에서는 'T'와 'F'를 각각 'TRUE'와 'FALSE'의 약어로 사용할 수 있지만, 이는 변수로 재할당될 수 있으므로 사용을 권장하지 않습니다.
- 숫자 0은 'FALSE'로, 0이 아닌 숫자는 'TRUE'로 해석됩니다.

```
print(as.logical(0))     # FALSE
print(as.logical(1))     # TRUE
print(as.logical(-5))    # TRUE
print(as.logical(3.14))  # TRUE
```

3 데이터 타입 변환

데이터 타입 변환은 R 프로그래밍에서 중요한 개념으로, 한 데이터 타입을 다른 타입으로 변경하는 과정을 말합니다. 이는 다양한 상황에서 필요하며, 데이터 분석과 처리에 있어 핵심적인 역할을 합니다.

▶ **주요 사용 사례**

(1) 데이터 분석 및 처리: 일관된 데이터 타입이 필요한 연산이나 분석을 수행할 때 사용됩니다. 예를 들어, 문자열로 저장된 숫자 데이터를 실제 수치 연산에 사용하기 위해 숫자형으로 변환해야 할 수 있습니다.

(2) 함수 요구사항 충족: 특정 R 함수들은 입력 데이터가 특정 타입이어야 작동합니다. 예를 들어, 날짜 관련 함수는 Date 타입의 입력을 요구할 수 있으므로, 문자열을 Date 타입으로 변환해야 할 수 있습니다.

데이터 타입 변환 시에는 정보 손실이나 예상치 못한 결과가 발생할 수 있으므로 주의가 필요합니다.

참고사항

- 숫자가 아닌 문자열을 숫자로 변환하려 하면 NA값이 생성될 수 있습니다.
- 소수점이 있는 숫자를 정수로 변환하면 소수점 이하가 절삭됩니다.
- 날짜 형식이 맞지 않는 문자열을 날짜로 변환하려 하면 오류가 발생할 수 있습니다.

따라서 데이터 타입 변환을 수행하기 전에는 항상 데이터를 자세히 검토하고, 변환 후에도 결과를 확인하여 의도치 않은 데이터 손실이나 오류가 없는지 확인해야 합니다.

3.1 숫자형 변환: as.numeric()

as.numeric() 함수는 변수를 숫자(부동 소수점) 유형으로 변환합니다.

예시

```
x <- "42"
result <- as.numeric(x)
print(result)
print(class(result))
```

실행 결과

```
> x <- "42"
> result <- as.numeric(x)
> print(result)
[1] 42
> print(class(result))
[1] "numeric"
```

3.2 정수형 변환: as.integer()

as.integer() 함수는 변수를 정수 유형으로 변환합니다.

예시

```
y <- 5.8
result <- as.integer(y)
print(result)
print(class(result))
```

실행 결과

```
> y <- 5.8
> result <- as.integer(y)
> print(result)
[1] 5
> print(class(result))
[1] "integer"
```

3.3 문자형 변환: as.character()

as.character() 함수는 변수를 문자(문자열) 유형으로 변환합니다.

예시

```
num <- 123.5
result <- as.character(num)
print(result)
print(class(result))
```

실행 결과

```
> num <- 123.5
> result <- as.character(num)
> print(result)
[1] "123.5"
> print(class(result))
[1] "character"
```

3.4 논리형 변환: as.logical()

as.logical() 함수는 변수를 논리(부울) 유형으로 변환합니다. 0은 FALSE로, 0이 아닌 숫자는 TRUE로 변환됩니다.

예시

```
print(as.logical(0))
print(as.logical(1))
print(as.logical(2))
print(as.logical(-1))
```

실행 결과

```
> print(as.logical(0))
[1] FALSE
> print(as.logical(1))
[1] TRUE
> print(as.logical(2))
[1] TRUE
> print(as.logical(-1))
[1] TRUE
```

참고사항

- 문자열을 논리형으로 변환할 때는 주의가 필요합니다. "TRUE", "True", "T"는 TRUE로, "FALSE", "False", "F"는 FALSE로 변환되지만, 다른 문자열은 NA가 됩니다.

```
print(as.logical("TRUE"))
print(as.logical("false"))
print(as.logical("hello"))
```

3.5 날짜 및 시간 변환: as.Date(), as.POSIXct()

as.Date() 함수는 문자열을 날짜 유형으로, as.POSIXct() 함수는 문자열을 날짜-시간 유형으로 변환합니다.

예시

```
date_str <- "2023-08-31"
result <- as.Date(date_str)
print(result)
print(class(result))
```

실행 결과

```
> date_str <- "2023-08-31"
> result <- as.Date(date_str)
> print(result)
[1] "2023-08-31"
> print(class(result))
[1] "Date"
```

참고사항

- 날짜 및 시간 형식이 일치하지 않으면 NA가 반환될 수 있습니다. 필요한 경우 'format' 인자를 사용하여 형식을 지정할 수 있습니다.

```
date_str <- "31/08/2023"
result <- as.Date(date_str, format="%d/%m/%Y")
print(result)
```

4 연산자

R에서 사용되는 주요 연산자(Operators)들은 데이터를 조작하고 계산하는 데 필수적인 도구입니다. 이들은 산술 연산자(+, -, *, / 등), 관계 연산자(==, !=, >, < 등), 논리 연산자(&, |, ! 등)를 포함하며, 각각 수학적 계산, 값 비교, 논리적 판단을 수행합니다. 이러한 연산자들을 통해 R에서 다양한 데이터 처리와 분석 작업을 효율적으로 수행할 수 있습니다.

4.1 산술 연산자

산술 연산자는 R 프로그래밍에서 기본적인 수학 계산을 수행하는 데 사용되는 핵심적인 도구로, 덧셈(+), 뺄셈(-), 곱셈(*), 나눗셈(/), 거듭제곱(^), 몫 연산(%/%), 나머지 연산(%%) 등을 포함합니다.

구분	기호	예	결과
덧셈	+	3 + 2	5
뺄셈	-	3 - 2	1
곱셈	*	3 * 2	6
나눗셈	/	7 / 3	2.333333
연산 순서	()	3 * (2 + 6)	24

구분	기호	예	결과
몫	%/%	7 %/% 3	2
나머지	%%	7 %% 3	1
제곱	^ or **	3^2	9

이러한 연산자들을 통해 사용자는 간단한 사칙연산부터 복잡한 수학적 계산까지 다양한 수치 처리 작업을 수행할 수 있습니다.

예시

```
a <- 10
b <- 3

addition <- a + b           # 덧셈
subtraction <- a - b        # 뺄셈
multiplication <- a * b     # 곱셈
division <- a / b           # 나눗셈
power <- a ^ b              # 거듭제곱
modulus <- a %% b           # 나머지
integer_division <- a %/% b  # 정수 나눗셈

print(paste("덧셈:", addition))
print(paste("뺄셈:", subtraction))
print(paste("곱셈:", multiplication))
print(paste("나눗셈:", division))
print(paste("거듭제곱:", power))
print(paste("나머지:", modulus))
print(paste("정수 나눗셈:", integer_division))
```

실행 결과

```
> a <- 10
> b <- 3
>
> addition <- a + b         # 덧셈
> subtraction <- a - b      # 뺄셈
> multiplication <- a * b # 곱셈
> division <- a / b         # 나눗셈
> power <- a ^ b            # 거듭제곱
> modulus <- a %% b         # 나머지
> integer_division <- a %/% b  # 정수 나눗셈
>
> print(paste("덧셈:", addition))
[1] "덧셈: 13"
> print(paste("뺄셈:", subtraction))
[1] "뺄셈: 7"
> print(paste("곱셈:", multiplication))
```

```
[1] "곱셈: 30"
> print(paste("나눗셈:", division))
[1] "나눗셈: 3.33333333333333"
> print(paste("거듭제곱:", power))
[1] "거듭제곱: 1000"
> print(paste("나머지:", modulus))
[1] "나머지: 1"
> print(paste("정수 나눗셈:", integer_division))
[1] "정수 나눗셈: 3"
```

참고사항

- 0으로 나누기를 시도하면 'Inf' (무한대)나 'NaN' (숫자가 아님)이 반환될 수 있습니다.
- 정수 나눗셈('%/%')은 결과를 정수로 내림합니다.

4.2 관계 연산자

관계(Relational) 연산자는 두 값 사이의 관계를 비교하는 연산자로써, 같음(==), 같지 않음(!=), 크다(>), 작다(<), 크거나 같다(>=), 작거나 같다(<=) 등의 연산자를 포함합니다.

구분	기호	예	결과
초과	>	3 > 2	TRUE
미만	<	3 < 2	FALSE
같음	==	3 == 2	FALSE
이상	>=	3 >= 2	TRUE
이하	<=	3 <= 2	FALSE
같지 않음	!=	3 != 2	TRUE

이들은 주로 조건문, 필터링, 데이터 정제 등의 작업에서 사용되어 TRUE 또는 FALSE의 논리값을 반환함으로써 데이터 분석 과정에서 특정 조건을 만족하는 데이터를 선별하는 데 사용됩니다.

예시

```
x <- 5
y <- 10

equal <- x == y              # 같음
not_equal <- x != y          # 같지 않음
greater_than <- x > y        # 보다 큼
less_than <- x < y           # 보다 작음
greater_equal <- x >= y      # 보다 크거나 같음
less_equal <- x <= y         # 보다 작거나 같음
```

```
print(paste("같음:", equal))
print(paste("같지 않음:", not_equal))
print(paste("보다 큼:", greater_than))
print(paste("보다 작음:", less_than))
print(paste("보다 크거나 같음:", greater_equal))
print(paste("보다 작거나 같음:", less_equal))
```

실행 결과

```
> x <- 5
> y <- 10
>
> equal <- x == y          # 같음
> not_equal <- x != y      # 같지 않음
> greater_than <- x > y    # 보다 큼
> less_than <- x < y       # 보다 작음
> greater_equal <- x >= y  # 보다 크거나 같음
> less_equal <- x <= y     # 보다 작거나 같음
>
> print(paste("같음:", equal))
[1] "같음: FALSE"
> print(paste("같지 않음:", not_equal))
[1] "같지 않음: TRUE"
> print(paste("보다 큼:", greater_than))
[1] "보다 큼: FALSE"
> print(paste("보다 작음:", less_than))
[1] "보다 작음: TRUE"
> print(paste("보다 크거나 같음:", greater_equal))
[1] "보다 크거나 같음: FALSE"
> print(paste("보다 작거나 같음:", less_equal))
[1] "보다 작거나 같음: TRUE"
```

참고사항

– 부동소수점 연산의 특성상, 실수 비교 시 정확히 같은지 비교하는 것은 주의가 필요합니다. 대신 두 수의 차이가 매우 작은지 확인하는 방법을 사용할 수 있습니다.

4.3 논리 연산자

논리 연산자는 R에서 여러 조건을 조합하거나 단일 조건의 진리값을 조작하는 데 사용되는 핵심 도구로, AND(&), OR(|), NOT(!) 등의 연산자를 포함하며, 이들은 복잡한 조건문을 구성하거나 여러 조건을 동시에 평가해야 하는 상황에서 사용되며, 데이터 필터링 및 조건부 실행에 주로 사용됩니다.

(1) AND 연산자(&)

- 두 조건이 모두 TRUE일 때만 TRUE를 반환
- 하나라도 FALSE이면 FALSE를 반환

(2) OR 연산자(|)

- 두 조건 중 하나라도 TRUE이면 TRUE를 반환
- 둘 다 FALSE일 때만 FALSE를 반환

(3) NOT 연산자(!)

- TRUE를 FALSE로, FALSE를 TRUE로 변환
- 조건의 진리값을 반전시킴

R

구분	기호	예	결과
AND	&	TRUE & FALSE	FALSE
OR	|	TRUE | FALSE	TRUE
NOT	!	! TRUE	FALSE

예시

```
p <- TRUE
q <- FALSE

and_result <- p & q   # AND 연산
or_result <- p | q    # OR 연산
not_p <- !p           # NOT 연산

print(paste("AND 연산:", and_result))
print(paste("OR 연산:", or_result))
print(paste("NOT 연산 (p):", not_p))
```

실행 결과

```
> p <- TRUE
> q <- FALSE
>
> and_result <- p & q   # AND 연산
> or_result <- p | q    # OR 연산
> not_p <- !p           # NOT 연산
>
> print(paste("AND 연산:", and_result))
[1] "AND 연산: FALSE"
> print(paste("OR 연산:", or_result))
[1] "OR 연산: TRUE"
> print(paste("NOT 연산 (p):", not_p))
[1] "NOT 연산 (p): FALSE"
```

4.4 관계연산자와 논리연산자의 조합

관계 연산자와 논리 연산자를 함께 사용하면 복잡한 조건을 표현할 수 있습니다. 이는 데이터 분석에서 특정 조건을 만족하는 데이터를 필터링하거나 여러 조건을 동시에 검사해야 할 때 매우 유용합니다.

예시

```
age <- 25
income <- 45000
is_student <- TRUE

# 여러 조건 조합하기
eligible <- (age >= 20 & age <= 30) & (income > 30000 | is_student)
print(paste("지원 자격 여부:", eligible))

# 범위 확인
x <- 15
in_range <- x >= 10 & x <= 20
print(paste("x가 10과 20 사이에 있나요?", in_range))

# 복잡한 조건 확인
score <- 85
attendance <- 0.9
passes_course <- score >= 80 & attendance >= 0.8
print(paste("과정 통과 여부:", passes_course))
```

실행 결과

```
> age <- 25
> income <- 45000
> is_student <- TRUE
>
> # 여러 조건 조합하기
> eligible <- (age >= 20 & age <= 30) & (income > 30000 | is_student)
> print(paste("지원 자격 여부:", eligible))
[1] "지원 자격 여부: TRUE"

> # 범위 확인
> x <- 15
> in_range <- x >= 10 & x <= 20
> print(paste("x가 10과 20 사이에 있나요?", in_range))
[1] "x가 10과 20 사이에 있나요? TRUE"

> # 복잡한 조건 확인
> score <- 85
> attendance <- 0.9
> passes_course <- score >= 80 & attendance >= 0.8
> print(paste("과정 통과 여부:", passes_course))
[1] "과정 통과 여부: TRUE"
```

참고사항

- 연산자 우선순위를 고려하여 괄호를 적절히 사용해야 합니다.
- 복잡한 조건을 작성할 때는 가독성을 위해 조건을 여러 줄로 나누거나 중간 변수를 사용하는 것이 좋습니다.
- 부동소수점 비교 시에는 정확한 일치 비교보다는 근사값 비교를 사용하는 것이 안전합니다.

R 연습문제

01 변수 'x'에 값 42를 할당하는 코드를 작성하세요.

02 문자열 "Hello, R!"을 변수 'greeting'에 저장하는 코드를 작성하세요.

03 논리값 TRUE를 변수 'is_student'에 할당하는 코드를 작성하세요.

04 변수 'a'에 10, 'b'에 3을 할당하고, 이 두 변수의 합을 구하는 코드를 작성하세요.

05 변수 'x'에 5, 'y'에 7을 할당하고, x가 y보다 작은지 비교하는 코드를 작성하세요.

06 문자열 "42"를 숫자로 변환하여 변수 'num'에 저장하는 코드를 작성하세요.

07 변수 'p'에 TRUE, 'q'에 FALSE를 할당하고, 이 두 변수에 대해 AND 연산을 수행하는 코드를 작성하세요.

08 변수 'age'에 25를 할당하고, age가 20 이상이고 30 미만인지 확인하는 코드를 작성하세요.

09 변수 'x'에 100을 할당하고, x를 7로 나눈 나머지를 구하는 코드를 작성하세요.

10 변수 'test_num'에 0을 할당하고 이를 논리값으로 변환하는 코드를 작성하세요.

Python

1 변수

변수(Variables)는 프로그래밍에서 가장 기본적인 개념 중 하나로, 데이터를 저장하는 메모리 공간입니다. Python에서 변수는 숫자(Numeric), 문자열(String), 논리형(Boolean) 등의 기본 데이터 타입뿐만 아니라 데이터프레임(DataFrame), 리스트(List), 함수(function) 등과 같은 복합 객체도 저장할 수 있습니다.

1.1 변수 생성 및 할당: =

Python에서 변수를 생성하고 값을 할당할 때 '=' 연산자를 사용합니다.

예시

```
# 변수 할당
x = 5

y = 10
```

참고사항

– 하나의 변수에는 오직 하나의 값만을 저장할 수 있으며, 두 개 이상의 값을 입력 시 오류를 발생시킵니다. 예를 들어, (x = 1, 2, 3)과 같은 코드는 오류를 발생시킵니다.

1.2 변수 확인: print()

print() 함수는 화면에 텍스트나 변수의 값을 출력할 때 사용하는 출력함수입니다. 기본적으로 문자열, 숫자, 변수 등 어떤 타입의 데이터든 출력할 수 있습니다. 예를 들어 'print("Hello")', 'print(42)', 'print(변수명)' 처럼 사용할 수 있습니다.

예시

```
x = 5
print(x)

print("Hello")

print(42)
```

실행 결과

```
In [11]: x = 5

In [12]: print(x)
5

In [13]: print("Hello")
Hello

In [14]: print(42)
42
```

1.3 변수명 규칙

Python에서 변수명을 결정할 때 따라야 할 규칙이 있습니다. 이러한 규칙들은 코드 가독성, 기술적 제약, 오류 방지, 국제 표준화, 유지보수성을 위해 필요합니다.

(1) 문자, 숫자, 밑줄(_)만 사용 가능

(2) 숫자로 시작할 수 없음

(3) 예약어(if, for, while 등)는 사용할 수 없음

예시

```
valid_name = 10       # 올바른 이름
_valid_name = 20      # 올바른 이름(밑줄로 시작)
validName = 30        # 올바른 이름(카멜 케이스)
valid_name_2 = 40     # 올바른 이름(밑줄 포함)

# 잘못된 이름 예시(주석 처리되어 있어 실행되지 않음)
# 2invalid = 50       # 숫자로 시작할 수 없음
# invalid-name = 70   # 하이픈은 사용할 수 없음
# if = 80             # 예약어는 사용할 수 없음
```

참고사항

- 변수 이름은 의미 있고 설명적이어야 합니다. 예를 들어, 'x'보다는 'total_score'와 같은 이름이 더 좋습니다.
- 일관된 명명 규칙을 사용하세요. 예를 들어, 모든 단어를 소문자로 하고 밑줄로 구분하는 스네이크 케이스(예: 'my_variable')나 첫 단어는 소문자로 시작하고 그 다음 단어부터는 대문자로 시작하는 카멜 케이스(예: 'myVariable')를 사용할 수 있습니다.

1.4 변수 찾기: dir()

dir() 함수를 통해 현재 환경에 존재하는 모든 변수의 이름을 확인할 수 있습니다.

예시

```
x = 10
y = "Hello"
z = True

# 모든 변수 나열
dir()
```

참고사항

- Spyder를 사용하는 경우, 우측 상단의 "Variable Explorer" 탭에서 현재 환경의 모든 변수를 시각적으로 확인할 수 있습니다. 이 탭은 각 변수의 이름, 값, 타입 등의 정보를 제공합니다.

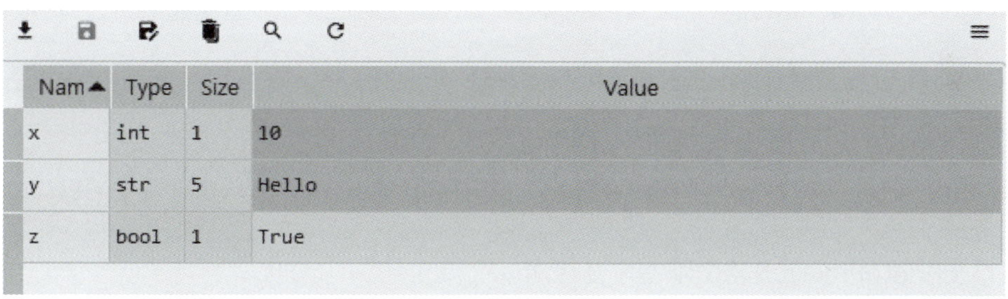

1.5 변수 삭제: del

변수를 메모리에서 삭제하려면 'del' 키워드를 사용합니다. 변수를 삭제함으로써 대용량 데이터 처리 시 메모리를 효율적으로 관리하거나, 작업 환경을 깔끔하게 유지하는 데 도움을 줍니다.

예시

```
x = 10
y = 20
z = 30

# x 변수 삭제
del x

# 여러 변수 동시에 삭제
del y, z
```

참고사항

- 삭제된 변수는 복구할 수 없으므로, 중요한 데이터는 먼저 저장해두어야 합니다.
- Spyder를 사용하는 경우, 우측 상단의 "Variable Explorer" 탭에서 쓰레기통 버튼을 통해 모든 변수를 삭제할 수 있습니다.

2 데이터 타입

데이터 타입(Data Type)은 컴퓨터가 정보를 저장하고 처리하는 방식을 정의하는 분류 체계입니다. 이는 마치 도서관에서 책을 주제별로 분류하는 것과 비슷합니다. Python에서는 여러 가지 데이터 타입을 지원합니다. 주요 타입은 다음과 같습니다.

(1) 숫자형(numeric): 정수와 실수를 포함
(2) 문자형(string): 텍스트 데이터
(3) 논리형(boolean): True 또는 False

예시

```
num_var = 42.5              # 숫자형
char_var = "Hello, Python!" # 문자형
bool_var = True             # 논리형
```

```
# 변수의 타입 확인
print(type(num_var))
print(type(char_var))
print(type(bool_var))
```

[실행 결과]

```
In [33]: print(type(num_var))
<class 'float'>

In [34]: print(type(char_var))
<class 'str'>

In [35]: print(type(bool_var))
<class 'bool'>
```

Python은 동적 타이핑 언어이므로, 변수의 타입을 명시적으로 선언할 필요가 없습니다. 하지만 이로 인해 의도치 않은 타입 변환이 일어날 수 있으므로 주의해야 합니다. Python에서 사용되는 기본 데이터 타입에 대해 더 자세히 알아보겠습니다.

2.1 수치형

수치형(numeric)은 숫자를 표현하는 데이터 타입이며 Python에서는 기본적으로 정수와 실수를 모두 지원합니다. Python에서는 다음과 같은 주요 수치형이 있습니다.

(1) 정수(int): 소수점이 없는 온전한 숫자입니다. 예: 1, 42, -10

(2) 실수(float): 소수점이 있는 숫자입니다. 예: 3.14, -0.5, 2.0

예시

```
x = 5     # 정수
y = 5.0  # 실수

print(type(x))
print(type(y))

# 정수형으로 명시적 변환
z = int(5.5)
print(type(z))
```

실행 결과

```
In [41]: print(type(x))
<class 'int'>

In [42]: print(type(y))
<class 'float'>

In [43]: print(type(z))
<class 'int'>
```

2.2 문자형(string)

문자형은 텍스트 데이터를 저장하는 데 사용됩니다. 단일 문자부터 긴 문장, 단어까지 모든 종류의 텍스트를 포함할 수 있습니다. Python에서는 작은따옴표(' ') 또는 큰따옴표(" ")로 문자열을 표시합니다.

- 예: "Hello, World!", '데이터 분석'

문자형 데이터는 텍스트 처리, 문자열 조작, 자연어 처리 등에서 중요하게 사용됩니다.

예시

```
string_A = 'Hello, World!'
string_B = "Hello, World!"

print(string_A)
print(string_B)
```

실행 결과

```
In [45]: print(string_A)
Hello, World!

In [46]: print(string_B)
Hello, World!
```

참고사항

- Python에서는 작은따옴표와 큰따옴표를 구분하지 않지만, 한 번 시작한 따옴표는 같은 종류의 따옴표로 닫아야 합니다. (잘못된 예시: "Hello, World!')
- 문자열 내에 따옴표를 포함하려면 이스케이프 문자(₩)를 사용하거나 다른 종류의 따옴표로 문자열을 감싸면 됩니다.

```
string_A = "He said, \"Hello!\""
string_B = 'He said, "Hello!"'
```

2.3 논리형(boolean)

논리형은 참(True) 또는 거짓(False) 두 가지 값만을 가질 수 있는 데이터 타입입니다. 주로 조건문이나 필터링 작업에서 사용됩니다.

- 예: True, False

논리형은 비교 연산(>, <, ==, != 등)의 결과로 자주 생성되며, 데이터 분석 시 특정 조건을 만족하는 데이터를 선택하는 데 유용합니다.

예시

```
and_result = x and y # AND 연산
or_result = x or y   # OR 연산
not_x = not x        # NOT 연산

print(and_result)
print(or_result)
print(not_x)
```

실행 결과

```
In [48]: print(and_result)
5.0

In [49]: print(or_result)
5

In [50]: print(not_x)
False
```

참고사항

- Python에서는 'True'와 'False'는 대소문자를 구분합니다.

```
true = "이것은 변수입니다"  # 소문자 true는 예약어가 아니므로 변수명으로 사용 가능
True = "에러 발생"          # 대문자 True는 예약어이므로 변수명으로 사용 불가
```

- 숫자 0은 'False'로, 0이 아닌 숫자는 'True'로 해석됩니다.

```
# 숫자를 논리값으로 변환
print(bool(0))     # False
print(bool(1))     # True
print(bool(-5))    # True
print(bool(3.14))  # True
```

3 데이터 타입 변환

데이터 타입 변환은 Python 프로그래밍에서 중요한 개념으로, 한 데이터 타입을 다른 타입으로 변경하는 과정을 말합니다. 이는 다양한 상황에서 필요하며, 데이터 분석과 처리에 있어 핵심적인 역할을 합니다.

▶ 주요 사용 사례

(1) 데이터 분석 및 처리: 일관된 데이터 타입이 필요한 연산이나 분석을 수행할 때 사용됩니다. 예를 들어, 문자열로 저장된 숫자 데이터를 실제 수치 연산에 사용하기 위해 숫자형으로 변환해야 할 수 있습니다.

(2) 함수 요구사항 충족: 특정 Python 함수들은 입력 데이터가 특정 타입이어야 작동합니다. 예를 들어, 날짜 관련 함수는 datetime 타입의 입력을 요구할 수 있으므로, 문자열을 datetime 타입으로 변환해야 할 수 있습니다.

데이터 타입 변환 시에는 정보 손실이나 예상치 못한 결과가 발생할 수 있으므로 주의가 필요합니다.

참고사항

- 숫자가 아닌 문자열을 숫자로 변환하려 하면 ValueError가 발생할 수 있습니다.
- 소수점이 있는 숫자를 정수로 변환하면 소수점 이하가 절삭됩니다.
- 날짜 형식이 맞지 않는 문자열을 날짜로 변환하려 하면 오류가 발생할 수 있습니다.

따라서 데이터 타입 변환을 수행하기 전에는 항상 데이터를 면밀히 검토하고, 변환 후에도 결과를 확인하여 의도치 않은 데이터 손실이나 오류가 없는지 확인해야 합니다.

3.1 정수형 변환: int()

int() 함수는 변수를 정수 유형으로 변환합니다.

예시

```
x1 = "42"
print(type(x1))
result1 = int(x1)
print(result1)
print(type(result1))
```

실행 결과

```
In [2]: x1 = "42"

In [3]: print(type(x1))
<class 'str'>

In [4]: result1 = int(x1)

In [5]: print(result1)
42

In [6]: print(type(result1))
<class 'int'>
```

3.2 실수형 변환: float()

float() 함수는 변수를 실수 유형으로 변환합니다.

예시

```
x2 = "5.8"
print(type(x2))
result2 = float(x2)
print(result2)
print(type(result2))
```

실행 결과

```
In [51]: x2 = "5.8"

In [52]: print(type(x2))
<class 'str'>

In [53]: result2 = float(x2)

In [54]: print(result2)
5.8

In [55]: print(type(result2))
<class 'float'>
```

3.3 문자형 변환: str()

str() 함수는 변수를 문자열 유형으로 변환합니다.

예시

```
x3 = 123.5
print(type(x3))
```

```
result3 = str(x3)
print(result3)
print(type(result3))
```

실행 결과

```
In [56]: x3 = 123.5

In [57]: print(type(x3))
<class 'float'>

In [58]: result3 = str(x3)

In [59]: print(result3)
123.5

In [60]: print(type(result3))
<class 'str'>
```

3.4 bool(): 논리형 변환

bool() 함수는 변수를 논리(부울) 유형으로 변환합니다. 0은 False로, 0이 아닌 숫자는 True로 변환됩니다.

예시

```
print(bool(0))
print(bool(1))
print(bool(2))
print(bool(-1))
```

실행 결과

```
In [61]: print(bool(0))
False

In [62]: print(bool(1))
True

In [63]: print(bool(2))
True

In [64]: print(bool(-1))
```

참고사항

문자열을 논리형으로 변환할 때는 주의가 필요합니다. 빈 문자열은 False로, 그 외의 문자열은 True로 변환됩니다.

```
print(bool("TRUE"))
print(bool("false"))
print(bool(""))
```

3.5 datetime 모듈: 날짜 및 시간 변환

datetime.strptime() 함수를 사용하여 문자열을 날짜 유형으로 변환할 수 있습니다.

datetime 패키니는 python에서 기본으로 제공하기 때문에 인스톨이 필요없어, 로드만 하면 됩니다.

예시

```
from datetime import datetime # 패키지 루드

date_str = "2025-03-02"
result4 = datetime.strptime(date_str, "%Y-%m-%d")
print(result4)
print(type(result4))
```

실행 결과

```
In [67]: from datetime import datetime # 패키지 로드

In [68]: date_str = "2025-03-02"

In [69]: result4 = datetime.strptime(date_str, "%Y-%m-%d")

In [70]: print(result4)
2025-03-02 00:00:00

In [71]: print(type(result4))
<class 'datetime.datetime'>
```

4 연산자

Python에서 사용되는 주요 연산자(Operators)들은 데이터를 조작하고 계산하는 데 필수적인 도구입니다. 이들은 산술 연산자(+, -, *, / 등), 관계 연산자(==, !=, 〉, 〈 등), 논리 연산자(and, or, not)를 포함하며, 각각 수학적 계산, 값 비교, 논리적 판단을 수행합니다.

이러한 연산자들을 통해 Python에서 다양한 데이터 처리와 분석 작업을 효율적으로 수행할 수 있습니다.

4.1 산술 연산자

산술 연산자는 Python 프로그래밍에서 기본적인 수학 계산을 수행하는 데 사용되는 핵심적인 도구로, 덧셈(+), 뺄셈(-), 곱셈(*), 나눗셈(/), 거듭제곱(**), 몫 연산(//), 나머지 연산(%) 등을 포함합니다.

구분	기호	예	결과
덧셈	+	3 + 2	5
뺄셈	–	3 – 2	1
곱셈	*	3 * 2	6
나눗셈	/	7 / 3	2.333333
연산 순서	( )	3 * (2 + 6)	24
몫	%/%	7 %/% 3	2
나머지	%%	7 %% 3	1
제곱	^ or **	3^2	9

이러한 연산자들을 통해 사용자는 간단한 사칙연산부터 복잡한 수학적 계산까지 다양한 수치 처리 작업을 수행할 수 있습니다.

예시

```
a = 10
b = 3

addition = a + b            # 덧셈
subtraction = a - b         # 뺄셈
multiplication = a * b      # 곱셈
division = a / b            # 나눗셈
power = a ** b              # 거듭제곱
modulus = a % b             # 나머지
integer_division = a // b   # 정수 나눗셈

print(f"덧셈: {addition}")
print(f"뺄셈: {subtraction}")
print(f"곱셈: {multiplication}")
print(f"나눗셈: {division}")
print(f"거듭제곱: {power}")
print(f"나머지: {modulus}")
print(f"정수 나눗셈: {integer_division}")
```

실행 결과

```
In [1]: a = 10
   ...: b = 3
   ...:
   ...: addition = a + b             # 덧셈
   ...:
   ...: subtraction = a - b          # 뺄셈
   ...:
   ...: multiplication = a * b       # 곱셈
   ...:
   ...: division = a / b             # 나눗셈
   ...:
   ...: power = a ** b               # 거듭제곱
   ...:
   ...: modulus = a % b              # 나머지
   ...:
   ...: integer_division = a // b  # 정수 나눗셈

In [2]: print(f"덧셈: {addition}")
   ...:
   ...: print(f"뺄셈: {subtraction}")
   ...:
   ...: print(f"곱셈: {multiplication}")
   ...:
   ...: print(f"나눗셈: {division}")
   ...:
   ...: print(f"거듭제곱: {power}")
   ...:
   ...: print(f"나머지: {modulus}")
   ...:
   ...: print(f"정수 나눗셈: {integer_division}")
덧셈: 13
뺄셈: 7
곱셈: 30
나눗셈: 3.3333333333333335
거듭제곱: 1000
나머지: 1
정수 나눗셈: 3
```

참고사항

- 0으로 나누기를 시도하면 오류가 발생할 수 있습니다.
- 정수 나눗셈('//')은 결과를 정수로 내림합니다.

4.2 관계 연산자

관계(Relational) 연산자는 두 값 사이의 관계를 비교하는 연산자로써, 같음(==), 같지 않음(!=), 크다(>), 작다(<), 크거나 같다(>=), 작거나 같다(<=) 등의 연산자를 포함합니다.

구분	기호	예	결과
초과	>	3 > 2	True
미만	<	3 < 2	False
같음	==	3 == 2	False
이상	>=	3 >= 2	True
이하	<=	3 <= 2	False
같지 않음	!=	3 != 2	True

이들은 주로 조건문, 필터링, 데이터 정제 등의 작업에서 사용되어 True 또는 False의 논리값을 반환함으로써 데이터 분석 과정에서 특정 조건을 만족하는 데이터를 선별하는 데 사용됩니다.

예시

```
x = 5
y = 10

equal = x == y            # 같음
not_equal = x != y        # 같지 않음
greater_than = x > y      # 보다 큼
less_than = x < y         # 보다 작음
greater_equal = x >= y    # 보다 크거나 같음
less_equal = x <= y       # 보다 작거나 같음

print(f"같음: {equal}")
print(f"같지 않음: {not_equal}")
print(f"보다 큼: {greater_than}")
print(f"보다 작음: {less_than}")
print(f"보다 크거나 같음: {greater_equal}")
print(f"보다 작거나 같음: {less_equal}")
```

실행 결과

```
In [5]: x = 5
   ...: y = 10
   ...:
   ...: equal = x == y            # 같음
   ...: not_equal = x != y        # 같지 않음
   ...: greater_than = x > y      # 보다 큼
   ...: less_than = x < y         # 보다 작음
   ...: greater_equal = x >= y    # 보다 크거나 같음
   ...: less_equal = x <= y       # 보다 작거나 같음
   ...:
   ...: print("같음:", equal)
   ...: print(f"같음: {equal}")
   ...: print(f"같지 않음: {not_equal}")
```

```
   ...: print(f"보다 큼: {greater_than}")
   ...: print(f"보다 작음: {less_than}")
   ...: print(f"보다 크거나 같음: {greater_equal}")
   ...: print(f"보다 작거나 같음: {less_equal}")
같음: False
같음: False
같지 않음: True
보다 큼: False
보다 작음: True
보다 크거나 같음: False
보다 작거나 같음: True
```

참고사항

- 부동소수점 연산의 특성상, 실수 비교 시 정확히 같은지 비교하는 것은 주의가 필요합니다. 대신 두 수의 차이가 매우 작은지 확인하는 방법을 사용할 수 있습니다.

4.3 논리 연산자

논리 연산자는 Python에서 여러 조건을 조합하거나 단일 조건의 진리값을 조작하는 데 사용되는 핵심 도구로, AND(and), OR(or), NOT(not) 등의 연산자를 포함하며, 이들은 복잡한 조건문을 구성하거나 여러 조건을 동시에 평가해야 하는 상황에서 사용되며, 데이터 필터링 및 조건부 실행에 주로 사용됩니다.

(1) AND 연산자(and)
- 두 조건이 모두 True일 때만 True를 반환
- 하나라도 False이면 False를 반환

(2) OR 연산자(or)
- 두 조건 중 하나라도 True이면 True를 반환
- 둘 다 False일 때만 False를 반환

(3) NOT 연산자(not)
- True를 False로, False를 True로 변환
- 조건의 진리값을 반전시킴

구분	기호	예	결과
AND	and	True and False	False
OR	or	True or False	True
NOT	not	not True	False

예시

```
p = True
q = False

and_result = p and q # AND 연산
or_result = p or q    # OR 연산
not_p = not p         # NOT 연산

print(f"AND 연산: {and_result}")
print(f"OR 연산: {or_result}")
print(f"NOT 연산 (p): {not_p}")
```

실행 결과

```
In [6]: p = True
   ...: q = False
   ...:
   ...: and_result = p and q    # AND 연산
   ...: or_result = p or q      # OR 연산
   ...: not_p = not p           # NOT 연산
   ...:
   ...: print(f"AND 연산: {and_result}")
   ...: print(f"OR 연산: {or_result}")
   ...: print(f"NOT 연산 (p): {not_p}")
AND 연산: False
OR 연산: True
NOT 연산 (p): False
```

4.4 관계연산자와 논리연산자의 조합

관계 연산자와 논리 연산자를 함께 사용하면 복잡한 조건을 표현할 수 있습니다. 이는 데이터 분석에서 특정 조건을 만족하는 데이터를 필터링하거나 여러 조건을 동시에 검사해야 할 때 매우 유용합니다.

예시

```
age = 25
income = 45000
is_student = True

# 여러 조건 조합하기
eligible = (20 <= age <= 30) and (income > 30000 or is_student)
print(f"지원 자격 여부: {eligible}")

# 범위 확인
x = 15
in_range = 10 <= x <= 20  # Python에서는 이런 체이닝 비교가 가능합니다
print(f"x가 10과 20 사이에 있나요? {in_range}")
```

```
# 복잡한 조건 확인
score = 85
attendance = 0.9
passes_course = score >= 80 and attendance >= 0.8
print(f"과정 통과 여부: {passes_course}")
```

실행 결과

```
In [7]: age = 25
   ...: income = 45000
   ...: is_student = True
   ...:
   ...: # 여러 조건 조합하기
   ...: eligible = (20 <= age <= 30) and (income > 30000 or is_student)
   ...: print(f"지원 자격 여부: {eligible}")
지원 자격 여부: True
```

```
In [8]:
   ...: x = 15
   ...: in_range = 10 <= x <= 20  # Python에서는 이런 체이닝 비교가 가능합니다
   ...: print(f"x가 10과 20 사이에 있나요? {in_range}")
x가 10과 20 사이에 있나요? True
```

```
In [9]:
   ...: score = 85
   ...: attendance = 0.9
   ...: passes_course = score >= 80 and attendance >= 0.8
   ...: print(f"과정 통과 여부: {passes_course}")
과정 통과 여부: True
```

참고사항

- 연산자 우선순위를 고려하여 괄호를 적절히 사용해야 합니다.
- 복잡한 조건을 작성할 때는 가독성을 위해 조건을 여러 줄로 나누거나 중간 변수를 사용하는 것이 좋습니다.
- 부동소수점 비교 시에는 정확한 일치 비교보다는 근사값 비교를 사용하는 것이 안전합니다.

Python 연습문제

01 Python에서 변수 'x'에 값 42를 할당하는 코드를 작성하세요.

02 문자열 "Hello, Python!"을 변수 'greeting'에 저장하는 코드를 작성하세요.

03 논리값 True를 변수 'is_student'에 할당하는 코드를 작성하세요.

04 변수 'a'에 10, 'b'에 3을 할당하고, 이 두 변수의 합을 구하는 코드를 작성하세요.

05 변수 'x'에 5, 'y'에 7을 할당하고, x가 y보다 작은지 비교하는 코드를 작성하세요.

06 문자열 "42"를 정수로 변환하여 변수 'num'에 저장하는 코드를 작성하세요.

07 변수 'p'에 True, 'q'에 False를 할당하고, 이 두 변수에 대해 AND 연산을 수행하는 코드를 작성하세요.

08 변수 'age'에 25를 할당하고, age가 20 이상이고 30 미만인지 확인하는 코드를 작성하세요.

09 변수 'x'에 100을 할당하고, x를 7로 나눈 나머지를 구하는 코드를 작성하세요.

10 변수 'test_num'에 0을 할당하고 이를 논리값으로 변환하는 코드를 작성하세요.

3장

함수와 패키지

R

1. 패키지(Package)
2. 함수(Function)

Python

1. 패키지(Package)
2. 함수(Function)

함수와 패키지는 코드의 재사용성과 확장성을 높이는 핵심 요소입니다. 함수는 특정 작업을 수행하는 코드 블록을 재사용 가능한 형태로 패키징한 것이며, 패키지는 관련 함수들을 모아놓은 확장 모듈입니다. 이 장에서는 함수를 정의하고 사용하는 방법, 그리고 패키지를 설치하고 활용하는 방법에 대해 알아보겠습니다.

0. 함수와 패키지 소개

0.1 함수(Function)

함수는 마치 요리 레시피와 같습니다. 한 번 만들어 놓으면 필요할 때마다 같은 요리를 쉽게 만들 수 있듯이, 함수는 반복적으로 수행해야 하는 작업을 체계적으로 정리해 놓은 코드 묶음입니다. 이를 통해 코드의 재사용성을 높이고, 복잡한 작업을 간단하게 수행할 수 있게 해줍니다.

예를 들어, 데이터의 평균을 구하는 작업을 매번 직접 코딩하는 대신

R 예시

```
xx <- c(1, 2, 3, 4, 5)
sum_of_values <- sum(xx)
number_of_values <- length(xx)
average <- sum_of_values / number_of_values
print(average)
```

실행 결과

```
> xx <- c(1, 2, 3, 4, 5)
> sum_of_values <- sum(xx)
> number_of_values <- length(xx)
> average <- sum_of_values / number_of_values
> print(average)
[1] 3
```

R은 다음과 같이 함수로 만들어 놓으면 코드가 간결해지고, 재사용이 용이해집니다.

R 예시

```
calculate_average <- function(data) {
  return(sum(data) / length(data))
}

average1 <- calculate_average(xx)
print(average1)
```

실행 결과

```
> calculate_average <- function(data) {
+   return(sum(data) / length(data))
+ }
>
> average1 <- calculate_average(xx)
> print(average1)
[1] 3
```

Python 예시

```
xx = (1,2,3,4,5)
sum_of_values = sum(xx)
number_of_values = len(xx)
average = sum_of_values / number_of_values
print(average)
```

실행 결과

```
In [1]: xx=(1,2,3,4,5)

In [2]: sum_of_values = sum(xx)

In [3]: number_of_values = len(xx)

In [4]: average = sum_of_values / number_of_values

In [5]: print(average)
3.0
```

Python은 다음과 같이 함수로 만들어 놓으면 코드가 간결해지고, 재사용이 용이해집니다. 여기서 def 문은 함수를 정의하는 명령어입니다.

Python 예시

```
def calculate_average(data):
    return sum(data) / len(data)
average1 = calculate_average(xx)
print(average1)
```

실행 결과

```
In [7]: def calculate_average(data):
   ...:     return sum(data) / len(data)

In [8]: average1 = calculate_average(xx)

In [9]: print(average1)
3.0
```

0.2 패키지(Package)

패키지는 특정 분야나 작업에 특화된 전문화된 도구 세트와 같습니다. 각 패키지는 마치 건축 현장의 특수 공구함처럼, 특정 데이터 분석 작업을 위한 다양한 도구(함수)들을 포함하고 있습니다. 이러한 도구 세트를 효과적으로 활용하면, 복잡한 데이터 분석 프로젝트를 체계적으로 구축할 수 있습니다.

예를 들어, 표준편차에 대한 계산이 필요하면 R 기본 패키지나 Python의 numpy 패키지를 사용하여 표준편차를 계산할 수 있습니다.

R 예시

```
# sd() 함수를 사용하지 않고 표준편차 계산
numbers <- 1:9

mean_val <- mean(numbers)
squared_diff_sum <- sum((numbers - mean_val)^2)
pop_std_dev <- sqrt(squared_diff_sum / length(numbers))
print(pop_std_dev)

# R 기본 패키지를 사용한 표준편차 계산
sample_std_dev <- sd(numbers)
print(sample_std_dev)
```

실행 결과

```
> numbers <- 1:9
>
> mean_val <- mean(numbers)
> squared_diff_sum <- sum((numbers - mean_val)^2)
> pop_std_dev <- sqrt(squared_diff_sum / length(numbers))
> print(pop_std_dev)
[1] 2.581989
>
> sample_std_dev <- sd(numbers)
> print(sample_std_dev)
[1] 2.738613
```

Python 예시

```
# numpy 패키지 없이 표준편차 계산
numbers = list(range(1, 10))
mean = sum(numbers) / len(numbers)
squared_diff_sum = sum((x - mean) ** 2 for x in numbers)
std_dev = (squared_diff_sum / len(numbers)) ** 0.5
print(std_dev)

# numpy 패키지를 사용한 표준편차 계산
import numpy as np
std_dev1 = np.std(numbers)
print(std_dev1)
```

실행 결과

```
In [10]: numbers =  list(range(1, 10))

In [11]: mean = sum(numbers) / len(numbers)

In [12]: squared_diff_sum = sum((x - mean) ** 2 for x in numbers)

In [13]: std_dev = (squared_diff_sum / len(numbers)) ** 0.5

In [14]: print(std_dev)
2.581988897471611

In [15]: import numpy as np

In [16]: std_dev1 = np.std(numbers)

In [17]: print(std_dev1)
2.581988897471611
```

따라서, 새로운 문제에 직면했을 때 처음부터 모든 것을 직접 만들기보다는, 먼저 기존의 패키지들을 살펴보는 것이 효율적입니다. 이를 통해 시간을 절약하고, 검증된 도구를 활용할 수 있으며, 더 나아가 다른 사람들의 경험과 지식을 배울 수 있습니다.

참고사항

패키지는 함수, 데이터셋, 도움말 등을 하나로 묶어 배포하는 단위이며, 라이브러리는 이러한 패키지가 설치되는 디렉토리(저장소 경로)를 의미합니다. 두 용어는 엄연히 다르지만, 실무에서는 흔히 혼용하여 사용합니다. 따라서 본 교재에서는 편의상 두 용어를 혼용하여 다루겠습니다.

R

1 패키지(Package)

1.1 패키지 설치하기

특정 함수를 사용하기 위해서는 해당 함수의 상위 그룹인 패키지를 설치해야 합니다. 예를 들어, filter()라는 함수를 사용하기 위해서는 해당 함수를 포함하는 상위 집합인 'dplyr' 패키지를 설치해야 합니다. 이 역할은 install.packages() 함수가 수행합니다.

예시

```
# 단일 패키지 설치
install.packages("dplyr")

# 여러 패키지 동시 설치
pkgs <- c("dplyr", "tidyr", "ggplot2")
install.packages(pkgs)
```

실행 결과

```
> install.packages("dplyr")
'C:/Users/tjdwn/AppData/Local/R/win-library/4.5'의 위치에 패키지(들)을 설치합니다.
(왜냐하면 'lib'가 지정되지 않았기 때문입니다)
'utf8', 'fansi', 'pkgconfig', 'withr', 'cli', 'generics', 'glue', 'lifecycle', 'magritt
r', 'pillar', 'R6', 'rlang', 'tibble', 'tidyselect', 'vctrs'(들)을 또한 설치합니다.
URL 'https://cran.rstudio.com/bin/windows/contrib/4.5/utf8_1.2.5.zip'을 시도합니다
URL 'https://cran.rstudio.com/bin/windows/contrib/4.5/fansi_1.0.6.zip'을 시도합니다
URL 'https://cran.rstudio.com/bin/windows/contrib/4.5/pkgconfig_2.0.3.zip'을 시도합니다
URL 'https://cran.rstudio.com/bin/windows/contrib/4.5/withr_3.0.2.zip'을 시도합니다
URL 'https://cran.rstudio.com/bin/windows/contrib/4.5/cli_3.6.5.zip'을 시도합니다
URL 'https://cran.rstudio.com/bin/windows/contrib/4.5/generics_0.1.4.zip'을 시도합니다
URL 'https://cran.rstudio.com/bin/windows/contrib/4.5/glue_1.8.0.zip'을 시도합니다
URL 'https://cran.rstudio.com/bin/windows/contrib/4.5/lifecycle_1.0.4.zip'을 시도합니다
URL 'https://cran.rstudio.com/bin/windows/contrib/4.5/magrittr_2.0.3.zip'을 시도합니다
URL 'https://cran.rstudio.com/bin/windows/contrib/4.5/pillar_1.10.2.zip'을 시도합니다
URL 'https://cran.rstudio.com/bin/windows/contrib/4.5/R6_2.6.1.zip'을 시도합니다
URL 'https://cran.rstudio.com/bin/windows/contrib/4.5/rlang_1.1.6.zip'을 시도합니다
URL 'https://cran.rstudio.com/bin/windows/contrib/4.5/tibble_3.2.1.zip'을 시도합니다
URL 'https://cran.rstudio.com/bin/windows/contrib/4.5/tidyselect_1.2.1.zip'을 시도합니다
URL 'https://cran.rstudio.com/bin/windows/contrib/4.5/vctrs_0.6.5.zip'을 시도합니다
URL 'https://cran.rstudio.com/bin/windows/contrib/4.5/dplyr_1.1.4.zip'을 시도합니다
```

```
패키지 'utf8'를 성공적으로 압축해제하였고 MD5 sums 이 확인되었습니다
패키지 'fansi'를 성공적으로 압축해제하였고 MD5 sums 이 확인되었습니다
패키지 'pkgconfig'를 성공적으로 압축해제하였고 MD5 sums 이 확인되었습니다
패키지 'withr'를 성공적으로 압축해제하였고 MD5 sums 이 확인되었습니다
패키지 'cli'를 성공적으로 압축해제하였고 MD5 sums 이 확인되었습니다
패키지 'generics'를 성공적으로 압축해제하였고 MD5 sums 이 확인되었습니다
패키지 'glue'를 성공적으로 압축해제하였고 MD5 sums 이 확인되었습니다
패키지 'lifecycle'를 성공적으로 압축해제하였고 MD5 sums 이 확인되었습니다
패키지 'magrittr'를 성공적으로 압축해제하였고 MD5 sums 이 확인되었습니다
패키지 'pillar'를 성공적으로 압축해제하였고 MD5 sums 이 확인되었습니다
패키지 'R6'를 성공적으로 압축해제하였고 MD5 sums 이 확인되었습니다
패키지 'rlang'를 성공적으로 압축해제하였고 MD5 sums 이 확인되었습니다
패키지 'tibble'를 성공적으로 압축해제하였고 MD5 sums 이 확인되었습니다
패키지 'tidyselect'를 성공적으로 압축해제하였고 MD5 sums 이 확인되었습니다
패키지 'vctrs'를 성공적으로 압축해제하였고 MD5 sums 이 확인되었습니다
패키지 'dplyr'를 성공적으로 압축해제하였고 MD5 sums 이 확인되었습니다

다운로드된 바이너리 패키지들은 다음의 위치에 있습니다
        C:\Users\tjdwn\AppData\Local\Temp\RtmpiuKfuV\downloaded_packages
```

참고사항

- 패키지 이름은 항상 따옴표(" " 또는 ' ')로 감싸야 합니다. 그렇지 않으면 R은 패키지 이름을 변수로 인식하여 오류가 발생합니다.
- 패키지 이름은 대소문자를 구분하며, 정확한 패키지 이름을 입력해야 합니다.
- Windows 사용자의 경우, 패키지를 설치하기 전에 반드시 Rtools를 먼저 설치해야 합니다. Rtools는 R 패키지를 컴파일하고 설치하는 데 필요한 도구들을 포함하고 있습니다.

1.2 패키지 로드하기

패키지 내 함수를 사용하기 위해서는 패키지를 불러와야 합니다. 이 역할은 library() 또는 require() 함수가 수행합니다.

예시

```
library(dplyr)
require(tidyr)
```

1.3 패키지 정보 확인하기

패키지에 대한 요약된 정보는 패키지 이름 앞에 ?를 붙이거나 help() 함수를 이용하여 확인할 수 있습니다. 이를 통해 패키지의 쓰임과 기능을 더 잘 이해할 수 있습니다.

예시

```
?dplyr
help("dplyr")
```

2.4 패키지 내의 함수 및 데이터 살펴보기

패키지 내에는 여러 함수 및 데이터들이 존재합니다. 해당 패키지 내에 어떤 함수들이 존재하는지 확인하고 싶을 때는 ls() 함수를 사용하고 확인할 수 있습니다.

예시

```
ls("package:dplyr")
```

1.5 설치된 패키지 검색하기

library() 또는 installed.packages()를 이용하면 현재 프로젝트에 어떤 패키지가 설치되었는지 확인할 수 있습니다. 이를 통해 패키지의 유무를 확인할 수 있습니다.

예시

```
library()
installed.packages()
```

1.6 패키지 버전 관리

R 패키지의 버전 관리는 효율적인 개발 환경 유지를 위해 중요합니다. 패키지 버전 관리의 주요 특징과 필요성은 다음과 같습니다.

(1) 패키지 업데이트 필요성: 시간이 지남에 따라 패키지 개발자들은 버그 수정, 기능 추가 등을 통해 새로운 버전을 배포하게 됩니다. 따라서 새로운 기능이나 개선된 성능을 활용하기 위해 사용자는 패키지를 업그레이드해야 합니다.
(2) 다운그레이드 필요성: 때로는 새 버전에서 특정 함수가 제거되거나 변경되어 이전 버전을 사용해야 할 경우가 있습니다. 이런 경우 패키지를 다운그레이드하여 필요한 기능을 유지할 수 있습니다.
(3) R 버전과의 호환성: 일부 패키지는 특정 R 버전에서만 작동하도록 설계되어 있습니다. R 버전에 따라 패키지를 적절히 업그레이드하거나 다운그레이드해야 하는 경우도 생깁니다.

패키지 버전 관리란 이러한 상황에 따라 목적에 맞게 패키지 버전을 조정하는 과정을 의미합니다. 이는 프로젝트의 안정성과 재현성을 유지하는 데 중요한 역할을 합니다.

1.6.1 패키지 버전 확인

현재 패키지의 버전을 확인할 때는 'packageVersion("패키지 이름")'을 사용합니다.

예시

```
packageVersion("dplyr")
```

1.6.2 패키지 업데이트

최신 버전의 패키지를 설치하고 싶다면 'update.packages("패키지 이름")'을 통해 원하는 패키지를 업데이트할 수 있습니다.

예시

```
update.packages("dplyr")
```

1.6.3 특정 버전 패키지 설치 및 변경

'devtools' 패키지의 install_version() 함수를 이용하여 특정 버전의 패키지를 설치할 수 있습니다. 이미 특정 패키지가 설치되어 있더라도 버전을 변경하고 싶은 경우 사용하여 패키지 버전을 변경시킬 수 있습니다.

예시

```
# devtools 패키지 설치 및 로드
install.packages("devtools")
library(devtools)

# install_version 함수를 사용하여 tidyverse 패키지의 1.3.0 버전을 설치합니다.
install_version("tidyverse", version = "1.3.0")
```

2 함수(Function)

R에서 함수는 크게 패키지 함수와 사용자 정의 함수로 나눌 수 있으며 각각의 함수는 다음과 같은 특징을 가지고 있습니다.

(1) 패키지 함수(Package Functions)

- R 기본 패키지나 외부 패키지에서 제공하는 미리 만들어진 함수들입니다.
- 검증된 알고리즘과 최적화된 성능을 제공합니다.

- 예: mean(), sum(), ggplot() 등
- 패키지를 설치하고 로드하면 바로 사용할 수 있습니다.

(2) 사용자 정의 함수(User-Defined Functions)
- 사용자가 직접 필요한 기능을 구현한 함수입니다.
- 특정 프로젝트나 작업에 맞춤화된 기능을 제공합니다.
- 코드 재사용성을 높이고 반복 작업을 줄일 수 있습니다.
- function() 키워드를 사용하여 직접 정의합니다.

2.1 패키지 함수

패키지 내의 함수를 사용하는 방법에는 다음과 같은 두 가지 방법이 있으며 각각의 방법에 따라 사용하는 방법이 다릅니다.

2.1.1 전체 패키지를 불러와 사용

library() 함수를 사용하여 패키지를 불러온 후 패키지 내의 함수를 직접 사용할 수 있습니다.

예시

```
library(dplyr)
result <- arrange(mtcars, mpg)  # dplyr의 arrange 함수 직접 사용
```

2.1.2 패키지명을 명시하여 사용

'패키지명::함수명()' 형식으로 특정 패키지의 함수를 명시적으로 사용할 수 있습니다.

예시

```
result <- dplyr::arrange(mtcars, mpg)  # dplyr 패키지의 arrange 함수 명시적 사용
```

2.2 사용자 정의 함수

때로는 기존의 함수로는 특정 작업을 수행하기 어려울 때가 있습니다. 특히 데이터 분석을 하다 보면 여러 데이터셋에 대해 같은 방식의 전처리나 분석을 수행해야 하는 경우가 발생합니다. 이럴 때 사용자 정의 함수를 만들어 사용하면 코드를 효율적으로 관리할 수 있습니다.

기본 구조

```
함수이름 <- function(입력값1, 입력값2, ...) {

  # 함수가 수행할 작업들

  결괏값 <- # 계산 과정

  return(결괏값)  # 결과 반환
}
```

R

2.2.1 함수 이름

함수 이름을 정의할 때는 정확한 이름과 의미를 부여해야 합니다. 이는 코드의 가독성과 유지보수성을 향상시키는 데 중요합니다. 다음은 함수 이름을 정의할 때 고려해야 할 몇 가지 주요 지침입니다.

2.2.1.1 의미 전달이 명확한 이름 사용

함수의 이름은 그 자체로 함수의 목적과 기능을 설명할 수 있어야 합니다. 이는 코드를 처음 보는 사람도 함수의 역할을 직관적으로 이해할 수 있게 해줍니다.

예시

```
# 좋지 않은 예시
f1 <- function(x) {...}              # 의미를 알 수 없음
temp_func <- function(x) {...}  # 임시적인 느낌을 줌
do_it <- function(x) {...}          # 무엇을 하는지 불분명함

# 좋은 예시
calculate_average_salary <- function(x) {...} # 급여 평균을 계산한다는 것을 명확히 알 수 있음
clean_missing_values <- function(x) {...}      # 결측치를 처리한다는 것을 바로 알 수 있음
normalize_data <- function(x) {...}              # 데이터를 정규화한다는 것을 명확히 표현
```

2.2.1.2 동사나 동사구로 시작

함수는 어떤 동작이나 계산을 수행하므로, 이름을 동사나 동사구로 시작하면 함수의 행동을 더 잘 표현할 수 있습니다. 자주 사용되는 동사들로는 calculate, get, compute, find, convert, transform, update, set 등이 있습니다.

예시

```
# 동사구를 사용한 좋은 예시
calculate_bmi <- function(weight, height) {
```

```
    return(weight / (height^2))
}

convert_celsius_to_fahrenheit <- function(celsius) {
    return ((celsius * 9/5) + 32)
}
```

2.2.1.3 기존 함수명 피하기

R에는 이미 많은 내장 함수가 있습니다. 이러한 기존 함수들의 이름을 재사용하면 예상치 못한 문제가 발생할 수 있으므로 피해야 합니다.

예시

```
# 피해야 할 함수명 예시
mean <- function(x) {...}  # R의 기본 평균 계산 함수를 덮어씀
plot <- function(x) {...}       # R의 기본 그래프 함수를 덮어씀

# 대신 사용할 수 있는 대안
calculate_custom_mean <- function(x) {...}
create_custom_plot <- function(x) {...}
```

2.2.2 입력값(Parameters)

함수의 입력값(매개변수)은 필수 매개변수(Required Parameters)와 선택적 매개변수(Optional Parameters)로 나눌 수 있습니다.

2.2.2.1 필수 매개변수(Required Parameters)

함수 호출 시 반드시 제공해야 하는 값입니다. 이 매개변수들은 함수의 핵심 동작에 필수적인 정보를 담고 있으며, 생략할 경우 오류가 발생합니다. 함수를 정의할 때 기본값이 지정되지 않은 모든 매개변수가 이에 해당합니다.

예시

```
# 필수 매개변수의 예시
calculate_rectangle_area <- function(width, height) {
    return(width * height)
}

# 사용할 때는 반드시 두 값을 모두 제공해야 함
area <- calculate_rectangle_area(5, 3)  # 정상 작동
area <- calculate_rectangle_area(5)       # 오류 발생: height 값이 없음
```

2.2.2.2 선택적 매개변수(Optional Parameters)

기본값이 지정되어 있어 필요한 경우에만 다른 값을 제공할 수 있는 매개변수입니다. 함수 호출 시 값을 제공하지 않으면 기본값이 사용되며, 이를 통해 함수의 유연성을 높일 수 있습니다. 기본값은 함수 정의 시 매개변수 이름 뒤에 '=' 기호를 사용하여 지정합니다. 선택적 매개변수는 항상 필수 매개변수 뒤에 위치해야 합니다.

예시

```
# 선택적 매개변수의 예시
greet_user <- function(name, greeting = "안녕하세요", punctuation = "!") {
  return(paste0(greeting, " ", name, punctuation))
}

# 다양한 방식으로 함수 호출 가능
greet_user("홍길동")                    # "안녕하세요 홍길동!"
greet_user("홍길동", "반갑습니다")       # "반갑습니다 홍길동!"
greet_user("홍길동", "Hi", "...")       # "Hi 홍길동..."
```

실행 결과

```
> greet_user <- function(name, greeting = "안녕하세요", punctuation = "!") {
+   return(paste0(greeting, " ", name, punctuation))
+ }
> # 다양한 방식으로 함수 호출 가능
> greet_user("홍길동")                    # "안녕하세요 홍길동!"
[1] "안녕하세요 홍길동!"
> greet_user("홍길동", "반갑습니다")       # "반갑습니다 홍길동!"
[1] "반갑습니다 홍길동!"
> greet_user("홍길동", "Hi", "...")       # "Hi 홍길동..."
[1] "Hi 홍길동..."
```

2.2.3 함수 본문

함수 본문은 실제로 작업이 이루어지는 곳입니다. 여기서 만드는 변수들은 함수 안에서만 사용할 수 있는 '지역 변수'가 됩니다. 따라서 지역 변수는 함수 밖에서 접근할 수 없습니다.

예시

```
calculate_grade <- function(score) {
  # 지역 변수 사용
  passing_score <- 60  # 이 변수는 함수 밖에서 접근할 수 없음
  bonus <- 5
```

```
    # 실제 계산 수행
    final_score <- score + bonus

    # 결과 판단
    if (final_score >= passing_score) {
        result <- "Pass"
    } else {
        result <- "Fail"
    }

    return(result)
}
```

실행 결과

```
> calculate_grade <- function(score) {
+   # 지역 변수 사용
+   passing_score <- 60  # 이 변수는 함수 밖에서 접근할 수 없음
+   bonus <- 5
+
+   # 실제 계산 수행
+   final_score <- score + bonus
+
+   # 결과 판단
+   if (final_score >= passing_score) {
+     result <- "Pass"
+   } else {
+     result <- "Fail"
+   }
+
+   return(result)
+ }
>
>
> print(calculate_grade(55))  # 결과: Pass (55 + 5 = 60, passing_score 이상)
[1] "Pass"
>
>
> print(calculate_grade(50))  # 결과: Fail (50 + 5 = 55, passing_score 미만)
[1] "Fail"
```

지역변수와 전역변수의 차이는 다음과 같습니다.

(1) 지역 변수(Local Variable)

- 함수 내부에서 선언된 변수
- 해당 함수 내에서만 접근 가능
- 함수가 종료되면 메모리에서 사라짐
- 다른 함수에서는 같은 이름의 변수를 사용해도 충돌이 없음

(2) 전역 변수(Global Variable)

- 함수 외부에서 선언된 변수
- 프로그램의 모든 영역에서 접근 가능
- 프로그램이 종료될 때까지 메모리에 유지됨
- 여러 함수에서 공유해서 사용 가능

2.2.4 결괏값 반환

함수의 결과를 반환할 때는 return() 문을 사용합니다. 만약 return() 문을 생략하면, 함수는 마지막으로 계산된 값을 자동으로 반환합니다.

예시

```
# 두 가지 방식으로 동일한 BMI 계산 함수 작성
bmi_calculator1 <- function(weight, height) {
    # 체질량지수(BMI) = 몸무게(kg) / (키(m))²
    height_m = height/100  # cm를 m로 변환
    bmi = weight/(height_m^2)

   return(bmi)  # return() 문을 명시적으로 사용
}

bmi_calculator2 <- function(weight, height) {
    # 체질량지수(BMI) = 몸무게(kg) / (키(m))²
    height_m = height/100  # cm를 m로 변환
    weight/(height_m^2)  # 마지막 표현식이 자동으로 반환됨
}

# 사용 예시
weight <- 70
height <- 175

print(bmi_calculator1(weight, height))  # 22.85714
print(bmi_calculator2(weight, height))  # 22.85714
```

실행 결과

```
> bmi_calculator1 <- function(weight, height) {
+   # 체질량지수(BMI) = 몸무게(kg) / (키(m))²
+   height_m = height/100  # cm를 m로 변환
+   bmi = weight/(height_m^2)
+
+   return(bmi)  # return() 문을 명시적으로 사용
+ }
```

```
>
> bmi_calculator2 <- function(weight, height) {
+   # 체질량지수(BMI) = 몸무게(kg) / (키(m))²
+   height_m = height/100  # cm를 m로 변환
+   weight/(height_m^2)    # 마지막 표현식이 자동으로 반환됨
+ }
>
> # 사용 예시
> weight <- 70
> height <- 175
>
> print(bmi_calculator1(weight, height))  # 22.85714
[1] 22.85714
> print(bmi_calculator2(weight, height))  # 22.85714
[1] 22.85714
```

2.3 익명 함수(Anonymous Functions)

데이터 분석 과정에서는 간단한 연산을 일회성으로 수행해야 하는 경우가 자주 발생합니다. 또한 다른 함수의 인자로 함수를 전달해야 하는 경우도 많습니다. 이러한 상황에서 매번 함수를 정의하고 이름을 부여하는 것은 비효율적일 수 있습니다.

R에서는 이런 필요성을 충족시키기 위해 function() 구문을 통한 익명 함수 생성을 지원합니다. 익명 함수를 사용하면 이름 없이 즉시 함수를 정의하고 사용할 수 있어, 코드를 더욱 간결하고 효율적으로 작성할 수 있습니다. 주요 특징은 다음과 같습니다.

- 함수 이름 없이 즉시 정의하고 사용할 수 있습니다.
- 일회성 사용에 적합합니다.
- 간단한 연산에 적합합니다.
- 다른 함수의 매개변수로 자주 사용됩니다.
- apply 계열 함수나 데이터 처리 함수들과 함께 많이 활용됩니다.

참고사항

- 복잡한 로직은 일반 함수로 작성하는 것이 좋습니다.
- 코드의 가독성을 고려해야 합니다.
- 재사용이 필요한 경우는 일반 함수를 사용하는 것이 좋습니다.

기본 구조

```
unction(입력값) { 표현식 }
```

(1) 단일 입력값을 받는 경우

예시

```
# 일반 함수로 작성한 경우
square <- function(x) {
   x ^ 2
}

# 같은 기능의 익명 함수
square_anon <- function(x) x ^ 2

# 사용 예시
print(square(5))
print(square_anon(5))
```

실행 결과

```
> square <- function(x) {
+    x ^ 2
+ }
>
> # 같은 기능의 익명 함수
> square_anon <- function(x) x ^ 2
>
> # 사용 예시
> print(square(5))
[1] 25
> print(square_anon(5))
[1] 25
```

(2) 여러 입력값을 받는 경우

예시

```
# 일반 함수
multiply <- function(x, y) {
   x * y
}

# 같은 기능의 익명 함수
multiply_anon <- function(x, y) x * y

# 사용 예시
print(multiply(3, 4))
print(multiply_anon(3, 4))
```

실행 결과

```
> multiply <- function(x, y) {
+     x * y
+ }
>
> # 같은 기능의 익명 함수
> multiply_anon <- function(x, y) x * y
>
> # 사용 예시
> print(multiply(3, 4))
[1] 12
> print(multiply_anon(3, 4))
[1] 12
```

(3) 간단한 조건문을 사용하는 경우

예시

```
# 일반 함수
is_positive <- function(x) {
   if(x > 0) TRUE else FALSE
}

# 같은 기능의 익명 함수
is_positive_anon <- function(x) if(x > 0) TRUE else FALSE

# 사용 예시
print(is_positive(5))
print(is_positive_anon(5))
```

실행 결과

```
> is_positive <- function(x) {
+     if(x > 0) TRUE else FALSE
+ }
>
> # 같은 기능의 익명 함수
> is_positive_anon <- function(x) if(x > 0) TRUE else FALSE
>
> # 사용 예시
> print(is_positive(5))
[1] TRUE
> print(is_positive_anon(5))
[1] TRUE
```

R 연습문제

01 'tidyr' 패키지를 설치하고 로드하는 코드를 작성하세요.

02 설치된 'tidyr' 패키지의 버전을 확인하는 코드를 작성하세요.

03 'tidyr' 패키지 내의 함수 목록을 확인하는 코드를 작성하세요.

04 'tidyr' 패키지의 특정 버전("1.2.0")을 설치하는 코드를 작성하세요.

05 'tidyr' 패키지를 최신 버전으로 업데이트하는 코드를 작성하세요.

06 'tidyr' 패키지 정보를 확인하는 코드를 작성하세요.

07 지금 현재 설치된 패키지를 확인하는 코드를 작성하세요.

08 두 개의 숫자를 받아서 최대값과 최소값을 리스트로 반환하는 find_max_min 함수를 작성하세요.

09 2개의 파라미터를 받아 사칙연산 결과를 리스트로 반환하는 calculate_operations를 작성하세요.

10 원의 반지름과 pi를 통해 원의 면적을 계산하는 calculate_circle_area 함수를 작성하세요.

Python

1 패키지(Package)

1.1 패키지 설치하기

특정 함수를 사용하기 위해서는 해당 함수의 상위 그룹인 패키지를 설치해야 합니다. 예를 들어 'DataFrame'을 사용하기 위해서는 해당 클래스를 포함하는 상위 패키지인 'pandas'를 설치해야 합니다. '!pip install' 명령어가 이 역할을 수행합니다.

패키지를 설치하는 방법은 스크립트에서 패키지를 설치하는 방법과 파이썬 콘솔에서 패키지를 설치하는 방법이 있습니다. 다음은 파이썬 콘솔에서 패키지를 설치한 예시입니다.

예시

```
# 단일 패키지 설치
!pip install pandas

# 여러 패키지 동시 설치
!pip install pandas numpy matplotlib
```

실행 결과

```
In [18]: !pip install pandas
Collecting pandas
  Downloading pandas-2.2.3-cp313-cp313-win_amd64.whl.metadata (19 kB)
Collecting numpy>=1.26.0 (from pandas)
  Downloading numpy-2.2.3-cp313-cp313-win_amd64.whl.metadata (60 kB)
Collecting python-dateutil>=2.8.2 (from pandas)
  Downloading python_dateutil-2.9.0.post0-py2.py3-none-any.whl.metadata (8.4 kB)
Collecting pytz>=2020.1 (from pandas)
  Downloading pytz-2025.1-py2.py3-none-any.whl.metadata (22 kB)
Collecting tzdata>=2022.7 (from pandas)
  Downloading tzdata-2025.1-py2.py3-none-any.whl.metadata (1.4 kB)
Collecting six>=1.5 (from python-dateutil>=2.8.2->pandas)
  Downloading six-1.17.0-py2.py3-none-any.whl.metadata (1.7 kB)
Downloading pandas-2.2.3-cp313-cp313-win_amd64.whl (11.5 MB)
   ---------------------------------------- 0.0/11.5 MB ? eta -:--:--
    -------------------------------------- 0.3/11.5 MB ? eta -:--:--
   --- ------------------------------------ 1.0/11.5 MB 3.0 MB/s eta 0:00:04
   ------ --------------------------------- 1.8/11.5 MB 3.4 MB/s eta 0:00:03
   ---------- ----------------------------- 2.9/11.5 MB 3.7 MB/s eta 0:00:03
   ------------ --------------------------- 3.7/11.5 MB 3.9 MB/s eta 0:00:03
```

```
---------------- ----------------------- 4.7/11.5 MB 3.9 MB/s eta 0:00:02
-------------------- ------------------ 6.0/11.5 MB 4.4 MB/s eta 0:00:02
------------------------ -------------- 7.3/11.5 MB 4.7 MB/s eta 0:00:01
------------------------------ -------- 8.9/11.5 MB 4.9 MB/s eta 0:00:01
------------------------------------ --- 10.5/11.5 MB 5.3 MB/s eta 0:00:01
---------------------------------------- 11.5/11.5 MB 5.4 MB/s eta 0:00:00
```

참고사항

- 패키지 이름은 대소문자를 구분하며, 정확한 패키지 이름을 입력해야 합니다.

1.2 패키지 로드하기

패키지를 로드하는 방법은 크게 세 가지가 있으며, 각각의 방법은 서로 다른 장단점을 가지고 있습니다.

(1) 기본 import 방식(import 패키지명)
(2) 별칭(alias)을 사용한 import 방식(import 패키지명 as 별칭)
(3) 하위 패키지를 포함한 import 방식(from 패키지명 import 하위 패키지명)

1.2.1 기본 import 방식

기본 'import 패키지명' 방식은 패키지 전체를 원래 이름 그대로 불러오는 방식입니다.

예시

```
import numpy
import pandas
```

1.2.2 별칭(alias)을 사용한 import 방식

별칭을 사용한 'import 패키지명 as 별칭' 방식은 긴 패키지명을 짧은 별칭으로 대체하여 사용할 수 있게 해줍니다. 이는 코드를 더 간결하게 만들어 주며, 특히 자주 사용되는 패키지의 경우 표준적인 별칭이 있습니다. 주요 패키지들의 일반적인 별칭은 다음과 같습니다.

- numpy → np
- pandas → pd
- matplotlib.pyplot → plt
- tensorflow → tf
- scipy → sp

예시

```
import numpy as np
import pandas as pd
```

1.2.3 하위 패키지를 포함한 import 방식

특정 하위 패키지가 필요한 경우, 'from 패키지명 import 하위패키지명' 구문을 사용하여 해당 하위 패키지를 불러올 수 있습니다.

예시

```
from scipy import stats  # scipy의 통계 관련 하위 패키지
from sklearn import preprocessing  # scikit-learn의 전처리 관련 하위 패키지
```

1.3 패키지 내의 함수 및 데이터 살펴보기

패키지 내에 어떤 함수들이 존재하는지 확인하고 싶을 때는 dir() 함수를 사용할 수 있습니다.

예시

```
dir(pd)
```

1.4 설치된 패키지 검색하기

설치된 패키지 목록은 pip 명령어를 통해 확인할 수 있습니다.

예시

```
pip list
```

1.5 패키지 버전 관리

Python 패키지의 버전 관리는 효율적인 개발 환경 유지를 위해 중요합니다. 주요 특징과 필요성은 다음과 같습니다.

(1) 패키지 업데이트 필요성: 시간이 지남에 따라 패키지 개발자들은 버그 수정, 기능 추가 등을 통해 새로운 버전을 배포하게 됩니다. 따라서 새로운 기능이나 개선된 성능을 활용하기 위해 사용자는 패키지를 업그레이드해야 합니다.

(2) 다운그레이드 필요성: 때로는 새 버전에서 특정 함수가 제거되거나 변경되어 이전 버전을 사용해야 할 경우가 있습니다. 이런 경우 패키지를 다운그레이드하여 필요한 기능을 유지할 수 있습니다.

(3) Python 버전과의 호환성: 일부 패키지는 특정 Python 버전에서만 작동하도록 설계되어 있습니다. Python 버전에 따라 패키지를 적절히 업그레이드하거나 다운그레이드해야 하는 경우도 생깁니다.

1.5.1 패키지 버전 확인

현재 패키지의 버전을 확인할 때는 'package.__version__'을 사용합니다.

예시

```
import pandas as pd
print(pd.__version__)
```

1.5.2 패키지 업데이트

최신 버전의 패키지를 설치하고 싶다면 'pip install --upgrade 패키지이름'을 통해 원하는 패키지를 업데이트할 수 있습니다.

예시

```
pip install --upgrade pandas
```

1.5.3 특정 버전 패키지 설치 및 변경

특정 버전의 패키지를 설치하려면 'pip install 패키지이름==패키지버전'과 같이 버전 번호를 지정하면 됩니다. 이미 특정 패키지가 설치되어 있더라도 버전을 변경하고 싶은 경우 사용하여 패키지 버전을 변경시킬 수 있습니다.

예시

```
# pandas 패키지의 특정 버전(1.5.3) 설치
pip install pandas==1.5.3
```

2 함수(Function)

Python에서 함수는 크게 패키지 함수와 사용자 정의 함수로 나눌 수 있으며 각각의 함수는 다음과 같은 특징을 가지고 있습니다.

(1) 패키지 함수(Package Functions)
- Python 내장 함수나 외부 패키지에서 제공하는 미리 만들어진 함수들입니다.
- 검증된 알고리즘과 최적화된 성능을 제공합니다.
- 예: print(), len(), numpy.array() 등
- 내장 함수는 바로 사용 가능하며, 외부 패키지는 import 후 사용할 수 있습니다.

(2) 사용자 정의 함수(User-Defined Functions)
- 사용자가 직접 필요한 기능을 구현한 함수입니다.
- 특정 프로젝트나 작업에 맞춤화된 기능을 제공합니다.
- 코드 재사용성을 높이고 반복 작업을 줄일 수 있습니다.
- def 키워드를 사용하여 직접 정의합니다.

2.1 패키지 함수

패키지 내의 함수를 사용할 때는 1.2절에서 설명한 패키지 로드 방식에 따라 3가지 방식으로 함수를 호출할 수 있습니다.

2.1.1 전체 패키지를 불러와 사용

'import' 문을 사용하여 패키지를 불러온 후 패키지 내의 함수를 사용합니다. 이때 '패키지명.함수명()' 형식으로 점(.)을 사용하여 함수를 호출합니다.

예시

```
import numpy
result = numpy.array([1, 2, 3])  # numpy.함수명() 형식으로 사용
```

2.1.2 패키지에 별칭(alias) 지정

'import 패키지명 as 별칭'을 사용하여 패키지명을 더 짧게 줄여서 사용할 수 있습니다. 이 경우 '별칭.함수명()' 형식으로 사용합니다.

예시

```
import numpy as np
result = np.array([1, 2, 3]) # np.함수명() 형식으로 간단하게 사용
```

2.1.3 특정 패키지의 특정 프로세스만 직접 호출

'from 패키지명 import 함수명' 문을 사용하여 특정 함수만 직접 임포트하여 사용합니다. 이 경우에는 점(.) 없이 함수를 직접 사용할 수 있습니다.

예시

```
from numpy import array
result = array([1, 2, 3]) # 점(.) 없이 함수명만으로 직접 사용
```

2.2 사용자 정의 함수

때로는 기존의 함수로는 특정 작업을 수행하기 어려울 때가 있습니다. 특히 데이터 분석을 하다 보면 여러 데이터셋에 대해 같은 방식의 전처리나 분석을 수행해야 하는 경우가 발생합니다. 이럴 때 사용자 정의 함수를 만들어 사용하면 코드를 효율적으로 관리할 수 있습니다.

기본 구조

```
def 함수이름(입력값1, 입력값2, ...):
    # 함수가 수행할 작업들

    결괏값 = # 계산 과정

    return 결괏값 # 결과 반환
```

2.2.1 함수 이름

함수 이름을 정의할 때는 정확한 이름과 의미를 부여해야 합니다. 이는 코드의 가독성과 유지보수성을 향상시키는 데 중요합니다. 다음은 함수 이름을 정의할 때 고려해야 할 몇 가지 주요 지침입니다.

2.2.1.1 의미 전달이 명확한 이름 사용

함수의 이름은 그 자체로 함수의 목적과 기능을 설명할 수 있어야 합니다. 이는 코드를 처음 보는 사람도 함수의 역할을 직관적으로 이해할 수 있게 해줍니다.

예시

```
# 좋지 않은 예시
def f1(x): ...          # 의미를 알 수 없음
def temp_func(x): ...   # 임시적인 느낌을 줌
def do_it(x): ...       # 무엇을 하는지 불분명함

# 좋은 예시
def calculate_average_salary(x): ...   # 급여 평균을 계산한다는 것을 명확히 알 수 있음
def clean_missing_values(x): ...       # 결측치를 처리한다는 것을 바로 알 수 있음
def normalize_data(x): ...             # 데이터를 정규화한다는 것을 명확히 표현
```

2.2.1.2 동사나 동사구로 시작

함수는 어떤 동작이나 계산을 수행하므로, 이름을 동사나 동사구로 시작하면 함수의 행동을 더 잘 표현할 수 있습니다. 자주 사용되는 동사들로는 calculate, get, compute, find, convert, transform, update, set 등이 있습니다.

예시

```
# 동사구를 사용한 좋은 예시
def calculate_bmi(weight, height):
    return weight / (height ** 2)

def convert_celsius_to_fahrenheit(celsius):
    return (celsius * 9/5) + 32
```

2.2.1.3 기존 함수명 피하기

Python에는 이미 많은 내장 함수들이 있습니다. 이러한 기존 함수들의 이름을 재사용하면 예상치 못한 문제가 발생할 수 있으므로 피해야 합니다.

예시

```
# 피해야 할 함수명 예시
def sum(x): ...   # Python의 기본 합계 함수를 덮어씀
def list(x): ...  # Python의 기본 리스트 함수를 덮어씀

# 대신 사용할 수 있는 대안
def calculate_custom_sum(x): ...
def create_custom_list(x): ..
```

Python

2.2.2 입력값(Parameters)

함수의 입력값(매개변수)은 필수 매개변수(Required Parameters)와 선택적 매개변수(Optional Parameters)로 나눌 수 있습니다.

2.2.2.1 필수 매개변수(Required Parameters)

함수 호출 시 반드시 제공해야 하는 값입니다. 이 매개변수들은 함수의 핵심 동작에 필수적인 정보를 담고 있으며, 생략할 경우 오류가 발생합니다. 함수를 정의할 때 기본값이 지정되지 않은 모든 매개변수가 이에 해당합니다.

예시

```
# 필수 매개변수의 예시
def calculate_rectangle_area(width, height):
    return width * height

# 사용할 때는 반드시 두 값을 모두 제공해야 함
area = calculate_rectangle_area(5, 3)  # 정상 작동
# area = calculate_rectangle_area(5)  # 오류 발생: height 값이 없음
```

2.2.2.2 선택적 매개변수(Optional Parameters)

기본값이 지정되어 있어 필요한 경우에만 다른 값을 제공할 수 있는 매개변수입니다. 함수 호출 시 값을 제공하지 않으면 기본값이 사용되며, 이를 통해 함수의 유연성을 높일 수 있습니다. 기본값은 함수 정의 시 매개변수 이름 뒤에 '=' 기호를 사용하여 지정합니다. 선택적 매개변수는 항상 필수 매개변수 뒤에 위치해야 합니다.

예시

```
# 선택적 매개변수의 예시
def greet_user(name, greeting="안녕하세요", punctuation="!"):
    return f"{greeting} {name}{punctuation}"

# 다양한 방식으로 함수 호출 가능
print(greet_user("홍길동"))                    # "안녕하세요 홍길동!"
print(greet_user("홍길동", "반갑습니다"))      # "반갑습니다 홍길동!"
print(greet_user("홍길동", "Hi", "..."))       # "Hi 홍길동..."
```

실행 결과

```
In [28]: def greet_user(name, greeting="안녕하세요", punctuation="!"):
    ...:     return f"{greeting} {name}{punctuation}"

In [29]: print(greet_user("홍길동"))                    # "안녕하세요 홍길동!"
안녕하세요 홍길동!

In [30]: print(greet_user("홍길동", "반갑습니다"))       # "반갑습니다 홍길동!"
반갑습니다 홍길동!

In [31]: print(greet_user("홍길동", "Hi", "..."))      # "Hi 홍길동..."
Hi 홍길동...
```

2.2.3 함수 본문

함수 본문은 실제로 작업이 이루어지는 곳입니다. 여기서 만드는 변수들은 함수 안에서만 사용할 수 있는 '지역 변수'가 됩니다. 따라서 지역 변수는 함수 밖에서 접근할 수 없습니다.

예시

```
def calculate_grade(score):
    # 지역 변수 사용
    passing_score = 60  # 이 변수는 함수 밖에서 접근할 수 없음
    bonus = 5

    # 실제 계산 수행
    final_score = score + bonus

    # 결과 판단
    if final_score >= passing_score:
        result = "Pass"
    else:
        result = "Fail"

    return result

# 점수가 55일 때 실행
print(calculate_grade(55))  # 결과: Pass (55 + 5 = 60, passing_score 이상)

# 점수가 50일 때 실행
print(calculate_grade(50))  # 결과: Fail (50 + 5 = 55, passing_score 미만)
```

Python

실행 결과

```
In [33]: def calculate_grade(score):
    ...:     # 지역 변수 사용
    ...:     passing_score = 60  # 이 변수는 함수 밖에서 접근할 수 없음
    ...:     bonus = 5
    ...:
    ...:     # 실제 계산 수행
    ...:     final_score = score + bonus
    ...:
    ...:     # 결과 판단
    ...:     if final_score >= passing_score:
    ...:         result = "Pass"
    ...:     else:
    ...:         result = "Fail"
    ...:
    ...:     return result

In [34]: print(calculate_grade(55))  # 결과: Pass (55 + 5 = 60, passing_score 이상)
Pass

In [35]: print(calculate_grade(50))  # 결과: Fail (50 + 5 = 55, passing_score 미만)
Fail
```

지역변수와 전역변수의 차이는 다음과 같습니다.

(1) 지역 변수(Local Variable)
- 함수 내부에서 선언된 변수
- 해당 함수 내에서만 접근 가능
- 함수가 종료되면 메모리에서 사라짐
- 다른 함수에서는 같은 이름의 변수를 사용해도 충돌이 없음

(2) 전역 변수(Global Variable)
- 함수 외부에서 선언된 변수
- 프로그램의 모든 영역에서 접근 가능
- 프로그램이 종료될 때까지 메모리에 유지됨
- 여러 함수에서 공유해서 사용 가능

2.2.4 결괏값 반환

함수의 결과를 반환할 때는 'return' 문을 사용합니다. 파이썬에서는 'return' 문이 없는 함수는 자동으로 'None'을 반환합니다.

예시

```
# 두 가지 방식으로 동일한 BMI 계산 함수 작성
def bmi_calculator1(weight, height):
    # 체질량지수(BMI) = 몸무게(kg) / (키(m))²
    height_m = height/100  # cm를 m로 변환
    bmi = weight/(height_m**2)

    return bmi  # return 문을 명시적으로 사용

def bmi_calculator2(weight, height):
    # 체질량지수(BMI) = 몸무게(kg) / (키(m))²
    height_m = height/100  # cm를 m로 변환
    bmi = weight/(height_m**2)  # 직접 반환

# 사용 예시
weight = 70
height = 175

print(bmi_calculator1(weight, height))  # 22.86
print(bmi_calculator2(weight, height))  # None
```

실행 결과

```
In [11]: def bmi_calculator1(weight, height):
    ...:     # 체질량지수(BMI) = 몸무게(kg) / (키(m))²
    ...:     height_m = height/100  # cm를 m로 변환
    ...:     bmi = weight/(height_m**2)
    ...:
    ...:     return bmi  # return 문을 명시적으로 사용
    ...:
    ...: def bmi_calculator2(weight, height):
    ...:     # 체질량지수(BMI) = 몸무게(kg) / (키(m))²
    ...:     height_m = height/100  # cm를 m로 변환
    ...:     bmi = weight/(height_m**2)  # 직접 반환
    ...:
    ...: # 사용 예시
    ...: weight = 70
    ...: height = 175

In [12]: print(bmi_calculator1(weight, height))  # 22.86
22.857142857142858

In [13]: print(bmi_calculator2(weight, height))  # None
None

In [14]:
```

2.3 익명 함수(Lambda Functions)

데이터 분석 과정에서는 간단한 연산을 일회성으로 수행해야 하는 경우가 자주 발생합니다. 또한 다른 함수의 인자로 함수를 전달해야 하는 경우도 많습니다. 이러한 상황에서

매번 함수를 정의하고 이름을 부여하는 것은 비효율적일 수 있습니다.

Python에서는 이런 필요성을 충족시키기 위해 'lambda' 키워드를 통한 익명 함수 생성을 지원합니다. 람다 함수를 사용하면 이름 없이 즉시 함수를 정의하고 사용할 수 있어, 코드를 더욱 간결하고 효율적으로 작성할 수 있습니다. 주요 특징은 다음과 같습니다.

- 'lambda' 키워드를 사용하여 한 줄로 함수를 정의할 수 있습니다.
- 일회성 사용에 적합합니다.
- 단일 표현식만 가능합니다.
- map(), filter(), sorted() 등의 함수와 함께 자주 사용됩니다.
- 콜백 함수나 간단한 데이터 처리에 유용합니다.

참고사항

- 복잡한 로직은 일반 함수(def)로 작성하는 것이 좋습니다.
- PEP 8 스타일 가이드에서는 복잡한 람다 표현식 대신 일반 함수 사용을 권장합니다.
- 재사용이 필요한 경우는 일반 함수를 사용하는 것이 좋습니다.

기본 구조

```
lambda 입력값: 표현식
```

(1) 단일 입력값을 받는 경우

예시

```
# 일반 함수로 작성한 경우
def square(x):
    return x ** 2

# 같은 기능의 lambda 함수
square_lambda = lambda x: x ** 2

# 사용 예시
print(square(5))
print(square_lambda(5))
```

실행 결과

```
In [14]:
    ...: def square(x):
    ...:     return x ** 2
    ...:
    ...: # 같은 기능의 lambda 함수
    ...: square_lambda = lambda x: x ** 2

In [15]:
    ...: print(square(5))
25

In [16]: print(square_lambda(5))
25
```

(2) 여러 입력값을 받는 경우

예시

```
# 일반 함수
def multiply(x, y):
    return x * y

# 같은 기능의 lambda 함수
multiply_lambda = lambda x, y: x * y

# 사용 예시
print(multiply(3, 4))  # 출력: 12
```

실행 결과

```
In [17]:
    ...: def multiply(x, y):
    ...:     return x * y

In [18]:
    ...:
    ...: multiply_lambda = lambda x, y: x * y

In [19]:
    ...: print(multiply(3, 4))  # 출력: 12
12
```

(3) 간단한 조건문을 사용하는 경우

예시

```
# 일반 함수
def is_positive(x):
    return True if x 〉 0 else False
```

```
# 같은 기능의 lambda 함수
is_positive_lambda = lambda x: True if x > 0 else False

# 사용 예시
print(is_positive(5))
print(is_positive_lambda(5))
```

실행 결과

```
In [20]:
    ...: def is_positive(x):
    ...:     return True if x > 0 else False

In [21]:
    ...: is_positive_lambda = lambda x: True if x > 0 else False

In [22]:
    ...: print(is_positive(5))
True

In [23]: print(is_positive_lambda(5))
True
```

Python 연습문제

01 'pandas' 패키지를 설치하고 로드하는 코드를 작성하세요.

02 별칭을 이용하여 'numpy' 패키지를 로드하는 코드를 작성하세요.

03 'numpy' 패키지 내 array 함수만을 임포트하는 코드를 작성하세요.

04 'pandas' 패키지 내의 함수 목록을 확인하는 코드를 작성하세요.

05 설치된 'numpy' 패키지에 버전을 확인하는 코드를 작성하세요.

06 'pandas' 패키지의 버전을 확인하고 하위 버전으로 다운그레이드 하는 코드를 작성하세요.

07 'pandas' 패키지의 버전을 확인하고 최신 버전으로 업그레이드 하는 코드를 작성하세요.

08 두 개의 숫자를 받아서 최대값과 최소값을 딕셔너리로 반환하는 find_max_min 함수를 작성하세요.

09 2개의 파라미터를 받아 사칙연산 결과를 딕셔너리로 반환하는 calculate_operations를 작성하세요.

10 원의 반지름과 pi를 통해 원의 면적을 계산하는 calculate_circle_area 함수를 작성하세요.

4장

데이터 구조

R

1. 스칼라(Scalar)
2. 벡터(Vector)
3. 행렬(Matrix)
4. 배열(Array)
5. 데이터프레임(Data Frame)
6. 리스트(List)

Python

1. 스칼라(Scalar)
2. 벡터(Vector)
3. 배열(Numpy-Array)
4. 딕셔너리(Dictionary)
5. 데이터프레임(Pandas-DataFrame)

데이터 구조(Data Structure)는 데이터를 효율적으로 저장하고 관리하기 위한 체계적인 방법을 의미합니다. 즉, 데이터의 특성과 사용 목적에 따라 정보를 가장 적절한 형태로 조직화하는 방식입니다. 각 데이터 구조는 고유한 특성과 장점을 가지고 있으므로, 처리하려는 데이터의 성질과 분석 목적에 맞게 올바른 구조를 선택하는 것이 중요합니다.

R과 Python은 모두 기본적인 데이터 구조를 제공하며, 스칼라에서 데이터프레임에 이르기까지 개념적으로 유사한 구조를 공유합니다. 그러나 언어마다 고유한 데이터 구조가 존재하고, 선언 방식과 내장 함수 사용법에도 차이가 있습니다. 따라서 두 언어의 공통점과 차이점을 이해해 두면 실무에서 더 유연하게 활용할 수 있습니다.

이번 장에서는 R과 Python의 주요 데이터 구조를 각각 살펴보고, 공통적인 개념과 언어별 특징에 대해 다뤄보겠습니다.

(1) R 주요 데이터 구조
- 스칼라(Scalar): 단일 값을 표현하는 데이터 구조
- 벡터(Vector): 동일한 데이터 타입의 요소들을 일렬로 나열한 1차원 배열
- 배열(Array): 다차원 데이터를 표현하는 데이터 구조
- 딕셔너리(Dictionary): 키-값 쌍으로 이루어진 데이터 구조
- 데이터프레임(DataFrame): 행과 열로 구성된 2차원 테이블 형태의 데이터 구조

(2) Python 주요 데이터 구조
- 스칼라(Scalar): 단일 값을 표현하는 데이터 구조
- 벡터(Vector): 동일한 데이터 타입의 요소들을 일렬로 나열한 1차원 배열
- 행렬(Matrix): 2차원 데이터를 표현하는 데이터 구조
- 배열(Array): 다차원 데이터를 표현하는 데이터 구조
- 데이터프레임(Data Frame): 행과 열로 구성된 2차원 데이터 구조
- 리스트(List): 다양한 데이터 타입의 요소들을 포함하는 1차원 데이터 구조

R

1 스칼라(Scalar)

스칼라는 가장 기본적인 데이터 구조로, 단일 값을 표현합니다. 이는 하나의 숫자, 문자, 또는 논리값으로 구성되며, 복잡한 데이터 구조의 기본 단위가 됩니다. 스칼라는 간단한 계산이나 변수 할당에 주로 사용됩니다. 스칼라의 특징은 다음과 같습니다.

(1) 단일 값 저장

- 하나의 숫자, 문자, 또는 논리값으로 구성
- 복잡한 데이터 구조의 기본 단위가 됨

(2) 기본적인 데이터 타입 사용

- 숫자형, 문자형, 논리형 등 다양한 데이터 타입 가능
- 간단한 계산이나 변수 할당에 주로 사용

(3) 단순한 구조

- 차원이 없는 0차원 데이터
- 벡터, 행렬 등의 구성 요소로 활용됨

예시

```
# 숫자형 스칼라
x <- 5
print(x)

# 문자형 스칼라
y <- "Hello"
print(y)

# 논리형 스칼라
z <- TRUE
print(z)
```

실행 결과

```
> # 숫자형 스칼라
> x <- 5
> print(x)
[1] 5
>
> # 문자형 스칼라
> y <- "Hello"
> print(y)
[1] "Hello"
>
> # 논리형 스칼라
> z <- TRUE
> print(z)
[1] TRUE
```

2 벡터(Vector)

R에서 벡터는 동일한 데이터 타입의 요소들을 일렬로 나열한 1차원 배열입니다. 가장 기본적이고 널리 사용되는 데이터 구조 중 하나로, 숫자형, 문자형, 논리형 등 다양한 타입의 데이터를 저장할 수 있습니다. 벡터의 특징은 다음과 같습니다.

(1) 1차원 배열 구조
- 동일한 데이터 타입의 요소들을 일렬로 나열
- 길이가 1인 벡터는 스칼라와 동일하게 취급됨

(2) 동일 데이터 타입 요구
- 숫자형, 문자형, 논리형 등 한 가지 데이터 타입만 저장 가능
- 여러 타입을 혼합하면 자동으로 형 변환이 일어남

(3) 벡터화 연산 지원
- 요소별 연산이 가능하여 효율적인 데이터 처리 가능
- 많은 R 함수가 벡터 단위로 작동함

벡터를 생성하는 기본적인 방법은 c() 함수를 사용하는 것입니다. 벡터 내에서는 기본적으로 모든 데이터 타입을 저장할 수 있으며 변수에 저장한 벡터는 Environment에서 확인할 수 있습니다.

예시

```
# 숫자형 벡터 생성
num_vector <- c(1, 2, 3, 4, 5)
print(num_vector)

# 문자형 벡터 생성
char_vector <- c("apple", "banana", "cherry")
print(char_vector)

# 논리형 벡터 생성
logic_vector <- c(TRUE, FALSE, TRUE, TRUE)
print(logic_vector)
```

실행 결과

```
> # 숫자형 벡터 생성
> num_vector <- c(1, 2, 3, 4, 5)
> print(num_vector)
[1] 1 2 3 4 5
>
> # 문자형 벡터 생성
> char_vector <- c("apple", "banana", "cherry")
> print(char_vector)
[1] "apple"  "banana" "cherry"
>
> # 논리형 벡터 생성
> logic_vector <- c(TRUE, FALSE, TRUE, TRUE)
> print(logic_vector)
[1]  TRUE FALSE  TRUE  TRUE
```

2.1 수열 함수를 이용한 벡터 생성

R에서는 수열을 생성하는 다양한 함수와 연산자를 제공합니다. ':' 연산자, seq() 함수, rep() 함수들은 벡터를 생성하는 데 사용됩니다.

2.1.1 정수 시퀀스 생성: ':' 연산자

':' 연산자는 연속된 정수 시퀀스를 생성하는 가장 간단한 방법입니다.

예시

```
# 1부터 5까지의 정수 시퀀스 생성
seq1 <- 1:5
print(seq1)

# 10부터 15까지의 정수 시퀀스 생성
seq2 <- 10:15
print(seq2)
```

```
# 1부터 5까지의 정수 시퀀스 생성
seq1 <- 1:5
print(seq1)

# 10부터 15까지의 정수 시퀀스 생성
seq2 <- 10:15
print(seq2)
```

실행 결과

```
> # 1부터 5까지의 정수 시퀀스 생성
> seq1 <- 1:5
> print(seq1)
[1] 1 2 3 4 5
>
> # 10부터 15까지의 정수 시퀀스 생성
> seq2 <- 10:15
> print(seq2)
[1] 10 11 12 13 14 15
>
> # 1부터 5까지의 정수 시퀀스 생성
> seq1 <- 1:5
> print(seq1)
[1] 1 2 3 4 5
>
> # 10부터 15까지의 정수 시퀀스 생성
> seq2 <- 10:15
> print(seq2)
[1] 10 11 12 13 14 15
```

참고사항

– 'start'가 'end'보다 크면 내림차순 시퀀스가 생성됩니다.

예시

```
# 5부터 -5까지의 내림차순 시퀀스 생성
desc_seq2 <- 5:-5
print(desc_seq2)
```

실행 결과

```
> # 5부터 -5까지의 내림차순 시퀀스 생성
> desc_seq2 <- 5:-5
> print(desc_seq2)
 [1]  5  4  3  2  1  0 -1 -2 -3 -4 -5
```

2.1.2 복잡한 시퀀스 생성: seq()

seq() 함수는 더 복잡한 수열을 생성할 때 사용됩니다. 시작값, 끝값, 증분값을 통해 수열을 생성할 수 있습니다.

기본 구조

```
seq(from, to, by)

파라미터(parameter)
  - 'from': 시퀀스의 시작 값
  - 'to': 시퀀스의 끝 값
  - 'by': 증분 값 (기본값은 1)
```

예시

```
# 1부터 10까지 2씩 증가하는 시퀀스
seq1 <- seq(from = 1, to = 10, by = 2)
print(seq1) # 출력: [1] 1 3 5 7 9

# 0부터 1까지 0.25씩 증가하는 시퀀스
seq2 <- seq(0, 1, 0.25)
print(seq2) # 출력: [1] 0.00 0.25 0.50 0.75 1.00
```

실행 결과

```
> # 1부터 10까지 2씩 증가하는 시퀀스
> seq1 <- seq(from = 1, to = 10, by = 2)
> print(seq1)  # 출력: [1] 1 3 5 7 9
[1] 1 3 5 7 9
>
> # 0부터 1까지 0.25씩 증가하는 시퀀스
> seq2 <- seq(0, 1, 0.25)
> print(seq2)  # 출력: [1] 0.00 0.25 0.50 0.75 1.00
[1] 0.00 0.25 0.50 0.75 1.00
```

2.1.3 반복 시퀀스 생성: rep()

rep() 함수는 주어진 값이나 벡터를 반복하여 새로운 벡터를 생성합니다.

기본 구조

```
rep(x, times, each)

파라미터(parameter)
  - 'x': 반복할 값 또는 벡터
  - 'times': 전체 반복 횟수
  - 'each': 각 요소의 반복 횟수
```

예시

```
# 숫자 3을 5번 반복
rep1 <- rep(3, times = 5)
print(rep1)  # 출력: [1] 3 3 3 3 3

# 벡터 (1, 2, 3)을 2번 반복
rep2 <- rep(c(1, 2, 3), times = 2)
print(rep2)  # 출력: [1] 1 2 3 1 2 3

# 벡터 (1, 2, 3)의 각 요소를 2번씩 반복
rep3 <- rep(c(1, 2, 3), each = 2)
print(rep3)  # 출력: [1] 1 1 2 2 3 3
```

실행 결과

```
> # 숫자 3을 5번 반복
> rep1 <- rep(3, times = 5)
> print(rep1)  # 출력: [1] 3 3 3 3 3
[1] 3 3 3 3 3
>
> # 벡터 (1, 2, 3)을 2번 반복
> rep2 <- rep(c(1, 2, 3), times = 2)
> print(rep2)  # 출력: [1] 1 2 3 1 2 3
[1] 1 2 3 1 2 3
>
> # 벡터 (1, 2, 3)의 각 요소를 2번씩 반복
> rep3 <- rep(c(1, 2, 3), each = 2)
> print(rep3)  # 출력: [1] 1 1 2 2 3 3
[1] 1 1 2 2 3 3
```

참고사항

- 'times'와 'each'를 동시에 사용할 수 있습니다. 이 경우 각 요소가 'each'만큼 반복된 후, 전체가 'times'만큼 반복됩니다.

3 행렬(Matrix)

행렬은 2차원 데이터를 표현하고 조작하는 데 사용되는 기본적인 데이터 구조로, 주로 선형대수 연산, 통계 분석, 데이터 구조화에 활용됩니다. 이를 통해 복잡한 수학적 계산과 다변량 데이터 처리를 효율적으로 수행할 수 있으며, 특히 대규모 데이터셋의 패턴 인식, 차원 축소, 회귀 분석 등 고급 통계 기법에서도 중요한 역할을 합니다. 행렬의 특징은 다음과 같습니다.

(1) 2차원 구조

- 행과 열로 구성된 직사각형 형태의 데이터 구조
- 동일한 데이터 타입의 요소들로 구성됨

(2) 행과 열 단위의 연산

- 행렬 곱셈, 전치 등 선형대수 연산 가능
- 행 또는 열 단위의 계산 및 조작이 용이함

(3) 차원 정보 포함

- nrow와 ncol 속성으로 행과 열의 수 지정 가능
- dim() 함수로 차원 정보 확인 및 변경 가능

matrix() 함수를 사용하여 행렬을 생성할 수 있습니다.

기본 구조

```
matrix(data, nrow, ncol, byrow, dimnames)
파라미터(parameter)
 - 'data': 행렬에 채워질 데이터 벡터
 - 'nrow': 행렬의 행 수
 - 'ncol': 행렬의 열 수
 - 'byrow': TRUE로 설정하면 행 우선으로 데이터를 채움, 기본값은 FALSE로 열 우선으로함
 - 'dimnames': 행렬의 행과 열에 이름을 지정할 수 있는 리스트. 리스트의 첫 번째 요소는 행 이
   름, 두 번째 요소는 열 이름
```

예시

```
# 1부터 9까지의 숫자로 3x3 행렬 생성
arr2 <- matrix(c(1, 2, 3,
                 4, 5, 6,
                 7, 8, 9),
               nrow = 3,
               ncol = 3,
               byrow = TRUE)
#  byrow 옵션으로 행 우선 채우기
mat2 <- matrix(1:9, nrow = 3, ncol = 3, byrow = TRUE)
print(mat2)
# 단일 값 배열 생성
mat3 <- matrix(1, nrow = 3, ncol = 3)
print(mat3)
```

실행 결과

```
> # 1부터 9까지의 숫자로 3x3 행렬 생성
> arr2 <- matrix(c(1, 2, 3,
+                  4, 5, 6,
+                  7, 8, 9),
+                nrow = 3,
+                ncol = 3,
+                byrow = TRUE)
> #  byrow 옵션으로 행 우선 채우기
> mat2 <- matrix(1:9, nrow = 3, ncol = 3, byrow = TRUE)
> print(mat2)
     [,1] [,2] [,3]
[1,]    1    2    3
[2,]    4    5    6
[3,]    7    8    9
> # 단일 값 배열 생성
> mat3 <- matrix(1, nrow = 3, ncol = 3)
> print(mat3)
     [,1] [,2] [,3]
[1,]    1    1    1
[2,]    1    1    1
[3,]    1    1    1
```

참고사항

– 행과 열의 수가 일치하지 않는 경우: 만약 데이터 개수가 10개인데 'nrow = 4'로 지정할 경우, 행과 열의 수가 일치하지 않게 됩니다. 이럴 경우 경고를 받게 되고 벡터값이 재사용 규칙(Recycling Rule)에 적용되어 나머지 값이 채워집니다.

```
# 데이터 개수가 10개인데 nrow = 4로 지정
mat <- matrix(1:10, nrow = 4)
print(mat)
```

```
> # 데이터 개수가 10개인데 nrow = 4로 지정
> mat <- matrix(1:10, nrow = 4)
경고메시지(들):
matrix(1:10, nrow = 4)에서:
  data length [10] is not a sub-multiple or multiple of the number of rows [4]
> print(mat)
     [,1] [,2] [,3]
[1,]    1    5    9
[2,]    2    6   10
[3,]    3    7    1
[4,]    4    8    2
```

3.3 행과 열 이름 지정

행과 열에 이름을 지정할 때는 'dimnames' 인자를 이용합니다. 이때 각 행, 열은 c() 함수로 감싸주고 이름 리스트를 'list()' 객체로 한 번 더 감싸줘야 합니다.

예시

```
# dimnames를 사용하여 행렬 생성 시 이름 지정
matrix(c(1:4), ncol = 2, byrow = TRUE, dimnames = list(c("r1", "r2"), c("c1", "c2")))
```

실행 결과

```
> # dimnames를 사용하여 행렬 생성 시 이름 지정
> matrix(c(1:4), ncol = 2, byrow = TRUE, dimnames = list(c("r1", "r2"), c("c1", "c2")))
   c1 c2
r1  1  2
r2  3  4
```

또는 행렬을 먼저 생성한 후 rownames()과 colnames() 함수를 사용하여 행과 열의 이름을 지정할 수 있습니다.

예시

```
# 행렬 생성 후 이름 지정
m1 <- matrix(c(1:4), ncol = 2, byrow = TRUE)
rownames(m1) <- c("r1", "r2")
colnames(m1) <- c("c1", "c2")
print(m1)
```

실행 결과

```
> # 행렬 생성 후 이름 지정
> m1 <- matrix(c(1:4), ncol = 2, byrow = TRUE)
> rownames(m1) <- c("r1", "r2")
> colnames(m1) <- c("c1", "c2")
>
> print(m1)
   c1 c2
r1  1  2
r2  3  4
```

3.4 rbind(), cbind()를 이용한 행렬 생성

rbind()와 cbind() 함수는 R 프로그래밍 언어에서 벡터를 결합하여 행렬을 생성하는 데 사용됩니다.

3.4.1 행으로 데이터 생성: rbind()

rbind()를 이용하여 벡터를 결합하면 다음과 같이 행렬을 생성할 수 있으며 각 벡터의 순서대로 행의 이름이 됩니다.

예시

```
row1 <- c(1, 2, 3, 4)
row2 <- c(2, 3, 4, 5)
row3 <- c(3, 4, 5, 6)
#rbind()를 사용하여 벡터 결합
result_rbind <- rbind(row1, row2, row3)
print(result_rbind)
```

실행 결과

```
> row1 <- c(1, 2, 3, 4)
> row2 <- c(2, 3, 4, 5)
> row3 <- c(3, 4, 5, 6)
>
> #rbind()를 사용하여 벡터 결합
> result_rbind <- rbind(row1, row2, row3)
> print(result_rbind)
     [,1] [,2] [,3] [,4]
row1    1    2    3    4
row2    2    3    4    5
row3    3    4    5    6
```

3.4.2 열로 데이터 생성: cbind()

cbind()를 이용하여 벡터를 결합하면 다음과 같이 행렬을 생성할 수 있으며 각 벡터의 순서대로 열의 이름이 됩니다.

예시

```
col1 <- c(1, 2, 3)
col2 <- c(2, 3, 4)
col3 <- c(3, 4, 5)
#cbind()를 사용하여 벡터 결합
result_cbind <- cbind(col1, col2, col3)
print(result_cbind)
```

실행 결과

```
> col1 <- c(1, 2, 3)
> col2 <- c(2, 3, 4)
> col3 <- c(3, 4, 5)
>
> #rbind()를 사용하여 벡터 결합
> result_rbind <- rbind(row1, row2, row3)
> print(result_rbind)
     [,1] [,2] [,3] [,4]
row1    1    2    3    4
row2    2    3    4    5
row3    3    4    5    6
```

4 배열(Array)

배열(Array)은 동일한 형태의 데이터가 2차원 이상으로 구성된 데이터 구조입니다. 행렬은 2차원 배열로, 배열의 부분집합이라고 할 수 있습니다. 행렬은 벡터를 붙여서 생성한 데이터 구조이며, 배열도 행렬을 붙여서 3차원, 4차원, …, n차원으로 확장이 가능합니다. 배열의 특징은 다음과 같습니다.

(1) 다차원 구조

- 2차원 이상의 데이터를 표현할 수 있는 구조
- 행렬을 3차원, 4차원 등으로 확장한 형태

(2) 동일 데이터 타입 요구

- 모든 요소가 같은 데이터 타입을 가져야 함
- 복잡한 다차원 데이터를 표현할 때 유용

(3) 벡터화 연산

- 요소별 연산 지원
- 빠른 수치 계산 가능

array() 함수를 사용하여 배열을 생성할 수 있습니다.

기본 구조

```
array(data, dim)

파라미터(parameter)
  - 'data': 배열에 채워질 데이터 벡터
  - 'dim': 배열의 차원
```

예시

```
# 3x3x2 배열 생성
arr <- array(1:18, dim = c(3, 3, 2))
print(arr)
```

실행 결과

```
> # 3x3x2 배열 생성
> arr <- array(1:18, dim = c(3, 3, 2))
> print(arr)
, , 1

     [,1] [,2] [,3]
[1,]    1    4    7
[2,]    2    5    8
[3,]    3    6    9

, , 2

     [,1] [,2] [,3]
[1,]   10   13   16
[2,]   11   14   17
[3,]   12   15   18
```

5 데이터프레임(Data Frame)

데이터프레임은 표 형식의 데이터를 저장하는 데 사용되는 2차원 테이블 형태의 데이터 구조로, 각 열은 서로 다른 데이터 타입을 가질 수 있습니다. 이는 데이터 과학, 통계 분석, 머신러닝 등 다양한 분야에서 널리 사용되는 핵심적인 데이터 구조입니다. 데이터프레임의 특징은 다음과 같습니다.

(1) 행과 열로 구성된 2차원 구조

- 각 행은 하나의 레코드 또는 관측치를 나타냅니다.
- 각 열은 특정 변수 또는 특성을 나타냅니다.

(2) 각 열은 서로 다른 데이터 타입 허용

- 숫자형(정수, 실수), 문자열, 날짜/시간, 불리언 등 다양한 데이터 타입 지원
- 이를 통해 복잡한 데이터셋을 효과적으로 표현할 수 있습니다.

(3) 데이터 분석 및 조작에 유용

- 필터링, 정렬, 그룹화, 집계 등 다양한 데이터 조작 기능 제공
- 결측치 처리, 중복 제거 등 데이터 전처리 작업 수행 가능
- 기본적인 통계 분석 기능 내장

R

데이터프레임은 data.frame() 함수를 이용해 생성할 수 있으며, 열을 구성할 때 'c()' 연산자를 사용하여 벡터 형태로 지정합니다.

예시

```
# 데이터프레임 생성
df <- data.frame(
  Name = c("Alice", "Bob", "Charlie"),
  Age = c(25, 30, 35),
  Score = c(90, 85, 88)
)
print(df)
```

실행 결과

```
> # 데이터프레임 생성
> df <- data.frame(
+     Name = c("Alice", "Bob", "Charlie"),
+     Age = c(25, 30, 35),
+     Score = c(90, 85, 88)
+ )
>
> print(df)
     Name Age Score
1   Alice  25    90
2     Bob  30    85
3 Charlie  35    88
```

5.1 Matrix를 이용한 데이터프레임 생성

행렬(Matrix)을 데이터프레임으로 변환하여 생성할 수 있습니다. 이때 as.data.frame() 함수를 사용합니다.

예시

```
# 행렬 생성
mat <- matrix(1:9, nrow = 3, byrow = TRUE)
print("Original Matrix:")
print(mat)

# 행렬을 데이터프레임으로 변환
df <- as.data.frame(mat)
colnames(df) <- c("Col1", "Col2", "Col3")     # 열 이름 지정
rownames(df) <- c("row1", "row2", "row3")   # 행 이름 지정

print(df)
```

실행 결과

```
> # 행렬 생성
> mat <- matrix(1:9, nrow = 3, byrow = TRUE)
> print("Original Matrix:")
[1] "Original Matrix:"
> print(mat)
     [,1] [,2] [,3]
[1,]    1    2    3
[2,]    4    5    6
[3,]    7    8    9
>
> # 행렬을 데이터프레임으로 변환
> df <- as.data.frame(mat)
> colnames(df) <- c("Col1", "Col2", "Col3")  # 열 이름 지정
> rownames(df) <- c("row1", "row2", "row3") # 행 이름 지정
>
> print(df)
     Col1 Col2 Col3
row1    1    2    3
row2    4    5    6
row3    7    8    9
```

5.2 행과 열 이름 지정 및 변경

rownames() 와 colnames()를 통해 데이터프레임의 행과 열의 이름을 지정 및 변경할 수 있으며 이때 행과 열의 이름은 c()를 사용하여 벡터 형태로 지정해야 합니다.

예시

```
# 행 이름 지정
rownames(df) <- c("row1", "row2", "row3")
# 열 이름 지정
colnames(df) <- c("col1", "col2", "col3")
print(df)
```

실행 결과

```
> # 행 이름 지정
> rownames(df) <- c("row1", "row2", "row3")
> # 열 이름 지정
> colnames(df) <- c("col1", "col2", "col3")
> print(df)
     col1 col2 col3
row1    1    2    3
row2    4    5    6
row3    7    8    9
```


6 리스트(List)

리스트는 R에서 가장 유연한 데이터 구조 중 하나로, 다양한 데이터 타입과 구조를 포함할 수 있는 컨테이너 역할을 합니다. 리스트는 벡터, 행렬, 데이터프레임, 심지어 다른 리스트까지도 요소로 가질 수 있어, 복잡하고 계층적인 데이터 구조를 표현하는 데 매우 유용합니다. 리스트의 특징은 다음과 같습니다.

(1) 이질적 데이터 타입 허용

- 서로 다른 데이터 타입과 구조를 하나의 객체에 저장 가능
- 벡터, 행렬, 데이터프레임, 다른 리스트 등을 포함할 수 있음

(2) 계층적 구조 표현

- 리스트 안에 리스트를 포함하여 복잡한 계층 구조 생성 가능
- 트리 구조나 중첩된 데이터를 효과적으로 표현

(3) 길이가 다른 요소 포함

- 각 요소가 서로 다른 길이를 가질 수 있음
- 벡터, 행렬, 데이터프레임 등 다양한 크기의 객체를 하나의 리스트에 저장 가능

(4) 요소 이름 지정

- 각 요소에 고유한 이름을 부여할 수 있음
- 이름을 통해 요소에 직접 접근 가능(예: list_name$element_name)

(5) 유연한 확장 및 수정

- 새로운 요소를 쉽게 추가하거나 기존 요소를 수정 가능
- 길이가 다른 요소들을 하나의 리스트에 포함 가능

list() 함수를 사용하여 리스트를 생성할 수 있으며 이때 리스트의 요소는 벡터, 행렬, 데이터프레임, 다른 리스트 등을 포함할 수 있습니다.

예시

```
heterogeneous_list <- list( 42, "Hello, World!", TRUE, c(1, 2, 3, 4, 5))
print(heterogeneous_list)
```

실행 결과

```
> heterogeneous_list <- list( 42, "Hello, World!", TRUE, c(1, 2, 3, 4, 5))
> print(heterogeneous_list)
[[1]]
[1] 42

[[2]]
[1] "Hello, World!"

[[3]]
[1] TRUE

[[4]]
[1] 1 2 3 4 5
```

6.1 이름 지정 및 접근

리스트의 각 요소에 이름을 부여할 수 있으며 '$' 연산자를 사용하여 데이터에 대한 설명적 접근이 가능합니다.

예시

```
named_list <- list(
  name = "John Doe",
  age = 35,
  occupation = "Data Scientist"
)
print(named_list)
print(named_list$occupation)  # 이름으로 요소에 접근
```

실행 결과

```
> named_list <- list(
+   name = "John Doe",
+   age = 35,
+   occupation = "Data Scientist"
+ )
> print(named_list)
$name
[1] "John Doe"
```

```
$age
[1] 35

$occupation
[1] "Data Scientist"

> print(named_list$occupation)  # 이름으로 요소에 접근
[1] "Data Scientist"
```

6.2 계층적 구조 생성

리스트는 다른 리스트를 요소로 포함할 수 있어 복잡한 계층 구조를 표현하는 데 매우 적합합니다.

예시

```
nested_list <- list(
  person1 = list(name = "Alice", age = 30),
  person2 = list(name = "Bob", age = 25,
                 address = list(city = "New York", zip = "10001"))
)
print(nested_list)
```

실행 결과

```
> nested_list <- list(
+   person1 = list(name = "Alice", age = 30),
+   person2 = list(name = "Bob", age = 25,
+                  address = list(city = "New York", zip = "10001"))
+ )
> print(nested_list)
$person1
$person1$name
[1] "Alice"

$person1$age
[1] 30


$person2
$person2$name
[1] "Bob"

$person2$age
[1] 25

$person2$address
$person2$address$city
[1] "New York"
```

6.3 길이가 다른 요소

리스트의 각 요소는 서로 다른 길이를 가질 수 있습니다.

예시

```
varying_length_list <- list(
  short_vector = c(1, 2, 3),
  long_vector = 1:10,
  single_value = 42
)
print(varying_length_list)
print(sapply(varying_length_list, length))  # 각 요소의 길이 출력
```

실행 결과

```
> varying_length_list <- list(
+   short_vector = c(1, 2, 3),
+   long_vector = 1:10,
+   single_value = 42
+ )
> print(varying_length_list)
$short_vector
[1] 1 2 3

$long_vector
 [1]  1  2  3  4  5  6  7  8  9 10

$single_value
[1] 42

> print(sapply(varying_length_list, length))  # 각 요소의 길이 출력
short_vector  long_vector single_value 
           3           10            1 
```

6.4 추가 및 수정

새로운 요소를 쉽게 추가하거나 기존 요소를 수정할 수 있습니다.

예시

```
flexible_list <- list(a = 1, b = 2)
print(flexible_list)

# 새로운 요소 추가
flexible_list$c <- 3
flexible_list[["d"]] <- 4

# 기존 요소 수정
flexible_list$a <- 10

print(flexible_list)
```

실행 결과

```
> # 새로운 요소 추가
> flexible_list$c <- 3
> flexible_list[["d"]] <- 4
>
> # 기존 요소 수정
> flexible_list$a <- 10
>
> print(flexible_list)
$a
[1] 10

$b
[1] 2

$c
[1] 3

$d
[1] 4
```

R 연습문제

01 스칼라(Scalar) 데이터 구조를 생성하고, 숫자형 스칼라(10)와 문자형 스칼라(Hello)를 각각 출력하세요.

02 벡터(Vector)를 생성하여 1부터 10까지의 숫자를 포함하는 벡터를 만들고, 이 벡터를 출력하세요.

03 seq() 함수를 사용하여 5부터 20까지 3씩 증가하는 수열을 생성하고, 생성된 수열을 출력하세요.

04 행렬(Matrix)을 생성하여 2x3 행렬을 만들고, 행렬을 출력하세요.

05 배열(Array)을 생성하여 2x2x2 배열을 만들고, 배열의 내용을 출력하세요.

06 리스트(List)를 생성하여 서로 다른 데이터 타입(숫자, 문자, 논리형)을 포함하는 리스트를 만들고, 각 요소를 출력하세요.

07 데이터프레임(Data Frame)을 생성하여 이름(Name)과 나이(Age)를 포함하는 데이터프레임을 만들고, 데이터프레임을 출력하세요.

08 벡터를 사용하여 5개의 랜덤 숫자를 생성하고, 이 숫자들을 출력하세요.

09 행렬을 생성하여 3x3 행렬을 만들고, 행렬을 출력하세요.

10 리스트를 사용하여 학생의 이름과 점수를 포함하는 리스트를 만들고, 특정 학생의 점수를 출력하세요.

Python

1 스칼라(Scalar)

스칼라는 가장 기본적인 데이터 구조로, 이는 하나의 숫자, 문자, 또는 논리값으로 구성되며, 복잡한 데이터 구조의 기본 단위가 됩니다. 스칼라는 간단한 계산이나 변수 할당에 주로 사용됩니다. 스칼라의 특징은 다음과 같습니다.

(1) 단일 값 저장
- 하나의 숫자, 문자, 또는 논리값으로 구성
- 복잡한 데이터 구조의 기본 단위가 됨

(2) 기본적인 데이터 타입 사용
- 숫자형, 문자형, 논리형 등 다양한 데이터 타입 가능
- 간단한 계산이나 변수 할당에 주로 사용

(3) 단순한 구조
- 차원이 없는 0차원 데이터
- 벡터, 행렬 등의 구성 요소로 활용됨

예시

```
# 숫자형 스칼라
x = 5
print(x)  # 출력: 5
# 실수형 스칼라
y = 3.14
print(y)  # 출력: 3.14

# 문자형 스칼라
z = "Hello"
print(z)  # 출력: Hello
```

```
# 논리형 스칼라
w = True
print(w)  # 출력: True
```

실행 결과

```
In [3]: x = 5
   ...: print(x)
5

In [4]: y = 3.14
   ...: print(y)  # 출력: 3.14
3.14

In [5]: z = "Hello"
   ...: print(z)  # 출력: Hello
Hello

In [6]: w = True
   ...: print(w)  # 출력: True
True
```

2 벡터(Vector)

벡터는 동일한 데이터 타입의 요소들을 일렬로 나열한 1차원 데이터 구조입니다. Python에서는 다양한 형태의 벡터 구현을 제공하며, 각각의 구현체는 서로 다른 특성과 용도를 가지고 있습니다. 벡터의 종류와 특징은 다음과 같습니다.

(1) 넘파이(NumPy)

- np.array()로 생성
- 동일한 데이터 타입만 저장 가능
- 빠른 수치 연산에 최적화됨
- 다차원 배열 처리에 효율적
- 벡터화 연산 지원

(2) 리스트(List)

- []로 생성
- 순서가 있음(인덱싱/슬라이싱 가능)
- 수정 가능함(mutable)

- 중복을 허용함
- 서로 다른 데이터 타입 저장 가능
- 리스트 안에 리스트 중첩 가능

(3) 튜플(Tuple)
- ()로 생성
- 순서가 있음(인덱싱/슬라이싱 가능)
- 수정이 불가능함(immutable)
- 중복을 허용함
- 서로 다른 데이터 타입 저장 가능

(4) 집합(Set)
- {}로 생성
- 순서가 없음(인덱싱 불가)
- 중복을 허용하지 않음
- 수정 가능함(mutable)
- 수학의 집합 연산 가능: 합집합, 교집합, 차집합 등
- 중복 제거에 효율적

2.1 넘파이(NumPy) 벡터

NumPy에서 벡터는 'ndarray'(n-dimensional array) 객체를 통해 표현되며, 동일한 데이터 타입의 요소들을 일렬로 나열한 1차원 배열입니다. 가장 기본적이고 널리 사용되는 데이터 구조 중 하나로, 숫자형, 문자형, 불리언 등 다양한 타입의 데이터를 저장할 수 있습니다. 특징은 다음과 같습니다.

(1) 1차원 배열 구조
- 동일한 데이터 타입의 요소들을 일렬로 나열
- 길이가 1인 배열은 스칼라처럼 취급 가능

(2) 동일 데이터 타입 요구
- 숫자형, 문자형, 불리언 등 한 가지 데이터 타입만 저장 가능
- 여러 타입을 혼합하면 자동으로 형 변환이 일어남

(3) 벡터화 연산 지원

- 요소별 연산이 가능하여 효율적인 데이터 처리 가능
- 많은 NumPy 함수가 배열 단위로 작동함

벡터를 생성하는 기본적인 방법은 np.array() 함수를 사용하는 것입니다. 배열 내에서는 기본적으로 모든 데이터 타입을 저장할 수 있습니다.

예시

```
pip install numpy         # 라이브러리 설치
import numpy as np   # 라이브러리 불러오기

# 숫자형 벡터 생성
num_vector = np.array([1, 2, 3, 4, 5])
print(num_vector)

# 문자형 벡터 생성
char_vector = np.array(['apple', 'banana', 'cherry'])
print(char_vector)

# 논리형 벡터 생성
logic_vector = np.array([True, False, True, True])
print(logic_vector)
```

실행 결과

```
In [12]: num_vector = np.array([1, 2, 3, 4, 5])
    ...: print(num_vector)
[1 2 3 4 5]

In [13]: char_vector = np.array(['apple', 'banana', 'cherry'])
    ...: print(char_vector)
['apple' 'banana' 'cherry']

In [14]: logic_vector = np.array([True, False, True, True])
    ...: print(logic_vector)
[ True False  True  True]
```

2.1.1 수열 함수를 이용한 Numpy 벡터 생성

NumPy에서는 수열을 생성하는 다양한 함수를 제공합니다. arange(), linspace(), repeat() 함수들은 배열을 생성하는 데 사용됩니다.

2.1.1.1 정수 시퀀스 생성: arange()

np.arange() 함수는 연속된 정수 시퀀스를 생성하는 가장 간단한 방법입니다. 시작값, 끝값, 증분값을 통해 수열을 생성할 수 있습니다.

기본 구조

```
np.arange(start, stop, step)

파라미터(parameter)
  - 'start': 시작값(기본값: 0)
  - 'stop': 끝값(이 값은 포함되지 않음)
  - 'step': 증분값(기본값: 1)
```

예시

```
# 1부터 5까지의 정수 시퀀스 생성
seq1 = np.arange(1, 6) # 끝 값은 포함되지 않음
print(seq1)

# 10부터 15까지의 정수 시퀀스 생성
seq2 = np.arange(10, 16)
print(seq2)

# 내림차순 시퀀스 생성
desc_seq = np.arange(5, -6, -1)  # 시작, 끝, 스텝
print(desc_seq)
```

실행 결과

```
In [15]: seq1 = np.arange(1, 6) # 끝 값은 포함되지 않음
    ...: print(seq1)
[1 2 3 4 5]

In [16]: seq2 = np.arange(10, 16)
    ...: print(seq2)
[10 11 12 13 14 15]

In [17]: desc_seq = np.arange(5, -6, -1) # 시작, 끝, 스텝
    ...: print(desc_seq)
[ 5  4  3  2  1  0 -1 -2 -3 -4 -5]
```

참고사항

- np.arange()는 끝값을 포함하지 않으므로, 끝값을 포함하려면 1을 더해야 합니다.
- 실수 간격이 필요한 경우 np.linspace()를 사용해야 합니다.

2.1.1.2 균등 간격 시퀀스 생성: linspace()

np.linspace() 함수는 지정된 시작값과 끝값 사이를 균등한 간격으로 나누어 시퀀스를 생성합니다. 특히 실수 범위를 균등하게 나눌 때 유용합니다.

기본 구조

```
np.linspace(start, stop, num)

파라미터(parameter)
  - 'start': 시작값
  - 'stop': 끝값(이 값 포함)
  - 'num': 생성할 요소의 개수(기본값: 50)
```

예시

```
# 0부터 1까지 5개의 균등 간격 숫자 생성
seq4 = np.linspace(0, 1, 5)
print(seq4)

# -1부터 1까지 4개의 균등 간격 숫자 생성
seq5 = np.linspace(-1, 1, 4)
print(seq5)
```

실행 결과

```
In [18]: seq4 = np.linspace(0, 1, 5)
    ...: print(seq4)
[0.   0.25 0.5  0.75 1.  ]

In [19]: seq5 = np.linspace(-1, 1, 4)
    ...: print(seq5)
[-1.         -0.33333333  0.33333333  1.        ]
```

2.1.1.3 반복 시퀀스 생성: repeat()

np.repeat() 함수는 주어진 배열의 요소들을 지정된 횟수만큼 반복하여 새로운 배열을 생성합니다.

기본 구조

```
np.repeat(a, repeats)

파라미터(parameter)
  - 'a': 반복할 배열
  - 'repeats': 각 요소를 반복할 횟수
```

예시

```
# 단일 값 반복
seq6 = np.repeat(5, 3)
print(seq6)

# 배열의 각 요소 반복
arr = np.array([1, 2, 3])
seq7 = np.repeat(arr, 2)
print(seq7)

# 요소별로 다른 반복 횟수 지정
seq8 = np.repeat([1, 2, 3], [1, 2, 3])
print(seq8)
```

Python

실행 결과

```
In [20]: seq6 = np.repeat(5, 3)
    ...: print(seq6)
[5 5 5]

In [21]: arr = np.array([1, 2, 3])
    ...: seq7 = np.repeat(arr, 2)
    ...: print(seq7)
[1 1 2 2 3 3]

In [22]: seq8 = np.repeat([1, 2, 3], [1, 2, 3])
    ...: print(seq8)
[1 2 2 3 3 3]
```

2.2 리스트(List)

리스트는 Python에서 가장 기본적이고 널리 사용되는 데이터 구조입니다. 순서가 있는 데이터의 집합으로, 숫자형, 문자형, 논리형 등 다양한 타입의 데이터를 저장할 수 있습니다. 리스트의 특징은 다음과 같습니다.

(1) 순서가 있는 데이터 구조
- 인덱스를 통한 접근 가능
- 요소들의 순서가 유지됨

(2) 가변성(Mutable)
- 요소의 추가, 삭제, 수정이 자유로움
- 리스트 크기를 동적으로 조절 가능

(3) 다양한 데이터 타입 허용

- 서로 다른 데이터 타입을 하나의 리스트에 저장 가능
- 리스트 안에 리스트를 포함할 수 있음(중첩 리스트)

예시

```
# 빈 리스트 생성
empty_list = []
empty_list2 = list()

# 요소가 있는 리스트 생성
numbers = [1, 2, 3, 4, 5]
mixed = [1, "Hello", 3.14, True]

print(numbers)
print(mixed)
```

실행 결과

```
In [23]: empty_list = []
    ...: empty_list2 = list()

In [24]: numbers = [1, 2, 3, 4, 5]
    ...: mixed = [1, "Hello", 3.14, True]
    ...:
    ...: print(numbers)
    ...: print(mixed)
[1, 2, 3, 4, 5]
[1, 'Hello', 3.14, True]
```

2.2.1 수열 함수를 이용한 리스트 생성

NumPy의 수열 함수들을 활용하여 리스트를 생성할 수 있습니다. list() 함수를 통해 NumPy 배열을 리스트로 변환할 수 있습니다.

예시

```
import numpy as np

# 1부터 5까지의 정수 시퀀스 리스트(np.arange())
seq_list1 = list(np.arange(1, 6))
print(seq_list1)
# 0부터 1까지 5개의 균등 간격 숫자 리스트(np.linspace())
seq_list2 = list(np.linspace(0, 1, 5))
print(seq_list2)
# 단일 값 반복 리스트(np.repeat())
repeat_list1 = list(np.repeat(5, 3))
print(repeat_list1)
```

실행 결과

```
In [25]: seq_list1 = list(np.arange(1, 6))
    ...: print(seq_list1)
[1, 2, 3, 4, 5]

In [26]: seq_list2 = list(np.linspace(0, 1, 5))
    ...: print(seq_list2)
[0.0, 0.25, 0.5, 0.75, 1.0]

In [27]: repeat_list1 = list(np.repeat(5, 3))
    ...: print(repeat_list1)
[5, 5, 5]
```

2.3 튜플(Tuple)

튜플은 리스트와 유사하지만 불변(immutable)인 데이터 구조입니다. 한 번 생성되면 요소를 수정할 수 없어 데이터의 무결성을 보장해야 하는 경우에 특히 유용합니다. 예를 들어, 좌표값이나 RGB 색상값과 같이 관련된 데이터를 그룹화하면서 변경되지 않아야 하는 경우에 자주 사용됩니다. 튜플의 특징은 다음과 같습니다.

(1) 불변성(Immutable)

- 생성 후 요소 수정 불가
- 데이터 무결성 보장

(2) 순서가 있는 데이터 구조

- 인덱스를 통한 접근 가능
- 요소들의 순서가 유지됨

예시

```
# 빈 튜플 생성
empty_tuple = ()
empty_tuple2 = tuple()

# 요소가 있는 튜플 생성
numbers = (1, 2, 3, 4, 5)
mixed = (1, "Hello", 3.14, True)

print(numbers)   # 출력: (1, 2, 3, 4, 5)
print(mixed)     # 출력: (1, 'Hello', 3.14, True)
```

실행 결과

```
In [28]: empty_tuple = ()
    ...: empty_tuple2 = tuple()

In [29]: numbers = (1, 2, 3, 4, 5)
    ...: mixed = (1, "Hello", 3.14, True)

In [30]: print(numbers)  # 출력: (1, 2, 3, 4, 5)
    ...: print(mixed)    # 출력: (1, 'Hello', 3.14, True)
(1, 2, 3, 4, 5)
(1, 'Hello', 3.14, True)
```

참고사항

– 튜플은 수정이 불가능하므로 새로운 튜플을 만들어야 합니다.

2.4 집합(Set)

집합(Set)은 중복되지 않는 고유한 요소들의 모음입니다. 데이터의 중복 제거, 수학적 집합 연산 또는 고유성을 보장해야 할 때 유용합니다. 집합의 특징은 다음과 같습니다.

(1) 중복 불허

- 동일한 요소를 포함할 수 없음
- 자동으로 중복 제거

(2) 순서가 없음

- 인덱스로 접근 불가
- 요소의 순서가 유지되지 않음

(3) 가변성(Mutable)

- 요소의 추가, 삭제가 가능
- 집합 연산 지원

예시

```
# 빈 집합 생성
empty_set = set()
# 요소가 있는 집합 생성
numbers = {1, 2, 3, 4, 5}
fruits = {"apple", "banana", "orange"}
# 리스트나 튜플로부터 집합 생성
numbers2 = set([1, 2, 2, 3, 3, 4])  # 중복 자동 제거
```

```
print(numbers)
print(fruits)
print(numbers2)
```

실행 결과

```
In [31]: empty_set = set()

In [32]: numbers = {1, 2, 3, 4, 5}
    ...: fruits = {"apple", "banana", "orange"}

In [33]: numbers2 = set([1, 2, 2, 3, 3, 4])  # 중복 자동 제거
    ...: print(numbers)
    ...: print(fruits)
    ...: print(numbers2)
{1, 2, 3, 4, 5}
{'apple', 'banana', 'orange'}
{1, 2, 3, 4}
```

Python

3 배열(Numpy-Array)

배열(Array)은 동일한 형태의 데이터가 2차원 이상으로 구성된 데이터 구조입니다. 행렬은 2차원 배열로, 배열의 부분집합이라고 할 수 있습니다. 행렬은 벡터를 붙여서 생성한 데이터 구조이며, 배열도 행렬을 붙여서 3차원, 4차원, …, n차원으로 확장이 가능합니다. 배열의 특징은 다음과 같습니다.

(1) 다차원 구조

- 2차원 이상의 데이터를 표현할 수 있는 구조
- 행렬을 3차원, 4차원 등으로 확장한 형태

(2) 동일 데이터 타입 요구

- 모든 요소가 같은 데이터 타입을 가져야 함
- 복잡한 다차원 데이터를 표현할 때 유용

(3) 벡터화 연산

- 요소별 연산 지원
- 빠른 수치 계산 가능

Python에서는 배열을 다루는 방법은 대부분 'NumPy' 라이브러리를 통해 이뤄집니다.

예시

```
import numpy as np

# 1차원 배열 생성
arr_1d = np.array([1, 2, 3, 4, 5])

# 2차원 배열 생성 (3x3 행렬)
arr_2d = np.array([[1, 2, 3],
                   [4, 5, 6],
                   [7, 8, 9]])

# 3차원 배열 생성 (2x3x2 행렬)
arr_3d = np.array([[[1, 2],
                    [3, 4],
                    [5, 6]],
                   [[7, 8],
                    [9, 10],
                    [11, 12]]])

print("1차원 배열 shape:", arr_1d.shape)
print("2차원 배열 shape:", arr_2d.shape)
print("3차원 배열 shape:", arr_3d.shape)
```

실행 결과

```
In [6]: import numpy as np
   ...: # 1차원 배열 생성
   ...: arr_1d = np.array([1, 2, 3, 4, 5])
   ...:
   ...: # 2차원 배열 생성 (3x3 행렬)
   ...: arr_2d = np.array([[1, 2, 3],[4, 5, 6],[7, 8, 9]])
   ...:
   ...: # 3차원 배열 생성 (2x3x2 행렬)
   ...: arr_3d = np.array([[[1, 2],[3, 4],[5, 6]],[[7, 8],[9, 10],[11, 12]]])
   ...:
   ...: print("1차원 배열 shape:", arr_1d.shape)
   ...: print("2차원 배열 shape:", arr_2d.shape)
   ...: print("3차원 배열 shape:", arr_3d.shape)
1차원 배열 shape: (5,)
2차원 배열 shape: (3, 3)
3차원 배열 shape: (2, 3, 2)
```

3.1 단일 배열 생성

numpy.full() 함수를 통해 단일 값으로 구성된 배열을 생성할 수 있습니다. 단일 배열은 특정 크기의 공간을 미리 할당하고 싶거나, 알고리즘에서 비교를 위한 기준 배열이 필요할 때 사용합니다.

기본 구조

```
np.full(shape, fill_value)

파라미터(parameter)
  - 'shape': 배열의 크기(튜플 형태)
  - 'fill_value': 배열을 채울 값
```

예시

```
# 특수 배열 생성
zeros = np.full((1, 3), 0)      # 0으로 채워진 배열
ones = np.full((3, 2, 1), 1)  # 1로 채워진 배열
fives = np.full((2, 2), 5)      # 5로 채워진 배열

print(zeros)
print(ones)
print(fives)
```

실행 결과

```
In [7]: zeros = np.full((1, 3), 0)     # 0으로 채워진 배열
   ...: ones = np.full((3, 2, 1), 1)       # 1로 채워진 배열
   ...: fives = np.full((2, 2), 5)   # 5로 채워진 배열
   ...:
   ...: print(zeros)
   ...: print(ones)
   ...: print(fives)
[[0 0 0]]
[[[1]
  [1]]

 [[1]
  [1]]

 [[1]
  [1]]]
[[5 5]
 [5 5]]
```

3.2 vstack(), hstack()를 이용한 행렬 생성

vstack()과 hstack() 함수는 NumPy 라이브러리에서 배열을 결합하는 데 사용됩니다.

3.2.1 수직으로 데이터 결합: vstack()

vstack() 함수는 여러 개의 배열을 수직(vertical) 방향으로 쌓아서 하나의 배열을 만듭니다. 즉, 각 배열이 새로운 배열의 행으로 추가됩니다.

예시

```
row1 = np.array([1, 2, 3, 4])
row2 = np.array([2, 3, 4, 5])
row3 = np.array([3, 4, 5, 6])

# vstack()을 사용하여 벡터 결합
result_vstack = np.vstack((row1, row2, row3))
print(result_vstack)
```

실행 결과

```
In [8]: row1 = np.array([1, 2, 3, 4])
   ...: row2 = np.array([2, 3, 4, 5])
   ...: row3 = np.array([3, 4, 5, 6])

In [9]:
   ...: result_vstack = np.vstack((row1, row2, row3))
   ...: print(result_vstack)
[[1 2 3 4]
 [2 3 4 5]
 [3 4 5 6]]
```

3.2.2 수평으로 데이터 결합: hstack()

hstack() 함수는 배열을 수평(horizontal) 방향으로 연결하여 하나의 배열을 생성합니다. 즉, 각 배열이 새로운 배열의 열로 추가됩니다.

예시

```
col1 = np.array([1, 2, 3])
col2 = np.array([2, 3, 4])
col3 = np.array([3, 4, 5])

# hstack()을 사용하여 벡터 결합
result_hstack = np.hstack((col1, col2, col3))
print(result_hstack.reshape(3, 3))
```

실행 결과

```
In [10]: col1 = np.array([1, 2, 3])
    ...: col2 = np.array([2, 3, 4])
    ...: col3 = np.array([3, 4, 5])
    ...:
    ...: # hstack()을 사용하여 벡터 결합
    ...: result_hstack = np.hstack((col1, col2, col3))
    ...: print(result_hstack.reshape(3, 3))
[[1 2 3]
 [2 3 4]
 [3 4 5]]
```

Python

4 딕셔너리(Dictionary)

딕셔너리는 Python에서 가장 유연한 데이터 구조 중 하나로, 키(key)와 값(value) 쌍으로 이루어진 데이터를 저장하는 컨테이너 역할을 합니다. 딕셔너리는 문자열, 숫자, 튜플, 리스트, 심지어 다른 딕셔너리까지도 값으로 가질 수 있어, 복잡하고 계층적인 데이터 구조를 표현하는 데 매우 유용합니다.

4.1 딕셔너리의 특징

(1) 키-값 쌍 구조
- 각 데이터는 고유한 키와 연관된 값으로 구성
- 키는 변경 불가능한(immutable) 타입만 사용 가능(문자열, 숫자, 튜플 등)
- 값은 모든 타입의 객체 사용 가능

(2) 이질적 데이터 타입 허용
- 서로 다른 데이터 타입을 하나의 딕셔너리에 저장 가능
- 리스트, 튜플, 다른 딕셔너리 등을 값으로 포함할 수 있음

(3) 계층적 구조 표현
- 딕셔너리 안에 딕셔너리를 포함하여 복잡한 계층 구조 생성 가능
- JSON과 유사한 형태로 데이터를 표현할 수 있음

(4) 빠른 검색 및 접근

- 해시 테이블 기반으로 구현되어 O(1) 시간 복잡도로 접근 가능
- 키를 통한 직접 접근 지원(예: dict_name['key'])

(5) 유연한 확장 및 수정

- 새로운 키-값 쌍을 쉽게 추가하거나 기존 값을 수정 가능
- 키-값 쌍의 삭제도 자유롭게 가능

4.2 딕셔너리 생성

딕셔너리는 중괄호 '{}' 를 사용하거나 'dict()' 생성자를 통해 생성할 수 있습니다.

예시

```
# 중괄호를 사용한 생성
simple_dict = {'name': 'John', 'age': 30}
print(simple_dict)

# dict() 생성자를 사용한 생성
dict_constructor = dict(name='John', age=30)
print(dict_constructor)
```

실행 결과

```
In [11]: simple_dict = {'name': 'John', 'age': 30}
    ...: print(simple_dict)
{'name': 'John', 'age': 30}

In [12]: dict_constructor = dict(name='John', age=30)
    ...: print(dict_constructor)
{'name': 'John', 'age': 30}
```

4.3 이름 지정 및 접근

딕셔너리를 사용하여 각 요소에 이름을 부여할 수 있으며, 대괄호 '[]' 또는 get() 함수를 사용하여 데이터에 접근할 수 있습니다.

예시

```
named_dict = {
    'name': 'John Doe',
    'age': 35,
    'occupation': 'Data Scientist'
```

```
}
print(named_dict)
print(named_dict['occupation']) # 대괄호로 접근
print(named_dict.get('occupation')) # get() 함수로 접근
```

실행 결과

```
In [13]: named_dict = {
    ...:     'name': 'John Doe',
    ...:     'age': 35,
    ...:     'occupation': 'Data Scientist'
    ...: }
    ...: print(named_dict)
    ...: print(named_dict['occupation']) # 대괄호로 접근
    ...: print(named_dict.get('occupation')) # get() 메서드로 접근
{'name': 'John Doe', 'age': 35, 'occupation': 'Data Scientist'}
Data Scientist
Data Scientist
```

참고사항

– 대괄호 '[]'로 접근할 때 키가 존재하지 않으면 KeyError가 발생합니다.

– get() 함수는 키가 없을 때 None을 반환하거나 지정된 기본값을 반환합니다.

4.4 계층적 구조 생성

딕셔너리는 다른 딕셔너리뿐만 아니라 다양한 데이터 구조를 포함할 수 있어 복잡한 계층 구조를 표현하는 데 매우 적합합니다.

예시

```
# 중첩 딕셔너리 생성
nested_dict = {
    'person1': {
        'name': 'Alice',
        'age': 30,
        'address': {
            'city': 'New York',
            'zip': '10001'
        }
    },
    'person2': {
        'name': 'Bob',
        'age': 25,
        'address': {
```

```
            'city': 'Los Angeles',
            'zip': '90001'
        }
    }
}

print(nested_dict['person1']['address']['city']) # 중첩된 값 접근
```

실행 결과

```
In [14]:
    ...: nested_dict = {
    ...:     'person1': {
    ...:         'name': 'Alice',
    ...:         'age': 30,
    ...:         'address': {
    ...:             'city': 'New York',
    ...:             'zip': '10001'
    ...:         }
    ...:     },
    ...:     'person2': {
    ...:         'name': 'Bob',
    ...:         'age': 25,
    ...:         'address': {
    ...:             'city': 'Los Angeles',
    ...:             'zip': '90001'
    ...:         }
    ...:     }
    ...: }
    ...:
    ...: print(nested_dict['person1']['address']['city'])  # 중첩된 값 접근
New York
```

6.5 길이가 다른 요소

딕셔너리는 각 요소는 서로 다른 길이를 가질 수 있습니다.

예시

```
varying_length_list = {
    'short_vector': [1, 2, 3],
    'long_vector': list(range(1, 11)),
    'single_value': 42
}
print(varying_length_list)
```

4.6 추가 및 수정

새로운 요소를 쉽게 추가하거나 기존 요소를 수정할 수 있습니다.

예시

```
flexible_dict = {'a': 1, 'b': 2}
print(flexible_dict)

# 새로운 요소 추가
flexible_dict['c'] = 3
flexible_dict['d'] = 4

# 기존 요소 수정
flexible_dict['a'] = 10

print(flexible_dict)
```

실행 결과

```
In [15]: flexible_dict = {'a': 1, 'b': 2}
    ...: print(flexible_dict)
{'a': 1, 'b': 2}

In [16]:
    ...: flexible_dict['c'] = 3
    ...: flexible_dict['d'] = 4

In [17]: flexible_dict['a'] = 10

In [18]: print(flexible_dict)
{'a': 10, 'b': 2, 'c': 3, 'd': 4}
```

5 데이터프레임(Pandas-DataFrame)

데이터프레임은 표 형식의 데이터를 저장하는 데 사용되는 데이터 구조로, 각 열은 서로 다른 데이터 타입을 가질 수 있습니다. 이는 데이터 과학, 통계 분석, 머신러닝 등 다양한 분야에서 널리 사용되는 핵심적인 데이터 구조입니다.

Python에서는 데이터프레임을 다루는 방법은 대부분 'Pandas' 라이브러리를 통해 이뤄집니다. 데이터프레임의 특징은 다음과 같습니다.

(1) 행과 열로 구성된 2차원 구조

- 각 행은 하나의 레코드 또는 관측치를 나타냅니다.

- 각 열은 특정 변수 또는 특성을 나타냅니다.

(2) 각 열은 서로 다른 데이터 타입 허용

- 숫자형(정수, 실수), 문자열, 날짜/시간, 불리언 등 다양한 데이터 타입 지원
- 이를 통해 복잡한 데이터셋을 효과적으로 표현할 수 있습니다.

(3) 데이터 분석 및 조작에 유용

- 필터링, 정렬, 그룹화, 집계 등 다양한 데이터 조작 기능 제공
- 결측치 처리, 중복 제거 등 데이터 전처리 작업 수행 가능
- 기본적인 통계 분석 기능 내장

데이터프레임은 pd.DataFrame() 함수를 이용해 생성할 수 있으며, 딕셔너리('{}') 형태로 생성할 수 있습니다.

예시

```
!pip install pandas      # pandas 라이브러리 설치
import pandas as pd  # pandas 라이브러리 불러오기

# 딕셔너리로부터 생성
data = {
    'name': ['John', 'Jane', 'Bob'],
    'age': [25, 30, 35],
    'city': ['New York', 'London', 'Paris']
}
df = pd.DataFrame(data)

print(df)
```

실행 결과

```
In [19]: import pandas as pd  # pandas 라이브러리 불러오기

In [20]:
    ...: data = {
    ...:     'name': ['John', 'Jane', 'Bob'],
    ...:     'age': [25, 30, 35],
    ...:     'city': ['New York', 'London', 'Paris']
    ...: }
    ...: df = pd.DataFrame(data)
    ...:
    ...: print(df)
   name  age      city
0  John   25  New York
1  Jane   30    London
2   Bob   35     Paris
```

5.1 np.array()를 이용한 데이터프레임 생성

np.array()를 이용하여 배열을 생성한 후 pd.DataFrame() 함수를 사용하여 데이터프레임을 생성할 수 있습니다.

예시

```
import numpy as np
import pandas as pd

# 2차원 NumPy 배열 생성
arr = np.array([[1, 2, 3],
                [4, 5, 6],
                [7, 8, 9]])

# NumPy 배열로부터 데이터프레임 생성
df_default = pd.DataFrame(arr) # 기본 데이터프레임 생성

#  열, 행 이름 지정하여 데이터프레임 생성
df = pd.DataFrame(arr,
                  columns=['A', 'B', 'C'],            # 열 이름 지정
                  index=['row1', 'row2', 'row3'])  # 행 이름 지정

print("기본 데이터프레임:")
print(df_default  )
print("열, 행 이름 지정 데이터프레임:")
print(df)
```

실행 결과

```
In [21]:
    ...: arr = np.array([[1, 2, 3],
    ...:                 [4, 5, 6],
    ...:                 [7, 8, 9]])
    ...:
    ...: # NumPy 배열로부터 데이터프레임 생성
    ...: df_default = pd.DataFrame(arr) # 기본 데이터프레임 생성
    ...:
    ...: #  열, 행 이름 지정하여 데이터프레임 생성
    ...: df = pd.DataFrame(arr,
    ...:                   columns=['A', 'B', 'C'],  # 열 이름 지정
    ...:                   index=['row1', 'row2', 'row3'])  # 행 이름 지정
    ...:
    ...: print("기본 데이터프레임:")
    ...: print(df_default  )
    ...: print("열, 행 이름 지정 데이터프레임:")
    ...: print(df)
기본 데이터프레임:
   0  1  2
0  1  2  3
1  4  5  6
2  7  8  9
```

```
열, 행 이름 지정 데이터프레임:
      A  B  C
row1  1  2  3
row2  4  5  6
row3  7  8  9
```

5.3 행과 열 이름 지정 및 변경

pandas의 DataFrame에서는 'index'와 'columns' 속성을 통해 데이터프레임의 행과 열의 이름을 지정 및 변경할 수 있습니다.

예시

```
import pandas as pd

# 샘플 데이터프레임 생성
df1 = pd.DataFrame({
    'name': ['Alice', 'Bob', 'Charlie'],
    'age': [25, 30, 35],
    'score': [90, 85, 88]
})

# 행 이름(인덱스) 지정
df1.index = ['row1', 'row2', 'row3']

# 열 이름 지정
df1.columns = ['col1', 'col2', 'col3']

print(df1)
```

실행 결과

```
In [22]:
    ...: df1 = pd.DataFrame({
    ...:     'name': ['Alice', 'Bob', 'Charlie'],
    ...:     'age': [25, 30, 35],
    ...:     'score': [90, 85, 88]
    ...: })
    ...:
    ...: # 행 이름(인덱스) 지정
    ...: df1.index = ['row1', 'row2', 'row3']
    ...:
    ...: # 열 이름 지정
    ...: df1.columns = ['col1', 'col2', 'col3']
    ...:
    ...: print(df1)
         col1  col2  col3
row1    Alice    25    90
row2      Bob    30    85
row3  Charlie    35    88
```

또는 rename() 함수를 사용하여 특정 행이나 열의 이름만 변경할 수도 있습니다.

예시

```
# 특정 열 이름만 변경
df = df.rename(columns={'col1': 'name', 'col2': 'age'})
# 특정 행 이름만 변경
df = df.rename(index={'row1': 'student1'})

print(df)
```

실행 결과

```
In [23]:
   ...: df = df.rename(columns={'col1': 'name', 'col2': 'age'})
   ...: # 특정 행 이름만 변경
   ...: df = df.rename(index={'row1': 'student1'})
   ...:
   ...: print(df)
          A  B  C
student1  1  2  3
row2      4  5  6
row3      7  8  9
```

Python 연습문제

01 다음과 같은 리스트를 생성하고 출력하세요.

- 1부터 5까지의 숫자를 포함하는 리스트
- "apple", "banana", "orange"를 포함하는 리스트

02 리스트 [1, 2, 2, 3, 3, 3, 4, 4, 4, 4]에서 중복을 제거하고 출력하세요.

03 1부터 5까지의 숫자를 포함하는 튜플을 생성하고 출력하세요.

04 NumPy를 사용하여 −5부터 5까지 11개의 균등한 간격의 숫자를 생성하세요.

05 NumPy를 사용하여 0부터 1까지 0.1 간격으로 배열을 생성하세요.

06 NumPy를 사용하여 2x4 크기의 7로 채워진 행렬을 생성하세요.

07 다음 데이터로 판다스 데이터프레임을 생성하고 출력하세요.

- 이름: ["John", "Jane", "Bob"]
- 나이: [25, 30, 35]
- 도시: ["New York", "London", "Paris"]

08 8번에서 생성한 데이터프레임의 행과 열 이름을 다음과 같이 변경하세요.

- 행 이름을 'student1', 'student2', 'student3'로 변경
- 열 이름을 'Name', 'Age', 'Location'으로 변경

09 다음 정보를 포함하는 딕셔너리를 생성하고 출력하세요.

- name: "John"
- age: 30
- city: "New York"

10 다음과 같은 계층적 구조를 가진 딕셔너리를 생성하세요.

- 두 명의 학생 정보를 포함 : student1, student2
- 각 학생은 이름, 나이, 연락처 정보를 포함 : name, age, contact
- 연락처 정보는 이메일과 전화번호를 포함 : email, phone

  student1 – name : "Alice", age : 20, contact : {email : "alice@example.com", phone : "123-456-7890"}

  student2 – name : "Bob", age : 22, contact : {email : "bob@example.com", phone : "098-765-4321"}

5장

데이터 타입별 인덱싱

R

1. 벡터(Vector) 인덱싱
2. 행렬(Matrix) 인덱싱
3. 데이터프레임(Data Frame) 인덱싱
4. 리스트(List) 인덱싱

Python

1. 벡터(Vector) 인덱싱
2. 행렬(Matrix) 인덱싱
3. 딕셔너리(Dictionary) 인덱싱
4. 데이터프레임(DataFrame) 인덱싱

인덱싱은 데이터 구조에서 원하는 요소나 부분집합을 추출하는 핵심 기능입니다. 데이터 분석의 전체 흐름을 살펴보면, 인덱싱은 거의 모든 단계에서 출발점이 됩니다. 예를 들어

- 탐색(EDA) 단계에서는 데이터프레임에서 특정 열(age 열)만 미리 확인할 수 있습니다.
- 전처리 단계에서는 결측치를 가진 행만 추출하거나, 특정 조건(예: income 〉 5000)을 만족하는 행만 남길 수 있습니다.
- 모델 학습 단계에서는 전체 데이터를 훈련용과 검증용으로 나누는 작업도 인덱싱을 통해 이루어집니다.

즉, 인덱싱은 필터링, 슬라이싱, 행 · 열 선택, 조건 추출을 가능하게 하는 만능열쇠라 할 수 있습니다. 따라서 인덱싱 문법을 정확히 이해해야 데이터를 효율적으로 다룰 수 있습니다.

R과 Python은 인덱스를 다루는 방식에서 중요한 차이가 있으므로, 두 언어의 규칙을 비교해 이해하는 것이 필요합니다.

R과 Python의 인덱싱 차이

(1) 시작 번호
- R: 1부터 시작 (x[1] → 첫 번째 값)
- Python: 0부터 시작 (x[0] → 첫 번째 값)

(2) N번째 값 접근
- R: x[N]
- Python: x[N]

(3) 음수 인덱스 의미
- R: x[-1] → "첫 요소를 제외하고 가져오기"
- Python: x[-1] → "뒤에서 첫 번째 값(마지막 값) 가져오기"

이러한 차이를 잘 이해하고 코드를 작성해야 인덱싱 오류를 방지할 수 있습니다. 이번 장에서는 이를 바탕으로 데이터 타입별 인덱싱 방법을 살펴보겠습니다.

R

1 벡터(Vector) 인덱싱

벡터는 1차원 데이터 구조로, 단일 대괄호 '[]'에 추출하고자 하는 요소의 인덱스를 사용하여 인덱싱합니다. 특히 R에서 인덱스는 1부터 시작하므로 0부터 시작하는 파이썬과는 다릅니다. R에서 1차원 데이터를 다루는 주요 방법은 벡터(vector)**이며, 이외에도 리스트(list)나 팩터(factor)와 같은 구조가 있지만, 여기서는 벡터를 중심으로 설명하겠습니다.

예시 샘플 데이터

```
v <- c(10, 20, 30, 40, 50, NA)
```

1.1 단일 요소 인덱싱

벡터 인덱싱에서 단일 요소에 인덱싱할 때는 정수 인덱스를 사용합니다.

기본 구조

```
변수명[i] : i번째 요소 인덱싱(1부터 시작)
```

예시

```
print(v[1])  # 첫번째 요소
print(v[2])  # 두번째 요소
```

실행 결과

```
> print(v[1])  # 첫번째 요소
[1] 10
> print(v[2])  # 두번째 요소
[1] 20
```

1.2 다중 요소 인덱싱

여러 요소에 동시에 접근하는 방법에는 정수 벡터를 사용하는 방법과 콜론(':')을 사용한 연속 인덱싱이 있습니다.

1.2.1 정수 벡터를 통한 인덱싱

복수의 정수 벡터를 사용하여 원하는 위치의 요소들을 선택적으로 추출할 수 있습니다.

기본 구조

sequence[c(index1, index2, ...)] : 지정된 인덱스의 요소들 추출

예시

```
# 특정 위치의 요소들 선택
print(v[c(1, 3, 5)])  # R은 1부터 시작

# 인덱스 벡터를 변수로 저장하여 사용
indices <- c(2, 4)
print(v[indices])
```

실행 결과

```
> # 특정 위치의 요소들 선택
> print(v[c(1, 3, 5)])   # R은 1부터 시작
[1] 10 30 50
>
> # 인덱스 벡터를 변수로 저장하여 사용
> indices <- c(2, 4)
> print(v[indices])
[1] 20 40
```

참고사항

- 콤마로 구분된 인덱스 v[0, 2, 4]는 2차원 배열의 인덱싱 문법으로 해석되어 오류가 발생하므로 주의해야 합니다.

1.2.2 슬라이싱을 통한 인덱싱

슬라이싱은 콜론 연산자(':')를 사용하여 연속된 인덱스의 요소들을 선택할 수 있습니다. 그 외에 seq() 함수를 사용하여 연속된 인덱스의 요소들을 선택할 수 있습니다.

기본 구조

```
sequence[start:end]             : start부터 end까지
sequence[seq(from, to, by)]     : from부터 to까지 by 간격으로
sequence[]                      : 전체 벡터
```

예시

```
print(v[2:5])                    # 2부터 5까지
print(v[seq(2, 5, 2)])           # 2부터 5까지 2 간격으로
print(v[])                       # 전체 벡터
print(v[seq(1, length(v), 2)])   # 처음부터 끝까지 2 간격으로
```

실행 결과

```
> print(v[2:5])        # 2부터 5까지
[1] 20 30 40 50
> print(v[seq(2, 5, 2)])  # 2부터 5까지 2간격으로
[1] 20 40
> print(v[])           # 전체 벡터
[1] 10 20 30 40 50 NA
> print(v[seq(1, length(v), 2)])  # 처음부터 끝까지 2간격으로
[1] 10 30 50
```

참고사항

- length(v): 벡터의 길이(요소의 개수)를 반환하는 함수입니다.
- seq(from, to, by): from부터 to까지 by 간격으로 숫자 벡터를 생성하는 함수입니다.

1.3 역순 인덱싱

역순 인덱싱은 length() 함수와 음의 정수(-)를 함께 사용하거나, rev() 함수를 활용하여 역순으로 인덱싱할 수 있습니다.

기본 구조

```
sequence[length(v)]                         : 마지막 요소
sequence[(length(v)-n+1):length(v)]         : 뒤에서 n개 요소
sequence[1:(length(v)-n)]                   : 뒤에서 n개 요소를 제외한 나머지
sequence[(length(v)-m+1):(length(v)-n+1)]   : 뒤에서 m번째부터 n번째까지
rev(sequence)                               : 역순으로 전체
```

예시

```
print(v[length(v)])                      # 마지막 요소
print(v[(length(v)-2):length(v)])        # 뒤에서 3개
print(v[1:(length(v)-2)])                # 뒤에서 2개 제외
print(v[(length(v)-3):(length(v)-1)])    # 뒤에서 4번째부터 마지막 이전까지
print(rev(v))                            # 역순으로 전체 벡터
```

실행 결과

```
> print(v[length(v)])                      # 마지막 요소
[1] NA
> print(v[(length(v)-2):length(v)])        # 뒤에서 3개
[1] 40 50 NA
> print(v[1:(length(v)-2)])                # 뒤에서 2개 제외
[1] 10 20 30 40
> print(v[(length(v)-3):(length(v)-1)])    # 뒤에서 4번째부터 마지막 이전까지
[1] 30 40 50
> print(rev(v))                            # 역순으로 전체 벡터
[1] NA 50 40 30 20 10
```

참고사항

– rev(v): 벡터 v를 역순으로 정렬하는 함수입니다.

1.4 요소 제외 인덱싱

음수 인덱스를 사용하여 1차원 배열에서 특정 요소를 제외할 수 있습니다. 단일 요소, 연속된 요소, 또는 여러 요소를 제외할 수 있습니다.

기본 구조

```
v[-index]        : index 위치의 요소를 제외
v[-(start:end)] : start부터 end까지의 요소를 제외
v[-c(indices)]  : 여러 인덱스 위치의 요소들을 제외
```

예시

```
# 단일 요소 제외
print(v[-1])  # 첫 번째 요소를 제외한 모든 요소

# 연속된 요소 제외
print(v[-(1:3)])  # 1~3번째 요소를 제외한 모든 요소

# 여러 요소 제외
print(v[-c(1, 3, 5)])  # 1, 3, 5번째 요소를 제외한 모든 요소
```

실행 결과

```
> # 단일 요소 제외
> print(v[-1])  # 첫 번째 요소를 제외한 모든 요소
[1] 20 30 40 50 NA
>
> # 연속된 요소 제외
> print(v[-(1:3)]) # 1~3번째 요소를 제외한 모든 요소
[1] 40 50 NA
>
> # 여러 요소 제외
> print(v[-c(1, 3, 5)]) # 1,3,5번째 요소를 제외한 모든 요소
[1] 20 40 NA
```

R

참고사항

– R에서는 음수와 양수 인덱스를 혼합해서 사용할 수 없습니다.

2 행렬(Matrix) 인덱싱

행렬은 2차원 데이터 구조로, 단일 대괄호 '[]' 안에 쉼표로 구분된 두 개의 인덱스를 사용합니다. 첫 번째는 행, 두 번째는 열을 나타냅니다.

예시 샘플 데이터

```
mat <- matrix(1:9, nrow = 3, ncol = 3)
```

2.1 단일 요소 인덱싱

특정 위치에 있는 단일 요소에 접근하기 위해서는 '[행, 열]' 형식을 활용합니다. 행과 열 번호는 1부터 시작합니다.

기본 구조

```
matrix[index, index] : 행렬의 특정 위치에 있는 요소 인덱싱
```

예시

```
print(mat[2, 3])  # 2행 3열의 요소 인덱싱
```

실행 결과

```
> print(mat[2, 3])  # 2행 3열의 요소 인덱싱
[1] 8
```

2.2 행 또는 열 전체 인덱싱

행 또는 열 전체 접근하기 위해서는 행이나 열 중 하나를 비워두어 특정 행 또는 열에 접근합니다.

기본 구조

```
matrix[index, ] : 지정된 행의 모든 열 선택
matrix[, index] : 지정된 열의 모든 행 선택
```

예시

```
print(mat[2, ])  # 2번째 행 전체 인덱싱
print(mat[, 3])  # 3번째 열 전체 인덱싱
```

실행 결과

```
> print(mat[2, ])   # 2번째 행 전체 인덱싱
[1] 2 5 8
> print(mat[, 3])   # 3번째 열 전체 인덱싱
[1] 7 8 9
```

2.3 다중 행/열 인덱싱

정수 벡터 또는 클론(':') 연산자를 이용하여 여러 행이나 열에 동시에 접근할 수 있습니다.

예시

```
# 정수 배열을 사용하여 여러 행이나 열에 동시에 인덱싱
print(mat[c(1, 3), ]) # 1행과 3행 인덱싱
print(mat[, c(2, 3)]) # 2열과 3열 인덱싱

# ':' 연산자를 사용한 연속된 행/열 인덱싱
print(mat[1:2, ]) # 1행부터 2행까지 인덱싱
print(mat[, 2:3]) # 2열부터 3열까지 인덱싱
```

실행 결과

```
> # 정수 배열을 사용하여 여러 행이나 열에 동시에 인덱싱
> print(mat[c(1, 3), ])     # 1행과 3행 인덱싱
     [,1] [,2] [,3]
[1,]    1    4    7
[2,]    3    6    9
> print(mat[, c(2, 3)])     # 2열과 3열 인덱싱
     [,1] [,2]
[1,]    4    7
[2,]    5    8
[3,]    6    9
>
> # ':' 연산자를 사용한 연속된 행/열 인덱싱
> print(mat[1:2, ])         # 1행부터 2행까지 인덱싱
     [,1] [,2] [,3]
[1,]    1    4    7
[2,]    2    5    8
> print(mat[, 2:3])         # 2열부터 3열까지 인덱싱
     [,1] [,2]
[1,]    4    7
[2,]    5    8
[3,]    6    9
```

2.4 요소 제외 인덱싱

음수 인덱스를 사용하여 2차원 배열에서 특정 요소를 제외할 수 있습니다. 단일 요소, 연속된 요소, 또는 여러 요소를 제외할 수 있습니다.

기본 구조

```
matrix[-index, ]          : index 위치의 행을 제외
matrix[, -index]          : index 위치의 열을 제외
matrix[-(start:end), ]    : start부터 end까지의 행을 제외
matrix[, -c(indices)]     : 여러 열을 제거
```

예시

```
# 예시 행렬 생성
mat <- matrix(1:9, nrow=3, byrow=TRUE)

# 단일 행 제외(첫 번째 행)
print(mat[-1, ])

# 단일 열 제외(두 번째 열)
print(mat[, -2])

# 연속된 행 제외(첫 번째와 두 번째 행)
print(mat[-(1:2), ])

# 여러 열 제외(첫 번째와 마지막 열)
print(mat[, -c(1, 3)])
```

실행 결과

```
> # 예시 행렬 생성
> mat <- matrix(1:9, nrow=3, byrow=TRUE)
>
> # 단일 행 제외 (첫 번째 행)
> print(mat[-1, ])
     [,1] [,2] [,3]
[1,]    4    5    6
[2,]    7    8    9
>
> # 단일 열 제외 (두 번째 열)
> print(mat[, -2])
     [,1] [,2]
[1,]    1    3
[2,]    4    6
[3,]    7    9
>
> # 연속된 행 제외 (첫 번째와 두 번째 행)
> print(mat[-(1:2), ])
[1] 7 8 9
>
> # 여러 열 제외 (첫 번째와 마지막 열)
> print(mat[, -c(1, 3)])
[1] 2 5 8
```

3 데이터프레임(Data Frame) 인덱싱

데이터프레임은 행렬과 유사하지만, 각 열이 서로 다른 데이터 타입을 가질 수 있는 2차원 데이터 구조일 뿐만 아니라 행과 열에 이름을 주어 인덱싱할 수 있습니다. 또한 행렬과 유사한 인덱싱 방법을 사용하며, 추가로 '$' 연산자를 통해 다양한 방법으로 인덱싱 할 수 있습니다.

예시 샘플 데이터

```
df <- data.frame(
    name = c("Alice", "Bob", "Charlie", "David"),
    age = c(25, 30, 35, 28),
    city = c("New York", "London", "Paris", "Tokyo"),
    salary = c(50000, 60000, 75000, 65000),
    department = c("HR", "IT", "Sales", "IT"),
    row.names = c("emp1", "emp2", "emp3", "emp4")  # 행 이름 지정
)
```

3.1 정수 기반 인덱싱

3.1.1 단일 요소 인덱싱

정수 인덱스를 사용하여 특정 위치의 단일 요소에 접근합니다.

기본 구조

```
df[row, col] : 특정 행과 열의 요소 인덱싱
```

예시

```
# 단일 요소 인덱싱
print(df[2, 3])  # 2행 3열의 요소
print(df[1, 2])  # 1행 2열의 요소

# 열 인덱스로 인덱싱
print(df[[2]][1])  # 2번째 열의 첫 번째 요소
```

실행 결과

```
> # 단일 요소 인덱싱
> print(df[2, 3])        # 2행 3열의 요소
[1] "London"
> print(df[1, 2])        # 1행 2열의 요소
[1] 25
>
> # 열 인덱스로 인덱싱
> print(df[[2]][1])      # 2번째 열의 첫 번째 요소
[1] 25
```

3.1.2 다중 요소 인덱싱

정수 인덱스를 사용하여 여러 행이나 열을 동시에 선택할 때 사용합니다.

기본 구조

```
df[rows, ]      : 여러 행 선택
df[, cols]      : 여러 열 선택
df[rows, cols]  : 여러 행과 열 선택
```

예시

```
# 여러 행 선택
print(df[c(1,3), ])  # 1행과 3행 전체
```

```
# 여러 열 선택
print(df[, 2:4]) # 2~4열 전체

# 행과 열 범위 선택
print(df[1:2, 2:3]) # 1~2행의 2~3열
```

실행 결과

```
> # 여러 행 선택
> print(df[c(1,3), ])     # 1행과 3행 전체
        name age     city salary department
emp1   Alice  25 New York  50000         HR
emp3 Charlie  35    Paris  75000      Sales
>
> # 여러 열 선택
> print(df[, 2:4])        # 2~4열 전체
     age     city salary
emp1  25 New York  50000
emp2  30   London  60000
emp3  35    Paris  75000
emp4  28    Tokyo  65000
>
> # 행과 열 범위 선택
> print(df[1:2, 2:3])     # 1~2행의 2~3열
     age     city
emp1  25 New York
emp2  30   London
```

3.2 레이블 기반 인덱싱

R의 데이터프레임은 기본적으로 레이블(이름) 기반 인덱싱을 지원하며, 행 이름(rownames)과 열 이름(colnames)을 통해 직관적으로 데이터에 접근할 수 있습니다. 특히 의미 있는 행 이름이나 열 이름이 지정된 경우, 데이터의 실제 위치가 아닌 레이블을 기준으로 데이터를 선택할 수 있어 매우 편리합니다.

3.2.1 단일 요소 인덱싱

레이블 인덱스를 사용하여 행 이름, 열 이름, 또는 $ 연산자를 사용하여 단일 요소에 접근합니다.

기본 구조

```
df["row_name", "col_name"] : 행과 열 이름으로 인덱싱
df$column_name[index]      : 열 이름으로 직접 인덱싱
df[["column_name"]][index] : 열 이름으로 인덱싱
```

예시

```
# 행과 열 이름으로 인덱싱
print(df["emp2", "city"]) # emp2 행의 city 열

# $ 연산자로 단일 요소 인덱싱
print(df$age[2]) # age 열의 2번째 값

# [[ ]] 연산자로 인덱싱
print(df[["name"]][1]) # name 열의 첫 번째 값
```

실행 결과

```
> # 행과 열 이름으로 인덱싱
> print(df["emp2", "city"])      # emp2 행의 city 열
[1] "London"
>
> # $ 연산자로 단일 요소 인덱싱
> print(df$age[2])               # age 열의 2번째 값
[1] 30
>
> # [[ ]] 연산자로 인덱싱
> print(df[["name"]][1])         # name 열의 첫 번째 값
[1] "Alice"
```

3.2.2 다중 요소 인덱싱

레이블 인덱스를 사용하여 여러 행이나 열을 이름으로 선택할 때 사용합니다.

기본 구조

```
df[row_names, col_names] : 여러 행과 열을 이름으로 선택
df[, col_names]          : 여러 열을 이름으로 선택
df[row_names, ]          : 여러 행을 이름으로 선택
df$col_name              : 열 이름을 직접 참조
```

예시

```
# 여러 행 이름으로 인덱싱
print(df[c("emp1", "emp3"), ]) # emp1과 emp3 행 전체

# 여러 열 이름으로 인덱싱
print(df[, c("name", "salary")]) # name과 salary 열 전체

# 여러 행과 열 이름으로 인덱싱
print(df[c("emp1", "emp2"), c("name", "department")]) # emp1, emp2의 이름과 부서

# $ 연산자로 열 전체 인덱싱
print(df$name) # name 열 전체 데이터
```

실행 결과

```
> # 여러 행 이름으로 인덱싱
> print(df[c("emp1", "emp3"), ]) # emp1과 emp3 행 전체
        name age     city salary department
emp1   Alice  25 New York  50000         HR
emp3 Charlie  35    Paris  75000      Sales
>
> # 여러 열 이름으로 인덱싱
> print(df[, c("name", "salary")]) # name과 salary 열 전체
        name salary
emp1   Alice  50000
emp2     Bob  60000
emp3 Charlie  75000
emp4   David  65000
>
> # 여러 행과 열 이름으로 인덱싱
> print(df[c("emp1", "emp2"), c("name", "department")]) # emp1, emp2의 이름과
부서
      name department
emp1 Alice         HR
emp2   Bob         IT
>
> # $ 연산자로 열 전체 인덱싱
> print(df$name)              # name 열 전체 데이터
[1] "Alice"   "Bob"     "Charlie" "David"
```

4.3 조건부 필터링(Boolean Filtering)

조건부 필터링은 특정 조건을 만족하는 데이터를 선택할 때 사용됩니다. 논리형(logical) 조건을 사용하여 조건을 충족하는 행이나 열을 선택할 수 있습니다.

4.3.1 단일 조건 필터링

기본 구조

```
df[df$column condition, ]          : 모든 열에 대해 조건을 만족하는 행 선택
df[df$column condition, columns] : 조건을 만족하는 행의 특정 열 선택
```

예시

```
# 나이가 30세 이상인 직원 선택
print(df[df$age >= 30, ])

# 급여가 60000 이상인 직원의 이름과 부서 선택
print(df[df$salary >= 60000, c("name", "department")])

# IT 부서 직원 선택
print(df[df$department == "IT", ])
```

실행 결과

```
> # $ 연산자로 열 전체 인덱싱
> print(df$name)              # name 열 전체 데이터
[1] "Alice"   "Bob"     "Charlie" "David"
>
>
> # 나이가 30세 이상인 직원 선택
> print(df[df$age >= 30, ])
        name age   city salary department
emp2     Bob  30 London  60000         IT
emp3 Charlie  35  Paris  75000      Sales
>
> # 급여가 60000 이상인 직원의 이름과 부서 선택
> print(df[df$salary >= 60000, c("name", "department")])
        name department
emp2     Bob         IT
emp3 Charlie      Sales
emp4   David         IT
>
> # IT 부서 직원 선택
> print(df[df$department == "IT", ])
      name age   city salary department
emp2   Bob  30 London  60000         IT
emp4 David  28  Tokyo  65000         IT
```

4.3.2 다중 조건 필터링

여러 조건을 조합하여 데이터를 선택할 수 있습니다. 조건 결합에는 &(and), |(or) 연산자를 사용합니다.

기본 구조

```
df[(condition1) & (condition2), ]         : AND 조건으로 모든 열 선택
df[(condition1) | (condition2), columns] : OR 조건으로 특정 열 선택
```

예시

```
# IT 부서이면서 급여가 60000 이상인 직원
print(df[df$department == "IT" & df$salary >= 60000, ])

# 나이가 30세 이상이거나 급여가 70000 이상인 직원
print(df[df$age >= 30 | df$salary >= 70000, ])
```

실행 결과

```
> # IT 부서이면서 급여가 60000 이상인 직원
> print(df[df$department == "IT" & df$salary >= 60000, ])
      name age   city salary department
emp2   Bob  30 London  60000         IT
emp4 David  28  Tokyo  65000         IT
```

```
>
> # 나이가 30세 이상이거나 급여가 70000 이상인 직원
> print(df[df$age >= 30 | df$salary >= 70000, ])
        name age   city salary department
emp2     Bob  30 London  60000         IT
emp3 Charlie  35  Paris  75000      Sales
```

4 리스트(List) 인덱싱

리스트는 다양한 데이터 타입의 요소들을 포함할 수 있는 유연한 데이터 구조입니다. 리스트의 인덱싱은 다른 데이터 구조들과 약간 다르며, 단일 대괄호 '[]', 이중 대괄호 '[[]]', 그리고 '$' 연산자를 사용합니다.

기본 구조

```
[]  : 리스트의 구조를 유지하며 하위 리스트를 반환
[[]]: 리스트 구조를 벗기고 요소 자체를 반환
$   : 이름으로 요소에 직접 접근(named elements)
```

예시 샘플 데이터

```
my_list <- list(
    numbers = 1:5,
    text = c("apple", "banana", "cherry"),
    matrix = matrix(1:6, nrow=2),
    info = list(name="John", age=25)
)
```

4.1 기본 인덱싱

4.1.1 단일 대괄호 '[]' 사용

단일 대괄호는 리스트 구조를 유지하며 결과를 반환합니다.

기본 구조

```
list[index]   : 특정 인덱스의 요소 인덱싱
list["name"] : 이름으로 요소 인덱싱
```

예시

```
# 인덱스로 접근
print(my_list[1])        # numbers 요소를 포함한 길이 1의 리스트 반환
print(my_list["text"])   # text 요소를 포함한 길이 1의 리스트 반환

# 여러 요소 선택
print(my_list[c(1, 3)])  # numbers와 matrix 요소를 포함한 리스트 반환
```

실행 결과

```
> # 인덱스로 접근
> print(my_list[1])        # numbers 요소를 포함한 길이 1의 리스트 반환
$numbers
[1] 1 2 3 4 5

> print(my_list["text"])   # text 요소를 포함한 길이 1의 리스트 반환
$text
[1] "apple"  "banana" "cherry"

>
> # 여러 요소 선택
> print(my_list[c(1, 3)])  # numbers와 matrix 요소를 포함한 리스트 반환
$numbers
[1] 1 2 3 4 5

$matrix
     [,1] [,2] [,3]
[1,]    1    3    5
[2,]    2    4    6
```

4.1.2 이중 대괄호 '[[ ]]' 사용

이중 대괄호는 리스트 구조를 벗기고 요소 자체를 반환합니다.

기본 구조

```
list[[index]]   : 특정 인덱스의 요소 인덱싱
list[["name"]] : 이름으로 요소 인덱싱
```

예시

```
# 인덱스로 접근
print(my_list[[1]])        # numbers 벡터 직접 반환
print(my_list[["text"]])   # text 벡터 직접 반환

# 중첩된 요소 접근
print(my_list[["info"]][["name"]])  # "John" 반환
```

4.1.3 '$' 연산자 사용

달러 기호는 이름으로 요소에 직접 접근하는 간편한 방법입니다.

기본 구조

```
list$name : 이름으로 요소 인덱싱
```

예시

```
print(my_list$numbers)      # numbers 벡터 직접 반환
print(my_list$info$name)    # "John" 반환
```

4.2 복합 인덱싱

리스트 요소의 특정 부분에 접근하기 위해 여러 인덱싱 방법을 조합할 수 있습니다.

예시

```
# 벡터 요소의 특정 값 접근
print(my_list$numbers[2])  # numbers의 두 번째 값
print(my_list[["text"]][1:2])  # text의 처음 두 값

# 행렬 요소의 특정 값 접근
print(my_list$matrix[1, 2])    # matrix의 1행 2열 값
print(my_list[["matrix"]][2, ])  # matrix의 2행 전체
```

실행 결과

```
> # 벡터 요소의 특정 값 접근
> print(my_list$numbers[2])          # numbers의 두 번째 값
[1] 2
> print(my_list[["text"]][1:2])      # text의 처음 두 값
[1] "apple"  "banana"
>
> # 행렬 요소의 특정 값 접근
> print(my_list$matrix[1, 2])        # matrix의 1행 2열 값
[1] 3
> print(my_list[["matrix"]][2, ])    # matrix의 2행 전체
[1] 2 4 6
```

R 연습문제

01 벡터 문제

```
scores <- c(75, 88, 92, 65, 95, 83, 79, 91)
names(scores) <- c("John", "Emma", "Mike", "Sarah", "Tom", "Lisa", "David", "Anna")
```

1.1 scores 벡터에서 첫 번째, 세 번째, 다섯 번째 요소를 인덱싱하여 출력하세요.

1.2 scores 벡터에서 "Emma"와 "Mike"의 점수를 인덱싱하여 출력하세요.

1.3 scores 벡터의 마지막 3개 요소를 인덱싱하여 출력하세요.

02 행렬 문제

```
sales_matrix <- matrix(c(
   150, 200, 175,
   120, 130, 160,
   180, 190, 165,
   140, 170, 185
), nrow = 4, byrow = TRUE,
dimnames = list(
   c("Q1", "Q2", "Q3", "Q4"),
   c("Product A", "Product B", "Product C")
))
```

2.1 행렬 단일 요소 인덱싱: sales_matrix에서 Q2의 Product B 값을 인덱싱하여 출력하세요.

2.2 행렬 행/열 인덱싱: sales_matrix에서 Q1과 Q4의 모든 제품 데이터를 인덱싱하여 출력하세요.

03 데이터프레임 문제

```
# 데이터프레임 생성
employees <- data.frame(
  name = c("John", "Emma", "Mike", "Sarah", "Tom"),
  age = c(28, 34, 42, 25, 31),
  salary = c(45000, 52000, 65000, 48000, 51000),
  department = c("IT", "HR", "IT", "Marketing", "HR"),
  experience = c(3, 8, 12, 2, 5)
)
```

3.1 employees 데이터프레임에서 'name'과 'salary' 열만 인덱싱하여 출력하세요.

3.2 employees 데이터프레임에서 2번째와 4번째 행을 인덱싱하여 출력하세요.

3.3 employees 데이터프레임에서 IT 부서에 근무하면서 나이가 30세 이상인 직원을 모두 출력하세요.

3.4 employees 데이터프레임에서 급여가 50000 이상이거나 경력이 10년 이상인 직원의 이름과 부서를 출력하세요.

04 리스트 문제

```
company_data <- list(
    info = list(
        name = "Tech Corp",
        founded = 2010,
        locations = c("New York", "London", "Tokyo")
    ),
    performance = data.frame(
        year = 2020:2022,
        revenue = c(1.2, 1.5, 1.8),
        growth = c(15, 25, 20)
    ),
    departments = c("IT", "HR", "Marketing", "Sales")
)
```

4.1 company_data 리스트에서 'departments' 요소를 인덱싱하여 출력하세요.

4.2 company_data 리스트에서 'info' 내의 'locations' 요소를 인덱싱하여 출력하세요.

4.3 company_data 리스트의 'performance' 데이터프레임에서 'revenue' 열을 인덱싱하여 출력하세요.

Python

1 벡터(Vector) 인덱싱

벡터는 1차원 데이터 구조로, 단일 대괄호 '[]'에 추출하고자 하는 요소의 인덱스를 사용하여 인덱싱합니다. 특히 파이썬에서는 인덱스는 0부터 시작하므로 1부터 시작하는 R과는 다릅니다. 파이썬에서 1차원 데이터를 다루는 방법은 넘파이 배열(NumPy Array), 리스트(list), 튜플(tuple), 집합(set) 등 다양하지만, 여기서는 넘파이 배열(NumPy Array)에 대해 다루겠습니다. 다른 1차원 데이터 구조가 필요한 경우, 변환 함수를 활용하여 다른 데이터 구조로 변환하여 사용할 수 있습니다.

예제 샘플 데이터

```
import numpy as np
v = np.array([10, 20, 30, 40, 50, np.nan])
print(v)
```

실행 결과

```
In [1]:
   ...: import numpy as np
   ...: v = np.array([10, 20, 30, 40, 50, np.nan])
   ...: print(v)
[10. 20. 30. 40. 50. nan]
```

1.1 단일 요소 인덱싱

넘파이 배열에서 단일 요소에 접근할 때는 정수 인덱스를 사용합니다.

기본 구조

```
변수명[i] : i번째 요소 접근(0부터 시작)
```

예시

```
print(v[0]) # 첫번째 요소
print(v[2]) # 세번째 요소
```

실행 결과

```
In [3]: print(v[0])  # 첫번째 요소
10.0

In [4]: print(v[2])  # 세번째 요소
30.0
```

1.2 다중 요소 인덱싱

여러 요소에 동시에 접근하는 방법에는 정수 배열을 사용하는 방법과 콜론(':')을 사용한 슬라이싱 방법이 있습니다.

1.2.1 정수 벡터를 통한 인덱싱

복수의 정수 배열을 사용하여 원하는 위치의 요소들을 선택적으로 추출할 수 있습니다.

기본 구조

변수명[[인덱스1, 인덱스2, ...]] : 지정된 인덱스의 요소들 추출

예시

```
# 특정 위치의 요소들 선택
print(v[[0, 2, 4]])

# 인덱스 배열을 변수로 저장하여 사용
indices = [1, 3]
print(v[indices])
```

실행 결과

```
In [5]: # 특정 위치의 요소들 선택
   ...: print(v[[0, 2, 4]])
[10. 30. 50.]

In [6]: # 인덱스 배열을 변수로 저장하여 사용
   ...: indices = [1, 3]
   ...: print(v[indices])
[20. 40.]
```

참고사항

- 콤마로 구분된 인덱스 v[0, 2, 4]는 2차원 배열의 인덱싱 문법으로 해석되어 오류가 발생하므로 주의해야 합니다.

1.2.2 슬라이싱을 통한 인덱싱

슬라이싱은 콜론 연산자(':')를 사용하여 시작 인덱스, 끝 인덱스, 그리고 선택적으로 스텝을 지정하여 여러 요소를 한 번에 선택하는 방법입니다.

기본 구조

```
sequence[start:end]        : start부터 end-1까지
sequence[start:end:step] : start부터 end-1까지 step 간격으로
sequence[:]                : 전체 벡터
```

예시

```
print(v[1:4])      # 1부터 4까지(4 제외)
print(v[1:4:2])    # 1부터 4까지 2 간격으로
print(v[:])        # 전체 벡터
print(v[::2])      # 2간격으로 전체
```

실행 결과

```
In [16]: print(v[1:4]) # 1부터 4까지(4 제외)
[20. 30. 40.]

In [17]: print(v[1:4:2]) # 1부터 4까지 2 간격으로
[20. 40.]

In [18]: print(v[:]) # 전체 벡터
[10. 20. 30. 40. 50. nan]

In [19]: print(v[::2]) # 2간격으로 전체
[10. 30. 50.]
```

1.3 역순 인덱싱

역순 인덱싱은 배열의 뒤에서부터 요소에 접근하는 방법입니다. 음수 인덱스를 사용하며, -1이 마지막 요소를 가리키고 순차적으로 앞으로 이동합니다. 슬라이싱에서는 시작 인덱스가 생략되면 처음부터, 끝 인덱스가 생략되면 끝까지를 의미합니다.

기본 구조

```
sequence[-n]            : 뒤에서 n번째 요소
sequence[-n:]           : 뒤에서 n개 요소
sequence[:-n]           : 뒤에서 n개 요소를 제외한 나머지
sequence[-m:-n]         : 뒤에서 m번째부터 n번째 이전까지
sequence[-m:-n:step]    : 뒤에서 m번째부터 n번째 이전까지 step 간격으로
sequence[::-1]          : 역순으로 전체
```

예시

```
print(v[-1])        # 뒤에서 1번째 요소
print(v[-3:])       # 뒤에서 3개
print(v[:-2])       # 뒤에서 2개 제외
print(v[-4:-1])     # 뒤에서 4번째부터 마지막 이전까지
print(v[-4:-1:2])   # 뒤에서 4번째부터 마지막 이전까지 2 간격으로
print(v[::-1])      # 역순으로 전체 시퀀스
```

실행 결과

```
In [11]: print(v[-1])        # 뒤에서 1번째 요소
nan

In [12]: print(v[-3:])       # 뒤에서 3개
[40. 50. nan]

In [13]: print(v[:-2])       # 뒤에서 2개 제외
[10. 20. 30. 40.]

In [14]: print(v[-4:-1])     # 뒤에서 4번째부터 마지막 이전까지
[30. 40. 50.]

In [15]: print(v[-4:-1:2])   # 뒤에서 4번째부터 마지막 이전까지 2간격으로
[30. 50.]

In [16]: print(v[::-1])      # 역순으로 전체 시퀀스
[nan 50. 40. 30. 20. 10.]
```

1.4 요소 제외 인덱싱

np.delete() 함수를 사용하여 배열에서 특정 요소를 제외할 수 있습니다. 정수 및 리스트를 사용하여 특정 요소를 제외할 수 있으며, slice() 함수를 사용하여 연속된 요소를 선택하여 제외할 수 있습니다.

기본 구조

```
np.delete(data, index)              : index 위치의 요소를 제외
np.delete(data, slice(start,end)) : start부터 end까지의 요소를 제외
np.delete(data, [indices])          : 여러 인덱스 위치의 요소들을 제외
```

예시

```
# 단일 요소 제외
print(np.delete(v, 0))  # 첫 번째 요소를 제외한 모든 요소

# 연속된 요소 제외
print(np.delete(v, slice(0, 3)))  # 0~2번째 요소를 제외한 모든 요소

# 여러 요소 제외
print(np.delete(v, [0, 2, 4]))  # 0,2,4번째 요소를 제외한 모든 요소
```

실행 결과

```
In [17]: # 단일 요소 제외
    ...: print(np.delete(v, 0))  # 첫 번째 요소를 제외한 모든 요소
[20. 30. 40. 50. nan]

In [18]: # 연속된 요소 제외
    ...: print(np.delete(v, slice(0, 3))) # 0~2번째 요소를 제외한 모든 요소
[40. 50. nan]

In [19]: # 여러 요소 제외
    ...: print(np.delete(v, [0, 2, 4])) # 0,2,4번째 요소를 제외한 모든 요소
[20. 40. nan]
```

2 행렬(Matrix) 인덱싱

행렬은 2차원 데이터 구조로, 단일 대괄호 '[]' 안에 쉼표로 구분된 두 개의 인덱스를 사용합니다. 첫 번째는 행, 두 번째는 열을 나타냅니다.

예시 샘플 데이터

```
import numpy as np

mat = np.array([[1, 2, 3],
                [4, 5, 6],
                [7, 8, 9]])
print(mat)
```

실행 결과

```
In [20]: import numpy as np
    ...:
    ...: mat = np.array([[1, 2, 3],
    ...:                 [4, 5, 6],
    ...:                 [7, 8, 9]])
    ...: print(mat)
[[1 2 3]
 [4 5 6]
 [7 8 9]]
```

2.1 단일 요소 인덱싱

특정 위치에 있는 단일 요소에 접근하기 위해서는 '[행, 열]' 형식을 활용합니다. 행과 열 번호는 0부터 시작합니다.

기본 구조

```
matrix[row, column] : 행렬의 특정 위치에 있는 요소 접근
```

예시

```
print(mat[1, 2]) # 2행 3열의 요소 접근
```

실행 결과

```
In [21]: print(mat[1, 2])  # 2행 3열의 요소 접근
6
```

2.2 행 또는 열 전체 인덱싱

행렬에서 특정 행이나 열의 모든 요소에 접근하기 위해서는 콜론(':')을 사용한 슬라이싱을 활용합니다.

기본 구조

```
matrix[row, :]      : 지정된 행의 모든 열 선택
matrix[:, column] : 지정된 열의 모든 행 선택
```

예시

```
print(mat[1, :]) # 2번째 행 전체 접근
print(mat[:, 2]) # 3번째 열 전체 접근
```

2.3 다중 행/열 인덱싱

정수 벡터 또는 콜론(':') 연산자를 이용하여 여러 행이나 열에 동시에 접근할 수 있습니다.

예시

```
# 정수 배열을 사용하여 여러 행이나 열에 동시에 접근
print(mat[[0, 2], :]) # 1행과 3행 접근
print(mat[:, [1, 2]]) # 2열과 3열 접근

# ':' 연산자를 사용한 연속된 행/열 접근
print(mat[0:2,: ]) # 1행부터 2행까지 접근
print(mat[:, 1:3]) # 2열부터 3열까지 접근
```

Python

실행 결과

```
In [26]: # 정수 배열을 사용하여 여러 행이나 열에 동시에 접근
    ...: print(mat[[0, 2], :])  # 1행과 3행 접근
[[1 2 3]
 [7 8 9]]

In [27]: print(mat[:, [1, 2]])  # 2열과 3열 접근
[[2 3]
 [5 6]
 [8 9]]

In [28]: # ':' 연산자를 사용한 연속된 행/열 접근
    ...: print(mat[0:2,: ])       # 1행부터 2행까지 접근
[[1 2 3]
 [4 5 6]]

In [29]: print(mat[:, 1:3])       # 2열부터 3열까지 접근
[[2 3]
 [5 6]
 [8 9]]
```

2.4 요소 제외 인덱싱

2차원 배열에서는 np.delete() 함수에 'axis' 매개변수(0=행, 1=열)를 추가하여 행이나 열을 제외할 수 있습니다.

기본 구조

```
np.delete(data, index, axis=0)             : index 위치의 행을 제외
np.delete(data, index, axis=1)             : index 위치의 열을 제외
np.delete(data, slice(start,end), axis=0) : start부터 end까지의 행을 제외
np.delete(data, [indices], axis=1)         : 여러 열을 제외
```

예시

```
# 단일 행 제외(첫 번째 행)
print(np.delete(mat, 0, axis=0))

# 단일 열 제외(두 번째 열)
print(np.delete(mat, 1, axis=1))

# 연속된 행 제외(첫 번째와 두 번째 행)
print(np.delete(mat, slice(0, 2), axis=0))

# 여러 열 제외(첫 번째와 마지막 열)
print(np.delete(mat, [0, 2], axis=1))
```

실행 결과

```
In [30]: # 단일 행 제외 (첫 번째 행)
    ...: print(np.delete(mat, 0, axis=0))
[[4 5 6]
 [7 8 9]]

In [31]: # 단일 열 제외 (두 번째 열)
    ...: print(np.delete(mat, 1, axis=1))
[[1 3]
 [4 6]
 [7 9]]

In [32]: # 연속된 행 제외 (첫 번째와 두 번째 행)
    ...: print(np.delete(mat, slice(0, 2), axis=0))
[[7 8 9]]

In [33]: # 여러 열 제외 (첫 번째와 마지막 열)
    ...: print(np.delete(mat, [0, 2], axis=1))
[[2]
 [5]
 [8]]
```

3 딕셔너리(Dictionary) 인덱싱

딕셔너리는 키-값 쌍으로 데이터를 저장하는 구조로, 키를 사용하여 값에 접근합니다.

예시 샘플 데이터

```
my_dict = {"name": "Alice", "age": 25, "city": "New York"}
print(my_dict)
```

실행 결과

```
In [34]: my_dict = {"name": "Alice", "age": 25, "city": "New York"}
    ...: print(my_dict)
{'name': 'Alice', 'age': 25, 'city': 'New York'}
```

3.1 단일 요소 인덱싱

대괄호 '[]' 또는 .get() 함수를 사용하여 특정 키의 값을 반환합니다.

기본 구조

```
dict[key]       : 키 'key'의 값 접근
dict.get(key) : 키 'key'의 값 접근
```

예시

```
print(my_dict["age"])        # 키 'age'의 값 접근
print(my_dict.get("city"))  # 키 'city'의 값 접근
```

실행 결과

```
In [35]: print(my_dict["age"])  # 키 'age'의 값 접근
25

In [36]: print(my_dict.get("city"))  # 키 'city'의 값 접근
New York
```

3.2 모든 키, 값, 키-값 쌍 인덱싱

keys(), values(), items() 함수를 사용하여 모든 키, 값, 또는 키-값 쌍을 반환합니다.

기본 구조

```
dict.keys()   : 모든 키 반환
dict.values() : 모든 값 반환
dict.items()  : 모든 키-값 쌍 반환
```

예시

```
print(my_dict.keys())    # 모든 키 반환
print(my_dict.values()) # 모든 값 반환
print(my_dict.items())  # 모든 키-값 쌍 반환
```

실행 결과

```
In [37]: print(my_dict.keys())    # 모든 키 반환
dict_keys(['name', 'age', 'city'])

In [38]: print(my_dict.values()) # 모든 값 반환
dict_values(['Alice', 25, 'New York'])

In [39]: print(my_dict.items())   # 모든 키-값 쌍 반환
dict_items([('name', 'Alice'), ('age', 25), ('city', 'New York')])
```

4 데이터프레임(DataFrame) 인덱싱

데이터프레임은 행렬과 유사하지만, 각 열이 서로 다른 데이터 타입을 가질 수 있는 2차원 데이터 구조일 뿐만아니라 행과 열에 이름을 주어 접근할 수 있습니다. 주로 loc[]와 iloc[]를 사용하여 접근합니다.

예시 샘플 데이터

```
import pandas as pd

df = pd.DataFrame({
    'name': ['Alice', 'Bob', 'Charlie', 'David'],
    'age': [25, 30, 35, 28],
    'city': ['New York', 'London', 'Paris', 'Tokyo'],
    'salary': [50000, 60000, 75000, 65000],
    'department': ['HR', 'IT', 'Sales', 'IT']
}, index=['emp1', 'emp2', 'emp3', 'emp4'])  # 인덱스 이름 지정

print(df)
```

실행 결과

```
In [40]: import pandas as pd
    ...:
    ...: df = pd.DataFrame({
    ...:     'name': ['Alice', 'Bob', 'Charlie', 'David'],
    ...:     'age': [25, 30, 35, 28],
    ...:     'city': ['New York', 'London', 'Paris', 'Tokyo'],
    ...:     'salary': [50000, 60000, 75000, 65000],
    ...:     'department': ['HR', 'IT', 'Sales', 'IT']
    ...: }, index=['emp1', 'emp2', 'emp3', 'emp4'])  # 인덱스 이름 지정
    ...:
    ...: print(df)
         name  age      city  salary department
emp1    Alice   25  New York   50000         HR
emp2      Bob   30    London   60000         IT
emp3  Charlie   35     Paris   75000      Sales
emp4    David   28     Tokyo   65000         IT
```

4.1 정수 기반 인덱싱(iloc)

'iloc'는 "integer location"의 약자로, 정수 기반 인덱싱을 수행합니다. NumPy 배열과 유사하게 0부터 시작하는 정수 인덱스를 사용하여 데이터에 접근합니다. 위치 기반으로 데이터를 선택할 때 사용되며, 행과 열의 순서나 위치를 정확히 알고 있을 때 유용합니다.

4.1.1 단일 요소 인덱싱

정수 인덱스를 사용하여 특정 위치의 단일 요소에 접근합니다.

기본 구조

df.iloc[row, col] : 특정 행과 열의 요소 접근

예시

```
# [기본 구조] df.iloc[row, col]
print(df.iloc[1, 2]) # 2행 3열의 요소
print(df.iloc[0, 1]) # 1행 2열의 요소

# 열 인덱스로 접근
print(df.iloc[:, 1]) # 2번째 열의 첫 번째 요소
```

실행 결과

```
In [45]: # 기본문법: df.iloc[row, col]
    ...: print(df.iloc[1, 2])      # 2행 3열의 요소
London

In [46]: print(df.iloc[0, 1])      # 1행 2열의 요소
25

In [47]: # 열 인덱스로 접근
    ...: print(df.iloc[:, 1])    # 2번째 열의 첫 번째 요소
emp1    25
emp2    30
emp3    35
emp4    28
Name: age, dtype: int64
```

4.1.2 다중 요소 인덱싱

정수 인덱스를 사용하여 여러 행이나 열을 동시에 선택할 때 사용합니다.

기본 구조

```
df.iloc[rows, ]      : 여러 행 선택
df.iloc[, cols]      : 여러 열 선택
df.iloc[rows, cols]  : 여러 행과 열 선택
```

예시

```
# 여러 행 선택
print(df.iloc[[0,2]])  # 1행과 3행 전체

# 여러 열 선택
print(df.iloc[:, 1:4])  # 2~4열 전체

# 행과 열 범위 선택
print(df.iloc[0:2, 1:3])  # 1~2행의 2~3열
```

실행 결과

```
In [48]: # 여러 행 선택
    ...: print(df.iloc[[0,2]])     # 1행과 3행 전체
         name  age      city  salary department
emp1    Alice   25  New York   50000         HR
emp3  Charlie   35     Paris   75000      Sales

In [49]: # 여러 열 선택
    ...: print(df.iloc[:, 1:4])    # 2~4열 전체
      age      city  salary
emp1   25  New York   50000
emp2   30    London   60000
emp3   35     Paris   75000
emp4   28     Tokyo   65000

In [50]: # 행과 열 범위 선택
    ...: print(df.iloc[0:2, 1:3])  # 1~2행의 2~3열
      age      city
emp1   25  New York
emp2   30    London
```

4.2 레이블을 기반 인덱싱(loc)

'loc'는 "location"의 약자로, 레이블(이름) 기반 인덱싱을 수행합니다. 데이터프레임의 인덱스 이름과 열 이름을 사용하여 데이터에 접근합니다. 데이터의 실제 위치가 아닌 레이블을 기준으로 데이터를 선택할 때 사용되며, 특히 의미 있는 인덱스나 열 이름이 지정된 경우에 직관적인 접근이 가능합니다.

4.2.1 단일 요소 인덱싱

레이블 인덱스를 사용하여 행 이름 및 인덱스, 열 이름을 사용하여 단일 요소에 접근합니다.

기본 구조

```
df.loc[row, col]            : 행과 열 이름으로 접근
df.loc[col].iloc[index]     : 열 이름과 정수 인덱스를 사용하여 접근
df.loc[:,col].iloc[index]   : 열 이름과 정수 인덱스를 사용하여 접근
```

예시

```
# 행과 열 이름으로 접근
print(df.loc['emp2', 'city'])        # emp2 행의 city 열

# 열 이름으로 직접 접근
print(df['age'].iloc[1])             # age 열의 2번째 값
print(df.loc[:, 'name'].iloc[0])     # name 열의 첫 번째 값
```

실행 결과

```
In [51]: # 행과 열 이름으로 접근
    ...: print(df.loc['emp2', 'city'])       # emp2 행의 city 열
London

In [52]: # 열 이름으로 직접 접근
    ...: print(df['age'].iloc[1])            # age 열의 2번째 값
30

In [53]: print(df.loc[:, 'name'].iloc[0])   # name 열의 첫 번째 값
Alice
```

4.2.2 다중 요소 인덱싱

레이블 인덱스를 사용하여 여러 행이나 열을 이름으로 인덱싱할 때 사용합니다.

기본 구조

```
df.loc[rows, cols] : 여러 행과 열을 이름으로 인덱싱
df.loc[:, cols]    : 여러 열을 이름으로 인덱싱
df.loc[rows, ]     : 여러 행을 이름으로 인덱싱
df.loc[col]        : 열 이름으로 전체 인덱싱
```

Python

예시

```
# 여러 행 이름으로 접근
print(df.loc[['emp1', 'emp3']]) # emp1과 emp3 행 전체

# 여러 열 이름으로 접근
print(df.loc[:, ['name', 'salary']]) # name과 salary 열 전체

# 여러 행과 열 이름으로 접근
print(df.loc[['emp1', 'emp2'], ['name', 'department']]) # emp1, emp2의 이름과 부서

# 열 이름으로 전체 접근
print(df['name']) # name 열 전체 데이터
```

실행 결과

```
In [54]: # 여러 행 이름으로 접근
    ...: print(df.loc[['emp1', 'emp3']]) # emp1과 emp3 행 전체
         name  age      city  salary department
emp1    Alice   25  New York   50000         HR
emp3  Charlie   35     Paris   75000      Sales

In [55]: # 여러 열 이름으로 접근
    ...: print(df.loc[:, ['name', 'salary']]) # name과 salary 열 전체
         name  salary
emp1    Alice   50000
emp2      Bob   60000
emp3  Charlie   75000
emp4    David   65000

In [56]: # 여러 행과 열 이름으로 접근
    ...: print(df.loc[['emp1', 'emp2'], ['name', 'department']]) # emp1, emp2의 이름과 부서
       name department
emp1  Alice         HR
emp2    Bob         IT

In [57]: # 열 이름으로 전체 접근
    ...: print(df['name'])              # name 열 전체 데이터
emp1      Alice
emp2        Bob
emp3    Charlie
emp4      David
Name: name, dtype: object
```

4.3 조건부 인덱싱(Boolean Indexing)

조건부 인덱싱은 특정 조건을 만족하는 데이터를 선택할 때 사용됩니다. 불리언(Boolean) 마스크를 사용하여 조건을 충족하는 행이나 열을 선택할 수 있습니다.

4.3.1 단일 조건 인덱싱

기본 구조

```
df.loc[df['column'] condition]          : 모든 열에 대해 조건을 만족하는 행 선택
df.loc[df['column'] condition, columns] : 조건을 만족하는 행의 특정 열 선택
```

예시

```
# 나이가 30세 이상인 직원 선택
print(df[df['age'] >= 30])

# 급여가 60000 이상인 직원의 이름과 부서 선택
print(df.loc[df['salary'] >= 60000, ['name', 'department']])

# IT 부서 직원 선택
print(df[df['department'] == 'IT'])
```

실행 결과

```
In [58]: # 나이가 30세 이상인 직원 선택
    ...: print(df[df['age'] >= 30])
         name  age    city  salary department
emp2      Bob   30  London   60000         IT
emp3  Charlie   35   Paris   75000      Sales

In [59]: # 급여가 60000 이상인 직원의 이름과 부서 선택
    ...: print(df.loc[df['salary'] >= 60000, ['name', 'department']])
         name department
emp2      Bob         IT
emp3  Charlie      Sales
emp4    David         IT

In [60]: # IT 부서 직원 선택
    ...: print(df[df['department'] == 'IT'])
       name  age    city  salary department
emp2    Bob   30  London   60000         IT
emp4  David   28   Tokyo   65000         IT
```

4.3.2 다중 조건 인덱싱

여러 조건을 조합하여 데이터를 선택할 수 있습니다. 조건 결합에는 &(and), |(or) 연산자를 사용할 수 있으며, 다중 조건을 사용할 때는 각각의 조건을 반드시 괄호로 묶어야 합니다.

기본 구조

```
df.loc[(condition1) & (condition2)]            : AND 조건으로 모든 열 선택
df.loc[(condition1) | (condition2), columns]   : OR 조건으로 특정 열 선택
```

예시

```
# IT 부서이면서 급여가 60000 이상인 직원
print(df[(df['department'] == 'IT') & (df['salary'] >= 60000)])

# 나이가 30세 이상이거나 급여가 70000 이상인 직원
print(df[(df['age'] >= 30) | (df['salary'] >= 70000)])
```

실행 결과

```
In [61]: # IT 부서이면서 급여가 60000 이상인 직원
    ...: print(df[(df['department'] == 'IT') & (df['salary'] >= 60000)])
       name  age    city  salary department
emp2    Bob   30  London   60000         IT
emp4  David   28   Tokyo   65000         IT

In [62]: # 나이가 30세 이상이거나 급여가 70000 이상인 직원
    ...: print(df[(df['age'] >= 30) | (df['salary'] >= 70000)])
         name  age    city  salary department
emp2      Bob   30  London   60000         IT
emp3  Charlie   35   Paris   75000      Sales
```

Python 연습문제

01 벡터 문제

```
import numpy as np
scores = np.array([75, 88, 92, 65, 95, 83, 79, 91])
```

1.1 scores 벡터에서 첫 번째, 세 번째, 다섯 번째 요소를 인덱싱하여 출력하세요.

1.2 scores 벡터에서 처음 3개의 요소를 인덱싱하여 출력하세요.

1.3 scores 벡터의 마지막 3개 요소를 인덱싱하여 출력하세요.

02 행렬 문제

```
import numpy as np

sales_matrix = np.array([
    [150, 200, 175],
    [120, 130, 160],
    [180, 190, 165],
    [140, 170, 185]
])
```

2.1 sales_matrix에서 2행 3열의 값을 인덱싱하여 출력하세요.

2.2 sales_matrix에서 1행과 4행의 모든 열 데이터를 인덱싱하여 출력하세요.

03 데이터프레임 문제

```
import pandas as pd

employees = pd.DataFrame({
'name': ['John', 'Emma', 'Mike', 'Sarah', 'Tom'],
'age': [28, 34, 42, 25, 31],
'salary': [45000, 52000, 65000, 48000, 51000],
'department': ['IT', 'HR', 'IT', 'Marketing', 'HR'],
'experience': [3, 8, 12, 2, 5]
})
```

3.1 employees 데이터프레임에서 'name'과 'salary' 열만 인덱싱하여 출력하세요.

3.2 employees 데이터프레임에서 2번째와 4번째 행을 인덱싱하여 출력하세요.

3.3 employees 데이터프레임에서 IT 부서에 근무하면서 나이가 30세 이상인 직원을 모두 출력하세요.

3.4 employees 데이터프레임에서 급여가 50000 이상이거나 경력이 10년 이상인 직원의 이름과 부서를 출력하세요.

04 딕셔너리 문제

```
company_data = {
'info': {
'name': 'Tech Corp',
'founded': 2010,
'locations': ['New York', 'London', 'Tokyo']
},
'performance': {
'year': [2020, 2021, 2022],
'revenue': [1.2, 1.5, 1.8],
'growth': [15, 25, 20]
},
'departments': ['IT', 'HR', 'Marketing', 'Sales']
}
```

4.1 company_data 딕셔너리에서 'departments' 키의 값을 인덱싱하여 출력하세요.

4.2 company_data 딕셔너리에서 'info' 내의 'locations' 값을 인덱싱하여 출력하세요.

4.3 company_data 딕셔너리의 모든 키 값을 출력하세요.

6장

데이터 구조별 연산

R

1. 벡터(Vector) 연산
2. 행렬(Matrix) 연산

Python

1. 벡터(Vector) 연산
2. 행렬(Matrix) 연산

6장

데이터 분석에서는 다양한 형태의 데이터를 다루고, 이를 기반으로 계산하고 해석하는 과정이 필수적입니다. 특히 벡터, 행렬과 같은 기본 데이터 구조는 통계 분석, 데이터 전처리, 모델링 등 거의 모든 분석 작업의 출발점이자 핵심 연산 단위가 됩니다.

R과 Python은 이러한 데이터를 효과적으로 처리할 수 있도록 각 언어에 특화된 연산 방식을 제공합니다.

R은 벡터화(vectorization)에 기반한 직관적인 수학적 연산 문법을 갖고 있으며, 통계 작업에 최적화된 연산 도구들을 내장하고 있습니다.

Python은 NumPy와 같은 라이브러리를 통해 고성능 수치 계산 기능을 제공하며, 배열 중심 연산을 빠르고 유연하게 수행할 수 있도록 설계되어 있습니다.

이번 장에서는 R과 Python 양쪽에서 벡터와 행렬을 중심으로 하는 기본 연산 방법들을 알아보면서 각각의 구조가 실제 분석 환경에서 어떻게 활용되는지 살펴보겠습니다.

R

1 벡터(Vector) 연산

벡터는 동일한 데이터 타입의 값들을 일렬로 나열한 1차원 배열입니다. 벡터 연산은 요소별(element-wise) 연산을 기본으로 합니다.

1.1 산술 연산

벡터에 대한 산술 연산은 각 요소별로 수행됩니다. 이는 벡터의 각 위치에 있는 값들끼리 계산이 이루어진다는 의미입니다. 이를 통해 두 벡터의 덧셈, 뺄셈, 곱셈, 나눗셈을 각 요소별로 손쉽게 수행할 수 있습니다.

예시

```
v1 <- c(1, 2, 3, 4, 5)
v2 <- c(2, 4, 6, 8, 10)

print(v1 + v2)    # 덧셈
print(v1 - v2)    # 뺄셈
print(v1 * v2)    # 곱셈
print(v2 / v1)    # 나눗셈
print(v2 ^ v1)    # 거듭제곱
```

실행 결과

```
> v1 <- c(1, 2, 3, 4, 5)
> v2 <- c(2, 4, 6, 8, 10)
>
> print(v1 + v2)      # 덧셈
[1]  3  6  9 12 15
> print(v1 - v2)      # 뺄셈
[1] -1 -2 -3 -4 -5
> print(v1 * v2)      # 곱셈
[1]  2  8 18 32 50
> print(v2 / v1)      # 나눗셈
[1] 2 2 2 2 2
> print(v2 ^ v1)      # 거듭제곱
[1]      2     16    216   4096 100000
```

1.2 벡터 연산

벡터 연산은 전체 벡터에 대해 한 번에 연산을 수행할 수 있게 해줍니다. 이를 이용하면 루프를 사용하지 않고도 벡터의 모든 요소에 동일한 작업을 적용할 수 있습니다.

예시

```
v <- c(1, 2, 3, 4, 5)

print(v + 10)  # 덧셈: 모든 요소에 10을 더함
print(v - 1)   # 뺄셈: 모든 요소에서 1을 뺌
print(v * 3)   # 곱셈: 모든 요소에 3을 곱함
print(v / 2)   # 나눗셈: 모든 요소를 2로 나눔
print(v ^ 2)   # 거듭제곱: 모든 요소를 2제곱
```

실행 결과

```
> print(v + 10)  # 덧셈: 모든 요소에 10을 더함
[1] 11 12 13 14 15
> print(v - 1)   # 뺄셈: 모든 요소에서 1을 뺌
[1] 0 1 2 3 4
> print(v * 3)   # 곱셈: 모든 요소에 3을 곱함
[1]  3  6  9 12 15
> print(v / 2)   # 나눗셈: 모든 요소를 2로 나눔
[1] 0.5 1.0 1.5 2.0 2.5
> print(v ^ 2)   # 거듭제곱: 모든 요소를 2제곱
[1]  1  4  9 16 25
```

참고사항

– 길이가 다른 벡터 간 연산 시 짧은 벡터가 반복되어 연산됩니다(Recycling Rule).

```
v1 <- c(1, 2, 3, 4, 5)
v2 <- c(1, 2)
print(v1 + v2)
```

실행 결과

```
> v1 <- c(1, 2, 3, 4, 5)
> v2 <- c(1, 2)
> print(v1 + v2)
[1] 2 4 4 6 6
```

```
경고메시지(들):
v1 + v2에서: 두 객체의 길이가 서로 배수관계에 있지 않습니다
```

1.3 집합 연산 함수를 이용한 벡터 연산

R에서는 벡터를 집합처럼 다룰 수 있는 여러 함수를 제공합니다. 주요 함수로는 union(), intersect(), setdiff()가 있습니다. 이 함수들은 데이터 분석, 특히 데이터 전처리 단계에서 매우 유용하게 사용됩니다. 예를 들어, 고객 목록 비교, 중복 데이터 제거, 특정 조건을 만족하는 데이터 추출 등 다양한 상황에서 활용될 수 있습니다. 집합 연산 함수들의 특징은 다음과 같습니다.

- 중복된 요소를 자동으로 제거합니다.
- 결과는 항상 정렬된 상태로 반환됩니다.
- 숫자뿐만 아니라 문자열 배열에도 적용할 수 있습니다.

기본 구조

```
union(vector1, vector2)       : vector1과 vector2의 합집합
intersect(vector1, vector2) : vector1과 vector2의 교집합
setdiff(vector1, vector2)     : vector1에서 vector2를 뺀 차집합
```

예시

```
v1 <- c(1, 2, 3, 4, 5)
v2 <- c(4, 5, 6, 7, 8)

# 합집합
union_result <- union(v1, v2)
print(union_result)

# 교집합
intersect_result <- intersect(v1, v2)
print(intersect_result)

# 차집합 (v1에서 v2를 뺀 결과)
setdiff_result <- setdiff(v1, v2)
print(setdiff_result)
```

실행 결과

```
> v1 <- c(1, 2, 3, 4, 5)
> v2 <- c(4, 5, 6, 7, 8)
>
> # 합집합
> union_result <- union(v1, v2)
> print(union_result)
[1] 1 2 3 4 5 6 7 8
>
```

```
> # 교집합
> intersect_result <- intersect(v1, v2)
> print(intersect_result)
[1] 4 5
>
> # 차집합 (v1에서 v2를 뺀 결과)
> setdiff_result <- setdiff(v1, v2)
> print(setdiff_result)
[1] 1 2 3
```

2 행렬(Matrix) 연산

행렬은 2차원 배열로, 행과 열로 구성된 데이터 구조입니다. 행렬 연산은 선형대수학의 규칙을 따르며, R에서는 이를 효율적으로 수행할 수 있는 다양한 함수를 제공합니다.

(1) 주요 행렬 연산 함수

- 산술 연산: +, -, *, /
- 행렬 곱셈: %*%
- 행렬의 합: sum(), colSums(), rowSums()
- 전치 행렬: t()
- 대각 행렬: diag()
- 역행렬: solve()

(2) 행렬 연산의 장점

- 효율적인 데이터 처리: 대량의 데이터를 효율적으로 처리할 수 있습니다.
- 복잡한 계산 단순화: 복잡한 수학적 계산을 간단한 연산으로 표현할 수 있습니다.
- 데이터 변환 용이: 전치, 역행렬 등을 통해 데이터를 쉽게 변환할 수 있습니다.
- 선형 대수 응용: 통계, 머신러닝 등 다양한 분야에서 활용됩니다.

2.1 산술 연산

행렬의 산술 연산은 백터의 산술 연산과 같이 요소별(element-wise) 연산을 수행합니다. 다시 말해 모든 연산은 동일한 행과 열을 갖는 원소끼리 수행됩니다. 단, 행렬의 차원이 같아야 합니다.

(1) 덧셈

$$\begin{bmatrix}1 & 3\\2 & 4\end{bmatrix}+\begin{bmatrix}5 & 7\\6 & 8\end{bmatrix}=\begin{bmatrix}1+5 & 3+7\\2+6 & 4+8\end{bmatrix}=\begin{bmatrix}6 & 10\\8 & 12\end{bmatrix}$$

(2) 뺄셈

$$\begin{bmatrix}1 & 3\\2 & 4\end{bmatrix}-\begin{bmatrix}5 & 7\\6 & 8\end{bmatrix}=\begin{bmatrix}1-5 & 3-7\\2-6 & 4-8\end{bmatrix}=\begin{bmatrix}-4 & -4\\-4 & -4\end{bmatrix}$$

(3) 요소별 곱셈

$$\begin{bmatrix}1 & 3\\2 & 4\end{bmatrix}\odot\begin{bmatrix}5 & 7\\6 & 8\end{bmatrix}=\begin{bmatrix}1\cdot 5 & 3\cdot 7\\2\cdot 6 & 4\cdot 8\end{bmatrix}=\begin{bmatrix}5 & 21\\12 & 32\end{bmatrix}$$

(4) 요소별 나눗셈

$$\begin{bmatrix}1 & 3\\2 & 4\end{bmatrix}\oslash\begin{bmatrix}5 & 7\\6 & 8\end{bmatrix}=\begin{bmatrix}1\div 5 & 3\div 7\\2\div 6 & 4\div 8\end{bmatrix}=\begin{bmatrix}0.2 & 0.4285714\\0.3333333 & 0.5\end{bmatrix}$$

예시

```
m1 <- matrix(c(1:4), ncol = 2)
m2 <- matrix(c(5:8), ncol = 2)

print(m1 + m2)  # 덧셈
print(m1 - m2)  # 뺄셈
print(m1 * m2)  # 요소별 곱셈
print(m1 / m2)  # 요소별 나눗셈
```

실행 결과

```
> m1 <- matrix(c(1:4), ncol = 2)
> m2 <- matrix(c(5:8), ncol = 2)
>
> print(m1 + m2)  # 덧셈
     [,1] [,2]
[1,]    6   10
[2,]    8   12
> print(m1 - m2)  # 뺄셈
     [,1] [,2]
[1,]   -4   -4
[2,]   -4   -4
> print(m1 * m2)  # 요소별 곱셈
     [,1] [,2]
[1,]    5   21
[2,]   12   32
> print(m1 / m2)  # 요소별 나눗셈
          [,1]      [,2]
[1,] 0.2000000 0.4285714
[2,] 0.3333333 0.5000000
```

2.2 행렬곱 연산

행렬곱은 두 행렬의 내적을 계산하는 연산으로, 선형 변환의 합성에 해당합니다. '%*%' 연산자는 두 행렬의 곱셈을 수행하며, 첫 번째 행렬의 열 수와 두 번째 행렬의 행 수가 일치해야 합니다.

두 행렬 A와 B가 다음과 같을 때

$$A = \begin{pmatrix} 1 & 2 & 3 \\ 4 & 5 & 6 \end{pmatrix}, \quad B = \begin{pmatrix} 7 & 8 \\ 9 & 10 \\ 11 & 12 \end{pmatrix}$$

A와 B의 행렬 곱은 다음과 같습니다.

$$AB = \begin{pmatrix} 1 & 2 & 3 \\ 4 & 5 & 6 \end{pmatrix} \begin{pmatrix} 7 & 8 \\ 9 & 10 \\ 11 & 12 \end{pmatrix} = \begin{pmatrix} (1 \cdot 7 + 2 \cdot 9 + 3 \cdot 11) & (1 \cdot 8 + 2 \cdot 10 + 3 \cdot 12) \\ (4 \cdot 7 + 5 \cdot 9 + 6 \cdot 11) & (4 \cdot 8 + 5 \cdot 10 + 6 \cdot 12) \end{pmatrix} = \begin{pmatrix} 58 & 64 \\ 139 & 154 \end{pmatrix}$$

예시

```
A <- matrix(1:6, nrow = 2, ncol = 3)
B <- matrix(7:12, nrow = 3, ncol = 2)

print(A %*% B)  # 행렬 곱셈
```

실행 결과

```
> A <- matrix(1:6, nrow = 2, ncol = 3)
> B <- matrix(7:12, nrow = 3, ncol = 2)
>
> print(A %*% B)  # 행렬 곱셈
     [,1] [,2]
[1,]   76  103
[2,]  100  136
```

2.3 함수를 이용한 행렬 연산

2.3.1 행렬의 합

행렬의 합을 계산하는 다양한 함수가 있습니다. 주요 함수로는 sum(), colSums(), rowSums()가 있습니다. 이 함수들은 행렬의 요소들을 다양한 방식으로 합산하여 데이터 분석에서 매우 유용하게 사용됩니다. 예를 들어, 데이터셋의 총합을 구하거나, 각 변수(열)의 합계를 계산하거나, 각 관측치(행)의 합계를 구하는 데 사용될 수 있습니다.

행렬 A가 다음과 같을 때

$$A = \begin{pmatrix} 1 & 2 & 3 \\ 4 & 5 & 6 \end{pmatrix}$$

(1) 'sum()': 행렬의 모든 요소의 합을 계산합니다.

$$\text{sum}(A) = 1 + 2 + 3 + 4 + 5 + 6 = 21$$

(2) 'colSums()': 각 열의 합을 계산하여 벡터로 반환합니다.

$$\text{colSums}(A) = (1+4 \quad 2+5 \quad 3+6) = (5 \quad 7 \quad 9)$$

(3) 'rowSums()': 각 행의 합을 계산하여 벡터로 반환합니다.

$$\text{rowSums}(A) = \begin{pmatrix} 1+2+3 \\ 4+5+6 \end{pmatrix} = \begin{pmatrix} 6 \\ 15 \end{pmatrix}$$

예시

```
A <- matrix(1:6, nrow = 2, ncol = 3)
print(A)
print(sum(A))       # 행렬의 모든 요소의 합
print(colSums(A))  # 각 열의 합
print(rowSums(A))  # 각 행의 합
```

실행 결과

```
> A <- matrix(1:6, nrow = 2, ncol = 3)
> print(A)
     [,1] [,2] [,3]
[1,]    1    3    5
[2,]    2    4    6
> print(sum(A))       # 행렬의 모든 요소의 합
[1] 21
> print(colSums(A))  # 각 열의 합
[1]  3  7 11
> print(rowSums(A))  # 각 행의 합
[1]  9 12
```

2.3.2 전치행렬

전치행렬은 원래 행렬의 행과 열을 서로 바꾼 행렬로, 데이터 구조 변환에 유용합니다. 전치행렬은 t() 함수를 사용하여 얻을 수 있습니다.

두 행렬 A와 B가 다음과 같을 때

$$A = \begin{pmatrix} 1 & 2 & 3 \\ 4 & 5 & 6 \end{pmatrix}$$

A의 전치행렬은 다음과 같습니다.

$$A^T = \begin{pmatrix} 1 & 4 \\ 2 & 5 \\ 3 & 6 \end{pmatrix}$$

예시

```
m <- matrix(1:6, nrow = 2, ncol = 3)
print(t(m)) # 전치행렬
```

실행 결과

```
> m <- matrix(1:6, nrow = 2, ncol = 3)
> print(t(m))  # 전치 행렬
     [,1] [,2]
[1,]    1    2
[2,]    3    4
[3,]    5    6
```

2.3.3 역행렬

역행렬은 주어진 행렬과 곱했을 때 단위행렬이 되는 행렬로, 선형 방정식 해결에 중요합니다.

역행렬은 solve() 함수를 사용하여 구할 수 있습니다. 단, 역행렬을 구하려는 행렬은 정방행렬(square matrix)이어야 합니다.

행렬 A가 다음과 같을 때

$$A = \begin{pmatrix} 1 & 2 \\ 3 & 4 \end{pmatrix}$$

A의 역행렬은 다음과 같습니다.

$$A^{-1} = \frac{1}{ad - bc}\begin{pmatrix} d & -b \\ -c & a \end{pmatrix} = \frac{1}{1(4) - 2(3)}\begin{pmatrix} 4 & -2 \\ -3 & 1 \end{pmatrix} = \begin{pmatrix} -2 & 1 \\ 1.5 & -0.5 \end{pmatrix}$$

예시

```
m <- matrix(c(1,2,3,4), nrow = 2, ncol = 2)
print(solve(m)) # 역행렬
```

실행 결과

```
> m <- matrix(c(1,2,3,4), nrow = 2, ncol = 2)
> print(solve(m))  # 역행렬
     [,1] [,2]
[1,]   -2  1.5
[2,]    1 -0.5
```

2.3.4 대각행렬

대각행렬은 선형 변환에서는 각 차원의 스케일을 조정하는 데 활용되며, 그중에서도 단위행렬은 행렬 곱셈의 항등원 역할을 합니다. diag() 함수는 기존 행렬에서 대각 요소를 추출하거나 새로운 대각행렬을 생성하는 두 가지 주요 기능을 제공합니다.

(1) 행렬에서 대각 요소 추출

행렬 A가 다음과 같을 때

$$A = \begin{pmatrix} 1 & 2 & 3 \\ 4 & 5 & 6 \\ 7 & 8 & 9 \end{pmatrix}$$

'diag(A)'는 다음과 같은 벡터를 반환합니다.

$$\text{diag}(A) = (1 \quad 5 \quad 9)$$

(2) 벡터를 이용한 대각행렬 생성

벡터 v = (1, 2, 3)가 주어졌을 때, diag(v)는 다음과 같은 대각행렬을 생성합니다.

$$\text{diag}(v) = \begin{pmatrix} 1 & 0 & 0 \\ 0 & 2 & 0 \\ 0 & 0 & 3 \end{pmatrix}$$

(3) 단위행렬(Identity matrix) 생성

diag()에 정수 n을 입력하면 n × n 단위행렬을 생성합니다. 예를 들어, 'diag(3)'은 다음과 같은 3x3 단위행렬을 생성합니다.

$$\text{eye}(3) = \begin{pmatrix} 1 & 0 & 0 \\ 0 & 1 & 0 \\ 0 & 0 & 1 \end{pmatrix}$$

예시

```
A <- matrix(1:9, nrow = 3, ncol = 3)

print(diag(A))  # 대각 요소 추출

v <- c(1, 2, 3)
print(diag(v))  # 대각행렬 생성

print(diag(3))  # 3x3 단위행렬 생성
```

실행 결과

```
> A <- matrix(1:9, nrow = 3, ncol = 3)
>
> print(diag(A))  # 대각 요소 추출
[1] 1 5 9
>
> v <- c(1, 2, 3)
> print(diag(v))  # 대각 행렬 생성
     [,1] [,2] [,3]
[1,]    1    0    0
[2,]    0    2    0
[3,]    0    0    3
>
> print(diag(3))  # 3x3 단위 행렬 생성
     [,1] [,2] [,3]
[1,]    1    0    0
[2,]    0    1    0
[3,]    0    0    1
```

R 연습문제

01 다음 벡터들을 생성하고 문제를 풀어보세요.

```
v1 <- c(1, 2, 3, 4, 5)
v2 <- c(2, 4, 6, 8, 10)
```

1.1 v1과 v2의 요소별 곱셈 결과를 구하세요.

1.2 v1의 모든 요소에 대해 제곱값을 구하세요.

02 다음 행렬들을 생성하고 문제를 풀어보세요.

```
m1 <- matrix(1:6, nrow = 2, ncol = 3)
m2 <- matrix(7:12, nrow = 3, ncol = 2)
m3 <- matrix(2:7, nrow = 2, ncol = 3)
```

2.1 m1과 m3의 요소별 덧셈을 수행하세요.

2.2 m1과 m2의 행렬 곱셈을 수행하세요.

2.3 m1의 전치행렬을 구하고, 이를 m2와 곱하세요.

03 다음 데이터를 이용해 집합 연산을 수행하세요.

```
team1 <- c("John", "Emma", "Michael", "Sarah")
team2 <- c("Emma", "David", "Sarah", "Tom")
```

3.1 두 팀에 모두 속한 멤버를 찾으세요(교집합).

3.2 어느 한 팀이라도 속한 모든 멤버를 찾으세요(합집합).

3.3 team1에만 속한 멤버를 찾으세요(차집합).

04 다음 행렬을 생성하고 문제를 풀어보세요.

```
sales_matrix <- matrix(c(
   100, 150, 200,
   120, 180, 160,
   90, 140, 180
), nrow = 3, byrow = TRUE)
```

4.1 각 행의 합계를 구하세요.

4.2 각 열의 합계를 구하세요.

4.3 전체 합계를 구하세요.

05 다음 행렬을 생성하고 문제를 풀어보세요.

```
matrix_a <- matrix(c(4, 2, 9, 1, 5, 8, 3, 7, 6), nrow=3, byrow=TRUE)
vector_b <- c(2, 4, 6)
```

5.1 matrix_a에서 대각 요소만 추출하세요.

5.2 vector_b를 이용하여 대각행렬을 생성하세요.

5.3 4x4 단위행렬을 생성하세요.

Python

1 벡터(Vector) 연산

벡터는 동일한 데이터 타입의 값들을 일렬로 나열한 1차원 배열입니다. 벡터 연산은 요소별(element-wise) 연산을 기본으로 합니다. Python에서는 주로 NumPy 라이브러리를 사용하여 벡터 연산을 수행합니다.

1.1 산술 연산

벡터에 대한 산술 연산은 각 요소별로 수행됩니다. 이는 벡터의 각 위치에 있는 값들끼리 계산이 이루어진다는 의미입니다. 이를 통해 두 벡터의 덧셈, 뺄셈, 곱셈, 나눗셈을 각 요소별로 손쉽게 수행할 수 있습니다.

예시

```
import numpy as np

v1 = np.array([1, 2, 3, 4, 5])
v2 = np.array([2, 4, 6, 8, 10])

print(v1 + v2)   # 덧셈
print(v1 - v2)   # 뺄셈
print(v1 * v2)   # 곱셈
print(v2 / v1)   # 나눗셈
print(v2 ** v1)  # 거듭제곱
```

실행 결과

```
In [160]: import numpy as np
     ...:
     ...: v1 = np.array([1, 2, 3, 4, 5])
     ...: v2 = np.array([2, 4, 6, 8, 10])
```

```
In [161]: print(v1 + v2)  # 덧셈
[ 3  6  9 12 15]

In [162]: print(v1 - v2)  # 뺄셈
[-1 -2 -3 -4 -5]

In [163]: print(v1 * v2)  # 곱셈
[ 2  8 18 32 50]

In [164]: print(v2 / v1)  # 나눗셈
[2. 2. 2. 2. 2.]

In [165]: print(v2 ** v1)  # 거듭제곱
[     2     16    216   4096 100000]
```

1.2 벡터 연산

벡터 연산은 전체 벡터에 대해 한 번에 연산을 수행할 수 있게 해줍니다. NumPy를 이용하면 루프를 사용하지 않고도 벡터의 모든 요소에 동일한 작업을 적용할 수 있습니다.

예시

```
v = np.array([1, 2, 3, 4, 5])

print(v + 10)  # 덧셈: 모든 요소에 10을 더함
print(v – 1)   # 뺄셈: 모든 요소에서 1을 뺌
print(v * 3)   # 곱셈: 모든 요소에 3을 곱함
print(v / 2)   # 나눗셈: 모든 요소를 2로 나눔
print(v ** 2)  # 거듭제곱: 모든 요소를 2제곱
```

실행 결과

```
In [167]: v = np.array([1, 2, 3, 4, 5])

In [168]: print(v + 10)  # 덧셈: 모든 요소에 10을 더함
[11 12 13 14 15]

In [169]: print(v - 1)   # 뺄셈: 모든 요소에서 1을 뺌
[0 1 2 3 4]

In [170]: print(v * 3)   # 곱셈: 모든 요소에 3을 곱함
[ 3  6  9 12 15]

In [171]: print(v / 2)   # 나눗셈: 모든 요소를 2로 나눔
[0.5 1.  1.5 2.  2.5]

In [172]: print(v ** 2)  # 거듭제곱: 모든 요소를 2제곱
[ 1  4  9 16 25]
```

1.3 배열의 집합 연산

NumPy는 배열을 집합처럼 다룰 수 있는 여러 함수를 제공합니다. 주요 함수로는 np.union1d(), np.intersect1d(), np.setdiff1d()가 있습니다. 이 함수들은 데이터 분석, 특히 데이터 전처리 단계에서 매우 유용하게 사용됩니다. 예를 들어, 고객 목록 비교, 중복 데이터 제거, 특정 조건을 만족하는 데이터 추출 등 다양한 상황에서 활용될 수 있습니다.

집합 연산 함수들의 특징은 다음과 같습니다.

- 중복된 요소를 자동으로 제거합니다.
- 결과는 항상 정렬된 상태로 반환됩니다.
- 숫자뿐만 아니라 문자열 배열에도 적용할 수 있습니다.

기본 구조

```
numpy.union1d(vector1, vector2)      : vector1과 vector2의 합집합
numpy.intersect1d(vector1, vector2)  : vector1과 vector2의 교집합
numpy.setdiff1d(vector1, vector2)    : vector1에서 vector2를 뺀 차집합
```

예시

```
import numpy as np

v1 = np.array([1, 2, 3, 4, 5])
v2 = np.array([4, 5, 6, 7, 8])

# 합집합
union_result = np.union1d(v1, v2)
print(union_result)

# 교집합
intersect_result = np.intersect1d(v1, v2)
print(intersect_result)

# 차집합 (v1에서 v2를 뺀 결과)
setdiff_result = np.setdiff1d(v1, v2)
print(setdiff_result)
```

실행 결과

```
In [175]: import numpy as np
     ...:
     ...: v1 = np.array([1, 2, 3, 4, 5])
     ...: v2 = np.array([4, 5, 6, 7, 8])
```

```
In [176]: # 합집합
     ...: union_result = np.union1d(v1, v2)
     ...: print(union_result)
[1 2 3 4 5 6 7 8]

In [177]: # 교집합
     ...: intersect_result = np.intersect1d(v1, v2)
     ...: print(intersect_result)
[4 5]

In [178]: # 차집합 (v1에서 v2를 뺀 결과)
     ...: setdiff_result = np.setdiff1d(v1, v2)
     ...: print(setdiff_result)
[1 2 3]
```


2 행렬(Matrix) 연산

행렬(Matrix)은 2차원 배열로, 행과 열로 구성된 데이터 구조입니다. 행렬 연산은 선형대수학의 규칙을 따르며, NumPy는 이를 효율적으로 수행할 수 있는 다양한 함수를 제공합니다.

주요 행렬 연산 함수의 특징은 다음과 같습니다.

- 산술 연산: +, -, *, /
- 행렬 곱셈: np.dot() 또는 @
- 배열의 합: np.sum(), np.sum(axis=0), np.sum(axis=1)
- 전치행렬: .T 또는 np.transpose()
- 대각행렬: np.diag()
- 역행렬: np.linalg.inv()

행렬 연산의 장점은 다음과 같습니다.

- 효율적인 데이터 처리: 대량의 데이터를 벡터화된 연산으로 빠르게 처리할 수 있습니다.
- 복잡한 계산 단순화: 복잡한 수학적 계산을 간단한 연산으로 표현할 수 있습니다.
- 데이터 변환 용이: 전치, 역행렬 등을 통해 데이터를 쉽게 변환할 수 있습니다.
- 선형 대수 응용: 통계, 머신러닝 등 다양한 분야에서 활용됩니다.

4.1 산술 연산

행렬의 산술 연산은 벡터의 산술 연산과 같이 요소별(element-wise) 연산을 수행합니다. 다시 말해 모든 연산은 동일한 행과 열을 갖는 원소끼리 수행됩니다. 단, 행렬의 차원이 같아야 합니다.

(1) 덧셈

$$\begin{bmatrix}1 & 3\\2 & 4\end{bmatrix}+\begin{bmatrix}5 & 7\\6 & 8\end{bmatrix}=\begin{bmatrix}1+5 & 3+7\\2+6 & 4+8\end{bmatrix}=\begin{bmatrix}6 & 10\\8 & 12\end{bmatrix}$$

(2) 뺄셈

$$\begin{bmatrix}1 & 3\\2 & 4\end{bmatrix}-\begin{bmatrix}5 & 7\\6 & 8\end{bmatrix}=\begin{bmatrix}1-5 & 3-7\\2-6 & 4-8\end{bmatrix}=\begin{bmatrix}-4 & -4\\-4 & -4\end{bmatrix}$$

(3) 요소별 곱셈

$$\begin{bmatrix}1 & 3\\2 & 4\end{bmatrix}\odot\begin{bmatrix}5 & 7\\6 & 8\end{bmatrix}=\begin{bmatrix}1\cdot 5 & 3\cdot 7\\2\cdot 6 & 4\cdot 8\end{bmatrix}=\begin{bmatrix}5 & 21\\12 & 32\end{bmatrix}$$

(4) 요소별 나눗셈

$$\begin{bmatrix}1 & 3\\2 & 4\end{bmatrix}\oslash\begin{bmatrix}5 & 7\\6 & 8\end{bmatrix}=\begin{bmatrix}1\div 5 & 3\div 7\\2\div 6 & 4\div 8\end{bmatrix}=\begin{bmatrix}0.2 & 0.4285714\\0.3333333 & 0.5\end{bmatrix}$$

예시

```
A = np.array([[1, 2], [3, 4]])
B = np.array([[5, 6], [7, 8]])

print(A + B)  # 덧셈
print(A - B)  # 뺄셈
print(A * B)  # 요소별 곱셈
print(A / B)  # 요소별 나눗셈
```

실행 결과

```
In [179]: A = np.array([[1, 2], [3, 4]])
     ...: B = np.array([[5, 6], [7, 8]])

In [180]: print(A + B)  # 덧셈
[[ 6  8]
 [10 12]]

In [181]: print(A - B)  # 뺄셈
[[-4 -4]
 [-4 -4]]

In [182]: print(A * B)  # 요소별 곱셈
[[ 5 12]
 [21 32]]

In [183]: print(A / B)  # 요소별 나눗셈
[[0.2        0.33333333]
 [0.42857143 0.5       ]]
```

2.2 행렬곱 연산

행렬곱은 두 행렬의 내적을 계산하는 연산으로, 선형 변환의 합성에 해당합니다. '@' 연산자 또는 np.dot() 함수를 사용하여 두 행렬의 곱셈을 수행합니다. 첫 번째 행렬의 열 수와 두 번째 행렬의 행 수가 일치해야 합니다.

두 행렬 A와 B가 다음과 같을 때

$$A = \begin{pmatrix} 1 & 2 & 3 \\ 4 & 5 & 6 \end{pmatrix}, \quad B = \begin{pmatrix} 7 & 8 \\ 9 & 10 \\ 11 & 12 \end{pmatrix}$$

A와 B의 행렬 곱은 다음과 같습니다.

$$AB = \begin{pmatrix} 1 & 2 & 3 \\ 4 & 5 & 6 \end{pmatrix} \begin{pmatrix} 7 & 8 \\ 9 & 10 \\ 11 & 12 \end{pmatrix} = \begin{pmatrix} (1 \cdot 7 + 2 \cdot 9 + 3 \cdot 11) & (1 \cdot 8 + 2 \cdot 10 + 3 \cdot 12) \\ (4 \cdot 7 + 5 \cdot 9 + 6 \cdot 11) & (4 \cdot 8 + 5 \cdot 10 + 6 \cdot 12) \end{pmatrix} = \begin{pmatrix} 58 & 64 \\ 139 & 154 \end{pmatrix}$$

예시

```
A = np.array([[1, 2, 3], [4, 5, 6]])
B = np.array([[7, 8], [9, 10], [11, 12]])

print(A @ B)  # 행렬 곱셈

print(np.dot(A, B))  # 행렬 곱셈
```

실행 결과

```
In [184]: A = np.array([[1, 2, 3], [4, 5, 6]])
     ...: B = np.array([[7, 8], [9, 10], [11, 12]])

In [185]: print(A @ B)  # 행렬 곱셈
[[ 58  64]
 [139 154]]

In [186]: print(np.dot(A, B))  # 행렬 곱셈
[[ 58  64]
 [139 154]]
```

2.3 함수를 이용한 행렬 연산

NumPy에서는 행렬의 특정 계산을 수행하는 다양한 함수를 제공합니다.

2.3.1 행렬의 합

행렬의 합을 계산하는 다양한 함수가 있습니다. 주요 함수로는 sum(), np.sum()가 있습니다. 이 함수들은 행렬의 요소들을 다양한 방식으로 합산하여 데이터 분석에서 매

우 유용하게 사용됩니다. 예를 들어, 데이터셋의 총합을 구하거나, 각 변수(열)의 합계를 계산하거나, 각 관측치(행)의 합계를 구하는 데 사용될 수 있습니다.

행렬 A가 다음과 같을 때

$$A = \begin{pmatrix} 1 & 2 & 3 \\ 4 & 5 & 6 \end{pmatrix}$$

(1) 'np.sum()': 행렬의 모든 요소의 합을 계산합니다.

$$\text{sum}(A) = 1 + 2 + 3 + 4 + 5 + 6 = 21$$

(2) 'np.sum(axis=0)': 각 열의 합을 계산하여 벡터로 반환합니다.

$$\text{colSums}(A) = (1+4 \quad 2+5 \quad 3+6) = (5 \quad 7 \quad 9)$$

(3) 'np.sum(axis=1)': 각 행의 합을 계산하여 벡터로 반환합니다.

$$\text{rowSums}(A) = \begin{pmatrix} 1+2+3 \\ 4+5+6 \end{pmatrix} = \begin{pmatrix} 6 \\ 15 \end{pmatrix}$$

예시

```
A = np.array([[1, 2, 3], [4, 5, 6]])

print(np.sum(A))  # 행렬의 모든 요소의 합
print(np.sum(A, axis=0))  # 각 열의 합
print(np.sum(A, axis=1))  # 각 행의 합
```

실행 결과

```
In [188]: A = np.array([[1, 2, 3], [4, 5, 6]])

In [189]: print(np.sum(A))          # 행렬의 모든 요소의 합
21

In [190]: print(np.sum(A, axis=0)) # 각 열의 합
[5 7 9]

In [191]: print(np.sum(A, axis=1)) # 각 행의 합
[ 6 15]
```

2.3.2 전치행렬

전치행렬은 원래 행렬의 행과 열을 서로 바꾼 행렬로, 데이터 구조 변환에 유용합니다. 전치행렬은 'T' 속성을 사용하여 얻을 수 있습니다.

두 행렬 A와 B가 다음과 같을 때

$$A = \begin{pmatrix} 1 & 2 & 3 \\ 4 & 5 & 6 \end{pmatrix}$$

A의 전치행렬은 다음과 같습니다.

$$A^T = \begin{pmatrix} 1 & 4 \\ 2 & 5 \\ 3 & 6 \end{pmatrix}$$

예시

```
A = np.array([[1, 2, 3], [4, 5, 6]])
print(A.T) # 전치행렬
```

실행 결과

```
In [193]: A = np.array([[1, 2, 3], [4, 5, 6]])
     ...:
     ...: print(A.T)  # 전치 행렬
[[1 4]
 [2 5]
 [3 6]]
```

4.3.3 역행렬

역행렬은 주어진 행렬과 곱했을 때 단위행렬이 되는 행렬로, 선형 방정식 해결에 중요합니다. 역행렬은 np.linalg.inv() 함수를 사용하여 구할 수 있습니다. 단, 역행렬을 구하려는 행렬은 정방행렬(square matrix)이어야 합니다.

행렬 A가 다음과 같을 때

$$A = \begin{pmatrix} 1 & 2 \\ 3 & 4 \end{pmatrix}$$

A의 역행렬은 다음과 같습니다.

$$A^{-1} = \frac{1}{ad - bc}\begin{pmatrix} d & -b \\ -c & a \end{pmatrix} = \frac{1}{1(4) - 2(3)}\begin{pmatrix} 4 & -2 \\ -3 & 1 \end{pmatrix} = \begin{pmatrix} -2 & 1 \\ 1.5 & -0.5 \end{pmatrix}$$

예시

```
A = np.array([[1, 2], [3, 4]])
print(np.linalg.inv(A)) # 역행렬
```

Python

실행 결과

```
In [194]: A = np.array([[1, 2], [3, 4]])
     ...:
     ...: print(np.linalg.inv(A))  # 역행렬
[[-2.   1. ]
 [ 1.5 -0.5]]
```

2.3.4 대각행렬

대각행렬은 선형 변환에서는 각 차원의 스케일을 조정하는 데 활용되며, 그중에서도 단위행렬은 행렬 곱셈의 항등원 역할을 합니다. NumPy의 diag() 함수는 기존 행렬에서 대각 요소를 추출하거나 새로운 대각행렬을 생성하는 두 가지 주요 기능을 제공합니다. 또한 'np.eye(n)'은 n × n 단위행렬을 생성합니다.

(1) 행렬에서 대각 요소 추출

행렬 A가 다음과 같을 때

$$A = \begin{pmatrix} 1 & 2 & 3 \\ 4 & 5 & 6 \\ 7 & 8 & 9 \end{pmatrix}$$

'np.diag(A)'는 다음과 같은 배열을 반환합니다.

$$\text{diag}(A) = \begin{pmatrix} 1 & 5 & 9 \end{pmatrix}$$

(2) 벡터를 이용한 대각 행렬 생성:

배열 v = [1, 2, 3]이 주어졌을 때, 'np.diag(v)'는 다음과 같은 대각 행렬을 생성합니다.

$$\text{diag}(v) = \begin{pmatrix} 1 & 0 & 0 \\ 0 & 2 & 0 \\ 0 & 0 & 3 \end{pmatrix}$$

(3) 단위행렬(Identity matrix) 생성

'np.eye(n)'을 사용하면 n × n 단위행렬을 생성합니다. 예를 들어, 'np.eye(3)'은 다음과 같은 3x3 단위행렬을 생성합니다.

$$\text{eye}(3) = \begin{pmatrix} 1 & 0 & 0 \\ 0 & 1 & 0 \\ 0 & 0 & 1 \end{pmatrix}$$

예시

```
import numpy as np

# 행렬 생성
A = np.array([[1, 2, 3],
              [4, 5, 6],
              [7, 8, 9]])

# 대각 요소 추출
print(np.diag(A))

# 벡터로부터 대각행렬 생성
v = np.array([1, 2, 3])

print(np.diag(v))

# 3x3 단위행렬 생성
print(np.eye(3))
```

실행 결과

```
In [199]: # 행렬 생성
     ...: A = np.array([[1, 2, 3],
     ...:               [4, 5, 6],
     ...:               [7, 8, 9]])
     ...:
     ...: # 대각 요소 추출
     ...: print(np.diag(A))
[1 5 9]

In [200]: # 벡터로부터 대각 행렬 생성
     ...: v = np.array([1, 2, 3])
     ...:
     ...: print(np.diag(v))
[[1 0 0]
 [0 2 0]
 [0 0 3]]

In [201]: # 3x3 단위 행렬 생성
     ...: print(np.eye(3))
[[1. 0. 0.]
 [0. 1. 0.]
 [0. 0. 1.]]
```

Python 연습문제

01 다음 벡터들을 생성하고 문제를 풀어보세요.

```
v1 = np.array([1, 2, 3, 4, 5])
v2 = np.array([2, 4, 6, 8, 10])
```

1.1 v1과 v2의 요소별 곱셈 결과를 구하세요.

1.2 v1의 모든 요소에 대해 제곱값을 구하세요.

02 다음 행렬들을 생성하고 문제를 풀어보세요.

```
m1 = np.array([[1, 2, 3], [4, 5, 6]])
m2 = np.array([[7, 8], [9, 10], [11, 12]])
m3 = np.array([[2, 3, 4], [5, 6, 7]])
```

2.1 m1과 m3의 요소별 덧셈을 수행하세요.

2.2 m1과 m2의 행렬 곱셈을 수행하세요.

2.3 m1의 전치행렬을 구하고, 이를 m2와 곱하세요.

03 다음 데이터를 이용해 집합 연산을 수행하세요.

```
team1 = np.array(['John', 'Emma', 'Michael', 'Sarah'])
team2 = np.array(['Emma', 'David', 'Sarah', 'Tom'])
```

3.1 두 팀에 모두 속한 멤버를 찾으세요.

3.2 어느 한 팀이라도 속한 모든 멤버를 찾으세요.

3.3 team1에만 속한 멤버를 찾으세요.

04 다음 행렬을 생성하고 문제를 풀어보세요.

```
sales_matrix = np.array([
    [100, 150, 200],
    [120, 180, 160],
    [90, 140, 180]
])
```

4.1 각 행의 합계를 구하세요.

4.2 각 열의 합계를 구하세요.

4.3 전체 합계를 구하세요.

Python

05 다음 행렬을 생성하고 문제를 풀어보세요.

```
# 문제 풀이를 위한 행렬 생성
matrix_a = np.array([
    [4, 1, 3],
    [2, 5, 7],
    [9, 8, 6]
])

vector_b = np.array([2, 4, 6])
```

5.1 matrix_a에서 대각 요소만 추출하세요.

5.2 vector_b를 이용하여 대각 행렬을 생성하세요.

5.3 4x4 단위행렬을 생성하세요.

7장

제어 구조

R

1. 조건문: if, if-else, if-else if-else
2. 반복문: while, for
3. 분기문: next, break

Python

1. 조건문: if, if-else, if-elif-else
2. 반복문: for, while
3. 분기문: continue, break

프로그래밍에서 제어 구조(Control Structures)는 코드의 실행 흐름을 조절하는 핵심 요소입니다. 제어 구조를 통해 우리는 데이터를 조건에 따라 분기 처리하거나, 반복 작업을 자동화하며, 실행 도중 흐름을 조정할 수 있습니다. 이는 데이터 분석, 반복 처리, 알고리즘 구현 등 거의 모든 프로그램의 기본 뼈대가 되는 기능입니다.

제어 구조는 크게 다음과 같이 분류됩니다.

(1) 조건문(Conditional Statements): 특정 조건에 따라 다른 코드를 실행하는 구조

- if: 단일 조건에 따른 실행
- if-else: 조건이 참/거짓일 때 각각 다른 실행
- if-else if-else(R), if-elif-else(Python): 여러 조건에 따른 다른 실행

(2) 반복문(Loop Statements): 특정 코드를 여러 번 반복 실행하는 구조

- for: 정해진 횟수만큼 반복
- while: 조건이 참인 동안 계속 반복

(3) 분기문(Jump Statements): 코드의 실행 흐름을 변경하는 구조

- break: 반복문을 즉시 종료
- next: 현재 반복을 건너뛰고 다음 반복으로 진행

이처럼 R과 Python은 공통된 제어 구조 개념을 공유하고 있지만, 문법적인 표현과 세부 동작에는 차이가 존재합니다. 따라서 코드를 작성할 때는 언어의 특성에 맞는 문법 규칙을 숙지하고 사용하는 것이 중요합니다. 이 장에서는 R과 Python에서 공통적으로 사용되는 제어 구조를 중심으로, 각 문법의 특징과 사용법을 알아보겠습니다.

R

1 조건문: if, if-else, if-else if-else

조건문은 주어진 조건에 따라 코드의 실행 여부를 결정하는 구조입니다. 조건문은 프로그램의 논리적 흐름을 제어하는 데 필수적입니다. 데이터 분석 시 특정 조건에 따라 다른 처리를 해야 할 때, 오류 처리, 사용자 입력에 따른 다른 결과 출력 등 다양한 상황에서 사용됩니다. 조건문을 통해 프로그램은 다양한 상황에 대응할 수 있는 유연성을 갖게 됩니다.

2.1 if 문

if 문은 프로그래밍에서 가장 기본적인 조건문으로 조건이 참일 경우 특정 코드 블록을 실행하며 조건이 거짓일 경우 특정 코드 블록을 실행하지 않습니다.

이는 "만약 ~라면, ~를 하라"라는 로직을 구현합니다.

기본 구조

```
if (조건) {
  # 조건이 참일 때 실행할 코드
}
```

예시

```
# 1. x 에 10이 할당됩니다.
# 2. if 문은 x > 5 조건을 평가합니다.
# 3. 조건이 참이므로 중괄호 안의 코드가 실행됩니다.

x <- 10
if (x > 5) {
  print("x는 5보다 큽니다.")
}
```

실행 결과

```
> x <- 10
> if (x > 5) {
+     print("x는 5보다 큽니다.")
+ }
[1] "x는 5보다 큽니다."
```

1.2 if-else 문

if-else 문은 if 문을 확장한 형태로, 조건에 따라 두 가지 다른 행동을 수행할 수 있게 해줍니다. 이는 "만약 조건이 참이라면 A를 실행하고, 그렇지 않으면 B를 실행하라"는 이분법적 로직을 구현합니다.

기본 구조

```
if (조건) {
  # 조건이 참일 때 실행할 코드
} else {
  # 조건이 거짓일 때 실행할 코드
}
```

예시

```
# 1. y 에 3이 할당됩니다.
# 2. if 문은 y % 2 == 0 조건을 평가합니다 (나머지 연산자 '%'를 사용).
# 3. 조건이 거짓이므로 else 블록의 코드가 실행됩니다.

y <- 3
if (y %% 2 == 0) {
  print("y는 짝수입니다.")
} else {
  print("y는 홀수입니다.")
}
```

실행 결과

```
> y <- 3
> if (y %% 2 == 0) {
+     print("y는 짝수입니다.")
+ } else {
+     print("y는 홀수입니다.")
+ }
[1] "y는 홀수입니다."
```

1.3 if-else if-else 문

if-else if-else 문은 여러 조건을 순차적으로 검사할 수 있는 복잡한 조건문 구조로써 코드의 가독성을 높이고, 여러 조건에 따른 다양한 실행 경로를 명확하게 표현할 수 있게 도움을 줍니다. 이 구조는 다음과 같은 로직을 구현합니다.

> "만약 A라면 X를 하고,
> 그렇지 않고 만약 B라면 Y를 하고,
> 그렇지 않고 만약 C라면 Z를 하고,
> ⋮
> 그 외의 모든 경우에는 W를 하라"

기본 구조

```
if (조건1) {
  # 조건1이 참일 때 실행할 코드
} else if (조건2) {
  # 조건2가 참일 때 실행할 코드
} else {
  # 모든 조건이 거짓일 때 실행할 코드
}
```

예시

```
# 1. score 에 85가 할당됩니다.
# 2. 첫 번째 조건 score >= 90 이 거짓이므로 다음 조건으로 넘어갑니다.
# 3. 두 번째 조건 score >= 80 이 참이므로 해당 블록의 코드가 실행됩니다.
# 4. grade 에 "B"가 할당됩니다.
# 5. 최종 학점이 출력됩니다.

score <- 85

if (score >= 90) {
  grade <- "A"
} else if (score >= 80) {
  grade <- "B"
} else if (score >= 70) {
  grade <- "C"
} else {
  grade <- "F"
}

cat("당신의 학점은", grade, "입니다.\n")
```

실행 결과

```
> score <- 85
>
> if (score >= 90) {
+     grade <- "A"
+ } else if (score >= 80) {
+     grade <- "B"
+ } else if (score >= 70) {
+     grade <- "C"
+ } else {
+     grade <- "F"
+ }
>
> cat("당신의 학점은", grade, "입니다.\n")
당신의 학점은 B 입니다.
```

1.4 조건문에서 사용되는 주요 연산자들

R의 if 문에서는 비교연산자 외에도 다양한 연산자들을 사용하여 조건을 표현할 수 있습니다. 이러한 연산자들은 조건문의 결과를 True 또는 False로 평가하여 코드의 실행 흐름을 제어합니다.

주요 연산자들은 다음과 같은 목적으로 사용됩니다.

- 비교 연산자: 두 값의 관계를 비교(==, !=, 〉, 〈, 〉=, 〈=)
- 직접적인 불리언 값: True/False를 직접 사용(True, False)
- 논리 연산자: 여러 조건을 결합(and, or, not)
- in 연산자: 포함 관계 확인 (in, not in)
- is 연산자: 객체의 동일성 검사 (is, is not)

이러한 연산자들을 적절히 활용하면 복잡한 조건도 명확하게 표현할 수 있으며, 프로그램의 논리를 효과적으로 구현할 수 있습니다.

1.4.1 직접적인 불리언 값

if 문에 True와 False를 직접 사용하여 조건을 표현할 수 있습니다. 변수가 True일 때 코드가 실행되고, False일 때 코드가 실행되지 않습니다.

기본 구조

```
변수 <- TRUE

if (변수) {
  # 변수가 TRUE일 때 실행할 코드
}
```

예시

```
# 논리값 변수 할당
is_logged_in <- TRUE
if (is_logged_in) {
    print("로그인 되었습니다")
}

# 논리값 변수 할당2
has_permission <- FALSE
if (!has_permission) {  # R에서는 not 대신 ! 사용
    print("권한이 없습니다")
}
```

실행 결과

```
> # 논리값 변수 할당
> is_logged_in <- TRUE
> if (is_logged_in) {
+     print("로그인 되었습니다")
+ }
[1] "로그인 되었습니다"
>
> # 논리값 변수 할당2
> has_permission <- FALSE
> if (!has_permission) {  # R에서는 not 대신 ! 사용
+     print("권한이 없습니다")
+ }
[1] "권한이 없습니다"
```

1.4.2 논리 연산자

논리 연산자를 통해 if 문에 여러 조건 &(AND), |(OR), !(NOT) 등을 결합하여 복잡한 조건을 표현하는 데 사용됩니다. 따라서 조건에 따라 코드의 실행 여부를 결정합니다.

기본 구조

```
if (조건1 & 조건2) {

    조건1과 조건2가 모두 TRUE일 때 실행할 코드
}

if (조건1 | 조건2 & 조건3) {

    조건1 또는 조건2가 TRUE이고 조건3이 TRUE일 때 실행할 코드
}
```

예시

```
age <- 25
has_id <- TRUE

# 단일 연산자 사용
if (age >= 18 & has_id) {

  print("주류 구매가 가능합니다")
}

# 다중 연산자 사용
is_student <- TRUE
is_senior <- FALSE
is_member <- TRUE

if ((is_student | is_senior) & is_member) {
  print("할인 대상입니다")
} else {
  print("할인 대상이 아닙니다")
}
```

실행 결과

```
> age <- 25
> has_id <- TRUE
>
> # 단일 연산자 사용
> if (age >= 18 & has_id) {
+
+     print("주류 구매가 가능합니다")
+ }
[1] "주류 구매가 가능합니다"
>
> # 다중 연산자 사용
> is_student <- TRUE
> is_senior <- FALSE
> is_member <- TRUE
>
> if ((is_student | is_senior) & is_member) {
+     print("할인 대상입니다")
+ } else {
+     print("할인 대상이 아닙니다")
+ }
[1] "할인 대상입니다"
```

1.4.3 %in% 연산자

%in% 연산자를 통해 시퀀스(리스트, 튜플, 문자열 등) 내에서 특정 값이 존재하는지 여부를 확인할 수 있습니다. 특정 시퀀스 내에 값이 존재하면 코드가 실행되고, 존재하지 않으면 코드가 실행되지 않습니다.

기본 구조

```
if (값 %in% 벡터) {
    값이 벡터 내에 있을 때 실행할 코드
}
```

예시

```
# %in% 연산자 사용
fruits <- c("사과", "바나나", "오렌지")
if ("사과" %in% fruits) {
    print("사과가 있습니다")
}

# %in% 부정 사용
blocked_users <- c("user1", "user2", "user3")
if (!"user4" %in% blocked_users) {
    print("접속 가능한 사용자입니다")
}
```

실행 결과

```
> # %in% 연산자 사용
> fruits <- c("사과", "바나나", "오렌지")
> if ("사과" %in% fruits) {
+     print("사과가 있습니다")
+ }
[1] "사과가 있습니다"
>
> # %in% 부정 사용
> blocked_users <- c("user1", "user2", "user3")
> if (!"user4" %in% blocked_users) {
+     print("접속 가능한 사용자입니다")
+ }
[1] "접속 가능한 사용자입니다"
```

1.4.4 is 연산자

is 연산자는 두 객체가 정확히 같은 객체인지를 검사합니다. 두 객체가 같은 객체일 때 코드가 실행되고, 다른 객체일 때 코드가 실행되지 않습니다. 주로 None 체크에 사용됩니다.

기본 구조

```
if (identical(객체1, 객체2)) {
    객체1과 객체2가 정확히 같을 때 실행할 코드
}
```

예시

```
# NULL 체크
value <- NULL
if (is.null(value)) {  # R에서는 is.null() 함수 사용
  print("값이 설정되지 않았습니다")
}

# 동일 객체인지 체크
list1 <- list(1, 2, 3)
list2 <- list(1, 2, 3)

if (identical(list1, list2)) {
  print("list1과 list2는 정확히 같은 객체입니다")
} else {
  print("list1과 list2는 다른 객체입니다")
}
```

실행 결과

```
> # NULL 체크
> value <- NULL
> if (is.null(value)) {  # R에서는 is.null() 함수 사용
+     print("값이 설정되지 않았습니다")
+ }
[1] "값이 설정되지 않았습니다"
> # 동일 객체인지 체크
> list1 <- list(1, 2, 3)
> list2 <- list(1, 2, 3)
>
> if (identical(list1, list2)) {
+     print("list1과 list2는 정확히 같은 객체입니다")
+ } else {
+     print("list1과 list2는 다른 객체입니다")
+ }
[1] "list1과 list2는 정확히 같은 객체입니다"
```

2 반복문: while, for

반복문은 특정 코드 블록을 여러 번 실행하는 구조입니다. 주로 'for'와 'while' 루프를 사용합니다. 반복문은 데이터 처리, 시뮬레이션, 복잡한 계산 등에서 필수적입니다. 예를 들어, 대량의 데이터를 처리하거나, 리스트의 모든 요소에 대해 동일한 작업을 수행할 때 사용합니다. 반복문을 통해 코드의 중복을 줄이고 효율성을 높일 수 있습니다.

2.1 for 문

for 문은 벡터, 리스트, 데이터프레임과 같은 R의 데이터 구조의 요소들을 순회하면서 코드 블록을 실행합니다. 주로 숫자형 벡터의 시퀀스(예: 1:n)나 문자형 벡터와 같은 반복 가능한 객체를 처리할 때 유용합니다.

for 문의 주요 특징은 다음과 같습니다.

- 반복 횟수가 명확하게 정해져 있습니다.
- 시퀀스의 각 항목에 대해 특정 작업을 수행할 때 사용됩니다.
- 시퀀스의 모든 요소를 순회할 때까지 코드 블록을 반복 실행합니다.
- 마지막 요소까지 순회하면 반복문이 종료됩니다.

기본 구조

```
for (변수 in 시퀀스) {
  # 실행할 코드
}
```

예시

```
# 숫자 시퀀스를 이용한 반복 예시
result <- numeric(0)
for (i in 1:5) {
  result <- c(result, i^2)
}
print(result)

# 1. numeric(0)으로 빈 숫자형 벡터를 생성합니다
# 2. 1:5는 1부터 5까지의 시퀀스를 생성합니다
# 3. 각 숫자를 제곱(i^2)하여 result 벡터에 추가합니다
# 4. 최종 result: c(1, 4, 9, 16, 25)

# 벡터를 이용한 반복 예시
numbers <- c(2, 4, 6, 8, 10)
result <- numeric(0)
for (num in numbers) {
  result <- c(result, num/2)
}
print(result)

# 1. numbers 벡터의 각 요소를 순회합니다
# 2. 각 숫자를 2로 나눈 값을 result 벡터에 추가합니다
# 3. 최종 result: c(1, 2, 3, 4, 5)
```

```
# 중첩 for 문 사용 예시 (구구단)
result <- numeric(0)
for (i in 5:8) {
  for (j in 1:9) {
    result <- c(result, i*j)
  }
}
print(result)

# 1. 바깥 루프는 5부터 8까지 순회합니다
# 2. 안쪽 루프는 1부터 9까지 순회합니다
# 3. 두 수를 곱한 결과를 result 벡터에 추가합니다
# 4. 5단부터 8단까지의 구구단 결과가 순서대로 저장됩니다

# 조건문과 함께 사용하는 예시
numbers <- 1:10
result <- numeric(10)
for (num in 1:10) {
  if (numbers[num] %% 2 == 0) {
    result[num] <- numbers[num]
  }
}
print(result)

# 1. 1:10으로 1부터 10까지의 벡터를 생성합니다
# 2. numeric(10)으로 길이가 10인 빈 벡터를 생성합니다
# 3. 짝수 여부를 확인하여 result 벡터의 같은 위치에 저장합니다
# 4. 최종 result: c(0, 2, 0, 4, 0, 6, 0, 8, 0, 10)
```

실행 결과

```
> # 숫자 시퀀스를 이용한 반복 예시
> result <- numeric(0)
> for (i in 1:5) {
+     result <- c(result, i^2)
+ }
> print(result)
[1]  1  4  9 16 25
>
> # 벡터를 이용한 반복 예시
> numbers <- c(2, 4, 6, 8, 10)
> result <- numeric(0)
> for (num in numbers) {
+     result <- c(result, num/2)
+ }
> print(result)
[1] 1 2 3 4 5
>
```

```
> # 중첩 for 문 사용 예시 (구구단)
> result <- numeric(0)
> for (i in 5:8) {
+     for (j in 1:9) {
+         result <- c(result, i*j)
+     }
+ }
> print(result)
 [1]  5 10 15 20 25 30 35 40 45  6 12 18 24 30 36 42 48 54  7 14 21 28 35 42 49 56 63  8 16 24
[31] 32 40 48 56 64 72
>
> # 조건문과 함께 사용하는 예시
> numbers <- 1:10
> result <- numeric(10)
> for (num in 1:10) {
+     if (numbers[num] %% 2 == 0) {
+         result[num] <- numbers[num]
+     }
+ }
> print(result)
 [1]  0  2  0  4  0  6  0  8  0 10
```

2.2 while 문

while 문은 주어진 조건이 참인 동안 코드 블록을 반복적으로 실행합니다. 주로 데이터 전처리 과정에서 특정 기준이 충족될 때까지 데이터를 정제하거나, 반복적인 통계 분석에서 수렴 조건을 만족할 때까지 수행하는 등 주로 반복 횟수가 정해지지 않았거나 조건에 따라 반복을 종료해야 할 때 사용합니다.

while 문의 주요 특징은 다음과 같습니다.

- 반복 횟수가 정해지지 않습니다.
- 특정 조건이 충족될 때까지 코드를 반복하고 싶을 때 사용됩니다.
- 조건절의 논리값이 'True'일 때까지 코드 블록을 수행합니다.
- 조건이 'False'가 되면 반복문을 벗어납니다.

기본 구조

```
while (조건) {
  실행할 코드
}
```

예시

```
# 비교연산자를 이용한 기본 반복
count <- 0
result <- c()  # 빈 벡터 생성
while(count < 5) {
   result <- c(result, count)
   count <- count + 1
}
print(result)

# 1. count 변수를 0으로 초기화합니다.
# 2. result라는 빈 벡터를 생성합니다.
# 3. while 루프는 count가 5보다 작은 동안 계속됩니다.
# 4. 각 반복에서 result 벡터에 현재 count 값을 추가합니다.
# 5. count 값을 1씩 증가시킵니다.
# 6. 최종적으로 result 벡터는 0,1,2,3,4 값을 포함하게 됩니다.

# 조건문 활용한 반복
num <- 10
result <- c()
while(num > 0) {
   if(num %% 2 == 0) {
      result <- c(result, num)
   }
   num <- num - 1
}
print(result)

# while문과 if문을 조합한 조건부 반복

# 1. num 변수를 10으로 초기화합니다.
# 2. result라는 빈 벡터를 생성합니다.
# 3. while 루프는 num이 0보다 큰 동안 계속됩니다.
# 4. if문을 사용하여 num이 짝수인 경우만 result 벡터에 추가합니다.
#   (%% 연산자는 나머지를 구하는 연산자입니다)
# 5. num 값을 1씩 감소시킵니다.
# 6. 최종적으로 result 벡터는 10,8,6,4,2 값을 포함하게 됩니다.
```

실행 결과

```
> # 비교연산자를 이용한 기본 반복
> count <- 0
> result <- c()  # 빈 벡터 생성
> while(count < 5) {
+     result <- c(result, count)
+     count <- count + 1
+ }
```

```
> print(result)
[1] 0 1 2 3 4
>
> # 조건문 활용한 반복
> num <- 10
> result <- c()
> while(num > 0) {
+     if(num %% 2 == 0) {
+         result <- c(result, num)
+     }
+     num <- num - 1
+ }
> print(result)
[1] 10  8  6  4  2
```

3 분기문: next, break

분기문은 반복문이나 조건문의 실행 흐름을 변경하는 명령입니다. R에서 주로 사용되는 분기문은 'next'와 'break'입니다. 이를 통해 프로그래머는 코드의 실행 순서를 더 세밀하게 제어할 수 있습니다.

분기문의 주요 특징은 다음과 같습니다.

- 불필요한 반복을 줄여 실행 시간을 단축하고 프로그램 효율성을 향상시킵니다.
- 특정 조건에서 불필요한 연산을 방지하여 리소스를 절약합니다.
- 원하는 결과를 얻은 후 즉시 루프를 종료하여 속도를 개선합니다.

3.1 next 문

next 문은 현재의 반복을 중단하고 다음 반복으로 즉시 건너뛰게 합니다. 즉, next 문이 실행되면 현재 반복의 나머지 부분은 실행되지 않고, 루프는 다음 반복으로 넘어갑니다.

기본 구조

```
for (변수 in 시퀀스) {
    if (조건) {
        next
    }
}
while (조건) {
    if (조건) {
        next
    }
}
```

예시

```
# 짝수만 출력하기
for (num in 1:10) {
  if (num %% 2 != 0) {  # 홀수인 경우
    next  # R에서는 continue 대신 next를 사용
  }
  print(paste("짝수:", num))
}

# 1. 1:10으로 1부터 10까지의 숫자를 순회합니다
# 2. 각 숫자(num)가 홀수인지 확인합니다 (num %% 2 != 0)
# 3. 홀수인 경우 next로 다음 반복으로 건너뜁니다
# 4. 짝수인 경우에만 해당 숫자를 출력합니다
# 5. 결과적으로 2,4,6,8,10이 출력됩니다

# 리스트 처리 중 특정 조건 제외하기
numbers <- c(1, -2, 3, -4, 5, -6, 7, -8, 9)
sum_positive <- 0

for (num in numbers) {
  if (num < 0) {  # 음수는 건너뛰기
    next
  }
  sum_positive <- sum_positive + num
}
print(paste("양수의 합:", sum_positive))

# 1. numbers 벡터의 각 숫자를 순회합니다
# 2. 현재 숫자가 음수인 경우 next로 다음 반복으로 건너뜁니다
# 3. 양수인 경우에만 sum_positive에 해당 숫자를 더합니다
# 4. 모든 반복이 끝나면 양수들의 총합(1+3+5+7+9=25)이 출력됩니다
```

실행 결과

```
> # 짝수만 출력하기
> for (num in 1:10) {
+     if (num %% 2 != 0) {  # 홀수인 경우
+         next  # R에서는 continue 대신 next를 사용
+     }
+     print(paste("짝수:", num))
+ }
[1] "짝수: 2"
[1] "짝수: 4"
[1] "짝수: 6"
[1] "짝수: 8"
[1] "짝수: 10"
```

```
> # 리스트 처리 중 특정 조건 제외하기
> numbers <- c(1, -2, 3, -4, 5, -6, 7, -8, 9)
> sum_positive <- 0
>
> for (num in numbers) {
+     if (num < 0) {  # 음수는 건너뛰기
+         next
+     }
+     sum_positive <- sum_positive + num
+ }
> print(paste("\n양수의 합:", sum_positive))
[1] "\n양수의 합: 25"
>
>
> # 리스트 처리 중 특정 조건 제외하기
> numbers <- c(1, -2, 3, -4, 5, -6, 7, -8, 9)
> sum_positive <- 0
>
> for (num in numbers) {
+     if (num < 0) {  # 음수는 건너뛰기
+         next
+     }
+     sum_positive <- sum_positive + num
+ }
> print(paste("양수의 합:", sum_positive))
[1] "양수의 합: 25"
```

3.2 break 문

break 문은 특정 조건이 충족되었을 때 반복을 중단하고 루프 밖으로 제어를 이동시켜 이후의 코드 실행을 계속할 수 있도록 합니다.

break 문의 주요 특징은 다음과 같습니다.

- 반복문을 즉시 종료하고 루프 밖으로 제어를 이동시킵니다.
- 특정 조건이 충족되었을 때 반복을 중단하고 싶을 때 유용합니다.
- 무한 루프를 방지하거나, 특정 상황에서 더 이상 반복할 필요가 없을 때 사용됩니다.

기본 구조

```
for (변수 in 시퀀스) {
    if (조건) {
        break
    }
}
# 또는
while (조건) {
    if (조건) {
        break
    }
}
```

예시

```
# 리스트에서 특정 값 찾기
numbers <- c(1, 3, 5, 7, 9, 11, 13, 15)
search <- 9

for (num in numbers) {
  if (num == search) {
    print(paste("찾는 숫자", search, "를 발견했습니다!"))
    break
  }
}

# 1. numbers 벡터의 각 숫자를 순회합니다
# 2. 현재 숫자(num)가 찾고자 하는 값(search=9)과 같은지 확인합니다
# 3. 찾는 값을 발견하면 메시지를 출력하고 break로 반복문을 종료합니다


# 중첩 반복문에서의 break 사용
for (i in 1:3) {
  for (j in 1:3) {
    if (i == 2 && j == 2) {  # R은 1부터 시작하므로 인덱스 조정
      print("중단점 도달!")
      break
    }
    print(paste("i:", i-1, "j:", j-1))  # Python과 같은 출력을 위해 -1
  }
}

# 1. 바깥 반복문은 1부터 3까지 반복합니다
# 2. 안쪽 반복문도 1부터 3까지 반복합니다
# 3. i가 2이고 j가 2일 때 "중단점 도달!" 출력 후 break
# 4. break는 안쪽 반복문만 종료하고, 바깥 반복문은 계속 실행됩니다
```

실행 결과

```
> # 리스트에서 특정 값 찾기
> numbers <- c(1, 3, 5, 7, 9, 11, 13, 15)
> search <- 9
>
> for (num in numbers) {
+     if (num == search) {
+         print(paste("찾는 숫자", search, "를 발견했습니다!"))
+         break
+     }
+ }
[1] "찾는 숫자 9 를 발견했습니다!"
```

```
> # 중첩 반복문에서의 break 사용
> for (i in 1:3) {
+     for (j in 1:3) {
+         if (i == 2 && j == 2) {  # R은 1부터 시작하므로 인덱스 조정
+             print("중단점 도달!")
+             break
+         }
+         print(paste("i:", i-1, "j:", j-1))  # Python과 같은 출력을 위해 -1
+     }
+ }
[1] "i: 0 j: 0"
[1] "i: 0 j: 1"
[1] "i: 0 j: 2"
[1] "i: 1 j: 0"
[1] "중단점 도달!"
[1] "i: 2 j: 0"
[1] "i: 2 j: 1"
[1] "i: 2 j: 2"
```

R 연습문제

01 while 문을 사용하여 1부터 100까지의 숫자 중 3의 배수를 모두 출력하는 코드를 작성하세요.

02 for 문을 사용하여 1부터 20까지의 숫자 중 짝수의 합을 계산하는 코드를 작성하세요.

03 if-else 문을 사용하여 주어진 숫자가 양수, 음수, 또는 0인지 판별하는 함수 check_number()를 작성하세요.

04 for 문과 if 문을 사용하여 1부터 50까지의 숫자 중 7의 배수이면서 5의 배수가 아닌 숫자를 모두 출력하는 코드를 작성하세요.

05 while 문과 break 문을 사용하여 1부터 시작하여 누적 합이 100을 초과하는 첫 번째 숫자를 찾는 코드를 작성하세요.

06 for 문과 next 문을 사용하여 1부터 20까지의 숫자 중 3의 배수를 제외한 모든 숫자의 제곱을 출력하는 코드를 작성하세요.

07 while 문과 if 문을 사용하여 1부터 시작하여 각 숫자의 제곱값이 500을 넘지 않는 동안, 3의 배수이거나 4의 배수인 숫자들의 합을 구하는 코드를 작성하세요.

08 if-else if-else 문을 사용하여 학생의 점수(0-100)를 입력받아 학점(A, B, C, D, F)을 출력하는 함수 get_grade()를 작성하세요.

09 while 문을 사용하여 피보나치 수열의 처음 10개 항을 계산하고 출력하는 코드를 작성하세요.

10 for 문과 if 문을 사용하여 1부터 100까지의 숫자 중 소수(prime number)를 모두 출력하는 코드를 작성하세요.

Python

1 조건문: if, if-else, if-elif-else

조건문은 주어진 조건에 따라 코드의 실행 여부를 결정하는 구조입니다. 조건문은 프로그램의 논리적 흐름을 제어하는 데 필수적입니다. 데이터 분석 시 특정 조건에 따라 다른 처리를 해야 할 때, 오류 처리, 사용자 입력에 따른 다른 결과 출력 등 다양한 상황에서 사용됩니다. 조건문을 통해 프로그램은 다양한 상황에 대응할 수 있는 유연성을 갖게 됩니다.

1.1 if 문

if 문은 프로그래밍에서 가장 기본적인 조건문으로 조건이 참일 경우 특정 코드 블록을 실행하며 조건이 거짓일 경우 특정 코드 블록을 실행하지 않습니다.

이는 "만약 ~라면, ~를 하라"라는 로직을 구현합니다.

기본 구조

```
if 조건:
  조건이 참일 때 실행할 코드
```

예시

```
# 1. x 에 10이 할당됩니다.
# 2. if 문은 x > 5 조건을 평가합니다.
# 3. 조건이 참이므로 중괄호 안의 코드가 실행됩니다.

x = 10
if x > 5:
   print("x는 5보다 큽니다.")
```

실행 결과

```
In [126]: x = 10
     ...: if x > 5:
     ...:     print("x는 5보다 큽니다.")
     ...:
x는 5보다 큽니다.
```

1.2 if-else 문

if-else 문은 if 문을 확장한 형태로, 조건에 따라 두 가지 다른 행동을 수행할 수 있게 해줍니다. 이는 "만약 조건이 참이라면 A를 실행하고, 그렇지 않으면 B를 실행하라"는 이분법적 로직을 구현합니다.

기본 구조

```
if 조건:
    조건이 참일 때 실행할 코드
else:
    조건이 거짓일 때 실행할 코드
```

예시

```
# 1. y 에 3이 할당됩니다.
# 2. if 문은 y % 2 == 0 조건을 평가합니다 (나머지 연산자 '%'를 사용).
# 3. 조건이 거짓이므로 else 블록의 코드가 실행됩니다.

y = 3
if y % 2 == 0:
    print("y는 짝수입니다.")
else:
    print("y는 홀수입니다.")
```

실행 결과

```
In [127]: y = 3
     ...: if y % 2 == 0:
     ...:     print("y는 짝수입니다.")
     ...: else:
     ...:     print("y는 홀수입니다.")
     ...:
y는 홀수입니다.
```

1.3 if-elif-else 문

if-else if-else 문은 여러 조건을 순차적으로 검사할 수 있는 복잡한 조건문 구조로써 코드의 가독성을 높이고, 여러 조건에 따른 다양한 실행 경로를 명확하게 표현할 수 있게 도움을 줍니다. 이 구조는 다음과 같은 로직을 구현합니다.

> "만약 A라면 X를 하고,
> 그렇지 않고 만약 B라면 Y를 하고,
> 그렇지 않고 만약 C라면 Z를 하고,
> ⋮
> 그 외의 모든 경우에는 W를 하라"

기본 구조

```
if 조건1:
  조건1이 참일 때 실행할 코드

elif 조건2:
  조건2가 참일 때 실행할 코드

else:
  모든 조건이 거짓일 때 실행할 코드
```

예시

```
# 1. score 에 85가 할당됩니다.
# 2. 첫 번째 조건 score >= 90 이 거짓이므로 다음 조건으로 넘어갑니다.
# 3. 두 번째 조건 score >= 80 이 참이므로 해당 블록의 코드가 실행됩니다.
# 4. grade 에 "B"가 할당됩니다.
# 5. 최종 학점이 출력됩니다.

score = 85
if score >= 90:
    grade = "A"
elif score >= 80:
    grade = "B"
elif score >= 70:
    grade = "C"
else:
    grade = "F"
print(f"당신의 학점은 {grade}입니다.")
```

실행 결과

```
In [128]:
     ...: score = 85
     ...: if score >= 90:
     ...:     grade = "A"
     ...: elif score >= 80:
     ...:     grade = "B"
     ...: elif score >= 70:
     ...:     grade = "C"
     ...: else:
     ...:     grade = "F"
     ...: print(f"당신의 학점은 {grade}입니다.")
당신의 학점은 B입니다.
```

1.4 조건문에서 사용되는 주요 연산자들

Python의 if 문에서는 비교연산자 외에도 다양한 연산자들을 사용하여 조건을 표현할 수 있습니다. 이러한 연산자들은 조건문의 결과를 True 또는 False로 평가하여 코드의 실행 흐름을 제어합니다.

주요 연산자들은 다음과 같은 목적으로 사용됩니다.

- 비교 연산자: 두 값의 관계를 비교 (==, !=, 〉, 〈, 〉=, 〈=)
- 직접적인 불리언 값: True/False를 직접 사용 (True, False)
- 논리 연산자: 여러 조건을 결합 (and, or, not)
- in 연산자: 포함 관계 확인 (in, not in)
- is 연산자: 객체의 동일성 검사 (is, is not)

이러한 연산자들을 적절히 활용하면 복잡한 조건도 명확하게 표현할 수 있으며, 프로그램의 논리를 효과적으로 구현할 수 있습니다.

1.4.1 직접적인 불리언 값

if 문에 True와 False를 직접 사용하여 조건을 표현할 수 있습니다. 변수가 True일 때 코드가 실행되고, False일 때 코드가 실행되지 않습니다.

기본 구조

```
변수 = True

if 변수:
  변수가 True일 때 실행할 코드
```

예시

```
# 불리언 변수 할당
is_logged_in = True
if is_logged_in:
    print("로그인 되었습니다")

# 불리언 변수 할당2
has_permission = False
if not has_permission:
    print("권한이 없습니다")
```

실행 결과

```
In [129]: # 불리언 변수 할당
     ...: is_logged_in = True
     ...: if is_logged_in:
     ...:     print("로그인 되었습니다")
     ...:
로그인 되었습니다

In [130]: # 불리언 변수 할당2
     ...: has_permission = False
     ...: if not has_permission:
     ...:     print("권한이 없습니다")
     ...:
권한이 없습니다
```

1.4.2 논리 연산자

논리 연산자를 통해 if 문에 여러 조건(and, or, not)을 결합하여 복잡한 조건을 표현하는 데 사용됩니다. 따라서 조건에 따라 코드의 실행 여부를 결정합니다.

기본 구조

```
if 조건1 and 조건2:
    조건1과 조건2가 모두 True일 때 실행할 코드

if 조건1 or 조건2 and 조건3:
    조건1 또는 조건2가 True이고 조건3이 True일 때 실행할 코드
```

예시

```
age = 25
has_id = True

# 단일 연산자 사용
if age >= 18 and has_id:
    print("주류 구매가 가능합니다")

# 다중 연산자 사용
is_student = True
is_senior = False
is_member = True

if (is_student or is_senior) and is_member:
    print("할인 대상입니다")

else:
    print("할인 대상이 아닙니다")
```

실행 결과

```
In [131]: age = 25
     ...: has_id = True
     ...:
     ...: # 단일 연산자 사용
     ...: if age >= 18 and has_id:
     ...:     print("주류 구매가 가능합니다")
     ...:
주류 구매가 가능합니다
```

```
In [132]: # 다중 연산자 사용
     ...: is_student = True
     ...: is_senior = False
     ...: is_member = True
     ...:
     ...: if (is_student or is_senior) and is_member:
     ...:     print("할인 대상입니다")
     ...:
     ...: else:
     ...:     print("할인 대상이 아닙니다")
     ...:
할인 대상입니다
```

1.4.3 in 연산자

in 연산자를 통해 시퀀스(리스트, 튜플, 문자열 등) 내에서 특정 값이 존재하는지 여부를 확인할 수 있습니다. 특정 시퀀스 내에 값이 존재하면 코드가 실행되고, 존재하지 않으면 코드가 실행되지 않습니다.

기본 구조

```
if 값 in 시퀀스:
    값이 시퀀스 내에 있을 때 실행할 코드
```

예시

```
# in 연산자 사용
fruits = ['사과', '바나나', '오렌지']
if '사과' in fruits:
    print("사과가 있습니다")

# not in 연산자 사용
blocked_users = ['user1', 'user2', 'user3']
if 'user4' not in blocked_users:
    print("접속 가능한 사용자입니다")
```

실행 결과

```
In [133]: # in 연산자 사용
     ...: fruits = ['사과', '바나나', '오렌지']
     ...: if '사과' in fruits:
     ...:     print("사과가 있습니다")
     ...:
사과가 있습니다

In [134]: # not in 연산자 사용
     ...: blocked_users = ['user1', 'user2', 'user3']
     ...: if 'user4' not in blocked_users:
     ...:     print("접속 가능한 사용자입니다")
     ...:
접속 가능한 사용자입니다
```

1.4.4 is 연산자

is 연산자는 두 객체가 정확히 같은 객체인지를 검사합니다. 두 객체가 같은 객체일 때 코드가 실행되고, 다른 객체일 때 코드가 실행되지 않습니다. 주로 None 체크에 사용됩니다.

기본 구조

```
if 객체1 is 객체2:
    객체1과 객체2가 같은 객체일 때 실행할 코드
```

예시

```
# None 인지 아닌지 체크
value = None
if value is None:
    print("값이 설정되지 않았습니다")

# 동일 객체인지 체크
list1 = [1, 2, 3]
list2 = [1, 2, 3]

if list1 is list2:
    print("list1과 list3는 같은 객체입니다")
else:
    print("list1과 list3는 다른 객체입니다")
```

실행 결과

```
In [135]: # None 인지 아닌지 체크
     ...: value = None
     ...: if value is None:
     ...:     print("값이 설정되지 않았습니다")
     ...:
값이 설정되지 않았습니다

In [136]: # 동일 객체인지 체크
     ...: list1 = [1, 2, 3]
     ...: list2 = [1, 2, 3]
     ...:
     ...: if list1 is list2:
     ...:     print("list1과 list3는 같은 객체입니다")
     ...: else:
     ...:     print("list1과 list3는 다른 객체입니다")
     ...:
list1과 list3는 다른 객체입니다
```

2 반복문: for, while

반복문은 특정 코드 블록을 여러 번 실행하는 구조입니다. 주로 'for'와 'while' 루프를 사용합니다. 반복문은 데이터 처리, 시뮬레이션, 복잡한 계산 등에서 필수적입니다. 예를 들어, 대량의 데이터를 처리하거나, 리스트의 모든 요소에 대해 동일한 작업을 수행할 때 사용합니다. 반복문을 통해 코드의 중복을 줄이고 효율성을 높일 수 있습니다.

2.1 for 문

for 문은 시퀀스나 다른 반복 가능한 객체의 요소들을 순회하면서 코드 블록을 실행합니다. 주로 리스트, 튜플, 문자열과 같은 순회 가능한(iterable) 객체를 처리할 때 유용합니다.

for문의 주요 특징은 다음과 같습니다.

- 반복 횟수가 명확하게 정해져 있습니다.
- 시퀀스의 각 항목에 대해 특정 작업을 수행할 때 사용됩니다.
- 시퀀스의 모든 요소를 순회할 때까지 코드 블록을 반복 실행합니다.
- 마지막 요소까지 순회하면 반복문이 종료됩니다.

기본 구조

```
for 변수 in 시퀀스:
    실행할 코드
```

예시

```
# 숫자 시퀀스를 이용한 반복 예시
result = []
for i in range(1, 6):
    result.append(i ** 2)
print(result)

# 1. range(1, 6)은 1부터 5까지의 숫자 시퀀스를 생성합니다
# 2. 각 숫자를 제곱(i ** 2)하여 result 리스트에 추가합니다
# 3. 최종 result: [1, 4, 9, 16, 25]

# 벡터를 이용한 반복 예시
numbers = [2, 4, 6, 8, 10]
result = []
for num in numbers:
    result.append(num / 2)
print(result)

# 1. numbers 리스트의 각 요소를 순회합니다
# 2. 각 숫자를 2로 나눈 값을 result 리스트에 추가합니다
# 3. 최종 result: [1, 2, 3, 4, 5]

# 중첩 for 문 사용 예시 (구구단)
result = []
for i in range(5, 9):
```

```
    for j in range(1, 10):
        result.append(i * j)

print(result)

# 1. 바깥 루프는 5부터 8까지 순회합니다
# 2. 안쪽 루프는 1부터 9까지 순회합니다
# 3. 두 수를 곱한 결과를 result 리스트에 추가합니다
# 4. 5단부터 8단까지의 구구단 결과가 순서대로 저장됩니다

# 조건문과 함께 사용하는 예시
numbers = list(range(1, 11))
result = [0] * 10

for i in range(10):
    if numbers[i] % 2 == 0:  # 짝수인 경우
        result[i] = numbers[i]
print(result)
# 1. numbers 리스트를 1부터 10까지의 숫자로 초기화합니다
# 2. result 리스트를 길이 10의 0으로 채워진 리스트로 초기화합니다
# 3. 인덱스로 반복하면서 짝수인 경우에만 짝수 값을 저장합니다.
# 4. 최종 result: [0,2,0,4,0,6,0,8,0,10]
```

실행 결과

```
In [143]: # 숫자 시퀀스를 이용한 반복 예시
     ...: result = []
     ...: for i in range(1, 6):
     ...:     result.append(i ** 2)
     ...: print(result)
[1, 4, 9, 16, 25]

In [144]: # 벡터를 이용한 반복 예시
     ...: numbers = [2, 4, 6, 8, 10]
     ...: result = []
     ...: for num in numbers:
     ...:     result.append(num / 2)
     ...: print(result)
[1.0, 2.0, 3.0, 4.0, 5.0]

In [145]: # 중첩 for 문 사용 예시 (구구단)
     ...: result = []
     ...: for i in range(5, 9):
     ...:     for j in range(1, 10):
     ...:         result.append(i * j)
     ...:
     ...: print(result)
[5, 10, 15, 20, 25, 30, 35, 40, 45, 6, 12, 18, 24, 30, 36, 42, 48, 54, 7, 14, 21, 28,
35, 42, 49, 56, 63, 8, 16, 24, 32, 40, 48, 56, 64, 72]
```

```
In [146]: # 조건문과 함께 사용하는 예시
     ...: numbers = list(range(1, 11))
     ...: result = [0] * 10
     ...:
     ...: for i in range(10):
     ...:     if numbers[i] % 2 == 0:  # 짝수인 경우
     ...:         result[i] = numbers[i]
     ...: print(result)
[0, 2, 0, 4, 0, 6, 0, 8, 0, 10]
```

2.2 리스트 컴프리헨션

리스트 컴프리헨션(List Comprehension)은 파이썬에서 리스트를 생성하는 간결하고 효율적인 방법입니다. 'for' 문을 사용하여 리스트를 생성하는 여러 줄의 코드를 한 줄로 작성할 수 있습니다.

리스트 컴프리헨션의 주요 특징은 다음과 같습니다.

- 코드가 더 간결하고 읽기 쉽습니다
- 실행 속도가 일반적인 for 문보다 빠릅니다
- 메모리 사용이 더 효율적입니다

기본 구조

```
[표현식 for 항목 in 반복가능객체]
[표현식 for 항목 in 반복가능객체 if 조건문]
```

예시

```
# 기본 for 문을 사용한 제곱 구하기
numbers = []
for i in range(1, 6):
    numbers.append(i ** 2)
print(numbers)

# 리스트 컴프리헨션을 사용한 제곱 구하기
numbers = [i ** 2 for i in range(1, 6)]
print(numbers)

# 기본 for 문과 조건문을 사용한 짝수의 제곱 구하기
even_squares = []
for i in range(1, 11):
    if i % 2 == 0:
        even_squares.append(i ** 2)
print(even_squares)
```

Python

```
# 리스트 컴프리헨션을 사용한 짝수의 제곱 구하기
even_squares = [i ** 2 for i in range(1, 11) if i % 2 == 0]
print(even_squares)
```

실행 결과

```
In [147]: # 기본 for 문을 사용한 제곱 구하기
     ...: numbers = []
     ...: for i in range(1, 6):
     ...:     numbers.append(i ** 2)
     ...: print(f"for 문 결과: {numbers}")
for 문 결과: [1, 4, 9, 16, 25]

In [147]:

In [148]: # 기본 for 문을 사용한 제곱 구하기
     ...: numbers = []
     ...: for i in range(1, 6):
     ...:     numbers.append(i ** 2)
     ...: print(numbers)
[1, 4, 9, 16, 25]

In [149]: # 리스트 컴프리헨션을 사용한 제곱 구하기
     ...: numbers = [i ** 2 for i in range(1, 6)]
     ...: print(numbers)
[1, 4, 9, 16, 25]

In [150]: # 기본 for 문과 조건문을 사용한 짝수의 제곱 구하기
     ...: even_squares = []
     ...: for i in range(1, 11):
     ...:     if i % 2 == 0:
     ...:         even_squares.append(i ** 2)
     ...: print(even_squares)
[4, 16, 36, 64, 100]

In [151]: # 리스트 컴프리헨션을 사용한 짝수의 제곱 구하기
     ...: even_squares = [i ** 2 for i in range(1, 11) if i % 2 == 0]
     ...: print(even_squares)
[4, 16, 36, 64, 100]
```

2.3 while 문

while 문은 주어진 조건이 참인 동안 코드 블록을 반복적으로 실행합니다. 주로 데이터 전처리 과정에서 특정 기준이 충족될 때까지 데이터를 정제하거나, 반복적인 통계 분석에서 수렴 조건을 만족할 때까지 수행하는 등 주로 반복 횟수가 정해지지 않았거나 조건에 따라 반복을 종료해야 할 때 사용합니다.

while 문의 주요 특징은 다음과 같습니다.

- 반복 횟수가 정해지지 않습니다.
- 특정 조건이 충족될 때까지 코드를 반복하고 싶을 때 사용됩니다.

- 조건절의 논리값이 'True'일 때까지 코드 블록을 수행합니다.
- 조건이 'False'가 되면 반복문을 벗어납니다.

기본 구조

```
while 조건:
    실행할 코드
```

예시

```
# 비교연산자를 이용한 기본 반복
count = 0
result = []
while count < 5:
    result.append(count)
    count = count + 1
print(result)

# 비교연산자를 이용한 기본 반복

# 1. count 변수를 0으로 초기화합니다.
# 2. result라는 빈 리스트를 생성합니다.
# 3. while 루프는 count가 5보다 작은 동안 계속됩니다.
# 4. 각 반복에서 result 리스트에 현재 count 값을 append 함수로 추가합니다.
# 5. count 값을 1씩 증가시킵니다.
# 6. 최종적으로 result 리스트는 [0,1,2,3,4] 값을 포함하게 됩니다.

# 조건문 활용한 반복
num = 10
result = []
while num > 0:
    if num % 2 == 0:
        result.append(num)
    num = num - 1
print(result)

# 1. num 변수를 10으로 초기화합니다.
# 2. result라는 빈 리스트를 생성합니다.
# 3. while 루프는 num이 0보다 큰 동안 계속됩니다.
# 4. if문을 사용하여 num이 짝수인 경우만 result 리스트에 추가합니다.
#    (% 연산자는 나머지를 구하는 연산자입니다)
# 5. num 값을 1씩 감소시킵니다.
# 6. 최종적으로 result 리스트는 [10,8,6,4,2] 값을 포함하게 됩니다.
```

Python

실행 결과

```
In [152]: # 비교연산자를 이용한 기본 반복
     ...: count = 0
     ...: result = []
     ...: while count < 5:
     ...:     result.append(count)
     ...:     count = count + 1
     ...: print(result)
[0, 1, 2, 3, 4]

In [153]: # 조건문 활용한 반복
     ...: num = 10
     ...: result = []
     ...: while num > 0:
     ...:     if num % 2 == 0:
     ...:         result.append(num)
     ...:     num = num - 1
     ...: print(result)
[10, 8, 6, 4, 2]
```

3 분기문: continue, break

분기문은 반복문이나 조건문의 실행 흐름을 변경하는 명령입니다. Python에서 주로 사용되는 분기문은 'continue'와 'break'입니다. 분기문을 통해 코드의 실행 순서를 더 세밀하게 제어할 수 있습니다.

분기문의 주요 특징은 다음과 같습니다.

- 불필요한 반복을 줄여 실행 시간을 단축하고 프로그램 효율성을 향상시킵니다.
- 특정 조건에서 불필요한 연산을 방지하여 리소스를 절약합니다.
- 원하는 결과를 얻은 후 즉시 루프를 종료하여 속도를 개선합니다.

3.1 continue 문

continue 문은 현재의 반복을 중단하고 다음 반복으로 즉시 건너뛰게 합니다. 즉, continue 문이 실행되면 현재 반복의 나머지 부분은 실행되지 않고, 루프는 다음 반복으로 넘어갑니다.

기본 구조

```
for 변수 in 시퀀스:
    if 조건:
        continue

while 조건:
    if 조건:
        continue
```

예시

```
# 짝수만 출력하기
for num in range(1, 11):
    if num % 2 != 0:  # 홀수인 경우
        continue
    print(f"짝수: {num}")

# 1. range(1, 11)로 1부터 10까지의 숫자를 순회합니다
# 2. 각 숫자(num)가 홀수인지 확인합니다 (num % 2 != 0)
# 3. 홀수인 경우 continue로 다음 반복으로 건너뜁니다
# 4. 짝수인 경우에만 해당 숫자를 출력합니다
# 5. 결과적으로 2,4,6,8,10이 출력됩니다

# 리스트 처리 중 특정 조건 제외하기
numbers = [1, -2, 3, -4, 5, -6, 7, -8, 9]
sum_positive = 0

for num in numbers:
    if num < 0:  # 음수는 건너뛰기
        continue
    sum_positive += num
print(f"\n양수의 합: {sum_positive}")

# 1. numbers 리스트의 각 숫자를 순회합니다
# 2. 현재 숫자가 음수인 경우 continue로 다음 반복으로 건너뜁니다
# 3. 양수인 경우에만 sum_positive에 해당 숫자를 더합니다
# 4. 모든 반복이 끝나면 양수들의 총합(1+3+5+7+9=25)이 출력됩니다
```

실행 결과

```
In [154]: # 짝수만 출력하기
     ...: for num in range(1, 11):
     ...:     if num % 2 != 0:  # 홀수인 경우
     ...:         continue
     ...:     print(f"짝수: {num}")
     ...:
```

```
짝수: 2
짝수: 4
짝수: 6
짝수: 8
짝수: 10

In [155]: # 리스트 처리 중 특정 조건 제외하기
     ...: numbers = [1, -2, 3, -4, 5, -6, 7, -8, 9]
     ...: sum_positive = 0
     ...:
     ...: for num in numbers:
     ...:     if num < 0:  # 음수는 건너뛰기
     ...:         continue
     ...:     sum_positive += num
     ...: print(f"\n양수의 합: {sum_positive}")
     ...:

양수의 합: 25
```

3.2 break 문

break 문은 특정 조건이 충족되었을 때 반복을 중단하고 루프 밖으로 제어를 이동시켜 이후의 코드 실행을 계속할 수 있도록 합니다.

break 문의 주요 특징은 다음과 같습니다.

- 반복문을 즉시 종료하고 루프 밖으로 제어를 이동시킵니다.
- 특정 조건이 충족되었을 때 반복을 중단하고 싶을 때 유용합니다.
- 무한 루프를 방지하거나, 특정 상황에서 더 이상 반복할 필요가 없을 때 사용됩니다.

기본 구조

```
for 변수 in 시퀀스:
    if 조건:
        break

while 조건:
    if 조건:
        break
```

예시

```
# 리스트에서 특정 값 찾기
numbers = [1, 3, 5, 7, 9, 11, 13, 15]
search = 9

for num in numbers:
    if num == search:
```

```
        print(f"찾는 숫자 {search}를 발견했습니다!")
        break

# 1. numbers 리스트의 각 숫자를 순회합니다
# 2. 현재 숫자(num)가 찾고자 하는 값(search=9)과 같은지 확인합니다
# 3. 찾는 값을 발견하면 메시지를 출력하고 break로 반복문을 종료합니다

# 중첩 반복문에서의 break 사용
for i in range(3):
    for j in range(3):
        if i == 1 and j == 1:
            print("중단점 도달!")
            break
        print(f"i: {i}, j: {j}")

# 1. 바깥 반복문은 0부터 2까지(range(3)) 반복합니다
# 2. 안쪽 반복문도 0부터 2까지 반복합니다
# 3. i가 1이고 j가 1일 때 "중단점 도달!" 출력 후 break
# 4. break는 안쪽 반복문만 종료하고, 바깥 반복문은 계속 실행됩니다
```

실행 결과

```
In [156]: # 리스트에서 특정 값 찾기
     ...: numbers = [1, 3, 5, 7, 9, 11, 13, 15]
     ...: search = 9
     ...:
     ...: for num in numbers:
     ...:     if num == search:
     ...:         print(f"찾는 숫자 {search}를 발견했습니다!")
     ...:         break
     ...:
찾는 숫자 9를 발견했습니다!

In [157]: # 중첩 반복문에서의 break 사용
     ...: for i in range(3):
     ...:     for j in range(3):
     ...:         if i == 1 and j == 1:
     ...:             print("중단점 도달!")
     ...:             break
     ...:         print(f"i: {i}, j: {j}")
     ...:
i: 0, j: 0
i: 0, j: 1
i: 0, j: 2
i: 1, j: 0
중단점 도달!
i: 2, j: 0
i: 2, j: 1
i: 2, j: 2
```

Python

Python 연습문제

01 while 문을 사용하여 1부터 100까지의 숫자 중 3의 배수를 모두 출력하는 코드를 작성하세요.

02 for 문을 사용하여 1부터 20까지의 숫자 중 짝수의 합을 계산하는 코드를 작성하세요.

03 if-else 문을 사용하여 주어진 숫자가 양수, 음수, 또는 0인지 판별하는 함수 check_number()를 작성하세요.

04 for 문과 if 문을 사용하여 1부터 50까지의 숫자 중 7의 배수이면서 5의 배수가 아닌 숫자를 모두 출력하는 코드를 작성하세요.

05 while 문과 break 문을 사용하여 1부터 시작하여 누적 합이 100을 초과하는 첫 번째 숫자를 찾는 코드를 작성하세요.

06 for 문과 continue 문을 사용하여 1부터 20까지의 숫자 중 3의 배수를 제외한 모든 숫자의 제곱을 출력하는 코드를 작성하세요.

07 while 문과 if 문을 사용하여 1부터 시작하여 각 숫자의 제곱값이 500을 넘지 않는 동안, 3의 배수이거나 4의 배수인 숫자들의 합을 구하는 코드를 작성하세요.

08 if–elif–else 문을 사용하여 학생의 점수(0–100)를 입력받아 학점(A, B, C, D, F)을 출력하는 함수 get_grade( )를 작성하세요.

09 while 문을 사용하여 피보나치 수열의 처음 10개 항을 계산하고 출력하는 코드를 작성하세요.

10 for 문과 if 문을 사용하여 1부터 100까지의 숫자 중 소수(prime number)를 모두 출력하는 코드를 작성하세요.

8장

데이터 읽고 쓰기

R

1. Base R을 이용한 데이터 Import & Export
2. openxlsx 패키지를 이용한 Excel 파일 Import & Export
3. 인코딩(Encoding) 문제와 해결 방안
4. 작업 경로(Working Directory) 확인 및 설정

Python

1. Pandas를 이용한 데이터 Import & Export
2. openpyxl 패키지를 이용한 Excel 파일 Import & Export
3. 인코딩(Encoding) 문제와 해결 방안
4. 작업 경로(Working Directory) 확인 및 설정

8장

데이터 분석에서 가장 먼저 필요한 작업은 데이터를 준비하고 불러오는 일입니다. 실제 데이터 분석 환경에서는 CSV, 텍스트 파일, 엑셀 등 다양한 형식(format)의 데이터가 존재하며, Python과 R에서는 각각의 형식에 맞는 함수를 사용해 데이터를 읽고 쓸 수 있습니다.

이번 장에서는 가장 자주 사용되는 CSV, TXT, Excel 파일을 중심으로, Python과 R에서 데이터를 어떻게 읽고 저장하는지 살펴보겠습니다. 예제로는 두 언어 모두에서 널리 활용되는 iris 데이터셋을 사용합니다. iris는 붓꽃의 종류와 꽃받침/꽃잎의 길이 · 너비를 측정한 데이터로, 분류 및 시각화 연습에 많이 활용됩니다. Python에서는 scikit-learn 패키지, R에서는 기본 패키지를 통해 손쉽게 불러올 수 있습니다.

R

데이터 준비

```
# 데이터셋 로드
data(iris)

# 데이터 앞부분 확인
head(iris)
```

실행 결과

```
> # 데이터셋 로드
> data(iris)
>
> # 데이터 앞부분 확인
> head(iris)
  Sepal.Length Sepal.Width Petal.Length Petal.Width Species
1          5.1         3.5          1.4         0.2  setosa
2          4.9         3.0          1.4         0.2  setosa
3          4.7         3.2          1.3         0.2  setosa
4          4.6         3.1          1.5         0.2  setosa
5          5.0         3.6          1.4         0.2  setosa
6          5.4         3.9          1.7         0.4  setosa
```

1 Base R을 이용한 데이터 Import & Export

R에는 기본적으로 데이터를 읽고 쓰는 함수들이 내장되어 있습니다. 이를 Base R 함수라고 합니다. csv 파일을 다루는 가장 기본적인 방법부터 살펴보겠습니다.

1.1 csv 파일로 데이터 저장: write.csv()

write.csv() 함수는 데이터프레임을 csv(comma-separated values) 파일로 저장하는 데 사용됩니다.

기본 구조

```
write.csv(data, file, row.names = TRUE, col.names = TRUE)

파라미터(parameter)
  - 'data': 저장할 데이터프레임
  - 'file': 저장할 파일의 경로와 이름
  - 'row.names': 행 이름을 저장할지 여부(기본값은 TRUE)
  - 'col.names': 열 이름을 저장할지 여부(기본값은 TRUE)
```

예시

```
# CSV 파일로 저장
write.csv(iris, file = 'iris.csv', row.names = FALSE)
```

1.2 csv 파일 데이터 호출: read.csv()

read.csv() 함수는 csv 파일을 읽어 데이터프레임으로 변환합니다. 위에서 write.csv()를 통해 데이터를 저장했다면 read.csv() 함수를 통해 저장했던 csv 파일을 불러올 수 있습니다.

기본 구조

```
read.csv(file, header = TRUE)

파라미터(parameter)
  - 'file': 읽어올 CSV 파일의 경로와 이름
  - 'header': 첫 번째 행을 열 이름으로 사용할지 여부(기본값은 TRUE)
```

예시

```
# CSV 파일 읽기
iris_data <- read.csv('iris.csv', header = TRUE)
head(iris_data)
```

실행 결과

```
> # csv 파일 읽기
> iris_data <- read.csv('iris.csv', header = TRUE)
> head(iris_data)
  Sepal.Length Sepal.Width Petal.Length Petal.Width Species
1          5.1         3.5          1.4         0.2  setosa
2          4.9         3.0          1.4         0.2  setosa
3          4.7         3.2          1.3         0.2  setosa
4          4.6         3.1          1.5         0.2  setosa
5          5.0         3.6          1.4         0.2  setosa
6          5.4         3.9          1.7         0.4  setosa
```

1.3 txt 파일로 데이터 저장: write.table()

write.table() 함수는 데이터프레임을 텍스트 파일로 저장합니다. 해당 함수의 'sep' 파라미터는 데이터를 저장할 때 열 사이에 사용할 구분자를 지정합니다. 기본값은 공백(" ")입니다. 탭("\t"), 세미콜론(";"), 또는 다른 구분자를 지정할 수도 있습니다.

기본 구조

```
write.table(data, file, sep = ' ', row.names = TRUE, col.names = TRUE)
```

파라미터(parameter)
- 'data': 저장할 데이터프레임
- 'file': 저장할 파일의 경로와 이름
- 'sep': 열을 구분하는 문자(기본값은 공백)
- 'row.names': 행 이름을 저장할지 여부(기본값은 TRUE)
- 'col.names': 열 이름을 저장할지 여부(기본값은 TRUE)

예시

```
# 탭으로 구분된 텍스트 파일로 저장
write.table(iris, file = 'iris_tab.txt', sep = '\t', row.names = FALSE)

# 콤마로 구분된 텍스트 파일로 저장
write.table(iris, file = 'iris_comma.txt', sep = ',', row.names = FALSE)
```

참고사항

- sep = ','로 저장하면 사실상 CSV 파일과 동일합니다.
- 텍스트 에디터로 파일을 열 때 탭이나 콤마가 제대로 표시되지 않을 수 있으므로 주의가 필요합니다.

1.4 txt 파일 데이터 호출: read.table()

read.table() 함수는 구분자로 되어있는 텍스트 파일을 읽어 데이터프레임으로 변환합니다. 위에서 write.table()를 통해 데이터를 저장했다면 read.table() 함수를 통해 저장했던 txt 파일을 불러올 수 있습니다. 여기서 'header = TRUE'를 추가할 경우 파일의 첫 행을 헤더(칼럼)로 지정할 수 있습니다.

기본 구조

```
read.table(file, sep = ' ', header = TRUE)
```

파라미터(parameter)
- 'file': 읽어올 텍스트 파일의 경로와 이름
- 'sep': 열을 구분하는 문자(기본값은 공백)
- 'header': 첫 번째 행을 열 이름으로 사용할지 여부(기본값은 TRUE)

예시

```
# 탭으로 구분된 txt 파일 읽기
tab_data <- read.table('iris_tab.txt', sep = '\t', header = TRUE)

# 콤마로 구분된 txt 파일 읽기
comma_data <- read.table('iris_comma.txt', sep = ',', header = TRUE)

head(tab_data)
head(comma_data)
```

실행 결과

```
> head(tab_data)
  Sepal.Length Sepal.Width Petal.Length Petal.Width Species
1          5.1         3.5          1.4         0.2  setosa
2          4.9         3.0          1.4         0.2  setosa
3          4.7         3.2          1.3         0.2  setosa
4          4.6         3.1          1.5         0.2  setosa
5          5.0         3.6          1.4         0.2  setosa
6          5.4         3.9          1.7         0.4  setosa
> head(comma_data)
  Sepal.Length Sepal.Width Petal.Length Petal.Width Species
1          5.1         3.5          1.4         0.2  setosa
2          4.9         3.0          1.4         0.2  setosa
3          4.7         3.2          1.3         0.2  setosa
4          4.6         3.1          1.5         0.2  setosa
5          5.0         3.6          1.4         0.2  setosa
6          5.4         3.9          1.7         0.4  setosa
```

참고사항

– 'sep' 파라미터를 파일의 실제 구분자와 일치시키는 것이 중요합니다.

2 openxlsx 패키지를 이용한 Excel 파일 Import & Export

'openxlsx' 패키지는 Excel 파일(.xlsx)을 읽고 쓸 수 있는 Excel에 특화된 패키지이며 다양한 기능을 제공합니다. 이 패키지의 주요 특징은 다음과 같습니다.

- 스타일링 기능: 셀의 글꼴, 색상, 테두리 등을 쉽게 설정 기능 제공
- 다양한 기능: 여러 시트 작업, 차트 추가, 이미지 삽입 등을 지원
- 사용자 친화적: 직관적인 함수와 매개변수로 사용 용이

먼저 'openxlsx' 패키지를 설치하고 불러옵니다.

```
install.packages("openxlsx")
library(openxlsx)
```

2.1 Excel 파일로 데이터 저장: write.xlsx()

write.xlsx() 함수는 데이터프레임을 Excel 파일로 저장합니다. 'sheetName' 파라미터를 통해 저장될 시트(worksheet) 이름을 지정할 수 있으며 기본값은 'Sheet1' 입니다. 또한 'colNames', 'rowNames'을 통해 각각 행과 열 이름을 포함하여 저장할 것인지 지정할 수 있습니다.

기본 구조

```
write.xlsx(data, file, sheetName = "Sheet1", colNames = TRUE, rowNames = FALSE)

파라미터(parameter)
  - 'data': 저장할 데이터프레임
  - 'file': 저장할 Excel 파일의 경로와 이름
  - 'sheetName': 시트 이름(기본값은 "Sheet1")
  - 'colNames': 열 이름을 포함할지 여부(기본값은 TRUE)
  - 'rowNames': 행 이름을 포함할지 여부(기본값은 FALSE)
```

예시

```
# iris 데이터를 "IrisData" 시트로 엑셀 파일에 저장
write.xlsx(iris, 'iris.xlsx', sheetName = "IrisData", colNames = TRUE, rowNames =
FALSE)
```

2.2 Excel 파일 데이터 호출: read.xlsx()

read.xlsx() 함수는 Excel 파일을 읽어 데이터프레임으로 변환합니다. 'sheet' 파라미터를 통해 읽고자 하는 시트의 이름(문자열)이나 번호(숫자)를 지정할 수 있으며, 'startRow' 데이터를 읽기 시작할 행 번호를 지정할 수 있으며 기본값은 1입니다.

기본 구조

```
read.xlsx(file, sheet = 1, startRow = 1, colNames = TRUE, rowNames = FALSE)

파라미터(parameter)
  - 'file': 읽어올 Excel 파일의 경로와 이름
  - 'sheet': 읽어올 시트 번호 또는 이름
  - 'startRow': 데이터를 읽기 시작할 행 번호(기본값은 1)
  - 'colNames': 첫 행을 열 이름으로 사용할지 여부(기본값은 TRUE)
```

- 'rowNames': 첫 열을 행 이름으로 사용할지 여부(기본값은 FALSE)
- 'rows': 읽어올 특정 행 범위 지정 (예: 2:5)
- 'cols': 읽어올 특정 열 범위 지정 (예: 2:5)

예시

```
# 기본 설정으로 Excel 파일 읽기
iris_excel <- read.xlsx('iris.xlsx')

# 특정 시트에서 데이터 읽기
iris_excel_sheet <- read.xlsx('iris.xlsx', sheet = "IrisData")
head(iris_excel_sheet)

# 첫 번째 시트에서 두 번째 행부터 데이터 읽기
iris_excel_subset <- read.xlsx('iris.xlsx', sheet = 1, startRow = 2)
head(iris_excel_subset)

# 특정 행과 열만 선택하여 데이터 읽기
iris_excel_partial <- read.xlsx('iris.xlsx', sheet = 1, rows = 2:5, cols = 2:5)
head(iris_excel_partial)
```

실행 결과

```
> # 특정 시트에서 데이터 읽기
> iris_excel_sheet <- read.xlsx('iris.xlsx', sheet = "IrisData")
> head(iris_excel_sheet)
  Sepal.Length Sepal.Width Petal.Length Petal.Width Species
1          5.1         3.5          1.4         0.2  setosa
2          4.9         3.0          1.4         0.2  setosa
3          4.7         3.2          1.3         0.2  setosa
4          4.6         3.1          1.5         0.2  setosa
5          5.0         3.6          1.4         0.2  setosa
6          5.4         3.9          1.7         0.4  setosa
>
> # 첫 번째 시트에서 두 번째 행부터 데이터 읽기
> iris_excel_subset <- read.xlsx('iris.xlsx', sheet = 1, startRow = 2)
> head(iris_excel_subset)
  5.1 3.5 1.4 0.2 setosa
1 4.9 3.0 1.4 0.2 setosa
2 4.7 3.2 1.3 0.2 setosa
3 4.6 3.1 1.5 0.2 setosa
4 5.0 3.6 1.4 0.2 setosa
5 5.4 3.9 1.7 0.4 setosa
6 4.6 3.4 1.4 0.3 setosa
>
> # 특정 행과 열만 선택하여 데이터 읽기
> iris_excel_partial <- read.xlsx('iris.xlsx', sheet = 1, rows = 2:5, cols = 2:5)
> head(iris_excel_partial)
  3.5 1.4 0.2 setosa
1 3.0 1.4 0.2 setosa
2 3.2 1.3 0.2 setosa
3 3.1 1.5 0.2 setosa
```

3 인코딩(Encoding) 문제와 해결 방안

윈도우에서 만든 엑셀 파일을 R에서 읽으려 하거나 한글이 들어간 데이터를 윈도우로 저장할 때 운영체제나 프로그램마다 기본 인코딩이 다르기 때문에 한글 문자가 깨지는 현상이 종종 발생합니다.

이 경우 데이터를 읽거나 불러올 때 인코딩을 지정해 주어야 합니다. 인코딩은 문자를 컴퓨터가 이해할 수 있는 코드로 변환하는 방식을 뜻합니다. 인코딩에 관련한 자세한 내용을 이 책의 범위를 넘어가기 때문에 간단한 한글 깨짐 해결 방법에 대해서 소개합니다.

한글 주요 인코딩 방식은 다음과 같습니다.

- UTF-8: 국제 표준 유니코드 인코딩으로, Mac, Linux의 기본 인코딩이며 웹에서 가장 많이 사용
- CP949: Windows의 기본 한글 인코딩
- EUC-KR: 과거의 한글 완성형 인코딩(현재는 잘 사용하지 않음)

3.1 데이터 저장 시 인코딩 지정

데이터를 파일로 저장할 때 한글 파일이 깨질 경우 'fileEncoding' 파라미터를 사용하여 인코딩을 지정할 수 있습니다("UTF-8", "CP949", "EUC-KR" 순서로 시도해 볼 것을 권장합니다).

기본 구조

```
write.csv(data, file, fileEncoding)
write.table(data, file, fileEncoding)

파라미터(parameter)
  - 'data': 저장할 데이터프레임
  - 'file': 저장할 파일의 경로와 이름
  - 'fileEncoding': 인코딩 방식(기본값은 "UTF-8")
```

예시

```
# UTF-8로 저장
write.csv(iris, "data.csv", fileEncoding = "UTF-8")

# CP949로 저장
write.table(iris, "data.txt", fileEncoding = "CP949")
```

참고사항

- write.xlsx() 함수는 별도의 인코딩 파라미터 없이 Excel 형식으로 자동 처리됩니다.

3.2 데이터 읽기 시 인코딩 지정

데이터를 읽을 때 한글이 깨질 경우 'encoding' 파라미터를 사용하여 인코딩을 지정하여 불러올 수 있습니다 ("UTF-8", "CP949", "EUC-KR" 순서로 시도해 볼 것을 권장합니다).

기본 구조

```
read.csv(file, encoding)
read.table(file, encoding)
```

파라미터(parameter)
- 'file': 읽어올 파일의 경로와 이름
- 'encoding': 인코딩 방식(기본값은 "UTF-8")

예시

```
# UTF-8 파일 읽기
data_utf8 <- read.csv("data.csv", encoding = "UTF-8")
head(data_utf8)

# CP949 파일 읽기
data_cp949 <- read.table("data.txt", encoding = "CP949")
head(data_cp949)
```

실행 결과

```
> # UTF-8 파일 읽기
> data_utf8 <- read.csv("data.csv", encoding = "UTF-8")
> head(data_utf8)
  X Sepal.Length Sepal.Width Petal.Length Petal.Width Species
1 1          5.1         3.5          1.4         0.2  setosa
2 2          4.9         3.0          1.4         0.2  setosa
3 3          4.7         3.2          1.3         0.2  setosa
4 4          4.6         3.1          1.5         0.2  setosa
5 5          5.0         3.6          1.4         0.2  setosa
6 6          5.4         3.9          1.7         0.4  setosa
```

```
>
> # CP949 파일 읽기
> data_cp949 <- read.table("data.txt", encoding = "CP949")
> head(data_cp949)
  Sepal.Length Sepal.Width Petal.Length Petal.Width Species
1          5.1         3.5          1.4         0.2  setosa
2          4.9         3.0          1.4         0.2  setosa
3          4.7         3.2          1.3         0.2  setosa
4          4.6         3.1          1.5         0.2  setosa
5          5.0         3.6          1.4         0.2  setosa
6          5.4         3.9          1.7         0.4  setosa
```

R

참고사항

- read.xlsx() 함수는 별도의 인코딩 파라미터 없이 Excel 형식으로 자동 처리됩니다.

4 작업 경로(Working Directory) 확인 및 설정

데이터 파일을 읽고 쓰기 전에, 현재 작업 중인 디렉토리(폴더)를 확인하고 필요한 경우 변경하는 것이 중요합니다. R에서는 기본 함수들을 사용하여 이러한 작업을 수행할 수 있습니다.

4.1 현재 작업 디렉토리 확인 및 변경

getwd(): 현재 작업 디렉토리를 확인하는 함수
setwd(): 현재 작업 디렉토리를 변경하는 함수
list.files(): 현재 작업 디렉토리의 파일 목록을 확인하는 함수
dir(): list.files()와 동일한 기능을 하는 함수

예시

```
# 현재 작업 디렉토리 확인
current_path <- getwd()
print(paste("현재 작업 경로:", current_path))

# 작업 디렉토리 변경
setwd('C:/Users/tjdwn/Desktop/workspace') # Windows 예시

# 특정 경로의 파일 목록 확인
files <- list.files()
print(paste("현재 폴더의 파일 목록:", paste(files, collapse=", ")))
```

실행 결과

```
> # 현재 작업 디렉토리 확인
> current_path <- getwd()
> print(paste("현재 작업 경로:", current_path))
[1] "현재 작업 경로: C:/Users/tjdwn/Documents"
>
> setwd('C:/Users/tjdwn/Desktop/workspace')  # Windows 예시
>
> # 특정 경로의 파일 목록 확인
> files <- list.files()
> print(paste("현재 폴더의 파일 목록:", paste(files, collapse=", ")))
[1] "현재 폴더의 파일 목록: agent.py, google, shorts, 교재"
```

4.2 파일 경로 지정

파일 경로를 지정할 때는 절대 경로와 상대 경로를 사용할 수 있습니다. 절대 경로는 파일의 전체 경로를 지정하는 방법이며, 상대 경로는 현재 작업 디렉토리를 기준으로 파일의 위치를 지정하는 방법입니다.

```
# 절대 경로 사용
data <- read.csv("C:/Users/Username/Documents/Data/data.csv")

# 상대 경로 사용
data <- read.csv("./data/data.csv")  # 현재 폴더의 data 하위 폴더('data/data.csv' 와 같음)
data <- read.csv("../data/data.csv") # 상위 폴더의 data 하위 폴더
```

참고사항

- 상대 경로를 사용할 때는 현재 작업 디렉토리를 기준으로 합니다.
  파일 경로에 한글이 포함된 경우 인코딩 문제가 발생할 수 있으므로 가급적 영문 경로를 사용하는 것이 좋습니다.
- Windows 경로를 지정할 때는 역슬래시('₩') 대신 슬래시('/')를 사용하거나, 역슬래시를 두 번('₩₩') 사용해야 합니다.

```
# 잘못된 방법 (Windows에서 에러 발생)
write.csv(iris, file = "C:\Users\username\Documents\data\iris.csv")

# 올바른 방법 1: 슬래시(/) 사용
write.csv(iris, file = "C:/Users/username/Documents/data/iris.csv")

# 올바른 방법 2: 이중 백슬래시(\\) 사용
write.csv(iris, file = "C:\\Users\\username\\Documents\\data\\iris.csv")
```

R 연습문제

iris 데이터를 불러온 후 해당 문제를 해결하세요.

```
# 연습문제를 풀기위한 데이터셋 불러오기
data(iris)
```

01 write.csv() 함수를 사용하여 데이터프레임 'iris'를 "iris.csv" 파일로 저장하세요. 행 이름은 포함하지 마세요.

02 read.csv() 함수를 사용하여 "iris.csv" 파일을 읽어와서 데이터프레임으로 변환하고, 첫 6개의 행을 출력하세요.

03 write.table() 함수를 사용하여 데이터프레임 'iris'를 탭으로 구분된 "iris.txt" 파일로 저장하세요. 행 이름은 포함하지 마세요.

04 read.table() 함수를 사용하여 "iris.txt" 파일을 읽어와서 데이터프레임으로 변환하고, 첫 6개의 행을 출력하세요.

05 'openxlsx' 패키지를 사용하여 데이터프레임 'iris'를 "iris.xlsx" 파일의 "IrisData" 시트에 저장하세요. 행 이름은 포함하지 마세요.

06 read.xlsx() 함수를 사용하여 "iris.xlsx" 파일의 "IrisData" 시트를 읽어와서 데이터프레임으로 변환하고, 첫 6개의 행을 출력하세요.

07 read.xlsx() 함수를 사용하여 "iris.xlsx" 파일의 첫 번째 시트에서 두 번째 행부터 데이터를 읽어와서 데이터프레임으로 변환하고, 첫 6개의 행을 출력하세요.

08 write.table() 함수를 사용하여 데이터프레임 'iris'를 세미콜론으로 구분된 "iris_semicolon.txt" 파일로 저장하세요. 행 이름은 포함하지 마세요.

09 read.table() 함수를 사용하여 "iris_semicolon.txt" 파일을 읽어와서 데이터프레임으로 변환하고, 첫 6개의 행을 출력하세요.

10 read.xlsx() 함수를 사용하여 "iris.xlsx" 파일의 첫 번째 시트에서 2행부터 5행, 2열부터 5열까지의 데이터를 읽어와서 출력하세요.

Python

Python

데이터 준비

```
# 필요한 라이브러리 임포트
import pandas as pd
from sklearn.datasets import load_iris

# 데이터셋 로드
iris = load_iris()
iris_df = pd.DataFrame(data=iris.data, columns=iris.feature_names)
iris_df['species'] = iris.target

# 데이터 앞부분 확인
iris_df.head()
```

실행 결과

```
In [63]: # 필요한 라이브러리 임포트
    ...: import pandas as pd
    ...: from sklearn.datasets import load_iris

In [64]: # 데이터셋 로드
    ...: iris = load_iris()
    ...: iris_df = pd.DataFrame(data=iris.data, columns=iris.feature_names)
    ...: iris_df['species'] = iris.target

In [65]: # 데이터 앞부분 확인
    ...: iris_df.head()
Out[65]:
   sepal length (cm)  sepal width (cm)  ...  petal width (cm)  species
0                5.1               3.5  ...               0.2        0
1                4.9               3.0  ...               0.2        0
2                4.7               3.2  ...               0.2        0
3                4.6               3.1  ...               0.2        0
4                5.0               3.6  ...               0.2        0

[5 rows x 5 columns]
```

1 Pandas를 이용한 데이터 Import & Export

Python에서는 pandas 라이브러리를 사용하여 데이터를 읽고 쓸 수 있습니다. csv 파일을 다루는 가장 기본적인 방법부터 살펴보겠습니다.

1.1 csv 파일로 데이터 저장: DataFrame.to_csv()

pandas의 to_csv() 함수는 데이터프레임을 csv(comma-separated values) 파일로 저장하는 데 사용됩니다.

기본 구조

```
DataFrame.to_csv(path_or_buf, index=True, header=True)
```

파라미터(parameter)
- 'path_or_buf': 저장할 파일의 경로와 이름
- 'index': 행 인덱스를 저장할지 여부(기본값은 True)
- 'header': 열 이름을 저장할지 여부(기본값은 True)

예시

```
# CSV 파일로 저장
iris_df.to_csv('iris.csv', index=False)
```

참고사항

- 파일 경로를 지정할 때 폴더가 존재하지 않으면 에러가 발생합니다. 미리 폴더를 생성해 두어야 합니다.
- 윈도우에서 파일 경로를 지정할 때는 이스케이프 문자('₩₩')를 사용해야 합니다.

1.2 csv 파일 데이터 호출: read_csv()

pandas의 read_csv() 함수는 csv 파일을 읽어 DataFrame으로 변환합니다. 위에서 to_csv()를 통해 데이터를 저장했다면 read_csv() 함수를 통해 저 장했던 csv 파일을 불러올 수 있습니다.

기본 구조

```
pd.read_csv(path_or_buf, header = 0, encoding = 'utf-8', sep = ',')

파라미터(parameter)
  - 'path_or_buf': 읽어올 CSV 파일의 경로와 이름
  - 'header': 열 이름으로 사용할 행 번호(기본값은 0)
  - 'encoding': 파일 인코딩(예: 'utf-8', 'cp949')
  - 'sep': 구분자(기본값은 ',')
```

예시

```
# CSV 파일 읽기
iris_data = pd.read_csv('iris.csv')
iris_data.head()
```

실행 결과

```
In [67]: # CSV 파일 읽기
    ...: iris_data = pd.read_csv('iris.csv')
    ...: iris_data.head()
Out[67]:
   sepal length (cm)  sepal width (cm)  ...  petal width (cm)  species
0                5.1               3.5  ...               0.2        0
1                4.9               3.0  ...               0.2        0
2                4.7               3.2  ...               0.2        0
3                4.6               3.1  ...               0.2        0
4                5.0               3.6  ...               0.2        0

[5 rows x 5 columns]
```

참고사항

- CSV 파일의 인코딩이 시스템 기본 인코딩과 다를 경우, 'encoding' 파라미터를 사용해야 할 수 있습니다.

1.3 txt 파일로 데이터 저장: to_csv()

pandas의 to_csv() 함수를 사용하여 데이터프레임을 txt 확장자를 가진 텍스트 파일로도 저장할 수 있습니다. 파일명 끝에 .txt 확장자를 사용하고, 'sep' 파라미터를 통해 원하는 구분자를 지정하면 됩니다. 일반적으로 텍스트 파일에서는 탭('\t')을 구분자로 많이 사용합니다. 그외 세미콜론(';'), 콤마(','), 또는 다른 구분자를 지정할 수도 있습니다.

기본 구조

```
DataFrame.to_csv(path_or_buf, index=True, header=True, sep = ',')

파라미터(parameter)
  - 'path_or_buf': 저장할 파일의 경로와 이름
  - 'index': 행 인덱스를 저장할지 여부(기본값은 True)
  - 'header': 열 이름을 저장할지 여부(기본값은 True)
  - 'sep': 구분자(기본값은 ',')
```

예시

```
# 탭으로 구분된 텍스트 파일로 저장
iris_df.to_csv('iris_tab.txt', sep='\t', index =False)

# 콤마로 구분된 텍스트 파일로 저장
iris_df.to_csv('iris_comma.txt', sep=',')
```

1.4 txt 파일 데이터 호출: pd.read_csv()

pd.read_csv() 함수를 사용하여 텍스트 파일(.txt)을 DataFrame으로 불러올 수 있습니다. 파일의 구분자(separator)를 'sep' 파라미터에 지정하면, 다양한 형식의 텍스트 파일을 읽을 수 있습니다.

기본 구조

```
pd.read_csv(path_or_buf, header = 0, encoding = 'utf-8', sep = ',')

파라미터(parameter)
  - 'path_or_buf': 읽어올 txt 파일의 경로와 이름
  - 'header': 열 이름으로 사용할 행 번호(기본값은 0)
  - 'encoding': 파일 인코딩(예: 'utf-8', 'cp949')
  - 'sep': 구분자(기본값은 ',')
```

예시

```
# 탭으로 구분된 txt 파일 읽기
tab_data = pd.read_csv('iris_tab.txt', sep='\t')
tab_data.head()

# 콤마로 구분된 txt 파일 읽기
comma_data = pd.read_csv('iris_comma.txt', sep=',')
comma_data.head()
```

실행 결과

```
In [69]: # 탭으로 구분된 txt 파일 읽기
    ...: tab_data = pd.read_csv('iris_tab.txt', sep='\t')
    ...: tab_data.head()
Out[69]:
   Unnamed: 0  sepal length (cm)  ...  petal width (cm)  species
0           0                5.1  ...               0.2        0
1           1                4.9  ...               0.2        0
2           2                4.7  ...               0.2        0
3           3                4.6  ...               0.2        0
4           4                5.0  ...               0.2        0

[5 rows x 6 columns]

In [70]: # 콤마로 구분된 txt 파일 읽기
    ...: comma_data = pd.read_csv('iris_comma.txt', sep=',')
    ...: comma_data.head()
Out[70]:
   Unnamed: 0  sepal length (cm)  ...  petal width (cm)  species
0           0                5.1  ...               0.2        0
1           1                4.9  ...               0.2        0
2           2                4.7  ...               0.2        0
3           3                4.6  ...               0.2        0
4           4                5.0  ...               0.2        0
```

2 openpyxl 패키지를 이용한 Excel 파일 Import & Export

pandas는 Excel 파일(.xlsx)을 읽고 쓸 수 있는 기능을 제공합니다. Excel 파일을 다루기 위해서는 추가로 openpyxl 패키지가 필요합니다. openpyxl은 Python에서 Excel 2010 이상 버전의 .xlsx, .xlsm, .xltx, .xltm 파일을 읽고 쓸 수 있게 해주는 라이브러리입니다. pandas는 내부적으로 이 openpyxl을 사용하여 Excel 파일을 처리합니다.

먼저 필요한 라이브러리를 설치하고 임포트합니다.

```
pip install pandas openpyxl
import pandas as pd
```

2.1 Excel 파일로 데이터 저장: to_excel()

pandas의 to_excel() 함수는 DataFrame을 Excel 파일로 저장합니다. 'sheet_name' 파라미터를 통해 저장될 시트 이름을 지정할 수 있으며, 'index'와 'header'를 통해 각각 행과 열 이름을 포함하여 저장할 것인지 지정할 수 있습니다.

기본 구조

```
DataFrame.to_excel(path_or_buf, sheet_name = 'Sheet1', index = True, header = True)

파라미터(parameter)
  - 'path_or_buf': 저장할 Excel 파일의 경로와 이름
  - 'sheet_name': 시트 이름(기본값은 "Sheet1")
  - 'index': 인덱스를 포함할지 여부(기본값은 True)
  - 'header': 열 이름을 포함할지 여부(기본값은 True)
```

예시

```
# iris 데이터를 "IrisData" 시트로 엑셀 파일에 저장
iris_df.to_excel('iris.xlsx', sheet_name="IrisData", index=False)
```

2.2 Excel 파일 데이터 호출: read_excel()

pandas의 read_excel() 함수는 Excel 파일을 읽어 DataFrame으로 변환합니다. 'sheet_name' 파라미터를 통해 읽고자 하는 시트의 이름이나 번호를 지정할 수 있으며, 'skiprows'를 통해 건너뛸 행 수를 지정할 수 있습니다.

기본 구조

```
pd.read_excel(path_or_buf, sheet_name = 1, skiprows = None, header =0, index_col = None)

파라미터(parameter)
  - 'path_or_buf': 읽어올 Excel 파일의 경로와 이름
  - 'sheet_name': 읽어올 시트 이름 또는 번호(기본값은 1)
  - 'skiprows': 건너뛸 행 수(기본값은 None)
  - 'header': 열 이름으로 사용할 행 번호(기본값은 0)
  - 'index_col': 인덱스로 사용할 열 번호(기본값은 None)
```

예시

```
# 기본 설정으로 Excel 파일 읽기
iris_excel = pd.read_excel('iris.xlsx')

# 특정 시트에서 데이터 읽기
iris_excel_sheet = pd.read_excel('iris.xlsx', sheet_name="IrisData")
print(iris_excel_sheet.head())

# 첫 번째 행을 건너뛰고 데이터 읽기
iris_excel_subset = pd.read_excel('iris.xlsx', skiprows=1)
print(iris_excel_subset.head())
```

```
# 특정 행과 열만 선택하여 데이터 읽기
iris_excel_partial = pd.read_excel('iris.xlsx',
                                   skiprows=range(1, 2),   # 2행부터
                                   usecols="B:D",          # B열부터 D열까지
                                   nrows=4)                # 4행까지
print(iris_excel_partial.head())
```

실행 결과

```
In [92]: # 특정 시트에서 데이터 읽기
    ...: iris_excel_sheet = pd.read_excel('iris.xlsx', sheet_name="IrisData")
    ...: print(iris_excel_sheet.head())
   sepal length (cm)  sepal width (cm)  ...  petal width (cm)  species
0                5.1               3.5  ...               0.2        0
1                4.9               3.0  ...               0.2        0
2                4.7               3.2  ...               0.2        0
3                4.6               3.1  ...               0.2        0
4                5.0               3.6  ...               0.2        0

[5 rows x 5 columns]

In [93]: # 첫 번째 행을 건너뛰고 데이터 읽기
    ...: iris_excel_subset = pd.read_excel('iris.xlsx', skiprows=1)
    ...: print(iris_excel_subset.head())
   5.1  3.5  1.4  0.2  0.0
0  4.9  3.0  1.4  0.2    0
1  4.7  3.2  1.3  0.2    0
2  4.6  3.1  1.5  0.2    0
3  5.0  3.6  1.4  0.2    0
4  5.4  3.9  1.7  0.4    0

In [94]: # 특정 행과 열만 선택하여 데이터 읽기
    ...: iris_excel_partial = pd.read_excel('iris.xlsx',
    ...:                                    skiprows=range(1, 2),   # 2행부터
    ...:                                    usecols="B:D",          # B열부터 D열까지
    ...:                                    nrows=4)                # 4행까지
    ...: print(iris_excel_partial.head())
   sepal width (cm)  petal length (cm)  petal width (cm)
0               3.0                1.4               0.2
1               3.2                1.3               0.2
2               3.1                1.5               0.2
3               3.6                1.4               0.2
```

3 인코딩(Encoding) 문제와 해결 방안

윈도우에서 만든 엑셀 파일을 Python에서 읽으려 하거나 한글이 들어간 데이터를 윈도우로 저장할 때 운영체제나 프로그램마다 기본 인코딩이 다르기 때문에 한글 문자가 깨지는 현상이 종종 발생합니다.

이 경우 데이터를 읽거나 불러올 때 인코딩을 지정해 주어야 합니다. 인코딩은 문자를 컴퓨터가 이해할 수 있는 코드로 변환하는 방식을 뜻합니다. 인코딩에 관련한 자세한 내용을 이 책의 범위를 넘어가기 때문에 간단한 한글 깨짐 해결 방법에 대해서 소개합니다.

한글 주요 인코딩 방식은 다음과 같습니다.

- UTF-8: 국제 표준 유니코드 인코딩으로, Mac, Linux의 기본 인코딩이며 웹에서 가장 많이 사용됨
- CP949: Windows의 기본 한글 인코딩
- EUC-KR: 과거의 한글 완성형 인코딩 (현재는 잘 사용하지 않음)

3.1 데이터 저장 시 인코딩 지정

데이터를 파일로 저장할 때 한글 파일이 깨질 경우 'encoding' 파라미터를 사용하여 인코딩을 지정할 수 있습니다('utf-8-sig','utf-8', 'cp949', 'euc-kr' 순서로 시도해 볼 것을 권장합니다).

기본 구조

```
DataFrame.to_csv(path_or_buf, encoding = None)
```

파라미터(parameter)
- 'path_or_buf': 저장할 파일의 경로와 이름
- 'encoding': 인코딩 방식(기본값은 None)

예시

```
# utf-8 로 저장
iris_data.to_csv('data.csv', encoding='utf-8-sig')
```

참고사항

- DataFrame.to_excel() 함수는 별도의 인코딩 파라미터 없이 Excel 형식으로 자동 처리됩니다.

3.2 데이터 읽기 시 인코딩 지정

데이터를 읽을 때 한글이 깨질 경우 'encoding' 파라미터를 사용하여 인코딩을 지정하여 불러올 수 있습니다('utf-8-sig','utf-8', 'cp949', 'euc-kr' 순서로 시도해 볼 것을 권장합니다).

기본 구조

```
pd.read_csv(path_or_buf, encoding = None)
```

파라미터(parameter)
- 'path_or_buf': 읽어올 CSV 파일의 경로와 이름
- 'encoding': 파일 인코딩(기본값은 None)

예시

```
# utf-8-sig 로 인코딩된 파일 읽기
df = pd.read_csv('data.csv', encoding='utf-8-sig')
print(df.head())
```

실행 결과

```
In [120]: # utf-8-sig 로 인코딩된 파일 읽기
     ...: df = pd.read_csv('data.csv', encoding='utf-8-sig')
     ...: print(df.head())
   Unnamed: 0  sepal length (cm)  ...  petal width (cm)  species
0           0                5.1  ...               0.2        0
1           1                4.9  ...               0.2        0
2           2                4.7  ...               0.2        0
3           3                4.6  ...               0.2        0
4           4                5.0  ...               0.2        0

[5 rows x 6 columns]
```

4 작업 경로(Working Directory) 확인 및 설정

데이터 파일을 읽고 쓰기 전에, 현재 작업 중인 디렉토리(폴더)를 확인하고 필요한 경우 변경하는 것이 중요합니다. Python에서는 'os' 모듈을 사용하여 이러한 작업을 수행할 수 있습니다.

4.1 현재 작업 디렉토리 확인 및 변경

os.getcwd(): 현재 작업 디렉토리를 확인하는 함수
os.chdir(): 현재 작업 디렉토리를 변경하는 함수
os.listdir(): 현재 작업 디렉토리의 파일 목록을 확인하는 함수

예시

```
import os

# 현재 작업 디렉토리 확인
current_path = os.getcwd()
print("현재 작업 경로:", current_path)

# 작업 디렉토리 변경
os.chdir('C:/Users/tjdwn/Desktop/workspace')  # Windows 예시

# 특정 경로의 파일 목록 확인
files = os.listdir()
print("현재 폴더의 파일 목록:", files)
```

실행 결과

```
In [110]: # 현재 작업 디렉토리 확인
     ...: current_path = os.getcwd()
     ...: print("현재 작업 경로:", current_path)
현재 작업 경로: C:\Users\tjdwn

In [111]: # 작업 디렉토리 변경
     ...: os.chdir('C:/Users/tjdwn/Desktop/workspace')  # Windows 예시

In [112]: # 특정 경로의 파일 목록 확인
     ...: files = os.listdir()
     ...: print("현재 폴더의 파일 목록:", files)
현재 폴더의 파일 목록: ['agent.py', 'google', 'shorts', '교재']
```

4.2 파일 경로 지정

파일 경로를 지정할 때는 절대 경로와 상대 경로를 사용할 수 있습니다. 절대 경로는 파일의 전체 경로를 지정하는 방법이며, 상대 경로는 현재 작업 디렉토리를 기준으로 파일의 위치를 지정하는 방법입니다.

```
# 절대 경로 사용
df = pd.read_csv('C:/Users/Username/Documents/Data/data.csv')

# 상대 경로 사용
df = pd.read_csv('./data/data.csv')  # 현재 폴더의 data 하위 폴더('data/data.csv' 와 같음)
df = pd.read_csv('../data/data.csv')  # 상위 폴더의 data 하위 폴더
```

참고사항

- 상대 경로를 사용할 때는 현재 작업 디렉토리를 기준으로 합니다.
  파일 경로에 한글이 포함된 경우 인코딩 문제가 발생할 수 있으므로 가급적 영문 경로를 사용하는 것이 좋습니다.
- Windows 경로를 지정할 때는 역슬래시('₩') 대신 슬래시('/')를 사용하거나, 역슬래시를 두 번('₩₩') 사용해야 합니다.

```
# 잘못된 방법 (Windows에서 에러 발생)
iris_df.to_csv("C:\Users\username\Documents\data\iris.csv")

# 올바른 방법 1: 슬래시(/) 사용
iris_df.to_csv("C:/Users/username/Documents/data/iris.csv")

# 올바른 방법 2: 이중 백슬래시(\\) 사용
iris_df.to_csv("C:\\Users\\username\\Documents\\data\\iris.csv")
```

Python 연습문제

load_iris 데이터를 불러온 후 해당 문제를 해결하세요.

```
from sklearn.datasets import load_iris

iris = load_iris()
iris_df = pd.DataFrame(data=iris.data, columns=iris.feature_names)
iris_df['species'] = iris.target
```

01 DataFrame.to_csv() 함수를 사용하여 데이터프레임 'iris'를 "iris.csv" 파일로 저장하세요. 인덱스는 포함하지 마세요.

02 pd.read_csv() 함수를 사용하여 "iris.csv" 파일을 읽어와서 데이터프레임으로 변환하고, 첫 5개의 행을 출력하세요.

03 DataFrame.to_csv() 함수를 사용하여 데이터프레임 'iris'를 탭으로 구분된 "iris.txt" 파일로 저장하세요. 인덱스는 포함하지 마세요.

04 pd.read_csv() 함수를 사용하여 "iris.txt" 파일을 읽어와서 데이터프레임으로 변환하고, 첫 5개의 행을 출력하세요.

05 DataFrame.to_excel() 함수를 사용하여 데이터프레임 'iris'를 "iris.xlsx" 파일의 "IrisData" 시트에 저장하세요. 인덱스는 포함하지 마세요.

06 pd.read_excel() 함수를 사용하여 "iris.xlsx" 파일의 "IrisData" 시트를 읽어와서 데이터프레임으로 변환하고, 첫 6개의 행을 출력하세요.

07 pd.read_excel() 함수를 사용하여 "iris.xlsx" 파일의 첫 번째 시트에서 두 번째 행부터 데이터를 읽어와서 데이터프레임으로 변환하고, 첫 6개의 행을 출력하세요.

08 DataFrame.to_csv() 함수를 사용하여 데이터프레임 'iris'를 세미콜론으로 구분된 "iris_semicolon.txt" 파일로 저장하세요. 인덱스는 포함하지 마세요.

09 pd.read_csv() 함수를 사용하여 "iris_semicolon.txt" 파일을 읽어와서 데이터프레임으로 변환하고, 첫 6개의 행을 출력하세요.

10 pd.read_excel() 함수를 사용하여 "iris.xlsx" 파일의 첫 번째 시트에서 2행부터 5행, B열부터 D열까지의 데이터를 읽어와서 출력하세요.

9장

데이터 탐색

데이터 분석 과정에서 첫 번째 중요한 단계는 탐색적 데이터 분석(EDA: Exploratory Data Analysis)입니다. EDA는 데이터의 특성을 이해하고 인사이트를 발견하기 위한 필수적인 과정입니다.

이 과정을 통해 우리는 데이터의 구조를 이해하고, 패턴을 발견하며, 이상치를 식별하고, 가설을 형성할 수 있습니다. EDA는 데이터에 대한 깊은 통찰력을 얻고 후속 분석을 위한 기반을 마련하는 데 필수적입니다.

EDA(탐색적 데이터 분석)를 통해 우리는 다음과 같은 중요한 질문들에 답할 수 있습니다.

- 우리의 데이터는 어떤 이야기를 들려주고 있는가?
- 데이터에 숨겨진 패턴이나 트렌드는 무엇인가?
- 우리의 가정이나 기대와 다른 점은 무엇인가?
- 더 깊이 탐구해야 할 영역은 어디인가?

이러한 질문에 답함으로써 데이터에 대한 직관을 발달시키고, 더 정교한 분석을 위한 기반을 마련할 수 있습니다. 이번 장에서는 Python과 R에서 제공하는 기본적인 EDA 도구들을 소개하고, 데이터의 개요를 빠르게 파악할 수 있는 함수들을 중심으로 살펴보겠습니다.

예제에서는 Python과 R 모두에서 널리 사용되는 Titanic 데이터를 사용합니다. 이 데이터는 1912년 타이타닉호 침몰 사고 당시의 승객 정보(성별, 나이, 선실 등)와 생존 여부를 담고 있어, 분류 문제와 결측값 처리 연습에 적합한 데이터셋입니다.

R

데이터 준비

```
install.packages("titanic")

# 패키지 로드
library(titanic)

# 데이터 로드
titanic <- titanic_train
head(titanic)
```

실행 결과

```
>
>
> # 패키지 로드
> library(titanic)
>
> # 데이터 로드
> titanic <- titanic_train
> head(titanic)
  PassengerId Survived Pclass                                                Name    Sex Age SibSp Parch           Ticket    Fare Cabin Embarked
1           1        0      3                             Braund, Mr. Owen Harris   male  22     1     0        A/5 21171  7.2500              S
2           2        1      1 Cumings, Mrs. John Bradley (Florence Briggs Thayer) female  38     1     0         PC 17599 71.2833   C85        C
3           3        1      3                              Heikkinen, Miss. Laina female  26     0     0 STON/O2. 3101282  7.9250              S
4           4        1      1        Futrelle, Mrs. Jacques Heath (Lily May Peel) female  35     1     0           113803 53.1000  C123        S
5           5        0      3                            Allen, Mr. William Henry   male  35     0     0           373450  8.0500              S
6           6        0      3                                    Moran, Mr. James   male  NA     0     0           330877  8.4583              Q
```

1 기본적 데이터 탐색

기본적 데이터 탐색은 데이터 분석의 첫 단계로, 데이터셋의 구조와 특성을 이해하는 데 중점을 둡니다. 이 과정은 데이터의 초기 확인, 크기 파악, 속성 및 구조 분석을 포함하여, 데이터에 대한 직관을 형성하고 후속 분석을 위한 기초를 마련합니다.

1.1 데이터의 초기 확인: head()와 tail()

데이터가 어떻게 구성되어 있는지 확인할 때는 해당 데이터 프레임 변수를 RStudio의 Environment 창에서 데이터셋을 확인할 수 있습니다.

하지만 데이터가 큰 경우, 데이터를 불러오는 데 시간이 오래 걸리거나 컴퓨터가 멈추는 경우도 있습니다. 이때 head()와 tail() 함수는 각각 데이터셋의 첫 부분과 끝부분을 보여줌으로써 데이터의 구조와 내용을 빠르게 파악하는 데 도움을 줍니다.

기본 구조

```
head(data, n = 6)
tail(data, n = 6)
```

파라미터(parameter)
- data: 데이터셋
- n: 보고 싶은 행의 수(기본값은 6)

예시

```
head(titanic, n = 3)   # 처음 3개의 행만 보기
tail(titanic, n = 4)   # 마지막 4개의 행 보기
```

실행 결과

```
> head(titanic, n = 3)  # 처음 3개의 행만 보기
  PassengerId Survived Pclass                                                Name    Sex Age SibSp Parch           Ticket    Fare Cabin Embarked
1           1        0      3                             Braund, Mr. Owen Harris   male  22     1     0        A/5 21171  7.2500              S
2           2        1      1 Cumings, Mrs. John Bradley (Florence Briggs Thayer) female  38     1     0         PC 17599 71.2833   C85        C
3           3        1      3                              Heikkinen, Miss. Laina female  26     0     0 STON/O2. 3101282  7.9250              S
> tail(titanic, n = 4)  # 마지막 4개의 행 보기
    PassengerId Survived Pclass                                     Name    Sex Age SibSp Parch     Ticket  Fare Cabin Embarked
888         888        1      1             Graham, Miss. Margaret Edith female  19     0     0     112053 30.00   B42        S
889         889        0      3 Johnston, Miss. Catherine Helen "Carrie" female  NA     1     2 W./C. 6607 23.45              S
890         890        1      1                    Behr, Mr. Karl Howell   male  26     0     0     111369 30.00  C148        C
891         891        0      3                      Dooley, Mr. Patrick   male  32     0     0     370376  7.75              Q
```

1.2 데이터의 크기 파악: nrow(), ncol(), length(), dim()

데이터셋을 처음 마주했을 때 가장 기본적으로 파악해야 하는 정보는 데이터의 크기와 길이입니다. 간단한 예로 특정 데이터를 이용해 통계 분석을 수행할 때 행(관측치)이 열(설명변수)보다 적은 경우 모델의 신뢰성이 낮아집니다. 이런 경우 열(설명변수)을 줄이거나 행(관측치)을 추가하는 과정이 필요하게 됩니다.

1.2.1 nrow()와 ncol()

nrow()와 ncol() 함수는 각각 데이터 프레임의 행과 열의 수를 반환합니다.

예시

```
nrow(titanic) # 행의 수 반환
ncol(titanic)  # 열의 수 반환
```

실행 결과

```
> nrow(titanic)  # 행의 수 반환
[1] 891
> ncol(titanic)  # 열의 수 반환
[1] 12
```

R

1.2.2 length()

length() 함수는 주로 벡터의 길이를 알고 싶을 때 사용합니다. 하지만 데이터 프레임에 적용할 경우, 열의 수를 반환합니다. $를 사용하여 특정 열에 접근하여 사용하는 경우 행의 수를 반환합니다.

예시

```
length(titanic)         # 열의 수 반환
length(titanic$Age)   # 'Age' 열의 길이(즉, 행의 수) 반환
```

참고사항

– length() 함수는 데이터 프레임에서는 열의 수, 벡터에서는 요소의 수를 반환하므로 주의해야 합니다.

1.2.3 dim()

dim() 함수는 데이터의 차원을 반환합니다. 데이터 프레임의 경우, 행과 열의 수를 동시에 알려줍니다.

기본 구조

```
dim(data): 행과 열의 수를 벡터로 반환
dim(data)[1]: 행의 수만 반환
dim(data)[2]: 열의 수만 반환
```

예시

```
dim(titanic)      # 행과 열의 수를 벡터로 반환
dim(titanic)[1]  # 행의 수만 반환
dim(titanic)[2]  # 열의 수만 반환
```

실행 결과

```
> dim(titanic)  # 행과 열의 수를 벡터로 반환
[1] 891  12
> dim(titanic)[1]  # 행의 수만 반환
[1] 891
> dim(titanic)[2]  # 열의 수만 반환
[1] 12
```

1.3 데이터의 속성 파악: class()

class() 함수는 객체의 클래스(타입)를 반환합니다. 데이터 속성을 확인함으로써 데이터가 어떤 유형의 정보를 담고 있는지 파악할 수 있다. 수치형, 범주형 그리고 날짜/시간과 같은 데이터의 속성을 파악함으로써 전처리 그리고 분석 및 시각화 과정에서 적합한 방법을 선택할 수 있습니다.

예시

```
class(titanic)         # 데이터셋 전체의 클래스 속성 확인
class(titanic$Age)  # 데이터셋 내 'Age' 열의 클래스 속성 확인
class(titanic$Sex)  # 'Sex' 열의 클래스 속성 확인
```

1.4 데이터 행과 열 이름 확인: colnames(), rownames()

데이터 프레임의 변수명(열 이름)과 행 이름을 확인할 때는 colnames()와 rownames() 함수를 사용합니다. 이는 데이터의 구조를 이해하고 특정 변수나 관측치에 접근할 때 유용합니다.

예시

```
# 열 이름(변수명) 확인
colnames(titanic)

# 처음 5개의 행 이름 확인
head(rownames(titanic), 5)
```

실행 결과

```
> # 열 이름(변수명) 확인
> colnames(titanic)
 [1] "PassengerId" "Survived"    "Pclass"      "Name"        "Sex"         "Age"
 [7] "SibSp"       "Parch"       "Ticket"      "Fare"        "Cabin"       "Embarked"
>
> # 처음 5개의 행 이름 확인
> head(rownames(titanic), 5)
[1] "1" "2" "3" "4" "5"
```

1.5 데이터의 구조 확인: str()

데이터의 전반적인 구조를 확인할때 는 str() 함수를 사용합니다. 특히 이 함수는 전체 데이터를 출력하지 않고도 데이터의 구조를 빠르게 파악할 수 있기 때문에 큰 데이터셋을 다룰 때 유용합니다.

str() 함수를 통해 다음과 같은 정보를 얻을 수 있습니다.

- 데이터의 전체적인 형태(예: data.frame, list 등)
- 관측치(행)의 수와 변수(열)의 수
- 각 변수의 이름과 데이터 타입
- 각 변수의 처음 몇 개 값

예시

```
str(titanic)
```

실행 결과

```
> str(titanic)
'data.frame':   891 obs. of  12 variables:
 $ PassengerId: int  1 2 3 4 5 6 7 8 9 10 ...
 $ Survived   : int  0 1 1 1 0 0 0 0 1 1 ...
 $ Pclass     : int  3 1 3 1 3 3 1 3 3 2 ...
 $ Name       : chr  "Braund, Mr. Owen Harris" "Cumings, Mrs. John Bradley (Florence Briggs Thayer)"
"Heikkinen, Miss. Laina" "Futrelle, Mrs. Jacques Heath (Lily May Peel)" ...
 $ Sex        : chr  "male" "female" "female" "female" ...
 $ Age        : num  22 38 26 35 35 NA 54 2 27 14 ...
 $ SibSp      : int  1 1 0 1 0 0 0 3 0 1 ...
 $ Parch      : int  0 0 0 0 0 0 0 1 2 0 ...
 $ Ticket     : chr  "A/5 21171" "PC 17599" "STON/O2. 3101282" "113803" ...
 $ Fare       : num  7.25 71.28 7.92 53.1 8.05 ...
 $ Cabin      : chr  "" "C85" "" "C123" ...
 $ Embarked   : chr  "S" "C" "S" "S" ...
```

1.6 고윳값 확인: unique() 함수

unique() 함수는 특정 열의 고유한 값들을 반환합니다. 이는 특히 범주형 변수의 카테고리를 파악하는 데 유용합니다.

기본 구조

```
unique(data$column_name): 고윳값 배열 반환
length(unique(data$column_name)): 고윳값 개수 반환
```

예시

```
# 고윳값 배열 반환
unique(titanic_train$Sex)

# 고윳값 개수 반환
length(unique(titanic_train$Pclass))
```

실행 결과

```
> # 고유 값 배열 반환
> unique(titanic_train$Sex)
[1] "male"   "female"
>
> # 고유 값 개수 반환
> length(unique(titanic_train$Pclass))
[1] 3
```

1.7 결측치 확인: is.na() 함수

결측치는 데이터에서 값이 없는 부분을 의미합니다. is.na() 함수는 각 셀의 결측치 여부를 논리값(TRUE/FALSE)으로 반환합니다. 이를 통해 데이터의 품질을 파악할 수 있습니다.

기본 구조

```
is.na(data): 각 셀의 결측치 여부를 논리값(TRUE/FALSE)으로 반환
```

예시

```
is.na(titanic)
```

실행 결과

```
> is.na(titanic)
      PassengerId Survived Pclass  Name   Sex   Age SibSp Parch Ticket  Fare Cabin Embarked
 [1,]       FALSE    FALSE  FALSE FALSE FALSE FALSE FALSE FALSE  FALSE FALSE FALSE    FALSE
 [2,]       FALSE    FALSE  FALSE FALSE FALSE FALSE FALSE FALSE  FALSE FALSE FALSE    FALSE
 [3,]       FALSE    FALSE  FALSE FALSE FALSE FALSE FALSE FALSE  FALSE FALSE FALSE    FALSE
 [4,]       FALSE    FALSE  FALSE FALSE FALSE FALSE FALSE FALSE  FALSE FALSE FALSE    FALSE
 [5,]       FALSE    FALSE  FALSE FALSE FALSE FALSE FALSE FALSE  FALSE FALSE FALSE    FALSE
 [6,]       FALSE    FALSE  FALSE FALSE FALSE  TRUE FALSE FALSE  FALSE FALSE FALSE    FALSE
 [7,]       FALSE    FALSE  FALSE FALSE FALSE FALSE FALSE FALSE  FALSE FALSE FALSE    FALSE
 [8,]       FALSE    FALSE  FALSE FALSE FALSE FALSE FALSE FALSE  FALSE FALSE FALSE    FALSE
 [9,]       FALSE    FALSE  FALSE FALSE FALSE FALSE FALSE FALSE  FALSE FALSE FALSE    FALSE
[10,]       FALSE    FALSE  FALSE FALSE FALSE FALSE FALSE FALSE  FALSE FALSE FALSE    FALSE
[11,]       FALSE    FALSE  FALSE FALSE FALSE FALSE FALSE FALSE  FALSE FALSE FALSE    FALSE
[12,]       FALSE    FALSE  FALSE FALSE FALSE FALSE FALSE FALSE  FALSE FALSE FALSE    FALSE
[13,]       FALSE    FALSE  FALSE FALSE FALSE FALSE FALSE FALSE  FALSE FALSE FALSE    FALSE
```

2 통계적 데이터 탐색

통계적 특성 탐색은 데이터 분석의 핵심 단계로, 데이터의 분포와 변수 간 관계를 파악하고 이상치를 발견하는 데 도움을 줍니다. 이를 통해 가설 형성, 전처리 방법 결정, 적합한 모델링 전략 수립이 가능해지며, 궁극적으로 더 정확하고 의미 있는 분석 결과를 도출할 수 있습니다.

R

2.1 최솟값과 최댓값: min(), max()

min()과 max() 함수는 각각 데이터의 최솟값과 최댓값을 반환합니다. 이를 통해 데이터의 분포 범위를 파악할 수 있습니다.

기본 구조

```
min(data, na.rm = FALSE)
max(data, na.rm = FALSE)
```

파라미터(parameter)
- data: 데이터셋
- na.rm: 결측치를 제거할 것인지 여부(기본값은 FALSE)

예시

```
# 최솟값과 최댓값 확인
min(titanic$Fare)
max(titanic$Fare)

# 결측치가 있는 경우 최솟값과 최댓값 확인
min(titanic$Age, na.rm = TRUE)
max(titanic$Age, na.rm = TRUE)
```

실행 결과

```
> # 최소값과 최대값 확인
> min(titanic$Fare)
[1] 0
> max(titanic$Fare)
[1] 512.3292
>
> # 결측치가 있는 경우 최소값과 최대값 확인
> min(titanic$Age, na.rm = TRUE)
[1] 0.42
> max(titanic$Age, na.rm = TRUE)
[1] 80
```

2.2 평균값과 중앙값: mean(), median()

mean()과 median() 함수는 각각 데이터의 평균과 중앙값을 반환하며, 두 값을 함께 사용하면 데이터 분포에 대한 더 많은 정보를 얻을 수 있습니다. 예를 들어, 두 값의 차이가 크면 데이터가 비대칭적이거나 이상치가 있을 수 있습니다.

기본 구조

```
mean(data, na.rm = FALSE)
median(data, na.rm = FALSE)

파라미터(parameter)
  - data: 데이터셋
  - na.rm: 결측치를 제거할 것인지 여부(기본값은 FALSE)
```

예시

```
# 평균값과 중앙값 확인
mean(titanic$Fare)
median(titanic$Fare)

# 결측치가 있는 경우 평균값과 중앙값 확인
mean(titanic$Fare, na.rm = TRUE)
median(titanic$Fare , na.rm = TRUE)
```

실행 결과

```
> # 평균값과 중앙값 확인
> mean(titanic$Fare)
[1] 32.20421
> median(titanic$Fare)
[1] 14.4542
>
> # 결측치가 있는 경우 평균값과 중앙값 확인
> mean(titanic$Fare, na.rm = TRUE)
[1] 32.20421
> median(titanic$Fare , na.rm = TRUE)
[1] 14.4542
```

2.3 분위수: quantile()

quantile() 함수는 기본적으로 데이터의 최솟값(0%), 1사분위수(25%), 중앙값(50%), 3사분위수(75%), 최댓값(100%) 지점의 값을 반환합니다. 이로써 데이터의 분포를 더 세밀하게 파악할 수 있습니다. 또한 quantile() 함수는 사용자가 원하는 분위수(0~1 사이 소수)를 직접 지정할 수 있습니다.

기본 구조

```
quantile(data, probs = c(0.25, 0.5, 0.75), na.rm = FALSE)
```

파라미터(parameter)
- data: 데이터셋
- probs: 분위수를 계산할 비율(기본값은 0.25, 0.5, 0.75)
- na.rm: 결측치를 제거할 것인지 여부(기본값은 FALSE)

예시

```
# 기본 분위수 계산
quantile(titanic$Fare)

# 10%, 45%, 90% 분위수 구하기
quantile(titanic$Fare, probs = c(0.1, 0.45, 0.9))

# 결측치가 있는 경우 분위수 계산
quantile(titanic$Age, na.rm = TRUE)
```

실행 결과

```
> # 기본 분위수 계산
> quantile(titanic$Fare)
      0%      25%      50%      75%     100%
  0.0000   7.9104  14.4542  31.0000 512.3292
>
> # 10%, 45%, 90% 분위수 구하기
> quantile(titanic$Fare, probs = c(0.1, 0.45, 0.9))
    10%     45%     90%
 7.5500 13.0000 77.9583
>
> # 결측치가 있는 경우 분위수 계산
> quantile(titanic$Age, na.rm = TRUE)
    0%    25%    50%    75%   100%
 0.420 20.125 28.000 38.000 80.000
```

3.4 표준편차와 분산: sd(), var()

sd()와 var() 함수는 데이터의 표준편차와 분산을 반환합니다. 해당 함수들로부터 평균으로부터 얼마나 멀어져 있는지를 확인할 수 있습니다.

기본 구조

```
sd(data, na.rm = FALSE)
var(data, na.rm = FALSE)
```

파라미터(parameter)
- data: 데이터셋
- na.rm: 결측치를 제거할 것인지 여부(기본값은 FALSE)

예시

```
# 표준편차와 분산 계산
sd(titanic$Fare)
var(titanic$Fare)

# 결측치가 있는 경우 표준편차와 분산 계산
sd(titanic$Age, na.rm = TRUE)
var(titanic$Age, na.rm = TRUE)
```

실행 결과

```
> # 표준편차와 분산 계산
> sd(titanic$Fare)
[1] 49.69343
> var(titanic$Fare)
[1] 2469.437
>
> # 결측치가 있는 경우 표준편차와 분산 계산
> sd(titanic$Age, na.rm = TRUE)
[1] 14.5265
> var(titanic$Age, na.rm = TRUE)
[1] 211.0191
```

3.6 요약 통계량: summary()

summary() 함수는 데이터의 주요 통계량을 한 번에 제공하기 때문에 데이터의 전반적인 특성을 빠르게 파악하는 데 매우 유용합니다. 해당 함수를 통해 데이터의 타입에 따라 각 변수에 대해 다양한 요약 정보를 제공합니다.

예시

```
summary(titanic)
```

실행 결과

```
> summary(titanic)
  PassengerId       Survived          Pclass            Name               Sex           
 Min.   :  1.0   Min.   :0.0000   Min.   :1.000   Length:891         Length:891        
 1st Qu.:223.5   1st Qu.:0.0000   1st Qu.:2.000   Class :character   Class :character  
 Median :446.0   Median :0.0000   Median :3.000   Mode  :character   Mode  :character  
 Mean   :446.0   Mean   :0.3838   Mean   :2.309                                        
 3rd Qu.:668.5   3rd Qu.:1.0000   3rd Qu.:3.000                                        
 Max.   :891.0   Max.   :1.0000   Max.   :3.000                                        
```

```
      Age             SibSp            Parch             Ticket              Fare
 Min.   : 0.42   Min.   :0.000   Min.   :0.0000   Length:891          Min.   :  0.00
 1st Qu.:20.12   1st Qu.:0.000   1st Qu.:0.0000   Class :character    1st Qu.:  7.91
 Median :28.00   Median :0.000   Median :0.0000   Mode  :character    Median : 14.45
 Mean   :29.70   Mean   :0.523   Mean   :0.3816                       Mean   : 32.20
 3rd Qu.:38.00   3rd Qu.:1.000   3rd Qu.:0.0000                       3rd Qu.: 31.00
 Max.   :80.00   Max.   :8.000   Max.   :6.0000                       Max.   :512.33
 NA's   :177
    Cabin              Embarked
 Length:891         Length:891
 Class :character   Class :character
 Mode  :character   Mode  :character
```

참고사항

- summary() 함수는 결측치(NA)를 자동으로 처리합니다. 결측치가 있는 경우, 그 개수를 별도로 보고합니다.
- 범주형 변수의 경우, 범주가 많으면 일부만 표시될 수 있습니다.
- 날짜/시간 데이터의 경우, 최솟값과 최댓값만 표시됩니다.
- 변수 중에 문자열이 포함되어 있는 경우 해당 변수의 통계량은 제외하고 반환합니다.

R 연습문제

타이타닉 데이터를 불러온 후 해당 문제를 해결하세요.

01 Titanic 데이터셋에서 'Age' 변수의 평균과 중앙값을 구한 후, 두 값의 차이를 계산하고, 이 차이가 전체 데이터의 몇 퍼센트를 차지하는지 계산하세요.

02 Titanic 데이터셋에서 'Fare' 변수의 최솟값과 최댓값을 구한 후, 이 두 값의 차이를 계산하고, 이 범위 내에서 'Age'의 평균을 구하세요.

03 Titanic 데이터셋에서 'Fare' 변수의 1사분위수, 중앙값, 3사분위수를 구한 후, 이 세 값의 평균을 계산하세요.

04 Titanic 데이터셋에서 'Age' 변수의 표준편차를 구한 후, 이 값을 1.5배 한 값을 계산하고, 이 값이 'Age'의 평균보다 큰지 작은지 확인하세요.

05 Titanic 데이터셋에서 'Pclass'가 1인 승객들의 'Fare' 평균을 구하고, 이 값을 전체 'Fare' 평균과 비교하여 비율을 계산하세요.

06 Titanic 데이터셋에서 'Age' 변수의 분산을 구한 후, 이 값을 제곱근하여 표준편차를 구하고, 이 표준편차가 'Age'의 평균보다 큰지 작은지 확인하세요.

07 Titanic 데이터셋에서 'Fare' 변수의 최댓값과 최솟값을 구한 후, 이 두 값의 차이를 계산하고, 이 차이를 'Fare'의 평균으로 나눈 값을 구하세요.

08 Titanic 데이터셋에서 'Age' 변수의 평균을 구한 후, 이 값을 10으로 나눈 값을 계산하고, 이 값이 'Age'의 중앙값보다 큰지 작은지 확인하세요.

09 Titanic 데이터셋에서 'Fare' 변수의 상위 10% 값을 구한 후, 이 값보다 큰 데이터의 수를 세고, 이 수를 전체 데이터의 수로 나눈 비율을 계산하세요.

10 Titanic 데이터셋에서 'Age' 변수의 값이 50세 이상인 승객의 수를 세고, 이 수를 전체 승객 수로 나눈 비율을 계산하세요.

Python

데이터 준비

```
pip install seaborn

# 필요한 패키지 임포트
import pandas as pd
import numpy as np
import seaborn as sns

# 데이터 로드
titanic = sns.load_dataset('titanic')
titanic.head()
```

실행 결과

```
In [85]: # 필요한 패키지 임포트
    ...: import pandas as pd
    ...: import numpy as np
    ...: import seaborn as sns
    ...:
    ...: # 데이터 로드
    ...: titanic = sns.load_dataset('titanic')
    ...: titanic.head()
Out[85]:
   survived  pclass     sex   age  ...  deck  embark_town alive  alone
0         0       3    male  22.0  ...   NaN  Southampton    no  False
1         1       1  female  38.0  ...     C    Cherbourg   yes  False
2         1       3  female  26.0  ...   NaN  Southampton   yes   True
3         1       1  female  35.0  ...     C  Southampton   yes  False
4         0       3    male  35.0  ...   NaN  Southampton    no   True

[5 rows x 15 columns]
```

1 기본적 데이터 탐색

기본적 데이터 탐색은 데이터 분석의 첫 단계로, 데이터셋의 구조와 특성을 이해하는 데 중점을 둡니다. 이 과정은 데이터의 초기 확인, 크기 파악, 속성 및 구조 분석을 포함하여, 데이터에 대한 직관을 형성하고 후속 분석을 위한 기초를 마련합니다.

1.1 데이터의 초기 확인: head()와 tail()

데이터가 어떻게 구성되어 있는지 확인할 때는 해당 데이터 프레임 변수를 Spyder의 Variable Explorer 창에서 데이터셋을 확인할 수 있습니다.

하지만 데이터가 큰 경우 데이터를 불러오는 데 상당한 시간이 소요되거나 컴퓨터가 감당하지 못하는 경우 멈추는 경우도 있습니다. 이때 head()와 tail() 함수는 각각 데이터셋의 첫 부분과 끝부분을 보여줌으로써 데이터의 구조와 내용을 빠르게 파악하는 데 도움을 줍니다.

기본 구조

```
DataFrame.head(n=6): 처음 6개의 행만 보기
DataFrame.tail(n=6): 마지막 6개의 행 보기

파라미터(parameter)
 - n: 보고 싶은 행의 수(기본값은 6)
```

예시

```
titanic.head(3)  # 처음 3개의 행만 보기
titanic.tail(4)  # 마지막 4개의 행 보기
```

실행 결과

```
In [87]: titanic.head(3) # 처음 3개의 행만 보기
Out[87]:
   survived  pclass     sex   age  ...  deck  embark_town alive  alone
0         0       3    male  22.0  ...   NaN  Southampton    no  False
1         1       1  female  38.0  ...     C    Cherbourg   yes  False
2         1       3  female  26.0  ...   NaN  Southampton   yes   True

[3 rows x 15 columns]
```

```
In [88]: titanic.tail(4)  # 마지막 4개의 행 보기
Out[88]:
     survived  pclass     sex   age  ...  deck  embark_town alive  alone
887         1       1  female  19.0  ...     B  Southampton   yes   True
888         0       3  female   NaN  ...   NaN  Southampton    no  False
889         1       1    male  26.0  ...     C    Cherbourg   yes   True
890         0       3    male  32.0  ...   NaN   Queenstown    no   True

[4 rows x 15 columns]
```

1.2 데이터의 크기 파악: shape, len()

데이터셋을 처음 마주했을 때, 그 크기에 대한 정보를 아는 것은 매우 중요합니다. 간단한 예로 특정 데이터를 이용해 통계 분석을 수행할 때 행(관측치)이 열(설명변수) 보다 적은 경우 모델의 신뢰성이 낮아집니다. 이런 경우 열(설명변수)을 줄이거나 행(관측치)을 추가하는 과정이 필요하게 됩니다.

1.2.1 len()

len() 함수는 주로 벡터의 길이를 알고 싶을 때 사용합니다. 하지만 데이터 프레임에 적용할 경우, 행의 수를 반환합니다.

기본 구조

```
len(DataFrame): 행의 수 반환
```

예시

```
len(titanic)          # 행의 수 반환
len(titanic.columns)  # 열의 수 반환
```

실행 결과

```
In [89]: len(titanic)  # 행의 수 반환
Out[89]: 891

In [90]: len(titanic.columns)  # 열의 수 반환
Out[90]: 15
```

1.2.2 shape 속성

shape 속성은 데이터의 차원을 반환합니다. 데이터 프레임의 경우, 행과 열의 수를 동시에 알려줍니다.

기본 구조

```
DataFrame.shape[0]: 행의 수만 반환
DataFrame.shape[1]: 열의 수만 반환
DataFrame.shape: 행과 열의 수를 튜플로 반환
```

예시

```
titanic.shape[0]  # 행의 수 반환
titanic.shape[1]  # 열의 수 반환
titanic.shape     # 행과 열의 수를 튜플로 반환
```

실행 결과

```
In [91]: titanic.shape[0]  # 행의 수 반환
Out[91]: 891

In [92]: titanic.shape[1]  # 열의 수 반환
Out[92]: 15

In [93]: titanic.shape  # 행과 열의 수를 튜플로 반환
Out[93]: (891, 15)
```

1.3 데이터의 속성 파악: dtype

dtypes 속성은 각 열의 데이터 타입을 보여줍니다. 데이터 속성을 확인함으로써 데이터가 어떤 유형의 정보를 담고 있는지 파악할 수 있습니다. 수치형, 범주형 그리고 날짜/시간과 같은 데이터의 속성을 파악함으로써 전처리, 그리고 분석 및 시각화 과정에서 적합한 방법을 선택할 수 있습니다.

기본 구조

```
DataFrame.dtypes: 각 열의 데이터 타입 확인
```

예시

```
titanic.dtypes  # 각 열의 데이터 타입 확인
```

실행 결과

```
In [94]: titanic.dtypes  # 각 열의 데이터 타입 확인
Out[94]:
survived         int64
pclass           int64
sex             object
age            float64
sibsp            int64
parch            int64
fare           float64
embarked        object
class         category
who             object
adult_male        bool
deck          category
embark_town     object
alive           object
alone             bool
dtype: object
```

1.4 데이터 행과 열 이름 확인: columns, index

데이터 프레임의 변수명(열 이름)과 행 이름을 확인할 때는 columns와 index 속성을 사용합니다. 이는 데이터의 구조를 이해하고 특정 변수나 관측치에 접근할 때 유용합니다.

기본 구조

```
DataFrame.columns: 열이름(변수명) 확인
DataFrame.index: 행이름 확인
```

예시

```
# 열이름(변수명) 확인
titanic.columns

# 행이름 확인
titanic.index
```

실행 결과

```
In [99]: # 열이름(변수명) 확인
    ...: titanic.columns
Out[99]:
Index(['survived', 'pclass', 'sex', 'age', 'sibsp', 'parch', 'fare',
       'embarked', 'class', 'who', 'adult_male', 'deck', 'embark_town',
       'alive', 'alone'],
      dtype='object')

In [100]: # 행 이름 확인
     ...: titanic.index
Out[100]: RangeIndex(start=0, stop=891, step=1)
```

1.5 데이터의 전반적인 구조 확인: info()

info() 함수는 데이터프레임의 전반적인 정보를 제공합니다. 특히 이 함수는 전체 데이터를 출력하지 않고도 데이터의 구조를 빠르게 파악할 수 있기 때문에 큰 데이터셋을 다룰 때 유용합니다.

info() 함수를 통해 다음과 같은 정보를 얻을 수 있습니다.

- 데이터의 전체적인 형태(행과 열의 수)
- 각 변수의 이름과 데이터 타입
- 결측치가 없는 값의 개수
- 메모리 사용량

Python

기본 구조

DataFrame.info(): 데이터프레임의 정보 확인

예시

```
# 데이터프레임의 정보 확인
titanic.info()
```

실행 결과

```
In [101]: # 데이터프레임의 정보 확인
     ...: titanic.info()
<class 'pandas.core.frame.DataFrame'>
RangeIndex: 891 entries, 0 to 890
Data columns (total 15 columns):
 #   Column       Non-Null Count  Dtype
---  ------       --------------  -----
 0   survived     891 non-null    int64
 1   pclass       891 non-null    int64
 2   sex          891 non-null    object
 3   age          714 non-null    float64
 4   sibsp        891 non-null    int64
 5   parch        891 non-null    int64
 6   fare         891 non-null    float64
 7   embarked     889 non-null    object
 8   class        891 non-null    category
 9   who          891 non-null    object
 10  adult_male   891 non-null    bool
 11  deck         203 non-null    category
 12  embark_town  889 non-null    object
 13  alive        891 non-null    object
 14  alone        891 non-null    bool
dtypes: bool(2), category(2), float64(2), int64(4), object(5)
memory usage: 80.7+ KB
```

1.6 고윳값 확인: unique()

unique() 함수는 특정 열의 고유한 값들을 반환합니다. 이는 특히 범주형 변수의 카테고리를 파악하는 데 유용합니다.

기본 구조

```
DataFrame['column_name'].unique(): 고윳값 배열 반환
DataFrame['column_name'].nunique(): 고윳값 개수 반환
```

예시

```
# 고윳값 배열 반환
titanic['sex'].unique()

# 고윳값 개수 반환
titanic['class'].nunique()
```

실행 결과

```
In [102]: # 고유 값 배열 반환
     ...: titanic['sex'].unique()
Out[102]: array(['male', 'female'], dtype=object)

In [103]: # 고유 값 개수 반환
     ...: titanic['class'].nunique()
Out[103]: 3
```

1.7 결측치 확인: isna()

결측치는 데이터에서 값이 없는 부분을 의미합니다. isna() 함수는 각 셀의 결측치 여부를 불리언(True/False)으로 반환합니다. 이를 통해 데이터의 품질을 파악할 수 있습니다.

기본 구조

```
DataFrame.isna(): 각 셀의 결측치 여부를 불리언(True/False)으로 반환
```

예시

```
# 결측치 확인
titanic.isna()
```

실행 결과

```
In [104]: # 결측치 확인
     ...: titanic.isna()
Out[104]:
     survived  pclass    sex    age  ...   deck  embark_town  alive  alone
0       False   False  False  False  ...   True        False  False  False
1       False   False  False  False  ...  False        False  False  False
2       False   False  False  False  ...   True        False  False  False
3       False   False  False  False  ...  False        False  False  False
4       False   False  False  False  ...   True        False  False  False
..        ...     ...    ...    ...  ...    ...          ...    ...    ...
886     False   False  False  False  ...   True        False  False  False
887     False   False  False  False  ...  False        False  False  False
888     False   False  False   True  ...   True        False  False  False
889     False   False  False  False  ...  False        False  False  False
890     False   False  False  False  ...   True        False  False  False

[891 rows x 15 columns]
```

2 통계적 데이터 탐색

통계적 특성 탐색은 데이터 분석의 핵심 단계로, 데이터의 분포와 변수 간 관계를 파악하고 이상치를 발견하는 데 도움을 줍니다. 이를 통해 가설 형성, 전처리 방법 결정, 적합한 모델링 전략 수립이 가능해지며, 궁극적으로 더 정확하고 의미 있는 분석 결과를 도출할 수 있습니다.

2.1 최솟값과 최댓값: min(), max()

min()과 max() 함수는 각각 데이터의 최솟값과 최댓값을 반환합니다. 이를 통해 데이터의 분포 범위를 파악할 수 있습니다.

기본 구조

```
DataFrame['column_name'].min(skipna = TRUE): 최솟값 반환
DataFrame['column_name'].max(skipna = TRUE): 최댓값 반환

파라미터(parameter)
 - skipna: 결측치를 제거할 것인지 여부(기본값은 TRUE)
```

예시

```
# 최솟값과 최댓값 확인
titanic['fare'].min()
titanic['fare'].max()
```

Python

실행 결과

```
In [105]: # 최소값과 최대값 확인
     ...: titanic['fare'].min()
Out[105]: 0.0

In [106]: titanic['fare'].max()
Out[106]: 512.3292
```

2.2 평균값과 중앙값: mean(), median()

mean()과 median() 함수는 각각 데이터의 평균과 중앙값을 반환하며, 두 값을 함께 사용하면 데이터 분포에 대한 더 많은 정보를 얻을 수 있습니다. 예를 들어, 두 값의 차이가 크면 데이터가 비대칭적이거나 이상치가 있을 수 있습니다.

기본 구조

```
DataFrame['column_name'].mean(skipna = TRUE): 평균값 반환
DataFrame['column_name'].median(skipna = TRUE): 중앙값 반환

파라미터(parameter)
 - skipna: 결측치를 제거할 것인지 여부(기본값은 TRUE)
```

예시

```
# 최솟값과 최댓값 확인
titanic['fare'].mean()
titanic['fare'].median()
```

실행 결과

```
In [107]: # 최소값과 최대값 확인
     ...: titanic['fare'].mean()
Out[107]: 32.204207968574636

In [108]: titanic['fare'].median()
Out[108]: 14.4542
```

2.3 분위수: quantile()

quantile() 함수는 데이터의 분위수를 계산합니다. 기본적으로 최솟값(0%), 1사분위수(25%), 중앙값(50%), 3사분위수(75%), 최댓값(100%) 지점의 값을 반환하며, 원하는 분위수를 지정할 수도 있습니다.

기본 구조

```
DataFrame['column_name'].quantile([]): 분위수 계산

파라미터(parameter)
 - []: 분위수를 계산할 비율 리스트(기본값: [0.5])
```

예시

```
# 기본값 0.5 (중앙값)
titanic['fare'].quantile()

# 기본 분위수 계산
titanic['fare'].quantile([0, 0.25, 0.5, 0.75, 1])

# 10%, 45%, 90% 분위수 구하기
titanic['fare'].quantile([0.1, 0.45, 0.9])
```

실행 결과

```
In [111]: # 기본값 0.5 (중앙값)
     ...: titanic['fare'].quantile()
Out[111]: 14.4542

In [112]: # 기본 분위수 계산
     ...: titanic['fare'].quantile([0, 0.25, 0.5, 0.75, 1])
Out[112]:
0.00      0.0000
0.25      7.9104
0.50     14.4542
0.75     31.0000
1.00    512.3292
Name: fare, dtype: float64

In [113]: # 10%, 45%, 90% 분위수 구하기
     ...: titanic['fare'].quantile([0.1, 0.45, 0.0])
Out[113]:
0.10     7.55
0.45    13.00
0.00     0.00
Name: fare, dtype: float64
```

2.4 표준편차와 분산: std(), var()

sd()와 var() 함수는 데이터의 표준편차와 분산을 반환합니다. 이 함수들로 평균에 대한 분산과 흩어진 정도(즉, 산포도)를 확인할 수 있습니다.

기본 구조

```
DataFrame['column_name'].std(skipna=True): 표준편차 계산
DataFrame['column_name'].var(skipna=True): 분산 계산

파라미터(parameter)
 - skipna: 결측치를 제거할 것인지 여부(기본값은 TRUE)
```

예시

```
# 표준편차
titanic['fare'].std()

# 분산
titanic['fare'].var()
```

실행 결과

```
In [116]: # 표준편차
     ...: titanic['fare'].std()
Out[116]: 49.693428597180905

In [117]: # 분산
     ...: titanic['fare'].var()
Out[117]: 2469.436845743117
```

2.6 기술 통계량 요약: describe()

describe() 함수는 수치형 변수엔 평균, 표준편차 등 범주형엔 빈도 등 변수 특성에 맞는 핵심 통계량을 보여줍니다. 따라서 해당 함수는 이러한 주요 통계량을 한 번에 제공하기 때문에 데이터의 전반적인 특성을 빠르게 파악하는 데 매우 유용합니다.

기본 구조

```
DataFrame.describe(): 데이터의 기술 통계량 요약
```

예시

```
# 데이터의 기술 통계량 요약
titanic.describe()
```

실행 결과

```
In [119]: # 데이터의 기술 통계량 요약
     ...: titanic.describe()
Out[119]:
         survived      pclass         age       sibsp       parch        fare
count  891.000000  891.000000  714.000000  891.000000  891.000000  891.000000
mean     0.383838    2.308642   29.699118    0.523008    0.381594   32.204208
std      0.486592    0.836071   14.526497    1.102743    0.806057   49.693429
min      0.000000    1.000000    0.420000    0.000000    0.000000    0.000000
25%      0.000000    2.000000   20.125000    0.000000    0.000000    7.910400
50%      0.000000    3.000000   28.000000    0.000000    0.000000   14.454200
75%      1.000000    3.000000   38.000000    1.000000    0.000000   31.000000
max      1.000000    3.000000   80.000000    8.000000    6.000000  512.329200
```

Python 연습문제

타이타닉 데이터를 불러온 후 해당 문제를 해결하세요.

01 Titanic 데이터셋에서 'Age' 변수의 평균과 중앙값을 구한 후, 두 값의 차이를 계산하고, 이 차이가 전체 데이터의 몇 퍼센트를 차지하는지 계산하세요.

02 Titanic 데이터셋에서 'Fare' 변수의 최솟값과 최댓값을 구한 후, 이 두 값의 차이를 계산하고, 이 범위 내에서 'Age'의 평균을 구하세요.

03 Titanic 데이터셋에서 'Fare' 변수의 1사분위수, 중앙값, 3사분위수를 구한 후, 이 세 값의 평균을 계산하세요.

04 Titanic 데이터셋에서 'Age' 변수의 표준편차를 구한 후, 이 값을 1.5배 한 값을 계산하고, 이 값이 'Age'의 평균보다 큰지 작은지 확인하세요.

05 Titanic 데이터셋에서 'Pclass'가 1인 승객들의 'Fare' 평균을 구하고, 이 값을 전체 'Fare' 평균과 비교하여 비율을 계산하세요.

06 Titanic 데이터셋에서 'Age' 변수의 분산을 구한 후, 이 값을 제곱근하여 표준편차를 구하고, 이 표준편차가 'Age'의 평균보다 큰지 작은지 확인하세요.

07 Titanic 데이터셋에서 'Fare' 변수의 최댓값과 최솟값을 구한 후, 이 두 값의 차이를 계산하고, 이 차이를 'Fare'의 평균으로 나눈 값을 구하세요.

08 Titanic 데이터셋에서 'Age' 변수의 평균을 구한 후, 이 값을 10으로 나눈 값을 계산하고, 이 값이 'Age'의 중앙값보다 큰지 작은지 확인하세요.

09 Titanic 데이터셋에서 'Fare' 변수의 상위 10% 값을 구한 후, 이 값보다 큰 데이터의 수를 세고, 이 수를 전체 데이터의 수로 나눈 비율을 계산하세요.

10 Titanic 데이터셋에서 'Age' 변수의 값이 50세 이상인 승객의 수를 세고, 이 수를 전체 승객 수로 나눈 비율을 계산하세요.

10장

데이터 정리

R

1. 중복 처리
2. 결측치 처리
3. 데이터 형식 통일

Python

1. 중복 처리
2. 결측치 처리
3. 데이터 형식 통일

앞 장에서 데이터 탐색(EDA)을 통해 데이터의 전반적인 특성과 구조를 파악했다면, 다음 단계로는 분석에 적합한 형태로 데이터를 가공하는 전처리 과정이 필요합니다. 이 과정에서는 (1) 중복 데이터 처리, (2) 결측치 처리, (3) 변수 타입 변환(형식 통일) 이 필수적으로 수행되어야 하며 이에 대한 자세한 내용은 다음과 같습니다.

(1) 중복 처리

중복 데이터는 분석 결과의 신뢰성과 정확성을 저해하는 요인으로, 데이터 전처리 과정에서 반드시 처리해야 하는 중요한 단계입니다. 특히 중복 처리 방법은 데이터의 특성과 분석 목적에 따라 다양한 접근이 필요합니다. 따라서 중복 처리 시 다음과 같은 사항들을 고려해야 합니다.

- 중복의 정의: 완전 중복인지 부분 중복인지 명확히 정의하고 처리 방향을 결정해야 합니다.
- 처리 방법 선택: 첫 번째 값 유지, 마지막 값 유지, 모두 제거 등 적절한 방법을 선택해야 합니다.
- 데이터의 특성: 의도된 중복인지 오류로 인한 중복인지 파악해야 합니다.
- 분석 영향도: 중복 처리가 최종 분석 결과에 미치는 영향을 고려해야 합니다.

(2) 결측치 처리

결측(NA) 데이터는 데이터 분석을 원활하게 수행하는 것을 방해하는 요인으로, 데이터를 전처리할 때 반드시 처리해야 하는 과정 중 하나입니다. 특히 결측치를 처리하는 방법에는 정해진 규칙이 없기 때문에 데이터의 특성과 분석 방법론에 따라 주관적으로 처리해야 합니다. 따라서 결측치 처리 시 다음과 같은 사항들을 고려해야 합니다.

- 결측치의 의미 파악: 데이터가 없는 이유를 이해하고 처리 방향을 결정해야 합니다.
- 처리 방법 선택: 삭제, 대체값 입력, 예측값 사용 등 적절한 방법을 선택해야 합니다.
- 데이터의 품질: 너무 많은 결측치가 있다면 해당 열이나 행의 유용성을 재검토해야 합니다.
- 분석 영향도: 결측치 처리 방식이 최종 분석 결과에 미치는 영향을 고려해야 합니다.

(3) 데이터 형식 통일

데이터 분석 시 동일한 의미를 가진 데이터가 서로 다른 형식으로 저장되어 있는 경우가 많습니다. 이는 분석의 정확성을 저해하고 오류를 발생시킬 수 있으므로, 데이터 형식을 일관되게 통일하는 것이 중요합니다. 데이터 형식 통일 시 다음과 같은 사항들을 고려해야 합니다.

- 데이터 타입 확인: 문자형, 숫자형, 날짜형 등 적절한 데이터 타입을 결정해야 합니다.
- 일관성 유지: 같은 의미의 데이터는 동일한 형식으로 통일해야 합니다.
- 형식 변환 영향: 데이터 변환이 분석 결과에 미치는 영향을 고려해야 합니다.
- 데이터 손실: 형식 변환 시 발생할 수 있는 데이터 손실을 주의해야 합니다.

이러한 전처리 작업은 단순한 형식 정리가 아니라, 데이터의 신뢰도와 분석 결과의 타당성을 확보하기 위한 핵심 과정입니다. 분석 목적에 따라 다양한 전략이 적용될 수 있으며, 처리 과정에서의 선택이 최종 결과에 중대한 영향을 미칠 수 있으므로 체계적인 접근과 도구의 활용이 중요합니다.

이번 장에서는 전처리를 지원하는 다양한 함수들을 통해 실제로 데이터를 어떻게 다듬는지 구체적으로 살펴보겠습니다.

R

1 중복 처리

데이터 준비

```
# 예시 데이터 생성
data_frame <- data.frame(
    name = c("John", "Jane", "John", "Mike", "Sarah", "Jane"),
    age = c(25, 30, 25, 35, 28, 30),
    department = c("IT", "HR", "IT", "Sales", "IT", "HR")
)

print(data_frame)
```

실행 결과

```
> # 예시 데이터 생성
> data_frame <- data.frame(
+     name = c("John", "Jane", "John", "Mike", "Sarah", "Jane"),
+     age = c(25, 30, 25, 35, 28, 30),
+     department = c("IT", "HR", "IT", "Sales", "IT", "HR")
+ )
>
> print(data_frame)
   name age department
1  John  25         IT
2  Jane  30         HR
3  John  25         IT
4  Mike  35      Sales
5 Sarah  28         IT
6  Jane  30         HR
```

1.1 중복 확인: duplicated()

중복 처리에서 가장 먼저 해야 할 일은 중복된 데이터가 어디에 있는지 확인하는 것입니다. duplicated() 함수는 각 행이 중복인지 아닌지를 TRUE/FALSE로 반환합니다.

기본 구조

```
duplicated(data_frame)

파라미터(parameter)
  - fromLast: 마지막 값을 기준으로 중복 확인(기본값: FALSE)
```

예시

```
# 전체 중복 확인
duplicated(data_frame)

# 특정 열 기준으로 중복 확인
duplicated(data_frame[c("department", "age")])

# 전체 중복 행 개수 확인
total_duplicates <- sum(duplicated(data_frame))
print(paste("전체 중복 행 개수:", total_duplicates))
```

실행 결과

```
> # 전체 중복 확인
> duplicated(data_frame)
[1] FALSE FALSE  TRUE FALSE FALSE  TRUE
>
> # 특정 열 기준으로 중복 확인
> duplicated(data_frame[c("department", "age")])
[1] FALSE FALSE  TRUE FALSE FALSE  TRUE
>
> # 전체 중복 행 개수 확인
> total_duplicates <- sum(duplicated(data_frame))
> print(paste("전체 중복 행 개수:", total_duplicates))
[1] "전체 중복 행 개수: 2"
```

1.2 중복 제거: unique()

중복된 데이터를 발견했다면, unique() 함수를 통해 중복 행을 제거할 수 있습니다.

예시

```
# 모든 열을 기준으로 중복 제거
unique(data_frame)

# 특정 열을 기준으로 중복 제거
unique(data_frame[c("name", "department")])
```

실행 결과

```
> # 모든 열을 기준으로 중복 제거
> unique(data_frame)
   name age department
1  John  25         IT
2  Jane  30         HR
4  Mike  35      Sales
5 Sarah  28         IT
>
> # 특정 열을 기준으로 중복 제거
> unique(data_frame[c("name", "department")])
   name department
1  John         IT
2  Jane         HR
4  Mike      Sales
5 Sarah         IT
```

2 결측치 처리

예시

```
# 예시 데이터 생성
data_frame <- data.frame(
    name = c("John", "Jane", NA, "Mike", "Sarah", NA),
    age = c(25, NA, 30, NA, 35, NA),
    salary = c(NA, 45000, 50000, 55000, NA, NA),
    department = c("IT", "HR", NA, "Sales", "IT", NA)
)
print(data_frame)
```

실행 결과

```
> # 예시 데이터 생성
> data_frame <- data.frame(
+     name = c("John", "Jane", NA, "Mike", "Sarah", NA),
+     age = c(25, NA, 30, NA, 35, NA),
+     salary = c(NA, 45000, 50000, 55000, NA, NA),
+     department = c("IT", "HR", NA, "Sales", "IT", NA)
+ )
> print(data_frame)
   name age salary department
1  John  25     NA         IT
2  Jane  NA  45000         HR
3  <NA>  30  50000       <NA>
4  Mike  NA  55000      Sales
5 Sarah  35     NA         IT
6  <NA>  NA     NA       <NA>
```

2.1 결측치 확인: is.na()

결측치 처리에서 가장 먼저 해야 할 일은 결측치가 어디에 있는지 확인하고 범위를 파악하는 것입니다. is.na() 함수는 결측치를 각 요소에 대해 결괏값을 논리값(TRUE/FALSE) 벡터로 반환합니다.

예시

```
# 결측치 위치 확인
print(is.na(data_frame))

# 열별 결측치 개수
col_na <- colSums(is.na(data_frame))
print(col_na)

# 행별 결측치 개수
row_na <- rowSums(is.na(data_frame))
print(row_na)

# 전체 결측치 개수
total_na <- sum(is.na(data_frame))
print(paste("전체 결측치 개수:", total_na))

# 결측치 비율
na_ratio <- colMeans(is.na(data_frame))
print(round(na_ratio, 3))
```

실행 결과

```
> # 결측치 위치 확인
> print(is.na(data_frame))
      name   age salary department
[1,] FALSE FALSE   TRUE      FALSE
[2,] FALSE  TRUE  FALSE      FALSE
[3,]  TRUE FALSE  FALSE       TRUE
[4,] FALSE  TRUE  FALSE      FALSE
[5,] FALSE FALSE   TRUE      FALSE
[6,]  TRUE  TRUE   TRUE       TRUE
>
> # 열별 결측치 개수
> col_na <- colSums(is.na(data_frame))
> print(col_na)
      name        age     salary department
         2          3          3          2
```

```
>
> # 행별 결측치 개수
> row_na <- rowSums(is.na(data_frame))
> print(row_na)
[1] 1 1 2 1 1 4
>
> # 전체 결측치 개수
> total_na <- sum(is.na(data_frame))
> print(paste("전체 결측치 개수:", total_na))
[1] "전체 결측치 개수: 10"
>
> # 결측치 비율
> na_ratio <- colMeans(is.na(data_frame))
> print(round(na_ratio, 3))
      name        age     salary department
     0.333      0.500      0.500      0.333
```

2.2 결측치 제거: na.omit()

결측값이 존재할 때 처리할 수 있는 가장 간단한 방법은 결측값이 존재하는 행을 제거하는 것입니다. na.omit() 함수 또는 !is.na()를 통해 결측행을 제거할 수 있습니다. 하지만 이로 인해 상당한 데이터 손실이 발생할 수 있으므로 주의해서 사용해야 합니다.

예시

```
# 결측치가 있는 행 모두 제거
clean_data <- na.omit(data_frame)
print(clean_data)

# 특정 열의 결측치가 있는 행만 제거
clean_data_subset <- data_frame[!is.na(data_frame$age), ]
print(clean_data_subset)
```

실행 결과

```
> # 결측치가 있는 행 모두 제거
> clean_data <- na.omit(data_frame)
> print(clean_data)
[1] name       age        salary     department
<0 행> <또는 row.names의 길이가 0입니다>
>
> # 특정 열의 결측치가 있는 행만 제거
> clean_data_subset <- data_frame[!is.na(data_frame$age), ]
> print(clean_data_subset)
   name age salary department
1  John  25     NA         IT
3  <NA>  30  50000       <NA>
5 Sarah  35     NA         IT
```

2.3 결측치 대체: replace_na()

데이터 전처리 시 결측치가 있는 행을 모두 제거하면 중요한 정보가 손실될 수 있습니다. tidyr 패키지의 replace_na() 함수를 사용해 결측치(NA)를 다른 값으로 대체하면 데이터 손실을 줄일 수 있습니다.

기본 구조

```
replace_na(data, replace = list())

파라미터(parameter)
  - data: 결측치를 대체할 데이터프레임
  - replace: 대체할 값을 리스트 형태로 지정
```

예시

```
library(tidyr)

# 특정 값으로 대체
replace_na(data_frame, list(department = "Unknown"))

# 평균값으로 대체
age.mean = mean(data_frame$age, na.rm = TRUE)
replace_na(data_frame, list(age = age.mean))

# 중앙값으로 대체
age.median = median(data_frame$age, na.rm = TRUE)
replace_na(data_frame, list(age = age.median))

# 여러 열을 각각 다른 통계 값으로 대체
salary.median = median(data_frame$salary, na.rm = TRUE)
replace_na(data_frame, list(age = age.mean, salary = salary.median))
```

실행 결과

```
> # 특정 값으로 대체
> replace_na(data_frame, list(department = "Unknown"))
   name age salary department
1  John  25     NA         IT
2  Jane  NA  45000         HR
3  <NA>  30  50000    Unknown
4  Mike  NA  55000      Sales
5 Sarah  35     NA         IT
6  <NA>  NA     NA    Unknown
```

R

```
>
>
> # 평균값으로 대체
> age.mean = mean(data_frame$age, na.rm = TRUE)
> replace_na(data_frame, list(age = age.mean))
   name age salary department
1  John  25     NA         IT
2  Jane  30  45000         HR
3  <NA>  30  50000       <NA>
4  Mike  30  55000      Sales
5 Sarah  35     NA         IT
6  <NA>  30     NA       <NA>
>
>
> # 중앙값으로 대체
> age.median = median(data_frame$age, na.rm = TRUE)
> replace_na(data_frame, list(age = age.median))
   name age salary department
1  John  25     NA         IT
2  Jane  30  45000         HR
3  <NA>  30  50000       <NA>
4  Mike  30  55000      Sales
5 Sarah  35     NA         IT
6  <NA>  30     NA       <NA>
>
> # 여러 열을 각각 다른 통계 값으로 대체
> salary.median = median(data_frame$salary, na.rm = TRUE)
> replace_na(data_frame, list(age = age.mean, salary = salary.median))
   name age salary department
1  John  25  50000         IT
2  Jane  30  45000         HR
3  <NA>  30  50000       <NA>
4  Mike  30  55000      Sales
5 Sarah  35  50000         IT
6  <NA>  30  50000       <NA>
```

3 데이터 형식 통일

예시

```
data_frame <- data.frame(
    date = c("01/02/2024", "01/02/2024", "03/02/2024", "04/02/2024", "05/02/2024"),
    temperature = c("25.5 C", "26 C", "24.8 C", "27.2 C", "23 C"),
    category = c("Type_A", "Type_B ", "Type_C", "Type_D  ", "Type_E"),
    amount = c("$1,000", "$2,000", "$3,000", "$4,000", "$5,000"),
    score = c(92.54, 87.32, 95.81, 88.45, 91.23),
    status = c("TRUE", "T", 'F', "FALSE", 'T')
    )
print(data_frame)
```

실행 결과

```
> data_frame <- data.frame(
+     date = c("01/02/2024", "01/02/2024", "03/02/2024", "04/02/2024", "05/02/2024"),
+     temperature = c("25.5 C", "26 C", "24.8 C", "27.2 C", "23 C"),
+     category = c("Type_A", "Type_B ", "Type_C", "Type_D  ", "Type_E"),
+     amount = c("$1,000", "$2,000", "$3,000", "$4,000", "$5,000"),
+     score = c(92.54, 87.32, 95.81, 88.45, 91.23),
+     status = c("TRUE", "T", 'F', "FALSE", 'T')
+ )
> print(data_frame)
        date temperature category amount score status
1 01/02/2024      25.5 C   Type_A $1,000 92.54   TRUE
2 01/02/2024        26 C  Type_B  $2,000 87.32      T
3 03/02/2024      24.8 C   Type_C $3,000 95.81      F
4 04/02/2024      27.2 C Type_D   $4,000 88.45  FALSE
5 05/02/2024        23 C   Type_E $5,000 91.23      T
```

3.1 숫자 데이터 처리

3.1.1 숫자 데이터 변환

실제 데이터에서는 숫자가 다양한 형태의 문자열로 저장되어 있는 경우가 많습니다. 이러한 데이터는 직접적인 수치 연산이 불가능하므로 적절한 전처리가 필요합니다. 주로 다음과 같은 형태로 나타납니다.

- 통화 데이터: "$2,000", "₩2,000", "€2,000", "£2,000"
- 비율 데이터: "45%", "+15%", "-2.5%"
- 단위 포함 데이터: "25kg", "100m", "32°C", "15.5cm"
- 천단위 구분: "1,234,567", "1.234.567"

이러한 데이터를 숫자형으로 변환하기 위해서는 두 단계의 처리가 필요합니다.

(1) gsub() 함수로 특수문자 제거(쉼표, 통화 기호 등)

(2) as.numeric() 함수로 숫자형 변환

기본 구조

gsub(pattern, replacement, x)

파라미터(parameter)
- pattern: 제거할 패턴(특수문자의 경우 이스케이프('\\') 사용)
- replacement: 제거 후 대체할 값
- x: 적용할 데이터

예시

```
# 특정열 쉼표(,) 제거 및 숫자형 변환
data_frame$amount <-gsub("\\,", "", data_frame$amount)
print(data_frame)

# 통화($) 제거
data_frame$amount <-gsub("\\$", "", data_frame$amount)
print(data_frame)

# 숫자형 변환
data_frame$amount <-as.numeric(data_frame$amount)
str(data_frame)
```

실행 결과

```
> print(data_frame)
        date temperature category amount score status
1 01/02/2024      25.5 C    Type_A  $1000 92.54   TRUE
2 01/02/2024        26 C  Type_B    $2000 87.32      T
3 03/02/2024      24.8 C    Type_C  $3000 95.81      F
4 04/02/2024      27.2 C Type_D     $4000 88.45  FALSE
5 05/02/2024        23 C    Type_E  $5000 91.23      T
>
> # 통화($) 제거
> data_frame$amount <-gsub("\\$", "", data_frame$amount)
> print(data_frame)
        date temperature category amount score status
1 01/02/2024      25.5 C    Type_A   1000 92.54   TRUE
2 01/02/2024        26 C  Type_B     2000 87.32      T
3 03/02/2024      24.8 C    Type_C   3000 95.81      F
4 04/02/2024      27.2 C Type_D      4000 88.45  FALSE
5 05/02/2024        23 C    Type_E   5000 91.23      T
>
> # 숫자형 변환
> data_frame$amount <-as.numeric(data_frame$amount)
> str(data_frame)
'data.frame':	5 obs. of  6 variables:
 $ date       : chr  "01/02/2024" "01/02/2024" "03/02/2024" "04/02/2024" ...
 $ temperature: chr  "25.5 C" "26 C" "24.8 C" "27.2 C" ...
 $ category   : chr  "Type_A" "Type_B " "Type_C" "Type_D  " ...
 $ amount     : num  1000 2000 3000 4000 5000
 $ score      : num  92.5 87.3 95.8 88.5 91.2
 $ status     : chr  "TRUE" "T" "F" "FALSE" ...
```

3.1.2 소수점 처리

데이터 분석 시 소수점이 포함된 숫자를 다룰 때, 분석 목적이나 표현 방식에 따라 소수점을 적절히 처리해야 할 필요가 있습니다. 예를 들어,

- 금액 데이터: 소수점 둘째 자리까지 표시(예: 1234.56)
- 비율 데이터: 소수점 첫째 자리까지 표시(예: 75.5%)
- 정수형 변환: 소수점 완전 제거(예: 1234)

다음과 같은 함수들을 통해 소수점을 처리할 수 있습니다.

- round(): 가장 일반적인 반올림 함수로, digits 파라미터로 소수점 자릿수 지정
- floor(): 항상 작은 정수로 내림(예: 3.7 → 3)
- as.integer(): 소수점 제거 및 정수형 변환(예: 3.7 → 3)
- ceiling(): 항상 큰 정수로 올림(예: 3.2 → 4)
- trunc(): 소수점을 0의 방향으로 단순 절사(예: 3.7 → 3, -3.7 → -3)

R

예시

```
# 소수점 아래를 버림(내림)
floor(data_frame$score)

# 소수점 아래에서 올림
ceiling(data_frame$score)

# 소수점 절사(0을 향해 절사)
trunc(data_frame$score)

# 첫째 자리에서 반올림
round(data_frame$score, digits = 1)

# 정수형 변환
as.integer(data_frame$score)
```

실행 결과

```
> # 소수점 아래를 버림 (내림)
> floor(data_frame$score)
[1] 92 87 95 88 91
>
> # 소수점 아래에서 올림
> ceiling(data_frame$score)
[1] 93 88 96 89 92
>
> # 소수점 절사 (0을 향해 절사)
> trunc(data_frame$score)
[1] 92 87 95 88 91
>
> # 첫째 자리에서 반올림
> round(data_frame$score, digits = 1)
[1] 92.5 87.3 95.8 88.4 91.2
>
> # 정수형 변환
> as.integer(data_frame$score)
[1] 92 87 95 88 91
```

3.2 날짜 데이터 처리

실제 데이터에서 날짜는 다양한 형식의 문자열로 저장되어 있는 경우가 많으며, 주로 다음과 같은 형태로 나타납니다.

- 슬래시 구분: "01/02/2024", "2024/01/02"
- 점 구분: "2024.01.03", "03.01.2024"
- 하이픈 구분: "2024-01-05", "05-01-2024"
- 연속 숫자: "20240105", "05012024"

이러한 데이터는 날짜 연산이 불가능하므로 적절한 전처리가 필요합니다. as.Date() 함수는 이러한 데이터를 날짜형으로 변환하기 위해서 사용됩니다. 단, 변형할 문자열의 포맷 형식에 맞춰 파라미터를 지정하지 않으면 오류가 발생합니다.

기본 구조

```
as.Date(x, format = "%Y-%m-%d")

파라미터(parameter)
  - x: 날짜 문자열
  - format: 날짜 형식(기본값: "%Y-%m-%d")

주요 format 코드
  - %Y: 4자리 연도
  - %y: 2자리 연도
  - %m: 2자리 월
  - %d: 2자리 일
```

예시

```
# 예시 데이터
dates <- c("2024-01-01", "01/02/2024", "2024.01.03", "20240105")

# 날짜 변환
as.Date(dates, format = "%Y-%m-%d")

# 특정열 "%d/%m/%Y" 형식의 문자열을 날짜 형식으로 변환
as.Date(dates, format = "%d/%m/%Y")

# 특정열 "%Y.%m.%d" 형식의 문자열을 날짜 형식으로 변환
as.Date(dates, format = "%Y.%m.%d")

# 특정열 "%Y%m%d" 형식의 문자열을 날짜 형식으로 변환
as.Date(dates, format = "%Y%m%d")
```

```
# 특정열 "%d/%m/%Y" 형식의 문자열을 날짜 형식으로 변환
as.Date(data_frame$date, format = "%d/%m/%Y")
```

실행 결과

```
> # 예시 데이터
> dates <- c("2024-01-01", "01/02/2024", "2024.01.03", "20240105")
>
> # 날짜 변환
> as.Date(dates, format = "%Y-%m-%d")
[1] "2024-01-01" NA           NA           NA
>
> # 특정열 "%d/%m/%Y" 형식의 문자열을 날짜 형식으로 변환
> as.Date(dates, format = "%d/%m/%Y")
[1] NA           "2024-02-01" NA           NA
>
> # 특정열 "%Y.%m.%d" 형식의 문자열을 날짜 형식으로 변환
> as.Date(dates, format = "%Y.%m.%d")
[1] NA           NA           "2024-01-03" NA
>
> # 특성녈 "%Y%m%d" 형식의 문자열을 날짜 형식으로 변환
> as.Date(dates, format = "%Y%m%d")
[1] NA           NA           NA           "2024-01-05"
>
> # 특정열 "%d/%m/%Y" 형식의 문자열을 날짜 형식으로 변환
> as.Date(data_frame$date, format = "%d/%m/%Y")
[1] "2024-02-01" "2024-02-01" "2024-02-03" "2024-02-04" "2024-02-05"
```

3.3 문자형 데이터 처리

문자형 데이터는 텍스트 분석이나 범주형 변수 생성을 위한 기초가 되며, 일관된 형식으로 처리하는 것이 중요합니다. 특히 다음과 같이 대문자와 소문자가 혼용되거나 공백이 존재하는 경우가 많습니다.

- 대소문자 혼용: "Apple", "APPLE", "apple"
- 공백 문제: " apple ", "apple "

문자형 데이터 처리를 위해 다음과 같은 함수들을 사용할 수 있습니다.

```
- toupper(): 모두 대문자로 변환
- tolower(): 모두 소문자로 변환
- trimws(): 앞뒤 공백 제거
```

예시

```
# 예시 데이터
text_data <- c("Apple", "  BANANA  ", "Cherry123")

# 대소문자 변환
toupper(text_data)  # 모두 대문자로
tolower(text_data)  # 모두 소문자로

# 공백 제거
trimws(text_data)  # 앞뒤 공백 제거

# 특정열 공백 제거, 소문자로 변환
tolower(trimws(text_data))
```

실행 결과

```
> # 예시 데이터
> text_data <- c("Apple", "  BANANA  ", "Cherry123")
>
> # 대소문자 변환
> toupper(text_data)  # 모두 대문자로
[1] "APPLE"        "  BANANA  " "CHERRY123"
> tolower(text_data)  # 모두 소문자로
[1] "apple"        "  banana  " "cherry123"
>
> # 공백 제거
> trimws(text_data)  # 앞뒤 공백 제거
[1] "Apple"     "BANANA"     "Cherry123"
>
> # 특정열 공백 제거, 소문자로 변환
> tolower(trimws(text_data))
[1] "apple"     "banana"     "cherry123"
```

3.4 논리형 데이터 처리

데이터를 다루다 보면 TRUE/FALSE와 같은 논리값이 문자열이나 숫자로 표현되는 경우가 있습니다. 예를 들어,

- 문자열 형태: "TRUE" / "FALSE", "T" / "F"
- 숫자 형태: 1 / 0

이러한 다양한 표현을 일관된 논리형으로 변환하면 조건문이나 필터링 작업에서 훨씬 효율적으로 활용할 수 있습니다. R에서는 이를 위해 as.logical() 함수를 사용합니다.

예시

```
# 숫자를 논리형으로
as.logical(c(1, 0, 1, 1, 0))

# 문자를 논리형으로
as.logical(c("TRUE", "FALSE"))
as.logical(c("T", "F"))

# 특정열 논리형으로 변환
as.logical(data_frame$status)
```

실행 결과

```
> # 숫자를 논리형으로
> as.logical(c(1, 0, 1, 1, 0))
[1]  TRUE FALSE  TRUE  TRUE FALSE
>
> # 문자를 논리형으로
> as.logical(c("TRUE", "FALSE"))
[1]  TRUE FALSE
> as.logical(c("T", "F"))
[1]  TRUE FALSE
>
> # 특정열 논리형으로 변환
> as.logical(data_frame$status)
[1]  TRUE  TRUE FALSE FALSE  TRUE
```

R 연습문제

해당 데이터셋을 사용하여 다음 문제를 해결하세요.

```
# 예제 데이터셋 생성
library(tidyr)
library(dplyr)

# 학생 성적 데이터 생성
student_data <- data.frame(
    student_id = c(101, 102, 101, 103, 104, 105, 105, NA, 106, 107),
    name = c('John Kim', 'Sarah Lee', 'John Kim', 'Mike Park', 'Emma Cho', 'Tom Jung', 'Tom Jung', 'James Han', NA, 'Lisa Park'),
    grade = c(1, 2, 1, 2, 3, 1, 1, 2, 3, NA),
    math_score = c(85, NA, 85, 92, 78, 95, 95, NA, 88, 91),
    english_score = c(92, 88, 92, NA, 85, 82, 82, 79, NA, NA),
    class = c('A', 'B', 'A', 'B', 'A', 'C', 'C', NA, 'B', 'A')
)
```

01 student_id를 기준으로 중복된 학생 수를 계산하시오.

02 모든 열을 기준으로 완전히 중복된 행의 수를 계산하시오.

03 student_id와 name을 기준으로 중복된 행을 제거하되, 첫 번째 데이터만 유지하시오.

04 class와 grade를 기준으로 중복된 행의 수를 계산하시오.

05 각 열의 결측치 개수를 계산하시오.

06 결측치가 가장 많은 열을 찾으시오.

07 결측치 비율이 20% 이상인 열의 이름을 출력하시오.

08 math_score와 english_score의 결측치를 각각 해당 과목의 평균 점수로 대체하시오.

09 grade의 결측치는 중앙값으로 대체하시오.

10 class의 결측치는 'Unknown'으로 대체하시오.

11 student_id가 결측치인 행을 모두 제거하시오.

12 name이 결측치인 학생의 모든 정보를 출력하시오.

13 수학과 영어 점수 중 하나라도 결측치가 있는 행의 수를 계산하시오.

Python

1 중복 처리

데이터 준비

```
import pandas as pd
data_frame = pd.DataFrame({
    'name': ['John', 'Jane', 'John', 'Mike', 'Sarah', 'Jane'],
    'age': [25, 30, 25, 35, 28, 30],
    'department': ['IT', 'HR', 'IT', 'Sales', 'IT', 'HR']
})
print(data_frame)
```

실행 결과

```
In [2]: import pandas as pd
   ...: data_frame = pd.DataFrame({
   ...:     'name': ['John', 'Jane', 'John', 'Mike', 'Sarah', 'Jane'],
   ...:     'age': [25, 30, 25, 35, 28, 30],
   ...:     'department': ['IT', 'HR', 'IT', 'Sales', 'IT', 'HR']
   ...: })
   ...: print(data_frame)
    name  age department
0   John   25         IT
1   Jane   30         HR
2   John   25         IT
3   Mike   35      Sales
4  Sarah   28         IT
5   Jane   30         HR
```

1.1 중복 확인: duplicated()

중복 처리에서 가장 먼저 해야 할 일은 중복된 데이터가 어디에 있는지 확인하는 것입니다. pandas의 duplicated() 함수는 각 행이 중복인지 아닌지를 True/False로 반환합니다.

기본 구조

```
DataFrame.duplicated(subset = [])

파라미터(parameter)
  - subset: 중복 여부를 확인할 열 지정
```

예시

```
# 중복 확인
data_frame.duplicated()

# 특정 열을 기준으로 중복 확인
data_frame.duplicated(subset=['department', 'age'], keep=False)

# 전체 중복 행 개수 확인
total_duplicates = data_frame.duplicated().sum()
print(f"전체 중복 행 개수: {total_duplicates}")
```

실행 결과

```
In [123]: # 중복 확인
     ...: data_frame.duplicated()
Out[123]:
0    False
1    False
2     True
3    False
4    False
5     True
dtype: bool

In [124]: # 특정 열을 기준으로 중복 확인
     ...: data_frame.duplicated(subset=['department', 'age'], keep=False)
Out[124]:
0     True
1     True
2     True
3    False
4    False
5     True
dtype: bool

In [125]: # 전체 중복 행 개수 확인
     ...: total_duplicates = data_frame.duplicated().sum()
     ...: print(f"전체 중복 행 개수: {total_duplicates}")
전체 중복 행 개수: 2
```

1.2 중복 제거: drop_duplicates()

중복된 데이터를 발견했다면, pandas의 drop_duplicates() 함수를 통해 중복 행을 제거할 수 있습니다.

Python

기본 구조

```
DataFrame.drop_duplicates(subset=None, keep='first', ignore_index=False)
```

파라미터(parameter)
- subset: 중복 여부를 확인할 열 지정
- keep: 중복된 항목 중 어떤 것을 남길지 설정('first': 첫 번째, 'last': 마지막, False: 모두 제거)
- ignore_index: 인덱스 재설정 여부

예시

```
# 모든 열을 기준으로 중복 제거
data_frame.drop_duplicates()

# 특정 열을 기준으로 중복 제거
data_frame.drop_duplicated(subset=['name', 'department'], keep='first'))

# 중복된 항목 중 마지막 값 유지
data_frame.drop_duplicates(keep='last')
```

2 결측치 처리

예시

```
import pandas as pd
# 예시 데이터 생성
data_frame = pd.DataFrame({
    'name': ['John', 'Jane', None, 'Mike', 'Sarah', None],
    'age': [25, None, 30, None, 35, None],
    'salary': [None, 45000, 50000, 55000, None, None],
    'department': ['IT', 'HR', None, 'Sales', 'IT', None]
})
print(data_frame)
```

실행 결과

```
In [9]: import pandas as pd
   ...: # 예시 데이터 생성
   ...: data_frame = pd.DataFrame({
   ...:     'name': ['John', 'Jane', None, 'Mike', 'Sarah', None],
   ...:     'age': [25, None, 30, None, 35, None],
   ...:     'salary': [None, 45000, 50000, 55000, None, None],
   ...:     'department': ['IT', 'HR', None, 'Sales', 'IT', None]
   ...: })
   ...: print(data_frame)
```

```
    name   age   salary department
0   John  25.0      NaN         IT
1   Jane   NaN  45000.0         HR
2   None  30.0  50000.0       None
3   Mike   NaN  55000.0      Sales
4  Sarah  35.0      NaN         IT
5   None   NaN      NaN       None
```

2.1 결측치 확인: isna()

결측치 처리에서 가장 먼저 해야 할 일은 결측치가 어디에 있는지 확인하고 범위를 파악하는 것입니다. pandas의 isna() 함수는 결측치를 각 요소에 대해 결괏값을 논리값(True/ False) 벡터로 반환합니다.

예시

```
# 결측치 확인
data_frame.isna()

# 열별 결측치 개수 확인
col_na = data_frame.isna().sum()
print(f"열별 결측치 개수: {col_na}")

# 행별 결측치 개수 확인
row_na = data_frame.isna().sum(axis=1)
print(f"행별 결측치 개수: {row_na}")

# 전체 결측치 개수 확인
total_na = data_frame.isna().sum().sum()
print(f"전체 결측치 개수: {total_na}")

# 결측치 비율 확인
na_ratio = data_frame.isna().sum() / data_frame.shape[0]
print(f"결측치 비율: {na_ratio}")
```

실행 결과

```
In [21]: # 결측치 확인
    ...: data_frame.isna()
Out[21]:
    name    age  salary  department
0  False  False    True       False
1  False   True   False       False
2   True  False   False        True
3  False   True   False       False
4  False  False    True       False
5   True   True    True        True
```

```
In [22]: # 열별 결측치 개수 확인
    ...: col_na = data_frame.isna().sum()
    ...: print(f"열별 결측치 개수: {col_na}")
열별 결측치 개수: name          2
age           3
salary        3
department    2
dtype: int64

In [23]: # 행별 결측치 개수 확인
    ...: row_na = data_frame.isna().sum(axis=1)
    ...: print(f"행별 결측치 개수: {row_na}")
행별 결측치 개수: 0    1
1    1
2    2
3    1
4    1
5    4
dtype: int64

In [24]: # 전체 결측치 개수 확인
    ...: total_na = data_frame.isna().sum().sum()
    ...: print(f"전체 결측치 개수: {total_na}")
전체 결측치 개수: 10

In [25]: # 결측치 비율 확인
    ...: na_ratio = data_frame.isna().sum() / data_frame.shape[0]
    ...: print(f"결측치 비율: {na_ratio}")
결측치 비율: name          0.333333
age           0.500000
salary        0.500000
department    0.333333
dtype: float64
```

2.2 결측치 제거: dropna()

결측값이 존재할 때 처리할 수 있는 가장 간단한 방법은 결측값이 존재하는 행을 제거하는 것입니다. pandas의 dropna() 함수를 통해 결측행을 제거할 수 있습니다. 하지만 이로 인해 상당한 데이터 손실이 발생할 수 있으므로 주의해서 사용해야 합니다.

기본 구조

DataFrame.dropna(how='any', axis=0, subset=None)

파라미터(parameter)

- how: 결측치 제거 기준 설정(any: 하나라도 결측치가 있으면 삭제, all: 모든 값이 결측치인 행만 삭제)
- axis: 행 또는 열 기준 설정(0: 행 기준, 1: 열 기준)
- subset: 특정 열의 결측치가 있는 행만 삭제

예시

```
# 기본적인(any) 결측치 행 삭제
data_frame.dropna()

# 모든 값이 결측치인 행만 삭제
data_frame.dropna(how='all')

# 특정 열의 결측치가 있는 행만 삭제
data_frame.dropna(subset=['salary'])
```

실행 결과

```
In [26]: # 기본적인(any) 결측치 행 삭제
    ...: data_frame.dropna()
Out[26]:
Empty DataFrame
Columns: [name, age, salary, department]
Index: []

In [27]: # 모든 값이 결측치인 행만 삭제
    ...: data_frame.dropna(how='all')
Out[27]:
    name   age   salary department
0   John  25.0      NaN         IT
1   Jane   NaN  45000.0         HR
2   None  30.0  50000.0       None
3   Mike   NaN  55000.0      Sales
4  Sarah  35.0      NaN         IT

In [28]: # 특정 열의 결측치가 있는 행만 삭제
    ...: data_frame.dropna(subset=['salary'])
Out[28]:
   name   age   salary department
1  Jane   NaN  45000.0         HR
2  None  30.0  50000.0       None
3  Mike   NaN  55000.0      Sales
```

2.3 결측치 대체: fillna()

데이터 전처리 시 결측치가 있는 행을 모두 제거하면 중요한 정보가 손실될 수 있습니다. pandas의 fillna() 함수를 사용해 결측치(NaN)를 다른 값으로 대체하면 데이터 손실을 줄일 수 있습니다.

기본 구조

```
DataFrame.fillna(value)

파라미터(parameter)
  - value: 결측치를 대체할 값
```

예시

```
# 특정 값으로 대체
data_frame['department'].fillna("Unknown")

# 평균값으로 대체
data_frame['age'].fillna(data_frame['age'].mean())

# 중앙값으로 대체
data_frame['age'].fillna(data_frame['age'].median())
```

실행 결과

```
In [31]: # 특정 값으로 대체
    ...: data_frame['department'].fillna("Unknown")
    ...:
Out[31]:
0         IT
1         HR
2    Unknown
3      Sales
4         IT
5    Unknown
Name: department, dtype: object

In [32]: # 평균값으로 대체
    ...: data_frame['age'].fillna(data_frame['age'].mean())
Out[32]:
0    25.0
1    30.0
2    30.0
3    30.0
4    35.0
5    30.0
Name: age, dtype: float64

In [33]: # 중앙값으로 대체
    ...: data_frame['age'].fillna(data_frame['age'].median())
Out[33]:
0    25.0
1    30.0
2    30.0
3    30.0
4    35.0
5    30.0
Name: age, dtype: float64
```

3 데이터 형식 통일

예시

```
import pandas as pd
import numpy as np
import math

data_frame = pd.DataFrame({
    'date': ['01/02/2024', '01/02/2024', '03/02/2024', '04/02/2024', '05/02/2024'],
    'temperature': ['25.5 C', '26 C', '24.8 C', '27.2 C', '23 C'],
    'category': ['Type_A', 'Type_B ', 'Type_C', 'Type_D  ', 'Type_E'],
    'amount': ['$1,000', '$2,000', '$3,000', '$4,000', '$5,000'],
    'score': [92.54, 87.32, 95.81, 88.45, 91.23],
    'status': [ 1, 0, 1, 0, 1]
})
print(data_frame)
```

실행 결과

```
In [34]: data_frame = pd.DataFrame({
    ...:     'date': ['01/02/2024', '01/02/2024', '03/02/2024', '04/02/2024', '05/02/2024'],
    ...:     'temperature': ['25.5 C', '26 C', '24.8 C', '27.2 C', '23 C'],
    ...:     'category': ['Type_A', 'Type_B ', 'Type_C', 'Type_D  ', 'Type_E'],
    ...:     'amount': ['$1,000', '$2,000', '$3,000', '$4,000', '$5,000'],
    ...:     'score': [92.54, 87.32, 95.81, 88.45, 91.23],
    ...:     'status': [ 1, 0, 1, 0, 1]
    ...: })
    ...: print(data_frame)
    ...:
         date temperature category  amount  score  status
0  01/02/2024      25.5 C   Type_A  $1,000  92.54       1
1  01/02/2024        26 C  Type_B   $2,000  87.32       0
2  03/02/2024      24.8 C   Type_C  $3,000  95.81       1
3  04/02/2024      27.2 C Type_D    $4,000  88.45       0
4  05/02/2024        23 C   Type_E  $5,000  91.23       1
```

3.1 숫자 데이터 처리

3.1.1 숫자 데이터 변환

실제 데이터에서는 숫자가 다양한 형태의 문자열로 저장되어 있는 경우가 많습니다. 이러한 데이터는 직접적인 수치 연산이 불가능하므로 적절한 전처리가 필요합니다. 주로 다음과 같은 형태로 나타납니다.

- 통화 데이터: "$2,000", "₩2,000", "€2,000", "£2,000"
- 비율 데이터: "45%", "+15%", "-2.5%"
- 단위 포함 데이터: "25kg", "100m", "32°C", "15.5cm"
- 천단위 구분: "1,234,567", "1.234.567"

이러한 데이터를 숫자형으로 변환하기 위해서는 두 단계의 처리가 필요합니다.

(1) str.replace() 함수로 특수문자 제거
(2) astype() 함수로 숫자형 변환

기본 구조

```
str.replace(to_replace, value)

파라미터(parameter)
  - to_replace: 제거할 값
  - value: 제거 후 대체할 값
```

예시

```
# 특정열 쉼표(,) 제거
data_frame['amount'] = data_frame['amount'].str.replace(',', '')
print(data_frame)

# 통화 기호 제거
data_frame['amount'] = data_frame['amount'].str.replace('$', '')
print(data_frame)

# 숫자형 변환
data_frame['amount'] = data_frame['amount'].astype(float)
data_frame.info()
```

실행 결과

```
In [36]: # 특정열 쉼표(,) 제거
    ...: data_frame['amount'] = data_frame['amount'].str.replace(',', '')
    ...: print(data_frame)
         date temperature  category amount  score  status
0  01/02/2024      25.5 C    Type_A  $1000  92.54       1
1  01/02/2024        26 C   Type_B   $2000  87.32       0
2  03/02/2024      24.8 C    Type_C  $3000  95.81       1
3  04/02/2024      27.2 C  Type_D    $4000  88.45       0
4  05/02/2024        23 C    Type_E  $5000  91.23       1

In [37]: # 통화 기호 제거
    ...: data_frame['amount'] = data_frame['amount'].str.replace('$', '')
    ...: print(data_frame)
         date temperature  category amount  score  status
0  01/02/2024      25.5 C    Type_A   1000  92.54       1
1  01/02/2024        26 C   Type_B    2000  87.32       0
2  03/02/2024      24.8 C    Type_C   3000  95.81       1
3  04/02/2024      27.2 C  Type_D     4000  88.45       0
4  05/02/2024        23 C    Type_E   5000  91.23       1

In [38]: # 숫자형 변환
    ...: data_frame['amount'] = data_frame['amount'].astype(float)
    ...: data_frame.info()
<class 'pandas.core.frame.DataFrame'>
RangeIndex: 5 entries, 0 to 4
Data columns (total 6 columns):
 #   Column       Non-Null Count  Dtype
---  ------       --------------  -----
 0   date         5 non-null      object
 1   temperature  5 non-null      object
 2   category     5 non-null      object
 3   amount       5 non-null      float64
 4   score        5 non-null      float64
 5   status       5 non-null      int64
dtypes: float64(2), int64(1), object(3)
memory usage: 372.0+ bytes
```

3.1.2 소수점 처리

데이터 분석 시 소수점이 포함된 숫자를 다룰 때, 분석 목적이나 표현 방식에 따라 소수점을 적절히 처리해야 할 필요가 있습니다. Python에서 numpy 패키지를 사용하면 다음과 같은 함수들을 활용하여 효율적으로 처리할 수 있습니다.

round(): 가장 일반적인 반올림 함수
numpy.floor(): 항상 작은 정수로 내림
numpy.ceil(): 항상 큰 정수로 올림
int(): 소수점 제거 및 정수형 변환
numpy.trunc(): 소수점을 0의 방향으로 단순 절사

예시

```
import numpy as np

# 소수점 아래를 버림 (내림)
np.floor(data_frame['score'])

# 소수점 아래에서 올림
np.ceil(data_frame['score'])

# 소수점 절사
np.trunc(data_frame['score'])

# 특정열 첫째 자리에서 반올림
np.round(data_frame['score'], 1)

# 정수형 변환
data_frame['score'].astype(int)
```

실행 결과

```
In [55]: # 소수점 아래를 버림 (내림)
    ...: np.floor(data_frame['score'])
Out[55]:
0    92.0
1    87.0
2    95.0
3    88.0
4    91.0
Name: score, dtype: float64

In [56]: # 소수점 아래에서 올림
    ...: np.ceil(data_frame['score'])
Out[56]:
0    93.0
1    88.0
2    96.0
3    89.0
4    92.0
Name: score, dtype: float64

In [57]: # 소수점 절사
    ...: np.trunc(data_frame['score'])
Out[57]:
0    92.0
1    87.0
2    95.0
3    88.0
4    91.0
Name: score, dtype: float64
```

```
In [58]:
    ...: # 특정열 첫째 자리에서 반올림
    ...: np.round(data_frame['score'], 1)
Out[58]:
0    92.5
1    87.3
2    95.8
3    88.4
4    91.2
Name: score, dtype: float64

In [59]: # 정수형 변환
    ...: data_frame['score'].astype(int)
Out[59]:
0    92
1    87
2    95
3    88
4    91
Name: score, dtype: int32
```

Python

3.2 날짜 데이터 처리

실제 데이터에서 날짜는 다양한 형식의 문자열로 저장되어 있는 경우가 많으며, 주로 다음과 같은 형태로 나타납니다.

- 슬래시 구분: "01/02/2024", "2024/01/02"
- 점 구분: "2024.01.03", "03.01.2024"
- 하이픈 구분: "2024-01-05", "05-01-2024"
- 연속 숫자: "20240105", "05012024"

이러한 데이터는 날짜 연산이 불가능하므로 적절한 전처리가 필요합니다. pandas의 to_datetime() 함수는 이러한 데이터를 날짜형으로 변환하기 위해서 사용됩니다. 단, 변형할 문자열의 포맷 형식에 맞춰 파라미터를 지정하지 않으면 오류가 발생합니다.

기본 구조

```
pd.to_datetime(x, format='%Y-%m-%d')

파라미터(parameter)
  - x: 날짜 문자열
  - format: 날짜 형식(기본값: "%Y-%m-%d")

주요 format 코드
  - %Y: 4자리 연도
  - %y: 2자리 연도
  - %m: 2자리 월
  - %d: 2자리 일
```

예시

```
# 예시 데이터
dates = ['2024-01-01', '01/02/2024', '2024.01.03', '20240105']

# 날짜 변환
pd.to_datetime(dates[0])

# 특정 형식의 문자열을 날짜로 변환
pd.to_datetime(dates[1], format='%d/%m/%Y')
pd.to_datetime(dates[2], format='%Y.%m.%d')
pd.to_datetime(dates[3], format='%Y%m%d')

# DataFrame의 특정열 날짜 형식으로 변환
data_frame['date'] = pd.to_datetime(data_frame['date'], format='%d/%m/%Y')
```

실행 결과

```
In [65]: # 예시 데이터
    ...: dates = ['2024-01-01', '01/02/2024', '2024.01.03', '20240105']

In [66]: # 날짜 변환
    ...: pd.to_datetime(dates[0])
Out[66]: Timestamp('2024-01-01 00:00:00')

In [67]: # 특정 형식의 문자열을 날짜로 변환
    ...: pd.to_datetime(dates[1], format='%d/%m/%Y')
Out[67]: Timestamp('2024-02-01 00:00:00')

In [68]: pd.to_datetime(dates[2], format='%Y.%m.%d')
Out[68]: Timestamp('2024-01-03 00:00:00')

In [69]: pd.to_datetime(dates[3], format='%Y%m%d')
Out[69]: Timestamp('2024-01-05 00:00:00')

In [70]: pd.to_datetime(data_frame['date'], format='%d/%m/%Y')
Out[70]:
0   2024-02-01
1   2024-02-01
2   2024-02-03
3   2024-02-04
4   2024-02-05
Name: date, dtype: datetime64[ns]
```

3.3 문자형 데이터 처리

문자형 데이터는 텍스트 분석이나 범주형 변수 생성을 위한 기초가 되며, 일관된 형식으로 처리하는 것이 중요합니다. 특히 다음과 같이 대문자와 소문자가 혼용되거나 공백이 존재하는 경우가 많습니다.

- 대소문자 혼용: "Apple", "APPLE", "apple"
- 공백 문제: " apple ", "apple "

pandas의 문자열 함수를 사용하여 처리할 수 있습니다.

str.upper(): 모두 대문자로 변환
str.lower(): 모두 소문자로 변환
str.strip(): 앞뒤 공백 제거

예시

```
# 예시 데이터
text_data = pd.Series(['Apple', '  BANANA  ', 'Cherry123'])

# 대소문자 변환
text_data.str.upper()
text_data.str.lower()

# 공백 제거
text_data.str.strip()

# DataFrame의 특정열 공백 제거, 소문자로 변환
text_data.str.strip().str.lower()
```

실행 결과

```
In [76]: # 예시 데이터
    ...: text_data = pd.Series(['Apple', '  BANANA  ', 'Cherry123'])

In [77]: # 대소문자 변환
    ...: text_data.str.upper()
Out[77]:
0         APPLE
1      BANANA
2     CHERRY123
dtype: object

In [78]: text_data.str.lower()
Out[78]:
0         apple
1      banana
2     cherry123
dtype: object

In [79]: # 공백 제거
    ...: text_data.str.strip()
Out[79]:
0        Apple
1       BANANA
2    Cherry123
dtype: object

In [80]: # DataFrame의 특정열 공백 제거, 소문자로 변환
    ...: text_data.str.strip().str.lower()
Out[80]:
0        apple
1       banana
2    cherry123
dtype: object
```

3.4 논리형 데이터 처리

데이터를 다루다 보면 이진값을 문자열 형태로 저장하는 경우가 있습니다. 이를 보다 효율적으로 활용하기 위해 논리형 데이터로 변환하는 과정이 필요합니다. 논리형 데이터는 TRUE/FALSE 값을 가지며, 조건문이나 필터링 작업에서 자주 사용됩니다. Python에서는 0과 1 같은 수치 데이터를 논리형으로 바꿀 때 astype(bool) 함수를 사용할 수 있습니다.

예시

```
# 숫자를 논리형으로
pd.Series([1, 0, 1, 1, 0]).astype(bool)

# 특정열 논리형으로 변환
data_frame['status'].astype(bool)
```

실행 결과

```
In [81]: # 숫자를 논리형으로
    ...: pd.Series([1, 0, 1, 1, 0]).astype(bool)
Out[81]:
0     True
1    False
2     True
3     True
4    False
dtype: bool

In [82]: # 특정열 논리형으로 변환
    ...: data_frame['status'].astype(bool)
Out[82]:
0     True
1    False
2     True
3    False
4     True
Name: status, dtype: bool
```

Python 연습문제

[샘플 데이터]

```
# 예제 데이터셋 생성
import pandas as pd
import numpy as np

# 학생 성적 데이터 생성
student_data = pd.DataFrame({
    'student_id': [101, 102, 101, 103, 104, 105, 105, None, 106, 107],
    'name': ['John Kim', 'Sarah Lee', 'John Kim', 'Mike Park', 'Emma Cho', 'Tom Jung', 'Tom Jung', 'James Han', None, 'Lisa Park'],
    'grade': [1, 2, 1, 2, 3, 1, 1, 2, 3, None],
    'math_score': [85, None, 85, 92, 78, 95, 95, None, 88, 91],
    'english_score': [92, 88, 92, None, 85, 82, 82, 79, None, None],
    'class': ['A', 'B', 'A', 'B', 'A', 'C', 'C', None, 'B', 'A']
})
```

01 student_id를 기준으로 중복된 학생 수를 계산하시오.

02 모든 열을 기준으로 완전히 중복된 행의 수를 계산하시오.

03 student_id와 name을 기준으로 중복된 행을 제거하되, 첫 번째 데이터만 유지하시오.

04 class와 grade를 기준으로 중복된 행의 수를 계산하시오.

05 각 열의 결측치 개수를 계산하시오.

06 결측치가 가장 많은 열을 찾으시오.

07 결측치 비율이 20% 이상인 열의 이름을 출력하시오.

08 math_score와 english_score의 결측치를 각각 해당 과목의 평균 점수로 대체하시오.

09 grade의 결측치는 중앙값으로 대체하시오.

10 class의 결측치는 'Unknown'으로 대체하시오.

11 student_id가 결측치인 행을 모두 제거하시오.

12 name이 결측치인 학생의 모든 정보를 출력하시오.

13 수학과 영어 점수 중 하나라도 결측치가 있는 행의 수를 계산하시오.

11장

데이터 조작

R

1. 순차적 데이터 조작: 파이프 연산자('%>%')
2. 행렬 데이터 조작
3. 데이터 재구조화

Python

1. 순차적 데이터 조작: 메서드 체이닝
2. 행렬 데이터 조작
3. 데이터 재구조화

앞 장에서 전처리를 통해 데이터를 깔끔하게 만들었다면, 이제는 이를 효과적으로 조작하고 집계하는 방법을 살펴보겠습니다. 이 과정을 통해 원하는 형식으로 변환하고, 특정 데이터를 추출하며, 그룹별 통계량을 계산할 수 있습니다. 이러한 과정은 단순한 정리 단계를 넘어, 데이터를 새로운 인사이트로 확장하는 기반이 됩니다.

데이터 조작에는 몇 가지 핵심적인 패턴이 있으며, 이를 이해해 두면 대부분의 분석 과정을 체계적으로 수행할 수 있습니다. 이번 장에서는 크게 세 가지 측면에서 살펴보겠습니다.

(1) 행렬 데이터 조작

데이터 분석의 대부분은 "행 · 열로 구성된 표 형태의 자료를 얼마나 유연하게 다룰 수 있느냐"에 달려 있습니다. R의 data.frame / tibble + dplyr 구문과 Python의 pandas 구문은 문법은 다르지만, 행을 골라(filter/query), 정렬(arrange/sort), 열을 선택 · 재배치(select · relocate / indexing), 파생 변수를 만들고(mutate/assign), 인덱스를 조정(set/reset_index) 한다는 동일한 논리를 공유합니다. 여기서 다룰 필수 패턴만 몸에 익혀 두면, 이후 어떤 데이터 프로젝트를 마주해도 "행 · 열 조작의 뼈대"를 빠르게 세울 수 있을 것입니다.

(2) 데이터 재구조화

데이터 분석에서는 "wide form(넓은 형태)"와 "long form(긴 형태)"이라는 두 가지 주요 데이터 구조가 사용됩니다.

Wide form은 각 관측치가 하나의 행에 위치하고, 여러 변수들이 열로 나열된 형태로 사람이 보기에 직관적입니다.

Long form은 변수 값들이 행으로 나열된 형태로, 열의 수는 적지만 행의 수가 많아 다양한 분석 및 시각화 작업에 적합합니다.

이 두 가지 구조는 단순히 모양만 다른 것이 아니라, 데이터 처리와 분석 방식에도 차이를 만듭니다. 따라서 각 구조의 정의와 특징, 그리고 장단점을 명확히 이해해 두는 것이 중요합니다. R과 Python 모두 이에 대응하는 기능을 제공하며, 아래 표는 Long form과 Wide form을 비교한 내용입니다.

* Long form(긴 형태)

- 정의: 각 행이 개체의 단일 속성을 나타냅니다.
- 특징: 각 행은 하나의 관측치와 하나의 변수값을 나타냅니다.
  일반적으로 개체 식별자, 변수명, 변수값 열로 구성됩니다.
- 장점: 데이터 처리와 분석에 더 유연합니다.
  시계열 데이터나 반복 측정 데이터에 적합합니다.
- 단점: 데이터의 행 수가 크게 증가할 수 있습니다.
  직관적인 데이터 확인이 어려울 수 있습니다.

* Wide form(넓은 형태)

- 정의: 각 개체의 여러 속성이 같은 행에 나란히 위치합니다.
- 특징: 각 행은 하나의 개체나 관측치를 나타냅니다.
  각 열은 서로 다른 변수나 속성을 나타냅니다.
- 장점: 데이터를 한눈에 보기 쉽습니다.
  개체별 비교가 용이합니다.
- 단점: 변수가 많을 경우 테이블이 매우 넓어질 수 있습니다.
  일부 분석이나 시각화 작업에는 적합하지 않을 수 있습니다.

(3) 순차적 데이터 조작: R 파이프 연산자 vs Python 메서드 체이닝

앞에서 살펴본 행 · 열 조작과 재구조화는 실제 분석에서 여러 단계를 연속적으로 수행하는 경우가 많습니다. 예를 들어, 데이터를 정리한 뒤 → 특정 행을 필터링하고 → 파생 변수를 추가한 다음 → 원하는 형태로 재구조화하는 식입니다.

이처럼 여러 과정을 하나의 흐름으로 자연스럽게 이어가면 훨씬 효율적인데, 이를 위해 R과 Python에서는 다음과 같은 기능을 지원합니다.

- R: dplyr의 %>% 파이프 연산자
- Python: pandas 메서드 체이닝

R과 Python은 각각의 문법을 통해 복잡한 데이터 처리 과정을 끊김 없는 하나의 흐름처럼 표현할 수 있도록 지원합니다. 따라서 이번 장에서는 이러한 구조를 먼저 설명한 후, 각 언어에서 데이터를 어떻게 조작하고 집계하는지 구체적인 사용법을 비교해 살펴보겠습니다.

1 순차적 데이터 조작: 파이프 연산자('%>%')

예를 들어, 다음과 같은 연속된 함수 호출이 있다고 가정해 봅시다.

```
result1 <- function1(data, arg1)
result2 <- function2(result1, arg2)
result3 <- function3(result2, arg3)
```

이를 파이프 연산자를 사용하여 다음과 같이 변환할 수 있습니다.

```
result <- data %>%
  function1(arg1) %>%
  function2(arg2) %>%
  function3(arg3)
```

이렇게 작성하면 코드의 흐름을 왼쪽에서 오른쪽으로 읽을 수 있어 이해하기 쉽고, 각 단계별로 수행되는 작업을 명확히 알 수 있습니다.

참고사항

- 너무 많은 파이프 연산을 연결하면 코드의 가독성이 떨어질 수 있습니다. 적절히 나누어 사용하는 것이 좋습니다.
- 파이프 연산자를 사용할 때는 각 단계가 어떤 작업을 수행하는지 주석을 달아주면 코드의 이해도를 높일 수 있습니다.

예시

```
library(dplyr)  # %>% 사용을 위해

# 중첩된 함수 호출을 사용한 경우
text <- "  Hello, World!  "
result <- sub("hello", "hi", tolower(trimws(text)))
print(result)

# 파이프 연산자를 가독성 있게 작성한 경우
result <- text %>%
  trimws() %>%         # 앞뒤 공백 제거
  tolower() %>%        # 소문자로 변환
  sub("hello", "hi", .)  # 문자열 치환
print(result)
```

실행 결과

```
> # 중첩된 함수 호출을 사용한 경우
> text <- "  Hello, World!  "
> result <- sub("hello", "hi", tolower(trimws(text)))
> print(result)
[1] "hi, world!"
>
> # 파이프 연산자를 가독성 있게 작성한 경우
> result <- text %>%
+     trimws() %>%      # 앞뒤 공백 제거
+     tolower() %>%     # 소문자로 변환
+     sub("hello", "hi", .) # 문자열 치환
> print(result)
[1] "hi, world!"
```

Python

1 순차적 데이터 조작: 메서드 체이닝

예를 들어, 다음과 같은 연속된 함수 호출이 있다고 가정해 봅시다.

```
result1 = function1(DataFrame, arg1)
result2 = function2(result1, arg2)
result3 = function3(result2, arg3)
```

이를 메서드 체이닝을 사용하여 다음과 같이 변환할 수 있습니다.

```
result = DataFrame.function1(arg1).function2(arg2).function3(arg3)
```

이렇게 작성하면 코드의 흐름을 위에서 아래로 읽을 수 있어 이해하기 쉽고, 각 단계별로 수행되는 작업을 명확히 알 수 있습니다.

참고사항

- 너무 많은 메서드를 체이닝하면 코드의 가독성이 떨어질 수 있습니다. 적절히 나누어 사용하는 것이 좋습니다.
- 메서드 체이닝을 사용할 때는 각 단계가 어떤 작업을 수행하는지 주석을 달아주면 코드의 이해도를 높일 수 있습니다.

예시

```
# 메서드 체이닝을 사용하지 않은 경우
text = "  Hello, World!  "
text1 = text.strip()
text2 = text1.lower()
result = text2.replace("hello", "hi")
print(result)
```

```
# 메서드 체이닝을 사용한 경우
text = "  Hello, World!  "
result = text.strip().lower().replace("hello", "hi")

print(result)

# 메서드 체이닝을 가독성 있게 작성한 경우
result = (text
        .strip()                # 앞뒤 공백 제거
        .lower()                # 소문자로 변환
        .replace("hello", "hi")) # 문자열 치환

print(result)
```

실행 결과

```
In [188]: # 메서드 체이닝을 사용하지 않은 경우
     ...: text = "  Hello, World!  "
     ...: text1 = text.strip()
     ...: text2 = text1.lower()
     ...: result = text2.replace("hello", "hi")
     ...: print(result)
hi, world!

In [189]: # 메서드 체이닝을 사용한 경우
     ...: text = "  Hello, World!  "
     ...: result = text.strip().lower().replace("hello", "hi")
     ...: print(result)
hi, world!

In [190]: # 메서드 체이닝을 가독성 있게 작성한 경우
     ...: result = (text
     ...:           .strip()      # 앞뒤 공백 제거
     ...:           .lower()      # 소문자로 변환
     ...:           .replace("hello", "hi"))  # 문자열 치환
     ...:
     ...: print(result)
hi, world!
```

2 행렬 데이터 조작

데이터 준비

```
# 패키지 로드
library(dplyr)

# 온라인 쇼핑몰 주문 데이터 생성
order_data <- data.frame(
  order_id = 1:10, # 주문번호
  product_name = c("노트북", "스마트폰", "이어폰", "태블릿", "키보드",
                   "마우스", "모니터", "프린터", "스피커", "웹캠"), # 상품명
  category = c("전자기기", "모바일", "음향기기", "모바일", "주변기기",
               "주변기기", "전자기기", "주변기기", "음향기기", "주변기기"), # 상품카테고리
  price = c(1200000, 800000, 150000, 600000, 80000,
            50000, 350000, 200000, 100000, 70000), # 상품가격
  quantity = c(1, 2, 3, 1, 4,
               2, 1, 1, 2, 3), # 주문수량
  rating = c(4.5, 4.2, 4.8, 4.0, 4.3,
             4.7, 4.1, 3.9, 4.4, 4.6), # 평점
  delivery_days = c(2, 1, 3, 2, 4,
                    1, 5, 3, 2, 1) # 배송일수
)
print(head(order_data))
```

실행 결과

```
> # 온라인 쇼핑몰 주문 데이터
> order_data <- data.frame(
+     order_id = 1:10, # 주문번호
+     product_name = c("노트북", "스마트폰", "이어폰", "태블릿", "키보드",
+                      "마우스", "모니터", "프린터", "스피커", "웹캠"), # 상품명
+     category = c("전자기기", "모바일", "음향기기", "모바일", "주변기기",
+                  "주변기기", "전자기기", "주변기기", "음향기기", "주변기기"), # 상품카테고리
+     price = c(1200000, 800000, 150000, 600000, 80000,
+               50000, 350000, 200000, 100000, 70000), # 상품가격
+     quantity = c(1, 2, 3, 1, 4,
+                  2, 1, 1, 2, 3), # 주문수량
+     rating = c(4.5, 4.2, 4.8, 4.0, 4.3,
+                4.7, 4.1, 3.9, 4.4, 4.6), # 평점
+     delivery_days = c(2, 1, 3, 2, 4,
+                       1, 5, 3, 2, 1) # 배송일수
+ )
> print(head(order_data))
```

```
  order_id product_name category   price quantity rating delivery_days
1        1       노트북 전자기기 1200000        1    4.5             2
2        2     스마트폰   모바일  800000        2    4.2             1
3        3       이어폰 음향기기  150000        3    4.8             3
4        4       태블릿   모바일  600000        1    4.0             2
5        5       키보드 주변기기   80000        4    4.3             4
6        6       마우스 주변기기   50000        2    4.7             1
```

2.1 조건에 맞는 행 추출: filter()

'dplyr' 패키지의 filter() 함수는 지정된 조건을 만족하는 행만을 선택합니다. 여러 조건을 조합하여 사용할 수 있으며, 논리 연산자(&, |, !)와 비교 연산자(==, !=, >, <, >=, <=)를 사용할 수 있습니다. 특히, filter()는 %>% 파이프 연산자와 함께 사용하면 데이터 전처리 과정을 직관적이고 가독성 있게 표현할 수 있습니다. 이를 통해 여러 작업을 체인 형태로 연결하여 효율적으로 처리할 수 있습니다.

기본 구조

```
filter(data, 조건1, 조건2, ...)

파라미터(parameter)
  - data: 데이터 프레임
  - 조건1, 조건2, ...: 조건을 지정하는 표현식
```

예시

```
# 가격이 50만원 이상인 상품 조회
expensive_products <- order_data %>%
  filter(price >= 500000)
print(expensive_products)

# 음향기기 카테고리의 상품만 조회
audio_products <- order_data %>%
  filter(category == "음향기기")
print(audio_products)

# 평점이 4.5 이상이고 배송일수가 2일 이하인 상품
good_products <- order_data %>%
  filter(rating >= 4.5, delivery_days <= 2)
print(good_products)

# 주변기기 중에서 주문수량이 2개 초과인 상품
peripheral_products <- order_data %>%
  filter(category == "주변기기" & quantity > 2)
print(peripheral_products)
```

```
# 전자기기나 모바일 카테고리의 상품 중 가격이 100만원 이상인 상품
tech_products <- order_data %>%
  filter((category == "전자기기" | category == "모바일") & price >= 1000000)
print(tech_products)
```

실행 결과

```
> # 가격이 50만원 이상인 상품 조회
> expensive_products <- order_data %>%
+     filter(price >= 500000)
> print(expensive_products)
  order_id product_name category   price quantity rating delivery_days
1        1       노트북 전자기기 1200000        1    4.5             2
2        2     스마트폰   모바일  800000        2    4.2             1
3        4       태블릿   모바일  600000        1    4.0             2
>
> # 음향기기 카테고리의 상품만 조회
> audio_products <- order_data %>%
+     filter(category == "음향기기")
> print(audio_products)
  order_id product_name category  price quantity rating delivery_days
1        3       이어폰 음향기기 150000        3    4.8             3
2        9       스피커 음향기기 100000        2    4.4             2
>
> # 평점이 4.5 이상이고 배송일수가 2일 이하인 상품
> good_products <- order_data %>%
+     filter(rating >= 4.5, delivery_days <= 2)
> print(good_products)
  order_id product_name category   price quantity rating delivery_days
1        1       노트북 전자기기 1200000        1    4.5             2
2        6       마우스 주변기기   50000        2    4.7             1
3       10         웹캠 주변기기   70000        3    4.6             1
>
> # 주변기기 중에서 주문수량이 2개 초과인 상품
> peripheral_products <- order_data %>%
+     filter(category == "주변기기" & quantity > 2)
> print(peripheral_products)
  order_id product_name category price quantity rating delivery_days
1        5       키보드 주변기기 80000        4    4.3             4
2       10         웹캠 주변기기 70000        3    4.6             1
>
> # 전자기기나 모바일 카테고리의 상품 중 가격이 100만원 이상인 상품
> tech_products <- order_data %>%
+     filter((category == "전자기기" | category == "모바일") & price >= 1000000)
> print(tech_products)
  order_id product_name category   price quantity rating delivery_days
1        1       노트북 전자기기 1200000        1    4.5             2
```

2.2 행 순서 변경: arrange()

'dplyr' 패키지의 arrange() 함수는 지정된 열을 기준으로 데이터 프레임의 행을 정렬합니다. 기본적으로 오름차순으로 정렬하며, desc() 함수를 사용하여 내림차순 정렬을 할 수 있습니다.

기본 구조

```
arrange(data, col1, col2, ...)

파라미터(parameter)
  - data: 데이터 프레임
  - col1, col2, ...: 정렬할 열들의 이름
```

참고사항

- arrange() 함수는 NA값을 항상 마지막에 위치시킵니다.
- 여러 열을 기준으로 정렬할 때, 왼쪽에서 오른쪽 순서로 우선순위가 적용됩니다.
- 문자열 정렬 시 알파벳 순서를 따릅니다.

예시

```
# 가격 오름차순 정렬
price_asc <- order_data %>% arrange(price)
print(head(price_asc))

# 평점 내림차순 정렬
rating_desc <- order_data %>% arrange(desc(rating))
print(head(rating_desc))

# 카테고리별로 먼저 정렬하고, 같은 카테고리 내에서는 가격 내림차순 정렬
category_price <- order_data %>% arrange(category, desc(price))
print(head(category_price))

# 배송일수 오름차순, 같은 배송일수면 주문수량 내림차순 정렬
delivery_quantity <- order_data %>% arrange(delivery_days, desc(quantity))
print(head(delivery_quantity))

# 주문수량과 가격을 곱한 총액 기준으로 내림차순 정렬
total_amount <- order_data %>% arrange(desc(price * quantity))
print(head(total_amount))
```

실행 결과

```
> # 가격 오름차순 정렬
> price_asc <- order_data %>% arrange(price)
> print(head(price_asc))
  order_id product_name category   price quantity rating delivery_days
1        6       마우스 주변기기   50000        2    4.7             1
2       10         웹캠 주변기기   70000        3    4.6             1
3        5       키보드 주변기기   80000        4    4.3             4
4        9       스피커 음향기기 100000        2    4.4             2
5        3       이어폰 음향기기 150000        3    4.8             3
6        8       프린터 주변기기 200000        1    3.9             3
>
> # 평점 내림차순 정렬
> rating_desc <- order_data %>% arrange(desc(rating))
> print(head(rating_desc))
  order_id product_name category   price quantity rating delivery_days
1        3       이어폰 음향기기  150000        3    4.8             3
2        6       마우스 주변기기   50000        2    4.7             1
3       10         웹캠 주변기기   70000        3    4.6             1
4        1       노트북 전자기기 1200000        1    4.5             2
5        9       스피커 음향기기  100000        2    4.4             2
6        5       키보드 주변기기   80000        4    4.3             4
>
> # 카테고리별로 먼저 정렬하고, 같은 카테고리 내에서는 가격 내림차순 정렬
> category_price <- order_data %>% arrange(category, desc(price))
> print(head(category_price))
  order_id product_name category   price quantity rating delivery_days
1        2     스마트폰   모바일  800000        2    4.2             1
2        4       태블릿   모바일  600000        1    4.0             2
3        3       이어폰 음향기기  150000        3    4.8             3
4        9       스피커 음향기기  100000        2    4.4             2
5        1       노트북 전자기기 1200000        1    4.5             2
6        7       모니터 전자기기  350000        1    4.1             5


> # 배송일수 오름차순, 같은 배송일수면 주문수량 내림차순 정렬
> delivery_quantity <- order_data %>% arrange(delivery_days, desc(quantity))
> print(head(delivery_quantity))
  order_id product_name category   price quantity rating delivery_days
1       10         웹캠 주변기기   70000        3    4.6             1
2        2     스마트폰   모바일  800000        2    4.2             1
3        6       마우스 주변기기   50000        2    4.7             1
4        9       스피커 음향기기  100000        2    4.4             2
5        1       노트북 전자기기 1200000        1    4.5             2
6        4       태블릿   모바일  600000        1    4.0             2
>
> # 주문수량과 가격을 곱한 총액 기준으로 내림차순 정렬
> total_amount <- order_data %>% arrange(desc(price * quantity))
> print(head(total_amount))
  order_id product_name category   price quantity rating delivery_days
1        2     스마트폰   모바일  800000        2    4.2             1
2        1       노트북 전자기기 1200000        1    4.5             2
3        4       태블릿   모바일  600000        1    4.0             2
4        3       이어폰 음향기기  150000        3    4.8             3
5        7       모니터 전자기기  350000        1    4.1             5
6        5       키보드 주변기기   80000        4    4.3             4
```

2.3 특정 열 선택: select()

dplyr 패키지의 select() 함수는 데이터 프레임에서 특정 열을 선택하거나 제외하는 데 사용됩니다. 또한 starts_with(), ends_with(), contains() 등의 헬퍼 함수를 사용하여 열을 선택할 수 있습니다.

기본 구조

```
select(data, col1, col2, ...)

파라미터(parameter)
 - data: 데이터 프레임
 - col1, col2, ...: 선택하고자 하는 열들의 이름
```

예시

```
# 기본적인 열 선택
basic_select <- order_data %>% select(product_name, price, quantity)
print(head(basic_select))

# 연속된 열 선택
range_select <- order_data %>% select(order_id:category)
print(head(range_select))

# 특정 열 제외
exclude_select <- order_data %>% select(-delivery_days)
print(head(exclude_select))

# 문자열 패턴으로 열 선택
pattern_select <- order_data %>%
  select(
    starts_with("p"),     # 'p'로 시작하는 열
    ends_with("y"),       # 'y'로 끝나는 열
    contains("rate")      # 'rate'를 포함하는 열
  )
print(head(pattern_select))
```

실행 결과

```
> # 기본적인 열 선택
> basic_select <- order_data %>% select(product_name, price, quantity)
> print(head(basic_select))
  product_name   price quantity
1       노트북 1200000        1
2     스마트폰  800000        2
3       이어폰  150000        3
4       태블릿  600000        1
5       키보드   80000        4
6       마우스   50000        2
>
> # 연속된 열 선택
> range_select <- order_data %>% select(order_id:category)
> print(head(range_select))
  order_id product_name category
1        1       노트북 전자기기
2        2     스마트폰   모바일
3        3       이어폰 음향기기
4        4       태블릿   모바일
5        5       키보드 주변기기
6        6       마우스 주변기기
>
> # 특정 열 제외
> exclude_select <- order_data %>% select(-delivery_days)
> print(head(exclude_select))
  order_id product_name category   price quantity rating
1        1       노트북 전자기기 1200000        1    4.5
2        2     스마트폰   모바일  800000        2    4.2
3        3       이어폰 음향기기  150000        3    4.8
4        4       태블릿   모바일  600000        1    4.0
5        5       키보드 주변기기   80000        4    4.3
6        6       마우스 주변기기   50000        2    4.7
>
> # 문자열 패턴으로 열 선택
> pattern_select <- order_data %>%
+     select(
+         starts_with("p"),    # 'p'로 시작하는 열
+         ends_with("y"),      # 'y'로 끝나는 열
+         contains("rate")     # 'rate'를 포함하는 열
+     )
> print(head(pattern_select))
  product_name   price category quantity
1       노트북 1200000 전자기기        1
2     스마트폰  800000   모바일        2
3       이어폰  150000 음향기기        3
4       태블릿  600000   모바일        1
5       키보드   80000 주변기기        4
6       마우스   50000 주변기기        2
```

2.4 열 위치 변경: relocate()

dplyr 패키지의 relocate() 함수는 데이터 프레임에서 열의 위치를 변경하는 데 사용됩니다. 특히 '.before' 또는 '.after' 인자를 사용하여 특정 열을 기준으로 다른 열들의 위치를 이동할 수 있습니다.

기본 구조

```
relocate(data, col1, col2, ..., .before = NULL, .after = NULL)

파라미터(parameter)
 - data: 데이터 프레임
 - col1, col2, ...: 위치를 변경할 열들의 이름
 - .before: 지정된 열 앞으로 이동
 - .after: 지정된 열 뒤로 이동
```

예시

```
# 기본적인 열 위치 변경
# relocate()에 열 이름만 지정하면 해당 열들이 데이터프레임의 맨 앞으로 이동됩니다
basic_relocate <- order_data %>%
   relocate(rating, quantity)  # rating, quantity 열을 순서대로 맨 앞으로 이동
print(head(basic_relocate))

# 특정 열 앞으로 이동 (.before 사용)
# .before 인자를 사용하여 지정된 열(category) 앞에 다른 열(price)을 위치시킵니다
before_relocate <- order_data %>%
   relocate(price, .before = category)  # price 열을 category 열 바로 앞으로 이동
print(head(before_relocate))

# 특정 열 뒤로 이동 (.after 사용)
# .after 인자를 사용하여 지정된 열(product_name) 뒤에 다른 열(order_id)을 위치시킵니다
after_relocate <- order_data %>%
   relocate(order_id, .after = product_name)
   # order_id 열을 product_name 열 바로 뒤로 이동
print(head(after_relocate))

# 여러 열을 함께 이동
# c()를 사용하여 여러 열을 그룹화하고, 이를 특정 열 뒤로 한 번에 이동시킵니다
multiple_relocate <- order_data %>%
   relocate(c(rating, delivery_days), .after = category)
   # rating과 delivery_days 열을 함께 category 열 뒤로 이동
print(head(multiple_relocate))
```

실행 결과

```
> # 기본적인 열 위치 변경
> # relocate()에 열 이름만 지정하면 해당 열들이 데이터프레임의 맨 앞으로 이동됩니다
> basic_relocate <- order_data %>%
+     relocate(rating, quantity)  # rating, quantity 열을 순서대로 맨 앞으로 이동
> print(head(basic_relocate))
  rating quantity order_id product_name category   price delivery_days
1    4.5        1        1       노트북 전자기기 1200000             2
2    4.2        2        2     스마트폰   모바일  800000             1
3    4.8        3        3       이어폰 음향기기  150000             3
4    4.0        1        4       태블릿   모바일  600000             2
5    4.3        4        5       키보드 주변기기   80000             4
6    4.7        2        6       마우스 주변기기   50000             1
>
> # 특정 열 앞으로 이동 (.before 사용)
> # .before 인자를 사용하여 지정된 열(category) 앞에 다른 열(price)을 위치시킵니다
> before_relocate <- order_data %>%
+     relocate(price, .before = category)  # price 열을 category 열 바로 앞으로 이동
> print(head(before_relocate))
  order_id product_name   price category quantity rating delivery_days
1        1       노트북 1200000 전자기기        1    4.5             2
2        2     스마트폰  800000   모바일        2    4.2             1
3        3       이어폰  150000 음향기기        3    4.8             3
4        4       태블릿  600000   모바일        1    4.0             2
5        5       키보드   80000 주변기기        4    4.3             4
6        6       마우스   50000 주변기기        2    4.7             1
>
> # 특정 열 뒤로 이동 (.after 사용)
> # .after 인자를 사용하여 지정된 열(product_name) 뒤에 다른 열(order_id)을 위치시킵니다
> after_relocate <- order_data %>%
+     relocate(order_id, .after = product_name)  # order_id 열을 product_name 열 바로 뒤로 이동
> print(head(after_relocate))
  product_name order_id category   price quantity rating delivery_days
1       노트북        1 전자기기 1200000        1    4.5             2
2     스마트폰        2   모바일  800000        2    4.2             1
3       이어폰        3 음향기기  150000        3    4.8             3
4       태블릿        4   모바일  600000        1    4.0             2
5       키보드        5 주변기기   80000        4    4.3             4
6       마우스        6 주변기기   50000        2    4.7             1
>
> # 여러 열을 함께 이동
> # c()를 사용하여 여러 열을 그룹화하고, 이를 특정 열 뒤로 한 번에 이동시킵니다
> multiple_relocate <- order_data %>%
+     relocate(c(rating, delivery_days), .after = category)  # rating과 delivery_days 열을 함께 category 열 뒤로 이동
> print(head(multiple_relocate))
  order_id product_name category rating delivery_days   price quantity
1        1       노트북 전자기기    4.5             2 1200000        1
2        2     스마트폰   모바일    4.2             1  800000        2
3        3       이어폰 음향기기    4.8             3  150000        3
4        4       태블릿   모바일    4.0             2  600000        1
5        5       키보드 주변기기    4.3             4   80000        4
6        6       마우스 주변기기    4.7             1   50000        2
```

2.5 새로운 열 생성: mutate()

dplyr 패키지의 mutate() 함수는 기존 열을 이용하여 새로운 열을 생성하거나 기존 열을 수정하는 데 사용됩니다.

기본 구조

```
mutate(data, 새로운_열 = 계산식, ...)

파라미터(parameter)
  - data: 데이터 프레임
  - 새로운_열: 새로 생성될 열의 이름
  - 계산식: 새로운 열을 생성하는 계산식
```

예시

```
# 직접 값 할당
# mutate()를 사용하여 상수값을 새로운 열로 직접 할당하는 방법입니다. 모든 행에 동일한 값이 적
  용됩니다.
basic_mutate <- order_data %>%
  mutate(
    discount_rate = 0.1,      # 모든 행에 10%의 할인율 적용
    shipping_fee = 3000,      # 모든 행에 3000원의 배송비 적용
    store_type = "Online"     # 모든 행의 매장 유형을 'Online'으로 설정
  )
print(head(basic_mutate))

# 다른 열을 참조하여 계산
# 기존 열의 값을 직접 참조하여 계산하는 방법입니다. R에서는 lambda 함수 없이도 열 이름을 직
  접 사용할 수 있습니다.
calculated_mutate <- order_data %>%
  mutate(
    total_price = price * quantity,        # 가격과 수량을 곱하여 총 가격 계산
    price_per_item = price / quantity,     # 개당 가격 계산 (총 가격 / 수량)
    discounted_price = price * 0.9         # 10% 할인된 가격 계산
  )
print(head(calculated_mutate))

# 여러 단계의 계산이 필요한 경우
# 파이프 연산자(%>%)를 사용하여 이전 단계에서 생성된 열을 참조할 수 있습니다. 각 mutate()
  단계에서 이전 단계의 결과를 바로 사용할 수 있습니다.
complex_mutate <- order_data %>%
  mutate(total_price = price * quantity) %>%  # 1단계: 총가격 계산(가격 * 수량)
  mutate(discount = total_price * 0.1) %>%  # 2단계: 할인액 계산(총 가격의 10%)
  mutate(final_price = total_price - discount)  # 3단계: 최종 가격 계산(총 가격 - 할인액)
print(head(complex_mutate))
```

실행 결과

```
> # mutate()를 사용하여 상수값을 새로운 열로 직접 할당하는 방법입니다. 모든 행에 동일한 값이 적용됩니다.
> basic_mutate <- order_data %>%
+     mutate(
+         discount_rate = 0.1,       # 모든 행에 10%의 할인율 적용
+         shipping_fee = 3000,       # 모든 행에 3000원의 배송비 적용
+         store_type = "Online"      # 모든 행의 매장 유형을 'Online'으로 설정
+     )
> print(head(basic_mutate))
  order_id product_name category   price quantity rating delivery_days discount_rate shipping_fee store_type
1        1       노트북 전자기기 1200000        1    4.5             2           0.1         3000     Online
2        2     스마트폰   모바일  800000        2    4.2             1           0.1         3000     Online
3        3       이어폰 음향기기  150000        3    4.8             3           0.1         3000     Online
4        4       태블릿   모바일  600000        1    4.0             2           0.1         3000     Online
5        5       키보드 주변기기   80000        4    4.3             4           0.1         3000     Online
6        6       마우스 주변기기   50000        2    4.7             1           0.1         3000     Online
>
> # 다른 열을 참조하여 계산
> # 기존 열의 값을 직접 참조하여 계산하는 방법입니다. R에서는 lambda 함수 없이도 열 이름을 직접 사용할 수 있습니다.
> calculated_mutate <- order_data %>%
+     mutate(
+         total_price = price * quantity,        # 가격과 수량을 곱하여 총 가격 계산
+         price_per_item = price / quantity,     # 개당 가격 계산 (총 가격 / 수량)
+         discounted_price = price * 0.9         # 10% 할인된 가격 계산
+     )
> print(head(calculated_mutate))
  order_id product_name category   price quantity rating delivery_days total_price price_per_item discounted_price
1        1       노트북 전자기기 1200000        1    4.5             2     1200000        1200000          1080000
2        2     스마트폰   모바일  800000        2    4.2             1     1600000         400000           720000
3        3       이어폰 음향기기  150000        3    4.8             3      450000          50000           135000
4        4       태블릿   모바일  600000        1    4.0             2      600000         600000           540000
5        5       키보드 주변기기   80000        4    4.3             4      320000          20000            72000
6        6       마우스 주변기기   50000        2    4.7             1      100000          25000            45000
>
> # 여러 단계의 계산이 필요한 경우
> # 파이프 연산자(%>%)를 사용하여 이전 단계에서 생성된 열을 참조할 수 있습니다. 각 mutate() 단계에서 이전 단계의 결과를 바로 사
> complex_mutate <- order_data %>%
+     mutate(total_price = price * quantity) %>% # 1단계: 총 가격 계산 (가격 * 수량)
+     mutate(discount = total_price * 0.1) %>% # 2단계: 할인액 계산 (총 가격의 10%)
+     mutate(final_price = total_price - discount) # 3단계: 최종 가격 계산 (총 가격 - 할인액)
> print(head(complex_mutate))
  order_id product_name category   price quantity rating delivery_days total_price discount final_price
1        1       노트북 전자기기 1200000        1    4.5             2     1200000   120000     1080000
2        2     스마트폰   모바일  800000        2    4.2             1     1600000   160000     1440000
3        3       이어폰 음향기기  150000        3    4.8             3      450000    45000      405000
4        4       태블릿   모바일  600000        1    4.0             2      600000    60000      540000
5        5       키보드 주변기기   80000        4    4.3             4      320000    32000      288000
6        6       마우스 주변기기   50000        2    4.7             1      100000    10000       90000
```

2 행렬 데이터 조작

데이터 준비

```
# 패키지 불러오기
Import pandas as pd

# 온라인 쇼핑몰 주문 데이터 생성
order_data = pd.DataFrame({
    'order_id': range(1, 11),  # 주문번호
    'product_name': ['노트북', '스마트폰', '이어폰', '태블릿', '키보드',
                     '마우스', '모니터', '프린터', '스피커', '웹캠'],  # 상품명
    'category': ['전자기기', '모바일', '음향기기', '모바일', '주변기기',
                 '주변기기', '전자기기', '주변기기', '음향기기', '주변기기'],  # 상품카테고리
    'price': [1200000, 800000, 150000, 600000, 80000,
              50000, 350000, 200000, 100000, 70000],  # 상품가격
    'quantity': [1, 2, 3, 1, 4,
                 2, 1, 1, 2, 3],  # 주문수량
    'rating': [4.5, 4.2, 4.8, 4.0, 4.3,
               4.7, 4.1, 3.9, 4.4, 4.6],  # 평점
    'delivery_days': [2, 1, 3, 2, 4,
                      1, 5, 3, 2, 1]  # 배송일수
})

print(order_data.head())
```

실행 결과

```
In [197]: # 온라인 쇼핑몰 주문 데이터 생성
     ...: order_data = pd.DataFrame({
     ...:     'order_id': range(1, 11),  # 주문번호
     ...:     'product_name': ['노트북', '스마트폰', '이어폰', '태블릿', '키보드',
     ...:                      '마우스', '모니터', '프린터', '스피커', '웹캠'],  # 상품명
     ...:     'category': ['전자기기', '모바일', '음향기기', '모바일', '주변기기',
     ...:                  '주변기기', '전자기기', '주변기기', '음향기기', '주변기기'],  # 상품카테고리
     ...:     'price': [1200000, 800000, 150000, 600000, 80000,
     ...:               50000, 350000, 200000, 100000, 70000],  # 상품가격
     ...:     'quantity': [1, 2, 3, 1, 4,
     ...:                  2, 1, 1, 2, 3],  # 주문수량
```

```
   ...:      'rating': [4.5, 4.2, 4.8, 4.0, 4.3,
   ...:                 4.7, 4.1, 3.9, 4.4, 4.6],  # 평점
   ...:      'delivery_days': [2, 1, 3, 2, 4,
   ...:                        1, 5, 3, 2, 1]  # 배송일수
   ...: })
   ...: print(order_data.head())
   order_id product_name category    price  quantity  rating  delivery_days
0         1          노트북     전자기기  1200000         1     4.5              2
1         2          스마트폰      모바일   800000         2     4.2              1
2         3          이어폰     음향기기   150000         3     4.8              3
3         4          태블릿      모바일   600000         1     4.0              2
4         5          키보드     주변기기    80000         4     4.3              4
```

2.1 조건에 맞는 행 추출: query()

pandas의 query() 함수는 DataFrame에서 조건에 맞는 데이터를 추출할 때 사용하는 함수입니다. 여러 조건을 조합하여 사용할 수 있으며, 논리 연산자(and/or/not)와 비교 연산자(==, !=, >, <, >=, <=)를 사용할 수 있습니다. 조건식을 문자열로 작성하여 loc이나 일반적인 불리언 인덱싱보다 더 직관적이고 가독성 높은 코드를 작성할 수 있습니다.

기본 구조

```
DataFrame.query('조건식')
```

예시

```
import pandas as pd

# 가격이 50만원 이상인 상품 조회
order_data.query('price >= 500000')

# 음향기기 카테고리의 상품만 조회
order_data.query('category == "음향기기"')

# 평점이 4.5 이상이고 배송일수가 2일 이하인 상품
order_data.query('rating >= 4.5 and delivery_days <= 2')

# 주변기기 중에서 주문수량이 2개 초과인 상품
order_data.query('category == "주변기기" and quantity > 2')

# 전자기기나 모바일 카테고리의 상품 중 가격이 100만원 이상인 상품
order_data.query('(category in ["전자기기", "모바일"]) and price >= 1000000')
```

실행 결과

```
In [204]: # 가격이 50만원 이상인 상품 조회
    ...: order_data.query('price >= 500000')
Out[204]:
   order_id product_name category    price  quantity  rating  delivery_days
0         1          노트북     전자기기  1200000         1     4.5              2
1         2         스마트폰      모바일   800000         2     4.2              1
3         4          태블릿      모바일   600000         1     4.0              2

In [205]: # 음향기기 카테고리의 상품만 조회
    ...: order_data.query('category == "음향기기"')
Out[205]:
   order_id product_name category   price  quantity  rating  delivery_days
2         3          이어폰     음향기기  150000         3     4.8              3
8         9          스피커     음향기기  100000         2     4.4              2

In [206]: # 평점이 4.5 이상이고 배송일수가 2일 이하인 상품
    ...: order_data.query('rating >= 4.5 and delivery_days <= 2')
Out[206]:
   order_id product_name category    price  quantity  rating  delivery_days
0         1          노트북     전자기기  1200000         1     4.5              2
5         6          마우스     주변기기    50000         2     4.7              1
9        10           웹캠     주변기기    70000         3     4.6              1

In [207]: # 주변기기 중에서 주문수량이 2개 초과인 상품
    ...: order_data.query('category == "주변기기" and quantity > 2')
Out[207]:
   order_id product_name category  price  quantity  rating  delivery_days
4         5          키보드     주변기기  80000         4     4.3              4
9        10           웹캠     주변기기  70000         3     4.6              1

In [208]: # 전자기기나 모바일 카테고리의 상품 중 가격이 100만원 이상인 상품
    ...: order_data.query('(category in ["전자기기", "모바일"]) and price >= 1000000')
Out[208]:
   order_id product_name category    price  quantity  rating  delivery_days
0         1          노트북     전자기기  1200000         1     4.5              2
```

2.2 행 순서 변경: sort_values()

pandas의 sort_values() 함수는 지정된 열을 기준으로 데이터프레임의 행을 정렬합니다. 기본적으로 오름차순으로 정렬하며, 'ascending=False' 매개변수를 사용하여 내림차순 정렬을 할 수 있습니다.

기본 구조

```
DataFrame.sort_values(by=['col1', 'col2'], ascending=False)

파라미터(parameter)
  - by: 정렬할 열 이름 또는 리스트
  - ascending: True(오름차순) 또는 False(내림차순)
```

Python

예시

```
# 가격 오름차순 정렬
price_asc = order_data.sort_values('price')
print(price_asc.head())

# 평점 내림차순 정렬
rating_desc = order_data.sort_values('rating', ascending=False)
print(rating_desc.head())

# 카테고리별로 먼저 정렬하고, 같은 카테고리 내에서는 가격 내림차순 정렬
category_price = order_data.sort_values(['category', 'price'],
                                        ascending=[True, False])
print(category_price.head())

# 배송일수 오름차순, 같은 배송일수면 주문수량 내림차순 정렬
delivery_quantity = order_data.sort_values(['delivery_days', 'quantity'],
                                           ascending=[True, False])
print(delivery_quantity.head())

# 주문수량과 가격을 곱한 총액 기준으로 내림차순 정렬
# 총액 열 생성
order_data['total'] = order_data['price'] * order_data['quantity']

# 'total' 열 기준으로 내림차순 정렬
total_amount = order_data.sort_values(by='total', ascending=False)
print(total_amount.head())
```

실행 결과

```
In [211]: # 가격 오름차순 정렬
     ...: price_asc = order_data.sort_values('price')
     ...: print(price_asc.head())
   order_id product_name category   price  quantity  rating  delivery_days
5         6          마우스     주변기기   50000         2     4.7              1
9        10           웹캠     주변기기   70000         3     4.6              1
4         5          키보드     주변기기   80000         4     4.3              4
8         9          스피커     음향기기  100000         2     4.4              2
2         3          이어폰     음향기기  150000         3     4.8              3

In [212]: # 평점 내림차순 정렬
     ...: rating_desc = order_data.sort_values('rating', ascending=False)
     ...: print(rating_desc.head())
   order_id product_name category    price  quantity  rating  delivery_days
2         3          이어폰     음향기기   150000         3     4.8              3
5         6          마우스     주변기기    50000         2     4.7              1
9        10           웹캠     주변기기    70000         3     4.6              1
0         1          노트북     전자기기  1200000         1     4.5              2
8         9          스피커     음향기기   100000         2     4.4              2
```

```
In [213]: # 카테고리별로 먼저 정렬하고, 같은 카테고리 내에서는 가격 내림차순 정렬
     ...: category_price = order_data.sort_values(['category', 'price'],
     ...:                                         ascending=[True, False])
     ...: print(category_price.head())
   order_id product_name category    price  quantity  rating  delivery_days
1         2          스마트폰      모바일   800000         2     4.2              1
3         4           태블릿      모바일   600000         1     4.0              2
2         3           이어폰     음향기기   150000         3     4.8              3
8         9           스피커     음향기기   100000         2     4.4              2
0         1           노트북     전자기기  1200000         1     4.5              2

In [214]: # 배송일수 오름차순, 같은 배송일수면 주문수량 내림차순 정렬
     ...: delivery_quantity = order_data.sort_values(['delivery_days', 'quantity'],
     ...:                                          ascending=[True, False])
     ...: print(delivery_quantity.head())
   order_id product_name category    price  quantity  rating  delivery_days
9        10            웹캠     주변기기    70000         3     4.6              1
1         2          스마트폰      모바일   800000         2     4.2              1
5         6           마우스     주변기기    50000         2     4.7              1
8         9           스피커     음향기기   100000         2     4.4              2
0         1           노트북     전자기기  1200000         1     4.5              2
```

```
In [217]: # 주문수량과 가격을 곱한 총액 기준으로 내림차순 정렬
     ...: # 총액 열 생성
     ...: order_data['total'] = order_data['price'] * order_data['quantity']
     ...:
     ...: # 'total' 열 기준으로 내림차순 정렬
     ...: total_amount = order_data.sort_values(by='total', ascending=False)
     ...: print(total_amount.head())
   order_id product_name category    price  quantity  rating  delivery_days  \
1         2          스마트폰      모바일   800000         2     4.2              1
0         1           노트북     전자기기  1200000         1     4.5              2
3         4           태블릿      모바일   600000         1     4.0              2
2         3           이어폰     음향기기   150000         3     4.8              3
6         7           모니터     전자기기   350000         1     4.1              5

     total
1  1600000
0  1200000
3   600000
2   450000
6   350000
```

참고사항

- sort_values()는 기본적으로 NA값을 마지막에 위치시킵니다(na_position='last').
- 여러 열을 기준으로 정렬할 때, ascending 파라미터도 리스트로 지정해야 합니다.

2.3 특정 열 선택

pandas에서는 열 선택을 위해 다양한 방법을 제공합니다. 특정 열을 선택하거나 제외할 수 있습니다. 또한 str.startswith(), str.ends_with(), str.contains() 등의 문자열 함수들을 사용하여 열을 선택할 수 있습니다.

기본 구조

```
DataFrame[['col1', 'col2']] 또는 df.loc[:, ['col1', 'col2']]

파라미터(parameter)
  - df: 데이터프레임
  - col1, col2, ...: 선택하고자 하는 열들의 이름
```

예시

```
# 기본적인 열 선택 : [] 또는 loc[]
basic_select = order_data[['product_name', 'price', 'quantity']]
basic_select = order_data.loc[:, ['product_name', 'price', 'quantity']]
print(basic_select.head())

# 특정 열 제외 : drop() 함수 사용, axis=1은 열 방향을 의미하며, delivery_days 열만 제거 됨
exclude_select = order_data.drop('delivery_days', axis=1)
print(exclude_select.head())

# 'p'로 시작하는 열 선택 :str.startswith()를 사용하여 'p'로 시작하는 열 이름만 필터링
p_cols = order_data.loc[:, order_data.columns.str.startswith('p')]
print(p_cols.head())

# 'y'로 끝나는 열 선택 : str.endswith()를 사용하여 'y'로 끝나는 열 이름만 필터링
y_cols = order_data.loc[:, order_data.columns.str.endswith('y')]
print(y_cols.head())

# 'rate'를 포함하는 열 선택 : str.contains()를 사용하여 'rate'가 포함된 열 이름만 필터링
rate_cols = order_data.loc[:, order_data.columns.str.contains('rate')]
print(rate_cols.head())
```

실행 결과

```
In [219]: # 기본적인 열 선택 : [] 또는 loc[]
     ...: basic_select = order_data[['product_name', 'price', 'quantity']]
     ...: basic_select = order_data.loc[:, ['product_name', 'price', 'quantity']]
     ...: print(basic_select.head())
  product_name    price  quantity
0           노트북  1200000         1
1          스마트폰   800000         2
2           이어폰   150000         3
3           태블릿   600000         1
4           키보드    80000         4
```

```
In [220]: # 특정 열 제외 : drop() 메서드 사용, axis=1은 열 방향을 의미하며, delivery_days 열만 제거 됨
     ...: exclude_select = order_data.drop('delivery_days', axis=1)
     ...: print(exclude_select.head())
   order_id product_name category   price  quantity  rating    total
0         1          노트북     전자기기  1200000         1     4.5  1200000
1         2         스마트폰       모바일   800000         2     4.2  1600000
2         3          이어폰     음향기기   150000         3     4.8   450000
3         4          태블릿       모바일  600000         1     4.0   600000
4         5          키보드     주변기기    80000         4     4.3   320000

In [221]: # 'p'로 시작하는 열 선택 :str.startswith()를 사용하여 'p'로 시작하는 열 이름만 필터링
     ...: p_cols = order_data.loc[:, order_data.columns.str.startswith('p')]
     ...: print(p_cols.head())
  product_name    price
0          노트북  1200000
1         스마트폰   800000
2          이어폰   150000
3          태블릿   600000
4          키보드    80000

In [222]: # 'y'로 끝나는 열 선택 : str.endswith()를 사용하여 'y'로 끝나는 열 이름만 필터링
     ...: y_cols = order_data.loc[:, order_data.columns.str.endswith('y')]
     ...: print(y_cols.head())
  category  quantity
0     전자기기         1
1      모바일         2
2     음향기기         3
3      모바일         1
4     주변기기         4

In [223]: # 'rate'를 포함하는 열 선택 : str.contains()를 사용하여 'rate'가 포함된 열 이름만 필터링
     ...: rate_cols = order_data.loc[:, order_data.columns.str.contains('rate')]
     ...: print(rate_cols.head())
Empty DataFrame
Columns: []
Index: [0, 1, 2, 3, 4]
```

2.4 새로운 열 생성: assign()

pandas에서는 새로운 열을 생성하거나 기존 열을 수정하기 위해 assign() 함수나 직접 할당을 사용할 수 있습니다. assign() 함수 내에서는 lambda 함수를 사용하여 다른 열을 참조하거나 복잡한 계산을 수행할 수 있습니다.

기본 구조

```
DataFrame.assign(새로운_열 = 계산식)
DataFrame.assign(새로운_열 = lambda x: 계산식)  # 다른 열 참조 시

파라미터(parameter)
  - df: 데이터프레임
  - 새로운_열: 새로 생성될 열의 이름
  - 계산식: 새로운 열을 생성하는 계산식
  - lambda x: x['열이름']: 다른 열을 참조할 때 사용하는 lambda 함수
```

Python

예시

```
# 1. 직접 값 할당
# assign()을 사용하여 상수값을 새로운 열로 직접 할당하는 방법입니다. 모든 행에 동일한 값이 적용됩니다.
basic_mutate = order_data.assign(
    discount_rate = 0.1,      # 모든 행에 10%의 할인율 적용
    shipping_fee = 3000,      # 모든 행에 3000원의 배송비 적용
    store_type = 'Online'     # 모든 행의 매장 유형을 'Online'으로 설정
)
print(basic_mutate.head())

# 2. 다른 열을 참조하여 계산
# lambda 함수를 사용하여 기존 열의 값을 참조하고 계산하는 방법입니다. x는 데이터프레임 자체를 의미합니다.
calculated_mutate = order_data.assign(

    total_price = lambda x: x['price'] * x['quantity'],
    # 가격과 수량을 곱하여 총가격 계산
    price_per_item = lambda x: x['price'] / x['quantity'],
    # 개당 가격 계산(총가격 / 수량)
    discounted_price = lambda x: x['price'] * 0.9
    # 10% 할인된 가격 계산
)
print(calculated_mutate.head())

# 3. 여러 단계의 계산이 필요한 경우
# 메서드 체이닝을 사용하여 이전 단계에서 생성된 열을 참조할 수 있습니다. 각 assign() 단계에서 이전 단계의 결과를 사용할 수 있습니다.
complex_mutate = (order_data
    .assign(total_price = lambda x: x['price'] * x['quantity'])
    # 1단계 총가격 계산(가격 * 수량)
    .assign(discount = lambda x: x['total_price'] * 0.1)
    # 2단계: 할인액 계산(총가격의 10%)
    .assign(final_price = lambda x: x['total_price'] - x['discount'])
    # 3단계: 최종 가격 계산(총가격 - 할인액)
)
print(complex_mutate.head())
```

실행 결과

```
In [225]: # 1. 직접 값 할당
     ...: # assign()을 사용하여 상수값을 새로운 열로 직접 할당하는 방법입니다. 모든 행에 동일한 값이 적용됩니다.
     ...: basic_mutate = order_data.assign(
     ...:     discount_rate = 0.1,      # 모든 행에 10%의 할인율 적용
     ...:     shipping_fee = 3000,      # 모든 행에 3000원의 배송비 적용
     ...:     store_type = 'Online'     # 모든 행의 매장 유형을 'Online'으로 설정
     ...: )
     ...: print(basic_mutate.head())
   order_id product_name category    price  quantity  rating  delivery_days  \
0         1          노트북     전자기기  1200000         1     4.5              2
1         2         스마트폰      모바일   800000         2     4.2              1
2         3          이어폰     음향기기   150000         3     4.8              3
3         4          태블릿      모바일   600000         1     4.0              2
4         5          키보드     주변기기    80000         4     4.3              4

     total  discount_rate  shipping_fee store_type
0  1200000            0.1          3000     Online
1  1600000            0.1          3000     Online
2   450000            0.1          3000     Online
3   600000            0.1          3000     Online
4   320000            0.1          3000     Online
```

```
In [226]: # 2. 다른 열을 참조하여 계산
     ...: # lambda 함수를 사용하여 기존 열의 값을 참조하고 계산하는 방법입니다. x는 데이터프레임 자체를 의미합니다.
     ...: calculated_mutate = order_data.assign(
     ...:
     ...:     total_price = lambda x: x['price'] * x['quantity'], # # 가격과 수량을 곱하여 총 가격 계산
     ...:     price_per_item = lambda x: x['price'] / x['quantity'], # 개당 가격 계산 (총 가격 / 수량)
     ...:     discounted_price = lambda x: x['price'] * 0.9 # 10% 할인된 가격 계산
     ...: )
     ...: print(calculated_mutate.head())
   order_id product_name category    price  quantity  rating  delivery_days  \
0         1          노트북     전자기기  1200000         1     4.5              2
1         2         스마트폰      모바일   800000         2     4.2              1
2         3          이어폰     음향기기   150000         3     4.8              3
3         4          태블릿      모바일   600000         1     4.0              2
4         5          키보드     주변기기    80000         4     4.3              4

     total  total_price  price_per_item  discounted_price
0  1200000      1200000       1200000.0         1080000.0
1  1600000      1600000        400000.0          720000.0
2   450000       450000         50000.0          135000.0
3   600000       600000        600000.0          540000.0
4   320000       320000         20000.0           72000.0
```

```
In [227]: # 3. 여러 단계의 계산이 필요한 경우
     ...: # 메서드 체이닝을 사용하여 이전 단계에서 생성된 열을 참조할 수 있습니다. 각 assign() 단계에서 이전 단계의 결과를 
사용할 수 있습니다.
     ...: complex_mutate = (order_data
     ...:     .assign(total_price = lambda x: x['price'] * x['quantity']) # 1단계 총 가격 계산 (가격 * 수량)
     ...:     .assign(discount = lambda x: x['total_price'] * 0.1) # 2단계: 할인액 계산 (총 가격의 10%)
     ...:     .assign(final_price = lambda x: x['total_price'] - x['discount']) # 3단계: 최종 가격 계산 (총 가격 - 할인액)
     ...: )
     ...: print(complex_mutate.head())
   order_id product_name category    price  quantity  rating  delivery_days  \
0         1          노트북     전자기기  1200000         1     4.5              2
1         2         스마트폰      모바일   800000         2     4.2              1
2         3          이어폰     음향기기   150000         3     4.8              3
3         4          태블릿      모바일   600000         1     4.0              2
4         5          키보드     주변기기    80000         4     4.3              4

     total  total_price  discount  final_price
0  1200000      1200000  120000.0    1080000.0
1  1600000      1600000  160000.0    1440000.0
2   450000       450000   45000.0     405000.0
3   600000       600000   60000.0     540000.0
4   320000       320000   32000.0     288000.0
```

Python

참고사항

- lambda 함수는 다른 열을 참조할 때 일반적으로 권장됩니다.
- assign() 내에서 이전 단계에서 생성된 열을 참조하려면 체이닝을 사용해야 합니다.

2.5 인덱스 설정 및 재설정

pandas에서는 DataFrame의 인덱스를 설정하거나 재설정하기 위해 set_index()와 reset_index() 함수를 제공합니다. 인덱스는 데이터를 식별하고 접근하는 데 사용되는 중요한 요소입니다.

2.5.1 set_index()

set_index() 함수는 기존 열을 인덱스로 설정하는 기능을 수행합니다. 이 함수는 그룹화나 결합 작업 전에 유용하게 사용됩니다.

기본 구조

```
DataFrame.set_index(keys, drop=True, inplace=False)

파라미터(parameter)
 - keys: 인덱스로 설정할 열 이름 또는 리스트
 - drop: True면 인덱스로 설정된 열을 DataFrame에서 제거
 - inplace: True면 원본 DataFrame을 직접 수정
```

예시

```
# 단일 열을 인덱스로 설정
indexed_by_id = order_data.set_index('order_id')
print(indexed_by_id.head())

# 여러 열을 다중 인덱스로 설정
multi_indexed = order_data.set_index(['category', 'product_name'])
print(multi_indexed.head())

# 인덱스로 설정한 열 유지하기
keep_column = order_data.set_index('order_id', drop=False)
print(keep_column.head())

# 원본 데이터프레임 직접 수정
order_data.set_index('order_id', inplace=True)
print(order_data.head())
```

실행 결과

```
In [230]: # 여러 열을 다중 인덱스로 설정
     ...: multi_indexed = order_data.set_index(['category', 'product_name'])
     ...: print(multi_indexed.head())
                       order_id    price  quantity  rating  delivery_days  \
category product_name
전자기기     노트북                1  1200000         1     4.5              2
모바일      스마트폰               2   800000         2     4.2              1
음향기기     이어폰                3   150000         3     4.8              3
모바일      태블릿                4   600000         1     4.0              2
주변기기     키보드                5    80000         4     4.3              4

                         total
category product_name
전자기기     노트북          1200000
모바일      스마트폰         1600000
음향기기     이어폰           450000
모바일      태블릿           600000
주변기기     키보드           320000
```

```
In [231]: # 인덱스로 설정한 열 유지하기
     ...: keep_column = order_data.set_index('order_id', drop=False)
     ...: print(keep_column.head())
          order_id product_name category    price  quantity  rating  \
order_id
1                1          노트북     전자기기  1200000         1     4.5
2                2         스마트폰      모바일   800000         2     4.2
3                3          이어폰     음향기기   150000         3     4.8
4                4          태블릿      모바일   600000         1     4.0
5                5          키보드     주변기기    80000         4     4.3

          delivery_days    total
order_id
1                     2  1200000
2                     1  1600000
3                     3   450000
4                     2   600000
5                     4   320000
```

```
In [232]: # 원본 데이터프레임 직접 수정
     ...: order_data.set_index('order_id', inplace=True)
     ...: print(order_data.head())
         product_name category    price  quantity  rating  delivery_days  \
order_id
1                 노트북     전자기기  1200000         1     4.5              2
2                스마트폰      모바일   800000         2     4.2              1
3                 이어폰     음향기기   150000         3     4.8              3
4                 태블릿      모바일   600000         1     4.0              2
5                 키보드     주변기기    80000         4     4.3              4

            total
order_id
1         1200000
2         1600000
3          450000
4          600000
5          320000
```

2.5.2 reset_index()

reset_index() 함수는 인덱스를 기본 정수 인덱스로 재설정하고, 기존 인덱스를 열로 변환합니다. 이 함수는 인덱스 조작 후 데이터를 원래 형태로 되돌릴 때 사용됩니다.

기본 구조

```
DataFrame.reset_index(drop=False, inplace=False)

파라미터(parameter)
  - drop: True면 기존 인덱스를 버리고 새로운 정수 인덱스만 생성
  - inplace: True면 원본 DataFrame을 직접 수정
```

예시

```
# 기본 정수 인덱스로 재설정 (기존 인덱스는 열로 변환)
reset_basic = indexed_by_id.reset_index()
print(reset_basic.head())

# 기존 인덱스를 버리고 재설정
reset_drop = indexed_by_id.reset_index(drop=True)
print(reset_drop.head())

# 다중 인덱스 재설정
reset_multi = multi_indexed.reset_index()
print(reset_multi.head())

# 원본 데이터프레임 직접 수정
indexed_by_id.reset_index(inplace=True)
print(indexed_by_id.head())
```

실행 결과

```
In [234]: # 기본 정수 인덱스로 재설정 (기존 인덱스는 열로 변환)
     ...: reset_basic = indexed_by_id.reset_index()
     ...: print(reset_basic.head())
   order_id product_name category    price  quantity  rating  delivery_days  \
0         1          노트북     전자기기  1200000         1     4.5              2
1         2         스마트폰      모바일   800000         2     4.2              1
2         3          이어폰     음향기기   150000         3     4.8              3
3         4          태블릿      모바일   600000         1     4.0              2
4         5          키보드     주변기기    80000         4     4.3              4

     total
0  1200000
1  1600000
2   450000
3   600000
4   320000
```

```
In [235]: # 기존 인덱스를 버리고 재설정
     ...: reset_drop = indexed_by_id.reset_index(drop=True)
     ...: print(reset_drop.head())
  product_name category    price  quantity  rating  delivery_days    total
0          노트북     전자기기  1200000         1     4.5              2  1200000
1         스마트폰      모바일   800000         2     4.2              1  1600000
2          이어폰     음향기기   150000         3     4.8              3   450000
3          태블릿      모바일   600000         1     4.0              2   600000
4          키보드     주변기기    80000         4     4.3              4   320000
```

```
In [236]: # 다중 인덱스 재설정
     ...: reset_multi = multi_indexed.reset_index()
     ...: print(reset_multi.head())
  category product_name  order_id    price  quantity  rating  delivery_days  \
0     전자기기          노트북         1  1200000         1     4.5              2
1      모바일         스마트폰         2   800000         2     4.2              1
2     음향기기          이어폰         3   150000         3     4.8              3
3      모바일          태블릿         4   600000         1     4.0              2
4     주변기기          키보드         5    80000         4     4.3              4

     total
0  1200000
1  1600000
2   450000
3   600000
4   320000
```

```
In [237]: # 원본 데이터프레임 직접 수정
     ...: indexed_by_id.reset_index(inplace=True)
     ...: print(indexed_by_id.head())
   order_id product_name category    price  quantity  rating  delivery_days  \
0         1          노트북     전자기기  1200000         1     4.5              2
1         2         스마트폰      모바일   800000         2     4.2              1
2         3          이어폰     음향기기   150000         3     4.8              3
3         4          태블릿      모바일   600000         1     4.0              2
4         5          키보드     주변기기    80000         4     4.3              4

     total
0  1200000
1  1600000
2   450000
3   600000
4   320000
```

3 데이터 재구조화

데이터 준비

```
# 라이브러리 불러오기
library(tidyr)

# 고등학교 과목 점수 데이터 생성
students_wide <- data.frame(
  student_id = c(1, 2, 3, 4),
  name = c("김철수", "이영희", "박민수", "정미란"),
  math_2023 = c(85, 92, 78, 95),
  english_2023 = c(92, 88, 85, 90),
  science_2023 = c(88, 95, 82, 87),
  math_2024 = c(90, 88, 85, 92),
  english_2024 = c(85, 90, 88, 94),
  science_2024 = c(92, 87, 90, 88)
)
print(students_wide)
```

실행 결과

```
> students_wide <- data.frame(
+     student_id = c(1, 2, 3, 4),
+     name = c("김철수", "이영희", "박민수", "정미란"),
+     math_2023 = c(85, 92, 78, 95),
+     english_2023 = c(92, 88, 85, 90),
+     science_2023 = c(88, 95, 82, 87),
+     math_2024 = c(90, 88, 85, 92),
+     english_2024 = c(85, 90, 88, 94),
+     science_2024 = c(92, 87, 90, 88)
+ )
> print(students_wide)
  student_id   name math_2023 english_2023 science_2023 math_2024 english_2024 science_2024
1          1 김철수        85           92           88        90           85           92
2          2 이영희        92           88           95        88           90           87
3          3 박민수        78           85           82        85           88           90
4          4 정미란        95           90           87        92           94           88
```

3.1 Wide form에서 Long form으로 변환: pivot_longer()

pivot_longer() 함수는 넓은 형태(wide form) 데이터를 긴 형태(long form) 데이터로 변환시키는 기능을 수행합니다.

기본 구조

```
pivot_longer(data, cols, names_to, values_to)

파라미터(parameter)
 - data: 데이터 프레임 또는 티블
 - cols: 길게 만들 열들
 - names_to: 기존 열 이름들이 저장될 새 열의 이름
 - values_to: 기존 열들의 값들이 저장될 새 열의 이름
```

예시

```
# 타이타닉 데이터에서 Pclass, Age, Fare 열을 long 형태로 변환합니다
titanic_long <- pivot_longer(titanic,
                             cols = c(Pclass, Age, Fare),
                             names_to = "variable",
                             values_to = "value")

# 결과 출력
head(titanic_long)
```

실행 결과

```
> # 타이타닉 데이터에서 Pclass, Age, Fare 열을 long 형태로 변환합니다
> titanic_long <- pivot_longer(titanic,
+                              cols = c(Pclass, Age, Fare),
+                              names_to = "variable",
+                              values_to = "value")
>
> # 결과 출력
> head(titanic_long)
# A tibble: 6 x 11
  PassengerId Survived Name                                    Sex   SibSp Parch Ticket Cabin Embarked variable value
        <int>    <int> <chr>                                   <chr> <int> <int> <chr>  <chr> <chr>    <chr>    <dbl>
1           1        0 Braund, Mr. Owen Harris                 male      1     0 A/5 2… ""    S        Pclass    3
2           1        0 Braund, Mr. Owen Harris                 male      1     0 A/5 2… ""    S        Age      22
3           1        0 Braund, Mr. Owen Harris                 male      1     0 A/5 2… ""    S        Fare      7.25
4           2        1 Cumings, Mrs. John Bradley (Florence Briggs Tha… fema…  1     0 PC 17… "C85" C        Pclass    1
5           2        1 Cumings, Mrs. John Bradley (Florence Briggs Tha… fema…  1     0 PC 17… "C85" C        Age      38
6           2        1 Cumings, Mrs. John Bradley (Florence Briggs Tha… fema…  1     0 PC 17… "C85" C        Fare     71.3
```

3.2 Long form에서 Wide form으로 변환: pivot_wider()

pivot_wider() 함수는 긴 형태(long form) 데이터를 넓은 형태(wide form) 데이터로 변환시키는 기능을 수행합니다.

기본 구조

```
pivot_wider(data, names_from, values_from)
```

파라미터(parameter)
- data: 데이터 프레임 또는 티블
- names_from: 새로운 열 이름이 될 값들이 있는 열
- values_from: 새로운 열들의 값이 될 값들이 있는 열

예시

```
# 앞서 생성한 long 형태의 타이타닉 데이터를 wide 형태로 변환합니다
titanic_wide <- pivot_wider(titanic_long,
                            names_from = variable,
                            values_from = value)

# 결과 출력
head(titanic_wide)
```

실행 결과

```
> # 앞서 생성한 long 형태의 타이타닉 데이터를 wide 형태로 변환합니다
> titanic_wide <- pivot_wider(titanic_long,
+                             names_from = variable,
+                             values_from = value)
>
> # 결과 출력
> head(titanic_wide)
# A tibble: 6 x 12
  PassengerId Survived Name                                  Sex   SibSp Parch Ticket Cabin Embarked Pclass   Age  Fare
        <int>    <int> <chr>                                 <chr> <int> <int> <chr>  <chr> <chr>     <dbl> <dbl> <dbl>
1           1        0 Braund, Mr. Owen Harris               male      1     0 A/5 2… ""    S             3    22  7.25
2           2        1 Cumings, Mrs. John Bradley (Florence Briggs… fema…     1     0 PC 17… "C85" C             1    38 71.3
3           3        1 Heikkinen, Miss. Laina                fema…     0     0 STON/… ""    S             3    26  7.92
4           4        1 Futrelle, Mrs. Jacques Heath (Lily May Peel) fema…     1     0 113803 "C12… S             1    35 53.1
5           5        0 Allen, Mr. William Henry              male      0     0 373450 ""    S             3    35  8.05
6           6        0 Moran, Mr. James                      male      0     0 330877 ""    Q             3    NA  8.46
```

3 데이터 재구조화

데이터 준비

```
# 패키지 불러오기
import pandas as pd

# 고등학교 과목 점수 데이터 생성
students_wide = pd.DataFrame({
    'student_id': [1, 2, 3, 4],
    'name': ['김철수', '이영희', '박민수', '정미란'],
    'math_2023': [85, 92, 78, 95],
    'english_2023': [92, 88, 85, 90],
    'science_2023': [88, 95, 82, 87],
    'math_2024': [90, 88, 85, 92],
    'english_2024': [85, 90, 88, 94],
    'science_2024': [92, 87, 90, 88]
})

print(students_wide)
```

실행 결과

```
In [240]: students_wide = pd.DataFrame({
     ...:     'student_id': [1, 2, 3, 4],
     ...:     'name': ['김철수', '이영희', '박민수', '정미란'],
     ...:     'math_2023': [85, 92, 78, 95],
     ...:     'english_2023': [92, 88, 85, 90],
     ...:     'science_2023': [88, 95, 82, 87],
     ...:     'math_2024': [90, 88, 85, 92],
     ...:     'english_2024': [85, 90, 88, 94],
     ...:     'science_2024': [92, 87, 90, 88]
     ...: })
     ...:
     ...: print(students_wide)
   student_id name  math_2023  english_2023  science_2023  math_2024  \
0           1  김철수         85            92            88         90
1           2  이영희         92            88            95         88
2           3  박민수         78            85            82         85
3           4  정미란         95            90            87         92

   english_2024  science_2024
0            85            92
1            90            87
2            88            90
3            94            88
```

3.1 Wide form에서 Long form으로 변환: pivot_longer()

pivot_longer() 함수는 긴 형태(long form) 데이터를 넓은 형태(wide form) 데이터로 변환시키는 기능을 수행합니다.

기본 구조

```
pivot_longer(data, cols, names_to, values_to)
```

파라미터(parameter)
- data: 데이터 프레임 또는 티블
- cols: 길게 만들 열들
- names_to: 기존 열 이름들이 저장될 새 열의 이름
- values_to: 기존 열들의 값들이 저장될 새 열의 이름

예시

```
library(tidyr)

# Wide에서 Long form으로 변환
students_long <- pivot_longer(students_wide ,
cols = -c(student_id, name),
names_to = "subject_year",
values_to = "score")

# 결과 출력
head(students_long)
```

실행 결과

```
> # Wide에서 Long form으로 변환
> students_long <- pivot_longer(students_wide ,
+                               cols = -c(student_id, name),
+                               names_to = "subject_year",
+                               values_to = "score")
>
> # 결과 출력
> head(students_long)
# A tibble: 6 x 4
  student_id name   subject_year score
       <dbl> <chr>  <chr>        <dbl>
1          1 김철수 math_2023       85
2          1 김철수 english_2023    92
3          1 김철수 science_2023    88
4          1 김철수 math_2024       90
5          1 김철수 english_2024    85
6          1 김철수 science_2024    92
>
```

3.2 Long form에서 Wide form으로 변환: pivot_wider()

pivot_wider() 함수는 긴 형태(long form) 데이터를 넓은 형태(wide form) 데이터로 변환시키는 기능을 수행합니다.

기본 구조

```
pivot_wider(data, names_from, values_from)

파라미터(parameter)
 - data: 데이터 프레임 또는 티블
 - names_from: 새로운 열 이름이 될 값들이 있는 열
 - values_from: 새로운 열들의 값이 될 값들이 있는 열
```

예시

```
library(tidyr)

## Long → Wide(복원)
students_wide_restored <- pivot_wider(students_long,
names_from = subject_year,    # 열 이름이 될 변수
values_from = score           # 셀 값이 될 변수
)

# 결과 출력
head(students_wide_restored)
```

실행 결과

```
> students_wide_restored <- pivot_wider(students_long,
+                                       names_from = subject_year,      # 열 이름이 될 변수
+                                       values_from = score             # 셀 값이 될 변수
+ )
> students_wide_restored
# A tibble: 4 × 8
  student_id name   math_2023 english_2023 science_2023 math_2024 english_2024 science_2024
       <dbl> <chr>      <dbl>        <dbl>        <dbl>     <dbl>        <dbl>        <dbl>
1          1 김철수        85           92           88        90           85           92
2          2 이영희        92           88           95        88           90           87
3          3 박민수        78           85           82        85           88           90
4          4 정미란        95           90           87        92           94           88
>
```

R 연습문제

해당 데이터셋을 사용하여 다음 문제를 해결하세요.

```
library(tidyr)
library(dplyr)
# 데이터셋 1: 온라인 서점 주문 데이터
bookstore_data <- data.frame(
   order_id = 1:12,
  book_title = c("통계학개론", "R프로그래밍", "파이썬기초", "데이터분석", "머신러닝", "딥러닝",
                 "SQL기초", "자바기초", "C언어", "알고리즘", "웹개발", "클라우드"),
  category = c("통계", "프로그래밍", "프로그래밍", "데이터", "AI", "AI",
               "데이터베이스", "프로그래밍", "프로그래밍", "CS", "웹", "인프라"),
  price = c(25000, 35000, 28000, 45000, 52000, 48000,
           30000, 32000, 28000, 40000, 38000, 42000),
  stock = c(15, 20, 25, 10, 8, 12, 18, 22, 30, 5, 15, 7),
  rating = c(4.5, 4.8, 4.2, 4.7, 4.9, 4.6, 4.3, 4.1, 4.4, 4.8, 4.2, 4.5),
  sales_2023 = c(100, 150, 120, 80, 60, 70, 90, 110, 130, 40, 85, 55),
  sales_2024 = c(120, 180, 140, 95, 75, 85, 100, 125, 145, 50, 95, 65)
)

# 데이터셋 2: 학생 성적 데이터
student_data <- data.frame(
  student_id = 1:10,
  name = c("김철수", "이영희", "박민수", "정미란", "강지훈",
          "윤서연", "조현우", "송미경", "임재현", "한수진"),
  gender = c("M", "F", "M", "F", "M", "F", "M", "F", "M", "F"),
  math_midterm = c(85, 92, 78, 95, 88, 76, 89, 91, 82, 87),
  math_final = c(88, 90, 82, 93, 85, 80, 92, 89, 85, 90),
  english_midterm = c(92, 88, 85, 90, 87, 94, 82, 88, 91, 86),
  english_final = c(90, 85, 88, 92, 89, 91, 84, 86, 89, 88)
)
```

01 bookstore_data에서 가격이 35,000원 이상이고 재고가 15개 미만인 도서를 조회하세요.

02 student_data에서 수학 중간고사와 기말고사의 평균이 85점 이상인 학생의 이름과 성별을 조회하세요.

03 bookstore_data에서 도서들을 rating 기준 내림차순으로 정렬하고, 동일한 rating일 경우 가격 오름차순으로 정렬하세요.

04 student_data를 학생별 과목과 시험 종류에 따른 점수를 한눈에 확인할 수 있도록 long format으로 변환하세요.

05 bookstore_data에서 각 도서의 가격을 10% 할인하고, 할인된 가격이 40,000원 이상인 도서의 제목, 원래 가격, 할인가를 조회하되, 할인가가 높은 순서로 정렬하세요.

06 bookstore_data에서 2023년과 2024년 판매량을 long format으로 변환한 후, 판매량이 100권 이상인 도서만 조회하세요.

07 student_data에서 각 학생의 수학과 영어 성적 향상도(기말–중간)를 계산하고, 향상도가 높은 순서로 정렬하세요.

08 student_data에서 수학과 영어 과목의 중간고사 점수 차이가 10점 이상인 학생들의 이름과 두 과목의 점수를 조회하세요.

09 bookstore_data에서 재고 대비 2024년 판매량의 비율을 계산하고, 이 비율이 8 이상인 도서의 제목, 재고, 판매량, 비율을 조회하세요.

10 bookstore_data에서 재고가 10개 미만인 도서들의 카테고리, 제목, 재고량을 조회하고, 재고량 오름차순으로 정렬하세요.

Python 연습문제

해당 데이터셋을 사용하여 다음 문제를 해결하세요.

```
import pandas as pd

# 데이터셋 1: 온라인 서점 주문 데이터
bookstore_data = pd.DataFrame({
    'order_id': range(1, 13),
    'book_title': ['통계학개론', 'R프로그래밍', '파이썬기초', '데이터분석', '머신러닝', '딥러닝',
                   'SQL기초', '자바기초', 'C언어', '알고리즘', '웹개발', '클라우드'],
    'category': ['통계', '프로그래밍', '프로그래밍', '데이터', 'AI', 'AI',
                 '데이터베이스', '프로그래밍', '프로그래밍', 'CS', '웹', '인프라'],
    'price': [25000, 35000, 28000, 45000, 52000, 48000,
              30000, 32000, 28000, 40000, 38000, 42000],
    'stock': [15, 20, 25, 10, 8, 12, 18, 22, 30, 5, 15, 7],
    'rating': [4.5, 4.8, 4.2, 4.7, 4.9, 4.6, 4.3, 4.1, 4.4, 4.8, 4.2, 4.5],
    'sales_2023': [100, 150, 120, 80, 60, 70, 90, 110, 130, 40, 85, 55],
    'sales_2024': [120, 180, 140, 95, 75, 85, 100, 125, 145, 50, 95, 65]
})

# 데이터셋 2: 학생 성적 데이터
student_data = pd.DataFrame({
    'student_id': range(1, 11),
    'name': ['김철수', '이영희', '박민수', '정미란', '강지훈',
             '윤서연', '조현우', '송미경', '임재현', '한수진'],
    'gender': ['M', 'F', 'M', 'F', 'M', 'F', 'M', 'F', 'M', 'F'],
    'math_midterm': [85, 92, 78, 95, 88, 76, 89, 91, 82, 87],
    'math_final': [88, 90, 82, 93, 85, 80, 92, 89, 85, 90],
    'english_midterm': [92, 88, 85, 90, 87, 94, 82, 88, 91, 86],
    'english_final': [90, 85, 88, 92, 89, 91, 84, 86, 89, 88]
})
```

01 bookstore_data에서 가격이 35,000원 이상이고 재고가 15개 미만인 도서를 조회하세요.

02 student_data에서 수학 중간고사와 기말고사의 평균이 85점 이상인 학생의 이름과 성별을 조회하세요.

03 bookstore_data에서 도서들을 rating 기준 내림차순으로 정렬하고, 동일한 rating일 경우 가격 오름차순으로 정렬하세요.

04 student_data를 학생별 과목과 시험 종류에 따른 점수를 한눈에 확인할 수 있도록 long format으로 변환하세요.

05 bookstore_data에서 각 도서의 가격을 10% 할인하고, 할인된 가격이 40,000원 이상인 도서의 제목, 원래 가격, 할인가를 조회하되, 할인가가 높은 순서로 정렬하세요.

06 bookstore_data에서 2023년과 2024년 판매량을 long format으로 변환한 후, 판매량이 100권 이상인 도서만 조회하세요.

07 student_data에서 각 학생의 수학과 영어 성적 향상도(기말–중간)를 계산하고, 향상도가 높은 순서로 정렬하세요.

08 student_data에서 수학과 영어 과목의 중간고사 점수 차이가 10점 이상인 학생들의 이름과 두 과목의 점수를 조회하세요.

09 bookstore_data에서 재고 대비 2024년 판매량의 비율을 계산하고, 이 비율이 8 이상인 도서의 제목, 재고, 판매량, 비율을 조회하세요.

10 bookstore_data에서 재고가 10개 미만인 도서들의 카테고리, 제목, 재고량을 조회하고, 재고량 오름차순으로 정렬하세요.

12장 데이터 병합

R

1. join 계열 함수
2. bind 계열 함수

Python

1. merge 함수
2. concat 함수

데이터 병합은 여러 출처에서 수집된 데이터를 일정한 기준에 따라 하나로 통합하는 과정으로, 분석에 필요한 일관성 있는 데이터셋을 구축해 이후의 통계적 분석이나 모델링을 원활하게 하는 기반을 마련합니다. 데이터 병합의 필요성과 중요성은 다음과 같습니다.

(1) 완전한 데이터셋 구축

서로 다른 소스에서 수집된 데이터는 공통된 변수와 고유한 변수를 동시에 포함할 수 있습니다. 이를 병합하면 다양한 변수를 아우르는 완전한 데이터셋을 구축할 수 있습니다.

(2) 효율적인 데이터 관리

관련 데이터를 하나의 데이터프레임으로 통합하면 구조가 단순해지고, 접근 · 관리 · 조작이 용이해집니다. 이를 통해 분석의 생산성이 높아지고, 유지 보수 및 업데이트도 간소화되어 시간과 비용을 절약할 수 있습니다.

(3) 누락된 정보 보완

개별 데이터 소스에는 누락된 값이 있을 수 있지만, 여러 소스를 병합하면 서로를 보완하여 보다 충실한 데이터셋을 확보할 수 있습니다.

따라서 데이터 병합은 분석의 토대를 완성하는 핵심 과정이며, 이번 장에서는 데이터를 효과적으로 병합하는 방법을 살펴보겠습니다.

R

1 join 계열 함수

dplyr 패키지의 join 함수들은 SQL의 JOIN 연산과 유사한 방식으로 작동합니다. 이 함수들은 두 데이터프레임의 공통 열(key)을 기준으로 데이터를 병합합니다. join 함수들은 데이터 분석 과정에서 서로 다른 출처의 데이터를 의미 있게 결합할 때 매우 유용합니다.

주요 join 함수들은 다음과 같습니다.

- inner_join(): 두 데이터셋에서 공통으로 존재하는 데이터만 병합(교집합)
- left_join(): 왼쪽 데이터셋을 기준으로 오른쪽 데이터를 병합(왼쪽 기준 병합)
- right_join(): 오른쪽 데이터셋을 기준으로 왼쪽 데이터를 병합(오른쪽 기준 병합)
- full_join(): 양쪽 데이터셋의 모든 데이터를 병합(합집합)

기본 구조

```
xxxx_join(x, y, by = NULL, suffix = c(".x", ".y"))

파라미터(parameter)
  - 'x': 첫 번째 데이터프레임
  - 'y': 두 번째 데이터프레임
  - 'by': 조인 기준이 되는 열 이름
  - 'suffix': 중복된 열 이름에 붙일 접미사
```

참고사항

- 조인 기준이 되는 열 이름이 두 데이터프레임에 모두 존재하지 않으면 오류가 발생합니다.
- 병합 시 양쪽 데이터프레임에 동일한 이름의 열이 존재할 경우 suffix 파라미터를 사용하여 중복된 열 이름을 구분할 수 있습니다.

데이터 준비

```
# 패키지 로드
library(dplyr)

# 주문 및 고객 데이터 생성 예시

# 주문 데이터
orders <- data.frame(
    order_id = c(1001, 1002, 1003, 1004, 1005),          # 주문번호
    customer_id = c(1, 2, 2, 3, 4),                       # 고객번호
    region = c("서울", "부산", "서울", "대구", "부산"),        # 주문지역
    branch_code = c("S001", "S002", "S001", "S003", "S002"),  # 주문지점코드
    order_date = c("2024-01-01", "2024-01-01", "2024-01-02", "2024-01-02",
                   "2024-01-03"),                         # 주문일자
   amount = c(15000, 28000, 32000, 45000, 67000)         # 주문금액
)
print(head(orders))

# 고객 데이터
customers <- data.frame(
    cust_no = c(1, 2, 3, 4, 5),                              # 고객번호
    customer_id = c(1, 2, 3, 4, 5),                          # 고객ID
    region = c("서울", "부산", "대구", "부산", "서울"),            # 거주지역
    reg_branch = c("S001", "S002", "S003", "S002", "S001"),  # 등록지점
    customer_name = c("김철수", "이영희", "박민수", "정지원", "최유진"),  # 고객명
    reg_date = c("2023-12-01", "2023-12-15", "2023-12-20", "2024-01-01",
                 "2024-01-02")                               # 고객등록일
)
print(head(customers))
```

실행 결과

```
> # 주문 데이터
> orders <- data.frame(
+     order_id = c(1001, 1002, 1003, 1004, 1005),       # 주문번호
+     customer_id = c(1, 2, 2, 3, 4),                    # 고객번호
+     region = c("서울", "부산", "서울", "대구", "부산"),     # 주문지역
+     branch_code = c("S001", "S002", "S001", "S003", "S002"),  # 주문지점코드
+     order_date = c("2024-01-01", "2024-01-01", "2024-01-02", "2024-01-02", "2024-01-03"),  # 주문일자
+     amount = c(15000, 28000, 32000, 45000, 67000)      # 주문금액
+ )
> print(head(orders))
  order_id customer_id region branch_code order_date amount
1     1001           1   서울        S001 2024-01-01  15000
2     1002           2   부산        S002 2024-01-01  28000
3     1003           2   서울        S001 2024-01-02  32000
4     1004           3   대구        S003 2024-01-02  45000
5     1005           4   부산        S002 2024-01-03  67000
```

```
>
> # 고객 데이터
> customers <- data.frame(
+     cust_no = c(1, 2, 3, 4, 5),                          # 고객번호
+     customer_id = c(1, 2, 3, 4, 5),                      # 고객ID
+     region = c("서울", "부산", "대구", "부산", "서울"),     # 거주지역
+     reg_branch = c("S001", "S002", "S003", "S002", "S001"),  # 등록지점
+     customer_name = c("김철수", "이영희", "박민수", "정지원", "최유진"),  # 고객명
+     reg_date = c("2023-12-01", "2023-12-15", "2023-12-20", "2024-01-01", "2024-01-02")  # 고객등록일
+ )
> print(head(customers))
  cust_no customer_id region reg_branch customer_name   reg_date
1       1           1   서울       S001        김철수 2023-12-01
2       2           2   부산       S002        이영희 2023-12-15
3       3           3   대구       S003        박민수 2023-12-20
4       4           4   부산       S002        정지원 2024-01-01
5       5           5   서울       S001        최유진 2024-01-02
```

1.1 교집합: inner_join()

dplyr 패키지의 inner_join() 함수는 두 데이터프레임에서 지정된 키값이 완벽하게 일치하는 행들만 병합합니다. 양쪽 데이터프레임에 모두 존재하는 데이터만 결과에 포함되므로, 매칭되지 않는 데이터는 제외됩니다. 정확한 데이터 매칭이 필요할 때 주로 사용됩니다.

예시

```
# 주문과 고객 데이터를 customer_id 기준으로 교집합 병합
inner_result <- inner_join(orders, customers, by = "customer_id")
print(inner_result)
```

실행 결과

```
> # 주문과 고객 데이터를 customer_id 기준으로 교집합 병합
> inner_result <- inner_join(orders, customers, by = "customer_id")
> print(inner_result)
  order_id customer_id region.x branch_code order_date amount cust_no region.y reg_branch customer_name   reg_date
1     1001           1     서울        S001 2024-01-01  15000       1     서울       S001        김철수 2023-12-01
2     1002           2     부산        S002 2024-01-01  28000       2     부산       S002        이영희 2023-12-15
3     1003           2     서울        S001 2024-01-02  32000       2     부산       S002        이영희 2023-12-15
4     1004           3     대구        S003 2024-01-02  45000       3     대구       S003        박민수 2023-12-20
5     1005           4     부산        S002 2024-01-03  67000       4     부산       S002        정지원 2024-01-01
```

1.2 왼쪽기준 병합: left_join()

dplyr 패키지의 left_join() 함수는 왼쪽 데이터프레임을 기준으로 데이터를 병합합니다. 왼쪽 데이터프레임의 모든 행이 유지되며, 오른쪽 데이터프레임에서 매칭되지 않는 경우 NA값으로 채워집니다. 기준 데이터셋의 정보를 유지하면서 추가 정보를 보완할 때 사용됩니다.

예시

```
# 주문 데이터를 기준으로 고객 데이터 병합
left_result <- left_join(orders, customers, by = "customer_id")
print(left_result)
```

실행 결과

```
> # 주문 데이터를 기준으로 고객 데이터 병합
> left_result <- left_join(orders, customers, by = "customer_id")
> print(left_result)
  order_id customer_id region.x branch_code order_date amount cust_no region.y reg_branch customer_name   reg_date
1     1001           1     서울        S001 2024-01-01  15000       1     서울       S001        김철수 2023-12-01
2     1002           2     부산        S002 2024-01-01  28000       2     부산       S002        이영희 2023-12-15
3     1003           2     서울        S001 2024-01-02  32000       2     부산       S002        이영희 2023-12-15
4     1004           3     대구        S003 2024-01-02  45000       3     대구       S003        박민수 2023-12-20
5     1005           4     부산        S002 2024-01-03  67000       4     부산       S002        정지원 2024-01-01
```

1.3 오른쪽기준 병합: right_join()

dplyr 패키지의 right_join() 함수는 left_join()과 동일한 원리지만, 오른쪽 데이터프레임을 기준으로 병합합니다. 오른쪽 데이터프레임의 모든 행이 유지되며, 왼쪽에서 매칭되지 않는 경우 NA 값으로 채워집니다. left_join()의 데이터프레임 순서를 바꾸는 것과 동일합니다.

예시

```
# 고객 데이터를 기준으로 주문 데이터 병합
right_result <- right_join(orders, customers, by = "customer_id")
print(right_result)
```

실행 결과

```
> # 고객 데이터를 기준으로 주문 데이터 병합
> right_result <- right_join(orders, customers, by = "customer_id")
> print(right_result)
  order_id customer_id region.x branch_code order_date amount cust_no region.y reg_branch customer_name   reg_date
1     1001           1     서울        S001 2024-01-01  15000       1     서울       S001        김철수 2023-12-01
2     1002           2     부산        S002 2024-01-01  28000       2     부산       S002        이영희 2023-12-15
3     1003           2     서울        S001 2024-01-02  32000       2     부산       S002        이영희 2023-12-15
4     1004           3     대구        S003 2024-01-02  45000       3     대구       S003        박민수 2023-12-20
5     1005           4     부산        S002 2024-01-03  67000       4     부산       S002        정지원 2024-01-01
6       NA           5     <NA>        <NA>       <NA>     NA       5     서울       S001        최유진 2024-01-02
```

1.4 합집합: full_join()

dplyr 패키지의 full_join() 함수는 두 데이터프레임의 모든 행을 보존하는 가장 포괄적인 병합 방식입니다. 양쪽의 모든 데이터가 포함되며, 매칭되지 않는 경우 NA로 채워집니다. 데이터 손실 없이 모든 정보를 통합하고자 할 때 사용됩니다.

예시

```
# 주문과 고객 데이터를 모두 포함하여 병합
full_result <- full_join(orders, customers, by = "customer_id")
print(full_result)
```

실행 결과

```
> # 주문과 고객 데이터를 모두 포함하여 병합
> full_result <- full_join(orders, customers, by = "customer_id")
> print(full_result)
  order_id customer_id region.x branch_code order_date amount cust_no region.y reg_branch customer_name   reg_date
1     1001           1     서울        S001 2024-01-01  15000       1     서울       S001        김철수 2023-12-01
2     1002           2     부산        S002 2024-01-01  28000       2     부산       S002        이영희 2023-12-15
3     1003           2     서울        S001 2024-01-02  32000       2     부산       S002        이영희 2023-12-15
4     1004           3     대구        S003 2024-01-02  45000       3     대구       S003        박민수 2023-12-20
5     1005           4     부산        S002 2024-01-03  67000       4     부산       S002        정지원 2024-01-01
6       NA           5     <NA>        <NA>       <NA>     NA       5     서울       S001        최유진 2024-01-02
```

1.5 여러 열 조인

때로는 하나의 열이 아닌 여러 열을 기준으로 데이터를 병합해야 할 수 있습니다. 예를 들어, '고객ID'와 '지역' 두 가지 조건이 모두 일치하는 데이터를 병합하고 싶을 때 사용합니다. 'by' 파라미터에 벡터('c("col1", "col2")') 형태로 여러 열을 지정할 수 있습니다.

예시

```
# 고객ID와 지역을 모두 기준으로 데이터 병합
multi_key_result <- inner_join(orders, customers, by = c("customer_id", "region"))
print(multi_key_result)
```

실행 결과

```
> # 고객ID와 지역을 모두 기준으로 데이터 병합
> multi_key_result <- inner_join(orders, customers, by = c("customer_id", "region"))
> print(multi_key_result)
  order_id customer_id region branch_code order_date amount cust_no reg_branch customer_name   reg_date
1     1001           1   서울        S001 2024-01-01  15000       1       S001        김철수 2023-12-01
2     1002           2   부산        S002 2024-01-01  28000       2       S002        이영희 2023-12-15
3     1004           3   대구        S003 2024-01-02  45000       3       S003        박민수 2023-12-20
4     1005           4   부산        S002 2024-01-03  67000       4       S002        정지원 2024-01-01
```

1.6 열 이름이 다른 경우

때로는 두 데이터프레임에서 같은 의미를 가지지만 열 이름이 다른 경우가 있습니다. 이런 경우 'by' 파라미터에 벡터('c("col1" = "col2")') 형태로 서로 다른 열 이름을 매핑할 수 있습니다.

예시

```
# 고객번호의 열 이름이 다른 경우 (cust_no != customer_id)
different_names_result <- inner_join(orders, customers, by = c("customer_id" = "cust_no"))
print(different_names_result)

# 여러 열의 이름이 다른 경우 (customer_id != cust_no, branch_code != reg_branch)
multi_different_names_result <- inner_join(orders, customers, by = c("customer_id" =
"cust_no", "branch_code" = "reg_branch"))
print(multi_different_names_result)
```

실행 결과

```
> # 고객번호의 열 이름이 다른 경우 (cust_no != customer_id)
> different_names_result <- inner_join(orders, customers, by = c("customer_id" = "cust_no"))
> print(different_names_result)
  order_id customer_id region.x branch_code order_date amount customer_id.y region.y reg_branch customer_name   reg_date
1     1001           1     서울        S001 2024-01-01  15000             1     서울       S001        김철수 2023-12-01
2     1002           2     부산        S002 2024-01-01  28000             2     부산       S002        이영희 2023-12-15
3     1003           2     서울        S001 2024-01-02  32000             2     부산       S002        이영희 2023-12-15
4     1004           3     대구        S003 2024-01-02  45000             3     대구       S003        박민수 2023-12-20
5     1005           4     부산        S002 2024-01-03  67000             4     부산       S002        정지원 2024-01-01
>
> # 여러 열의 이름이 다른 경우 (customer_id != cust_no, branch_code != reg_branch)
> multi_different_names_result <- inner_join(orders, customers, by = c("customer_id" = "cust_no", "branch_code" = "reg_branch"))
> print(multi_different_names_result)
  order_id customer_id region.x branch_code order_date amount customer_id.y region.y customer_name   reg_date
1     1001           1     서울        S001 2024-01-01  15000             1     서울        김철수 2023-12-01
2     1002           2     부산        S002 2024-01-01  28000             2     부산        이영희 2023-12-15
3     1004           3     대구        S003 2024-01-02  45000             3     대구        박민수 2023-12-20
4     1005           4     부산        S002 2024-01-03  67000             4     부산        정지원 2024-01-01
```

2 bind 계열 함수

dplyr 패키지의 bind 함수들은 데이터프레임을 행 또는 열 방향으로 단순 결합할 때 사용됩니다. 이 함수들은 데이터의 구조나 키값을 고려하지 않고 단순히 데이터를 붙이는 방식으로 작동합니다.

주요 bind 함수들은 다음과 같습니다.

- bind_rows(): 여러 데이터프레임을 행 방향으로 결합(위아래로 붙이기)
- bind_cols(): 여러 데이터프레임을 열 방향으로 결합(좌우로 붙이기)

데이터 준비

```
# 패키지 로드
library(dplyr)

# 첫 번째 판매 데이터셋 (2024년 1월)
sales_jan <- data.frame(
    date = c("2024-01-01", "2024-01-02", "2024-01-03"),   # 판매 날짜
    product_id = c("A001", "B002", "A001"),               # 제품 고유 번호
    quantity = c(5, 3, 4),                                 # 판매 수량
    price = c(1000, 2000, 1000)                            # 단가(원)
)
print(sales_jan)

# 두 번째 판매 데이터셋 (2024년 2월)
sales_feb <- data.frame(
    date = c("2024-02-01", "2024-02-02", "2024-02-03"),   # 판매 날짜
    product_id = c("B002", "C003", "A001"),               # 제품 고유 번호
    quantity = c(2, 6, 3),                                 # 판매 수량
    price = c(2000, 1500, 1000)                            # 단가(원)
)
print(sales_feb)

# 제품 정보 데이터셋
product_info <- data.frame(
    product_id = c("A001", "B002", "C003", "D004"),       # 제품 고유 번호
    category = c("전자", "가구", "의류", "도서"),            # 제품 카테고리
    weight = c(0.5, 15.0, 0.3, 0.8)                        # 제품 무게(kg)
)
print(product_info)

# 추가 정보 데이터셋
sales_extra <- data.frame(
    store = c("본점", "분점", "본점"),                      # 판매 지점
    staff = c("김철수", "이영희", "박민수")                   # 판매 직원
)
print(sales_extra)
```

실행 결과

```
> # 첫 번째 판매 데이터셋 (2024년 1월)
> sales_jan <- data.frame(
+     date = c("2024-01-01", "2024-01-02", "2024-01-03"),      # 판매 날짜
+     product_id = c("A001", "B002", "A001"),                    # 제품 고유 번호
+     quantity = c(5, 3, 4),                                     # 판매 수량
+     price = c(1000, 2000, 1000)                               # 단가(원)
+ )
> print(sales_jan)
        date product_id quantity price
1 2024-01-01       A001        5  1000
2 2024-01-02       B002        3  2000
3 2024-01-03       A001        4  1000
>
> # 두 번째 판매 데이터셋 (2024년 2월)
> sales_feb <- data.frame(
+     date = c("2024-02-01", "2024-02-02", "2024-02-03"),      # 판매 날짜
+     product_id = c("B002", "C003", "A001"),                    # 제품 고유 번호
+     quantity = c(2, 6, 3),                                     # 판매 수량
+     price = c(2000, 1500, 1000)                               # 단가(원)
+ )
> print(sales_feb)
        date product_id quantity price
1 2024-02-01       B002        2  2000
2 2024-02-02       C003        6  1500
3 2024-02-03       A001        3  1000
>
> # 제품 정보 데이터셋
> product_info <- data.frame(
+     product_id = c("A001", "B002", "C003", "D004"),          # 제품 고유 번호
+     category = c("전자", "가구", "의류", "도서"),              # 제품 카테고리
+     weight = c(0.5, 15.0, 0.3, 0.8)                           # 제품 무게(kg)
+ )
> print(product_info)
  product_id category weight
1       A001     전자    0.5
2       B002     가구   15.0
3       C003     의류    0.3
4       D004     도서    0.8
>
> # 추가 정보 데이터셋
> sales_extra <- data.frame(
+     store = c("본점", "분점", "본점"),                          # 판매 지점
+     staff = c("김철수", "이영희", "박민수")                    # 판매 직원
+ )
> print(sales_extra)
  store  staff
1  본점 김철수
2  분점 이영희
3  본점 박민수
```

2.1 행방향 결합: bind_rows()

bind_rows() 함수는 여러 데이터프레임을 수직으로 결합합니다. 열 이름이 같은 데이터는 자동으로 정렬되며, 없는 열은 NA로 채워집니다.

기본 구조

```
bind_rows(df1, df2, ...)

파라미터(parameter):
- 'df1, df2, ...': 결합할 데이터프레임들
```

예시

```
# 수직으로 결합
all_sales <- bind_rows(sales_jan, sales_feb)

print(all_sales)
```

실행 결과

```
> # 수직으로 결합
> all_sales <- bind_rows(sales_jan, sales_feb)
>
> print(all_sales)
        date product_id quantity price
1 2024-01-01       A001        5  1000
2 2024-01-02       B002        3  2000
3 2024-01-03       A001        4  1000
4 2024-02-01       B002        2  2000
5 2024-02-02       C003        6  1500
6 2024-02-03       A001        3  1000
```

R

2.2 열방향 결합: bind_cols()

bind_cols() 함수는 여러 데이터프레임을 수평으로 결합합니다. 모든 데이터프레임의 행 수가 동일해야 합니다.

기본 구조

```
bind_cols(df1, df2, ...)

파라미터(parameter):
- 'df1, df2, ...': 결합할 데이터프레임들
```

예시

```
# 수평으로 결합
sales_detailed <- bind_cols(sales_jan, sales_extra)
print(sales_detailed)
```

실행 결과

```
> # 수평으로 결합
> sales_detailed <- bind_cols(sales_jan, sales_extra)
> print(sales_detailed)
        date product_id quantity price store  staff
1 2024-01-01       A001        5  1000  본점 김철수
2 2024-01-02       B002        3  2000  분점 이영희
3 2024-01-03       A001        4  1000  본점 박민수
```

R 연습문제

해당 데이터셋을 사용하여 다음 문제를 해결하세요.

```
# 패키지 로드
library(dplyr)

# 샘플 데이터 생성

# 1. 학생 기본 정보
students <- data.frame(
    student_id = c(1001:1010),
    name = c("김철수", "이영희", "박민수", "정지원", "최유진",
             "강동원", "송혜교", "황민현", "유재석", "임수정"),
    gender = c("M", "F", "M", "F", "F", "M", "F", "M", "M", "F"),
    birth_year = c(2000, 2001, 2000, 2001, 2002,
                   2000, 2002, 2001, 2000, 2001),
    department = c("컴퓨터공학", "경영학", "컴퓨터공학", "통계학", "경영학",
                   "통계학", "경영학", "컴퓨터공학", "통계학", "경영학")
)

# 2. 수강 정보
courses <- data.frame(
    course_id = c("CS101", "CS102", "BZ201", "ST301", "CS201"),
    course_name = c("프로그래밍기초", "데이터구조", "마케팅원론", "통계학개론", "알고리즘"),
    credit = c(3, 3, 2, 3, 3),
    professor = c("박교수", "김교수", "이교수", "최교수", "정교수"),
    department = c("컴퓨터공학", "컴퓨터공학", "경영학", "통계학", "컴퓨터공학")
)

# 3. 수강신청 데이터
enrollments <- data.frame(
    enrollment_id = c(1:15),
    student_id = c(1001, 1001, 1002, 1003, 1003, 1004, 1005,
                   1006, 1007, 1008, 1008, 1009, 1009, 1010, 1010),
    course_id = c("CS101", "CS102", "BZ201", "CS101", "CS201",
                  "ST301", "BZ201", "ST301", "BZ201", "CS101",
                  "CS201", "ST301", "CS101", "BZ201", "ST301"),
    semester = c("2024-1", "2024-1", "2024-1", "2024-1", "2024-1",
                 "2024-1", "2024-1", "2024-1", "2024-1", "2024-1",
                 "2024-1", "2024-1", "2024-1", "2024-1", "2024-1")
)

# 4. 성적 데이터
grades <- data.frame(
    enrollment_id = c(1:12), # 일부 성적은 아직 입력되지 않음
```

```
    grade = c("A+", "B+", "A", "B", "C+", "A", "B+", "A", "B", "C", "B+", "A"),
    score = c(95, 85, 92, 82, 75, 94, 88, 96, 84, 74, 86, 93)
)

# 5. # 학생 추가 정보 데이터셋
student_details <- data.frame(
    phone = c("010-1111-1111", "010-2222-2222", "010-3333-3333",
              "010-4444-4444", "010-5555-5555", "010-6666-6666",
              "010-7777-7777", "010-8888-8888", "010-9999-9999",
              "010-0000-0000"),
  address = c("서울", "부산", "대구", "인천", "광주",
              "대전", "울산", "세종", "제주", "수원")
)
```

R

01 students와 enrollments 테이블을 student_id를 기준으로 inner join하여 각 학생의 수강 과목 수를 계산하세요.

02 students, enrollments, courses 테이블을 순차적으로 조인하여 각 학생이 수강하는 과목명과 담당 교수를 조회하세요.

03 컴퓨터공학과 학생들의 수강 정보만 조회하되, courses 테이블과 조인하여 과목명까지 표시하세요.

04 enrollments와 grades 테이블을 조인한 후, 성적이 아직 입력되지 않은 수강신청 건수를 확인하세요.

05 students와 courses 테이블에서 학생의 소속 학과와 과목의 개설 학과가 일치하는 경우만 조인하여 조회하세요.

06 모든 테이블을 적절히 조인하여 학과별 평균 성적을 계산하세요.

07 full join을 사용하여 모든 수강신청 내역과 성적 정보를 조회하고, students 테이블과 조인하여 학생명, 과목id, 성적을 조회하세요.

08 students 데이터프레임과 student_details 데이터프레임을 결합하여 새로운 데이터프레임을 만드세요. 결과에서 학생 이름, 학과, 거주 지역만 출력하세요.

09 각 학생의 최고 성적(score)과 해당 과목명을 조회하세요. 학생 이름, 과목명, 점수를 출력하고 점수가 높은 순으로 정렬하세요.

Python

1 merge 함수

pandas 패키지의 merge 함수는 SQL의 JOIN 연산과 유사한 방식으로 작동합니다. 이 함수는 두 DataFrame의 공통 열(key)을 기준으로 데이터를 병합합니다. merge 함수는 데이터 분석 과정에서 서로 다른 출처의 데이터를 의미있게 결합할 때 매우 유용합니다.

주요 merge 방식들은 다음과 같습니다.

- inner: 두 데이터셋에서 공통으로 존재하는 데이터만 병합(교집합)
- left: 왼쪽 데이터셋을 기준으로 오른쪽 데이터를 병합(왼쪽 기준 병합)
- right: 오른쪽 데이터셋을 기준으로 왼쪽 데이터를 병합(오른쪽 기준 병합)
- outer: 양쪽 데이터셋의 모든 데이터를 병합(합집합)

기본 구조

```
pd.merge(left, right, how='inner', on=None, left_on=None, right_on=None,
suffixes=('_x', '_y'))
```

파라미터(parameter)
- 'left': 첫 번째 DataFrame
- 'right': 두 번째 DataFrame
- 'how': 병합 방식 ('inner', 'outer', 'left', 'right')
- 'on': 조인 기준이 되는 열 이름
- 'left_on'/'right_on': 서로 다른 열 이름으로 조인할 때 사용
- 'suffixes': 중복된 열 이름에 붙일 접미사

참고사항

- 조인 기준이 되는 열 이름이 두 데이터프레임에 모두 존재하지 않으면 오류가 발생합니다.
- 병합 시 양쪽 데이터프레임에 동일한 이름의 열이 존재할 경우 suffixes 파라미터를 사용하여 중복된 열 이름을 구분할 수 있습니다.

데이터 준비

```
# 패키지 로드
import pandas as pd

# 주문 및 고객 데이터 생성 예시

# 주문 데이터
orders = pd.DataFrame({
    'order_id': [1001, 1002, 1003, 1004, 1005],              # 주문번호
    'customer_id': [1, 2, 2, 3, 4],                          # 고객번호
    'region': ['서울', '부산', '서울', '대구', '부산'],            # 주문지역
    'branch_code': ['S001', 'S002', 'S001', 'S003', 'S002'],  # 주문지점코드
    'order_date': ['2024-01-01', '2024-01-01', '2024-01-02', '2024-01-02',
                   '2024-01-03'],                            # 주문일자
    'amount': [15000, 28000, 32000, 45000, 67000]            # 주문금액
})
print(orders)

# 고객 데이터
customers = pd.DataFrame({
    'cust_no': [1, 2, 3, 4, 5],                                    # 고객번호
    'customer_id': [1, 2, 3, 4, 5],                                # 고객ID
    'region': ['서울', '부산', '대구', '부산', '서울'],                  # 거주지역
    'reg_branch': ['S001', 'S002', 'S003', 'S002', 'S001'],        # 등록지점
    'customer_name': ['김철수', '이영희', '박민수', '정지원', '최유진'],  # 고객명
    'reg_date': ['2023-12-01', '2023-12-15', '2023-12-20', '2024-01-01',
                 '2024-01-02']                                     # 고객등록일
})
print(customers)
```

1.1 교집합: inner merge

inner merge는 두 DataFrame에서 지정된 키 값이 완벽하게 일치하는 행들만 병합합니다. 양쪽 DataFrame에 모두 존재하는 데이터만 결과에 포함되므로, 매칭되지 않는 데이터는 제외됩니다. 정확한 데이터 매칭이 필요할 때 주로 사용됩니다.

예시

```
# 주문과 고객 데이터를 customer_id 기준으로 교집합 병합
inner_result = pd.merge(orders, customers, on='customer_id', how='inner')
print(inner_result)
```

실행 결과

```
In [159]: # 주문과 고객 데이터를 customer_id 기준으로 교집합 병합
     ...: inner_result = pd.merge(orders, customers, on='customer_id', how='inner')
     ...: print(inner_result)
   order_id  customer_id region_x branch_code  order_date  amount  cust_no  \
0      1001            1       서울        S001  2024-01-01   15000        1
1      1002            2       부산        S002  2024-01-01   28000        2
2      1003            2       서울        S001  2024-01-02   32000        2
3      1004            3       대구        S003  2024-01-02   45000        3
4      1005            4       부산        S002  2024-01-03   67000        4

  region_y reg_branch customer_name    reg_date
0       서울       S001           김철수  2023-12-01
1       부산       S002           이영희  2023-12-15
2       부산       S002           이영희  2023-12-15
3       대구       S003           박민수  2023-12-20
4       부산       S002           정지원  2024-01-01
```

1.2 왼쪽기준 병합: left merge

left merge는 왼쪽 DataFrame을 기준으로 데이터를 병합합니다. 왼쪽 DataFrame의 모든 행이 유지되며, 오른쪽 DataFrame에서 매칭되지 않는 경우 NaN값으로 채워집니다. 기준 데이터셋의 정보를 유지하면서 추가 정보를 보완할 때 사용됩니다.

예시

```
# 주문 데이터를 기준으로 고객 데이터 병합
left_result = pd.merge(orders, customers, on='customer_id', how='left')
print(left_result)
```

실행 결과

```
In [160]: # 주문 데이터를 기준으로 고객 데이터 병합
     ...: left_result = pd.merge(orders, customers, on='customer_id', how='left')
     ...: print(left_result)
   order_id  customer_id region_x branch_code  order_date  amount  cust_no  \
0      1001            1       서울        S001  2024-01-01   15000        1
1      1002            2       부산        S002  2024-01-01   28000        2
2      1003            2       서울        S001  2024-01-02   32000        2
3      1004            3       대구        S003  2024-01-02   45000        3
4      1005            4       부산        S002  2024-01-03   67000        4

  region_y reg_branch customer_name    reg_date
0       서울       S001           김철수  2023-12-01
1       부산       S002           이영희  2023-12-15
2       부산       S002           이영희  2023-12-15
3       대구       S003           박민수  2023-12-20
4       부산       S002           정지원  2024-01-01
```

1.3 오른쪽기준 병합: right merge

right merge는 left merge와 동일한 원리지만, 오른쪽 DataFrame을 기준으로 병합합니다. 오른쪽 DataFrame의 모든 행이 유지되며, 왼쪽에서 매칭되지 않는 경우 NaN값으로 채워집니다. 기준 데이터셋의 정보를 유지하면서 추가 정보를 보완할 때 사용됩니다.

예시

```
# 고객 데이터를 기준으로 주문 데이터 병합
right_result = pd.merge(orders, customers, on='customer_id', how='right')
print(right_result)
```

실행 결과

```
In [161]: # 고객 데이터를 기준으로 주문 데이터 병합
     ...: right_result = pd.merge(orders, customers, on='customer_id', how='right')
     ...: print(right_result)
   order_id  customer_id region_x branch_code  order_date   amount  cust_no  \
0    1001.0            1       서울        S001  2024-01-01  15000.0        1
1    1002.0            2       부산        S002  2024-01-01  28000.0        2
2    1003.0            2       서울        S001  2024-01-02  32000.0        2
3    1004.0            3       대구        S003  2024-01-02  45000.0        3
4    1005.0            4       부산        S002  2024-01-03  67000.0        4
5       NaN            5      NaN         NaN         NaN      NaN        5

  region_y reg_branch customer_name    reg_date
0       서울       S001           김철수  2023-12-01
1       부산       S002           이영희  2023-12-15
2       부산       S002           이영희  2023-12-15
3       대구       S003           박민수  2023-12-20
4       부산       S002           정지원  2024-01-01
5       서울       S001           최유진  2024-01-02
```

1.4 합집합: outer merge

outer merge는 두 DataFrame의 모든 행을 보존하는 가장 포괄적인 병합 방식입니다. 양쪽의 모든 데이터가 포함되며, 매칭되지 않는 경우 NaN으로 채워집니다. 데이터 손실 없이 모든 정보를 통합하고자 할 때 사용됩니다.

예시

```
# 주문과 고객 데이터를 모두 포함하여 병합
outer_result = pd.merge(orders, customers, on='customer_id', how='outer')
print(outer_result)
```

실행 결과

```
In [162]: # 주문과 고객 데이터를 모두 포함하여 병합
     ...: outer_result = pd.merge(orders, customers, on='customer_id', how='outer')
     ...: print(outer_result)
   order_id  customer_id region_x branch_code  order_date   amount  cust_no  \
0    1001.0            1       서울        S001  2024-01-01  15000.0        1
1    1002.0            2       부산        S002  2024-01-01  28000.0        2
2    1003.0            2       서울        S001  2024-01-02  32000.0        2
3    1004.0            3       대구        S003  2024-01-02  45000.0        3
4    1005.0            4       부산        S002  2024-01-03  67000.0        4
5       NaN            5      NaN         NaN         NaN      NaN        5

  region_y reg_branch customer_name    reg_date
0       서울       S001           김철수  2023-12-01
1       부산       S002           이영희  2023-12-15
2       부산       S002           이영희  2023-12-15
3       대구       S003           박민수  2023-12-20
4       부산       S002           정지원  2024-01-01
5       서울       S001           최유진  2024-01-02
```

1.5 여러 열 병합

여러 열을 기준으로 데이터를 병합할 수 있습니다. 예를 들어, '고객ID'와 '지역' 두 가지 조건이 모두 일치하는 데이터를 병합하고 싶을 때 사용합니다.

예시

```
# 고객ID와 지역을 모두 기준으로 데이터 병합
multi_key_result = pd.merge(orders, customers, on=['customer_id', 'region'])
print(multi_key_result)
```

실행 결과

```
In [163]: # 고객ID와 지역을 모두 기준으로 데이터 병합
     ...: multi_key_result = pd.merge(orders, customers, on=['customer_id', 'region'])
     ...: print(multi_key_result)
   order_id  customer_id region branch_code  order_date  amount  cust_no  \
0      1001            1     서울        S001  2024-01-01   15000        1
1      1002            2     부산        S002  2024-01-01   28000        2
2      1004            3     대구        S003  2024-01-02   45000        3
3      1005            4     부산        S002  2024-01-03   67000        4

  reg_branch customer_name    reg_date
0       S001           김철수  2023-12-01
1       S002           이영희  2023-12-15
2       S003           박민수  2023-12-20
3       S002           정지원  2024-01-01
```

1.6 열 이름이 다른 경우

두 DataFrame에서 같은 의미를 가지지만 열 이름이 다른 경우, 'left_on'과 'right_on' 파라미터를 사용하여 서로 다른 열 이름을 매핑할 수 있습니다.

예시

```
# 고객번호의 열 이름이 다른 경우 (cust_no != customer_id)
different_names_result = pd.merge(orders, customers,
                                  left_on='customer_id',
                                  right_on='cust_no')
print(different_names_result)

# 여러 열의 이름이 다른 경우
multi_different_names_result = pd.merge(orders, customers,
                                        left_on=['customer_id', 'branch_code'],
                                        right_on=['cust_no', 'reg_branch'])
print(multi_different_names_result)
```

실행 결과

```
In [164]: # 고객번호의 열 이름이 다른 경우 (cust_no != customer_id)
     ...: different_names_result = pd.merge(orders, customers,
     ...:                                   left_on='customer_id',
     ...:                                   right_on='cust_no')
     ...: print(different_names_result)
   order_id  customer_id_x region_x branch_code  order_date  amount  cust_no  \
0      1001              1       서울        S001  2024-01-01   15000        1
1      1002              2       부산        S002  2024-01-01   28000        2
2      1003              2       서울        S001  2024-01-02   32000        2
3      1004              3       대구        S003  2024-01-02   45000        3
4      1005              4       부산        S002  2024-01-03   67000        4

   customer_id_y region_y reg_branch customer_name    reg_date
0              1       서울       S001           김철수  2023-12-01
1              2       부산       S002           이영희  2023-12-15
2              2       부산       S002           이영희  2023-12-15
3              3       대구       S003           박민수  2023-12-20
4              4       부산       S002           정지원  2024-01-01

In [165]: # 여러 열의 이름이 다른 경우
     ...: multi_different_names_result = pd.merge(orders, customers,
     ...:                                         left_on=['customer_id', 'branch_code'],
     ...:                                         right_on=['cust_no', 'reg_branch'])
     ...: print(multi_different_names_result)
   order_id  customer_id_x region_x branch_code  order_date  amount  cust_no  \
0      1001              1       서울        S001  2024-01-01   15000        1
1      1002              2       부산        S002  2024-01-01   28000        2
2      1004              3       대구        S003  2024-01-02   45000        3
3      1005              4       부산        S002  2024-01-03   67000        4

   customer_id_y region_y reg_branch customer_name    reg_date
0              1       서울       S001           김철수  2023-12-01
1              2       부산       S002           이영희  2023-12-15
2              3       대구       S003           박민수  2023-12-20
3              4       부산       S002           정지원  2024-01-01
```

2 concat 함수

pandas의 concat 함수는 데이터프레임을 행 또는 열 방향으로 단순 결합할 때 사용됩니다. 이 함수들은 데이터의 구조나 키값을 고려하지 않고 단순히 데이터를 붙이는 방식으로 작동합니다.

기본 구조

```
pd.concat([df1, df2, ...], axis=0)

파라미터:
- '[df1, df2, ...]': 결합할 데이터프레임들의 리스트
- 'axis': 0은 행방향(위아래), 1은 열방향(좌우) 결합
```

데이터 준비

```
# 패키지 로드
import pandas as pd

# 첫 번째 판매 데이터셋 (2024년 1월)
sales_jan = pd.DataFrame({
    'date': ['2024-01-01', '2024-01-02', '2024-01-03'],  # 판매 날짜
    'product_id': ['A001', 'B002', 'A001'],               # 제품 고유 번호
    'quantity': [5, 3, 4],                                # 판매 수량
    'price': [1000, 2000, 1000]                           # 단가(원)
})
print(sales_jan)
# 두 번째 판매 데이터셋 (2024년 2월)
sales_feb = pd.DataFrame({
    'date': ['2024-02-01', '2024-02-02', '2024-02-03'],  # 판매 날짜
    'product_id': ['B002', 'C003', 'A001'],               # 제품 고유 번호
    'quantity': [2, 6, 3],                                # 판매 수량
    'price': [2000, 1500, 1000]                           # 단가(원)
})
print(sales_feb)

# 추가 정보 데이터셋
sales_extra = pd.DataFrame({
    'store': ['본점', '분점', '본점'],                    # 판매 지점
    'staff': ['김철수', '이영희', '박민수']               # 판매 직원
})
print(sales_extra)
```

실행 결과

```
In [176]: # 첫 번째 판매 데이터셋 (2024년 1월)
     ...: sales_jan = pd.DataFrame({
     ...:     'date': ['2024-01-01', '2024-01-02', '2024-01-03'],       # 판매 날짜
     ...:     'product_id': ['A001', 'B002', 'A001'],                   # 제품 고유 번호
     ...:     'quantity': [5, 3, 4],                                    # 판매 수량
     ...:     'price': [1000, 2000, 1000]                               # 단가(원)
     ...: })
     ...: print(sales_jan)
         date product_id  quantity  price
0  2024-01-01       A001         5   1000
1  2024-01-02       B002         3   2000
2  2024-01-03       A001         4   1000

In [177]: # 두 번째 판매 데이터셋 (2024년 2월)
     ...: sales_feb = pd.DataFrame({
     ...:     'date': ['2024-02-01', '2024-02-02', '2024-02-03'],       # 판매 날짜
     ...:     'product_id': ['B002', 'C003', 'A001'],                   # 제품 고유 번호
     ...:     'quantity': [2, 6, 3],                                    # 판매 수량
     ...:     'price': [2000, 1500, 1000]                               # 단가(원)
     ...: })
     ...: print(sales_feb)
         date product_id  quantity  price
0  2024-02-01       B002         2   2000
1  2024-02-02       C003         6   1500
2  2024-02-03       A001         3   1000

In [178]: # 추가 정보 데이터셋
     ...: sales_extra = pd.DataFrame({
     ...:     'store': ['본점', '분점', '본점'],                            # 판매 지점
     ...:     'staff': ['김철수', '이영희', '박민수']                        # 판매 직원
     ...: })
     ...: print(sales_extra)
  store staff
0    본점   김철수
1    분점   이영희
2    본점   박민수
```

2.1 행방향 결합

pd.concat() 함수는 axis=0 옵션을 사용하여 여러 데이터프레임을 수직으로 결합합니다. 열 이름이 같은 데이터는 자동으로 정렬되며, 없는 열은 NaN으로 채워집니다.

예시

```
# 수직으로 결합
all_sales = pd.concat([sales_jan, sales_feb], axis=0)
print(all_sales)
```

실행 결과

```
In [179]: #  수직으로 결합
     ...: all_sales = pd.concat([sales_jan, sales_feb], axis=0)
     ...: print(all_sales)
         date product_id  quantity  price
0  2024-01-01       A001         5   1000
1  2024-01-02       B002         3   2000
2  2024-01-03       A001         4   1000
0  2024-02-01       B002         2   2000
1  2024-02-02       C003         6   1500
2  2024-02-03       A001         3   1000
```

2.2 열방향 결합

pd.concat() 함수는 axis=1 옵션을 사용하여 여러 데이터프레임을 수평으로 결합합니다. 인덱스가 다르면 유니온 인덱스가 생성되며, 비어 있는 값은 NaN으로 채워집니다.

예시

```
# 수평으로 결합
sales_detailed = pd.concat([sales_jan, sales_extra], axis=1)
print(sales_detailed)
```

실행 결과

```
In [180]: # 수평으로 결합
     ...: sales_detailed = pd.concat([sales_jan, sales_extra], axis=1)
     ...: print(sales_detailed)
         date product_id  quantity  price store staff
0  2024-01-01       A001         5   1000    본점   김철수
1  2024-01-02       B002         3   2000    분점   이영희
2  2024-01-03       A001         4   1000    본점   박민수
```

Python 연습문제

해당 데이터셋을 사용하여 다음 문제를 해결하세요.

```
# 패키지 로드
import pandas as pd

# 샘플 데이터 생성

# 1. 학생 기본 정보
students = pd.DataFrame({
    'student_id': list(range(1001, 1011)),
    'name': ["김철수", "이영희", "박민수", "정지원", "최유진",
             "강동원", "송혜교", "황민현", "유재석", "임수정"],
    'gender': ["M", "F", "M", "F", "F", "M", "F", "M", "M", "F"],
    'birth_year': [2000, 2001, 2000, 2001, 2002,
                   2000, 2002, 2001, 2000, 2001],
    'department': ["컴퓨터공학", "경영학", "컴퓨터공학", "통계학", "경영학",
                   "통계학", "경영학", "컴퓨터공학", "통계학", "경영학"]
})

# 2. 수강 정보
courses = pd.DataFrame({
    'course_id': ["CS101", "CS102", "BZ201", "ST301", "CS201"],
    'course_name': ["프로그래밍기초", "데이터구조", "마케팅원론", "통계학개론", "알고리즘"],
    'credit': [3, 3, 2, 3, 3],
    'professor': ["박교수", "김교수", "이교수", "최교수", "정교수"],
    'department': ["컴퓨터공학", "컴퓨터공학", "경영학", "통계학", "컴퓨터공학"]
})

# 3. 수강신청 데이터
enrollments = pd.DataFrame({
    'enrollment_id': list(range(1, 16)),
    'student_id': [1001, 1001, 1002, 1003, 1003, 1004, 1005,
                   1006, 1007, 1008, 1008, 1009, 1009, 1010, 1010],
    'course_id': ["CS101", "CS102", "BZ201", "CS101", "CS201",
                  "ST301", "BZ201", "ST301", "BZ201", "CS101",
                  "CS201", "ST301", "CS101", "BZ201", "ST301"],
    'semester': ["2024-1"] * 15
})

# 4. 성적 데이터
grades = pd.DataFrame({
    'enrollment_id': list(range(1, 13)),
    'grade': ["A+", "B+", "A", "B", "C+", "A", "B+", "A", "B", "C", "B+", "A"],
```

```
    'score': [95, 85, 92, 82, 75, 94, 88, 96, 84, 74, 86, 93]
})

# 5. 학생 추가 정보
student_details = pd.DataFrame({
    'phone': [f"010-{i}{i}{i}{i}-{i}{i}{i}{i}" for i in range(1, 11)],
    'address': ["서울", "부산", "대구", "인천", "광주",
                "대전", "울산", "세종", "제주", "수원"]
})
```

01 students와 enrollments 테이블을 student_id를 기준으로 inner join하여 각 학생의 수강 과목 수를 계산하세요.

02 students, enrollments, courses 테이블을 순차적으로 조인하여 각 학생이 수강하는 과목명과 담당 교수를 조회하세요.

03 컴퓨터공학과 학생들의 수강 정보만 조회하되, courses 테이블과 조인하여 과목명까지 표시하세요.

04 enrollments와 grades 테이블을 조인한 후, 성적이 아직 입력되지 않은 수강신청 건수를 확인하세요.

05 students와 courses 테이블에서 학생의 소속 학과와 과목의 개설 학과가 일치하는 경우만 조인하여 조회하세요.

06 모든 테이블을 적절히 조인하여 학과별 평균 성적을 계산하세요.

07 outer join을 사용하여 모든 수강신청 내역과 성적 정보를 조회하고, students 테이블과 조인하여 학생명, 과목id, 성적을 조회하세요.

08 pd.concat()를 사용하여 students 데이터프레임과 student_details 데이터프레임을 결합하여 새로운 데이터프레임을 만드세요. 결과에서 학생 이름, 학과, 거주 지역만 출력하세요.

09 각 학생의 최고 성적(score)과 해당 과목명을 조회하세요. 학생 이름, 과목명, 점수를 출력하고 점수가 높은 순으로 정렬하세요.

13장 데이터 집계

R

1. 요약 통계: summarise()
2. 그룹별 집계: group_by() + summarise()

Python

1. 요약 통계: agg()
2. 그룹별 집계: groupby() + agg()

집계(aggregation)는 흩어진 원시 데이터를 '의미있는 정보 단위'로 재편성하는 핵심 절차입니다. 수많은 개별 관측값을 하나 이상의 기준 변수로 묶어(그룹화), 그 안에서 평균 · 합계 · 최댓값 · 표준편차 등 요약 통계를 산출함으로써 데이터의 복잡성을 압축하고 숨은 구조를 드러냅니다.

집계를 통해 다음과 같은 일련의 분석을 할 수 있습니다.

- 패턴 탐색: 월별 · 지역별 매출을 집계해 계절성 · 지역 편차를 확인
- 이상치 감지: 센서 데이터를 분 단위로 요약해 갑작스러운 급등 · 급락 포착
- 피처 엔지니어링: 사용자 행동 로그를 세션 단위로 집계해 모델 학습용 지표 생성
- 경영 의사결정: KPI 대시보드에 필요한 핵심 수치를 빠르게 계산 · 시각화

이처럼 집계는 탐색적 데이터 분석(EDA) 단계부터 실시간 모니터링, 예측 모델 구축, 경영 보고서 작성에 이르기까지 데이터 파이프라인 전 구간의 '허리' 역할을 합니다. 이번 장에서는 데이터 집계를 위한 기본적인 함수들을 살펴보겠습니다.

R

R에서는 group_by()와 summarise()로 데이터를 그룹화하고, 각 그룹 특성을 비교 · 분석할 수 있습니다.

데이터 준비

```
library(dplyr)

# 샘플 데이터 생성
set.seed(42)

# 학생 성적 데이터 생성
data <- data.frame(
    grade = sample(1:3, 20, replace = TRUE),
    class = sample(c('A', 'B', 'C'), 20, replace = TRUE),
    gender = sample(c('M', 'F'), 20, replace = TRUE),
    math = sample(60:100, 20, replace = TRUE),
    english = sample(65:100, 20, replace = TRUE),
    science = sample(70:100, 20, replace = TRUE)
)
```

실행 결과

```
> # 샘플 데이터 생성
> set.seed(42)
>
> # 학생 성적 데이터 생성
> data <- data.frame(
+     grade = sample(1:3, 20, replace = TRUE),
+     class = sample(c('A', 'B', 'C'), 20, replace = TRUE),
+     gender = sample(c('M', 'F'), 20, replace = TRUE),
+     math = sample(60:100, 20, replace = TRUE),
+     english = sample(65:100, 20, replace = TRUE),
+     science = sample(70:100, 20, replace = TRUE)
+ )
> print(head(data))
  grade class gender math english science
1     1     A      M   64      69      78
2     1     C      F   92      85      92
3     1     A      M   98     100      85
4     1     A      M   95     100      95
5     2     B      M   68      82      80
6     2     C      F   88      91      79
```

1 요약 통계: summarise()

dplyr 패키지의 summarise() 함수를 사용하면 데이터프레임의 열(column)에 대한 요약 통계를 구할 수 있으며, 여러 통계 함수를 동시에 적용할 수도 있습니다.

기본 구조

```
summarise(data, 새로운_열_이름 = 통계함수(열))

파라미터(parameter)
  - data: 데이터 프레임
  - 새로운_열_이름: 새로 생성될 요약 통계 열의 이름
  - 통계함수(열): mean(), median(), sum(), n() 등의 통계 함수

주요 통계 함수들
- mean(): 평균
- median(): 중앙값
- sd(): 표준편차
- min(), max(): 최솟값, 최댓값
- n(): 관측치 개수
- sum(): 합계
- first(), last(): 첫 번째/마지막 값
- n_distinct(): 고유값 개수
```

예시

```
# 수학 과목에 대한 기본 통계량 계산
math_stats <- data %>%
    summarise(
        count = n(),
        mean = mean(math),
        median = median(math),
        std = sd(math)
    )
print(math_stats)

# 전체 과목의 기본 통계량
summary_stats <- data %>%
    summarise(across(
        c(math, english, science),
        list(
            mean = mean,
            median = median,
```

```
            min = min,
            max = max
        )
    ))

print(summary_stats)
```

실행 결과

```
> # 수학 과목에 대한 기본 통계량 계산
> math_stats <- data %>%
+     summarise(
+         count = n(),
+         mean = mean(math),
+         median = median(math),
+         std = sd(math)
+     )
> print(math_stats)
  count mean median      std
1    20 80.6     81 11.82949
>
>
> # 전체 과목의 기본 통계량
> summary_stats <- data %>%
+     summarise(across(
+         c(math, english, science),
+         list(
+             mean = mean,
+             median = median,
+             min = min,
+             max = max
+         )
+     ))
>
> print(summary_stats)
  math_mean math_median math_min math_max english_mean english_median english_min english_max
1      80.6          81       61       98        82.45           81.5          65         100
  science_mean science_median science_min science_max
1         86.6           85.5          70         100
```

2 그룹별 집계: group_by() + summarise()

dplyr 패키지의 group_by() 함수는 지정된 열을 기준으로 데이터를 그룹화하고, summarise() 함수는 그룹화된 데이터에 대해 요약 통계를 계산합니다. 두 함수를 함께 사용하면 각 그룹별로 원하는 통계량을 계산할 수 있습니다.

기본 구조

```
group_by(data, col1, col2, ...)

파라미터(parameter)
  - data: 데이터 프레임
  - col1, col2, ...: 그룹화할 열들의 이름
```

예시

```
# 기본적인 그룹별 요약 통계

# 학년별 평균 성적
grade_stats <- data %>%
    group_by(grade) %>%
    summarise(
        math = mean(math),
        english = mean(english),
        science = mean(science)
    ) %>%
    round(2)
print(grade_stats)

# 학년과 성별에 따른 평균 성적
gender_grade_stats <- data %>%
    group_by(grade, gender) %>%
    summarise(
        math = mean(math),
        english = mean(english),
        science = mean(science)
    )
print(gender_grade_stats)

# 반별 각 과목의 최고점과 최저점
class_stats <- data %>%
    group_by(class) %>%
    summarise(across(
        c(math, english, science),
        list(max = max, min = min)
    ))
print(class_stats)
```

실행 결과

```
> # 학년별 평균 성적
> grade_stats <- data %>%
+     group_by(grade) %>%
+     summarise(
+         math = mean(math),
+         english = mean(english),
+         science = mean(science)
+     ) %>%
+     round(2)
> print(grade_stats)
# A tibble: 3 x 4
  grade  math english science
  <dbl> <dbl>   <dbl>   <dbl>
1     1  83.4    85.1    89.1
2     2  79      80      86.7
3     3  77.4    80.6    82
>
> # 학년과 성별에 따른 평균 성적
> gender_grade_stats <- data %>%
+     group_by(grade, gender) %>%
+     summarise(
+         math = mean(math),
+         english = mean(english),
+         science = mean(science)
+     )
`summarise()` has grouped output by 'grade'. You can override using the `.groups` argument.
> print(gender_grade_stats)
# A tibble: 6 x 5
# Groups:   grade [3]
  grade gender  math english science
  <int> <chr>  <dbl>   <dbl>   <dbl>
1     1 F       83.8    83.2    89.2
2     1 M       83      87.5    89
3     2 F       79.8    78.2    88
4     2 M       77.5    83.5    84
5     3 F       75      77.5    81
6     3 M       87      93      86
>
> # 반별 각 과목의 최고점과 최저점
> class_stats <- data %>%
+     group_by(class) %>%
+     summarise(across(
+         c(math, english, science),
+         list(max = max, min = min)
+     ))
> print(class_stats)
# A tibble: 3 x 7
  class math_max math_min english_max english_min science_max science_min
  <chr>    <int>    <int>       <int>       <int>       <int>       <int>
1 A           98       61         100          65          95          78
2 B           96       64          96          69         100          70
3 C           92       75          93          81          98          79
```

R

R 연습문제

해당 데이터셋을 사용하여 다음 문제를 해결하세요.

```
library(dplyr)

# 샘플 데이터 생성
set.seed(123)

# 학생 성적 데이터 생성
sample_data <- data.frame(
    student_id = 1:30,
    grade = sample(1:3, 30, replace = TRUE),
    class = sample(c('A', 'B', 'C'), 30, replace = TRUE),
    gender = sample(c('M', 'F'), 30, replace = TRUE),
    math = sample(60:100, 30, replace = TRUE),
    english = sample(65:100, 30, replace = TRUE),
    science = sample(70:100, 30, replace = TRUE)
)
```

01 각 학년별로 몇 명의 학생이 있는지 계산하시오.

02 성별에 따른 수학 과목의 평균 점수를 계산하시오.

03 각 반별로 영어 과목의 최고 점수를 찾으시오.

04 학년과 성별에 따른 과학 점수의 표준편차를 계산하시오.

05 각 반별로 모든 과목(수학, 영어, 과학)의 평균, 중앙값, 최솟값, 최댓값을 계산하시오.

R

Python

Python에서는 groupby()와 agg()로 그룹화된 데이터를 요약해 각 그룹의 특성을 비교 · 분석할 수 있습니다.

데이터 준비

```
import pandas as pd
import numpy as np

# 샘플 데이터 생성
np.random.seed(42)

# 학생 성적 데이터 생성
data = pd.DataFrame({
    'grade': np.random.choice([1, 2, 3], size=20),
    'class': np.random.choice(['A', 'B', 'C'], size=20),
    'gender': np.random.choice(['M', 'F'], size=20),
    'math': np.random.randint(60, 101, size=20),
    'english': np.random.randint(65, 101, size=20),
    'science': np.random.randint(70, 101, size=20)
})
print(data.head())
```

실행 결과

```
In [4]: import pandas as pd
   ...: import numpy as np
   ...: # 샘플 데이터 생성
   ...: np.random.seed(42)
   ...: # 학생 성적 데이터 생성
   ...: data = pd.DataFrame({
   ...:   'grade': np.random.choice([1, 2, 3], size=20),
   ...:   'class': np.random.choice(['A', 'B', 'C'], size=20),
   ...:   'gender': np.random.choice(['M', 'F'], size=20),
   ...:   'math': np.random.randint(60, 100, size=20),
   ...:   'english': np.random.randint(65, 100, size=20),
   ...:   'science': np.random.randint(70, 100, size=20)
   ...: })
```

```
In [5]: print(data.head())
   grade class gender  math  english  science
0      3     A      M    66       72       88
1      1     A      M    67       78       86
2      3     B      M    94       87       77
3      3     B      M    73       85       72
```

1 요약 통계: agg()

pandas의 agg() 함수를 사용하면 데이터프레임의 열(column)에 대한 요약 통계를 구할 수 있으며, 여러 통계 함수를 동시에 적용할 수도 있습니다.

기본 구조

```
DataFrame.agg({'열': [통계함수, 통계함수, ...]})

주요 통계 함수들
  - mean(): 평균
  - median(): 중앙값
  - std(): 표준편차
  - min(), max(): 최솟값, 최댓값
  - count(): 관측치 개수
  - sum(): 합계
  - first(), last(): 첫 번째/마지막 값
  - nunique(): 고유값 개수
```

예시

```
# 수학 과목의 상세 통계
math_stats = data['math'].agg(['count', 'mean', 'median', 'std'])
print(math_stats)

# 전체 과목의 기본 통계량
summary_stats = data.agg({
    'math': ['mean', 'median', 'min', 'max'],
    'english': ['mean', 'median', 'min', 'max'],
    'science': ['mean', 'median', 'min', 'max']
})
print(summary_stats)
```

Python

실행 결과

```
In [150]: # 수학 과목의 상세 통계
     ...: math_stats = data['math'].agg(['count', 'mean', 'median', 'std'])
     ...: print(math_stats)
count     20.000000
mean      78.300000
median    75.000000
std       12.806659
Name: math, dtype: float64

In [151]: # 전체 과목의 기본 통계량
     ...: summary_stats = data.agg({
     ...:     'math': ['mean', 'median', 'min', 'max'],
     ...:     'english': ['mean', 'median', 'min', 'max'],
     ...:     'science': ['mean', 'median', 'min', 'max']
     ...: })
     ...: print(summary_stats)
        math  english  science
mean    78.3    80.45     79.9
median  75.0    81.00     77.5
min     61.0    65.00     70.0
max     99.0    93.00     97.0
```

2 그룹별 집계: groupby() + agg()

pandas의 groupby() 함수는 지정된 열을 기준으로 데이터를 그룹화하고, agg() 함수는 그룹화된 데이터에 대해 요약 통계를 계산합니다. 두 함수를 함께 사용하면 각 그룹별로 원하는 통계량을 계산할 수 있습니다. 다만 요약 통계량에 NA값이 있을 경우 파라메터에 na.rm = TRUE를 사용하여 결측치를 제거할 수 있습니다.

기본 구조

```
DataFrame.groupby(['col1', 'col2']).agg({'열이름': '통계함수'})

파라미터(parameter)
  - col1, col2, ... : 그룹화할 열들의 이름
  - 열이름
  - 통계함수 : mean(), median(), sum(), n() 등
```

예시

```
# 학년별 평균 성적
grade_stats = data.groupby('grade').agg({
    'math': 'mean',
    'english': 'mean',
    'science': 'mean'
```

```
}).round(2)
print(grade_stats)

# 학년과 성별에 따른 평균 성적
gender_grade_stats = data.groupby(['grade', 'gender']).agg({
    'math': 'mean',
    'english': 'mean',
    'science': 'mean'
})

print(gender_grade_stats)

# 반별 각 과목의 최고점과 최저점
class_stats = data.groupby('class').agg({
    'math': ['max', 'min'],
    'english': ['max', 'min'],
    'science': ['max', 'min']
})

print(class_stats)
```

실행 결과

```
In [152]: # 학년별 평균 성적
     ...: grade_stats = data.groupby('grade').agg({
     ...:     'math': 'mean',
     ...:     'english': 'mean',
     ...:     'science': 'mean'
     ...: }).round(2)
     ...:
     ...: print(grade_stats)
        math  english  science
grade
1      76.80    83.40    80.40
2      81.33    77.17    76.50
3      77.11    81.00    81.89

In [153]: # 학년과 성별에 따른 평균 성적
     ...: gender_grade_stats = data.groupby(['grade', 'gender']).agg({
     ...:     'math': 'mean',
     ...:     'english': 'mean',
     ...:     'science': 'mean'
     ...: })
     ...:
     ...: print(gender_grade_stats)
               math  english  science
grade gender
1     F       77.00    89.00    97.00
      M       76.75    82.00    76.25
2     F       82.80    77.60    74.80
      M       74.00    75.00    85.00
3     F       78.75    81.25    86.25
      M       75.80    80.80    78.40
```

```
In [154]: # 반별 각 과목의 최고점과 최저점
     ...: class_stats = data.groupby('class').agg({
     ...:     'math': ['max', 'min'],
     ...:     'english': ['max', 'min'],
     ...:     'science': ['max', 'min']
     ...: })
     ...:
     ...: print(class_stats)
      math     english     science
       max min     max min     max min
class
A       99  66      88  72      96  70
B       94  63      89  71      97  72
C       95  61      93  65      85  71
```

Python 연습문제

해당 데이터셋을 사용하여 다음 문제를 해결하세요.

```
import pandas as pd
import numpy as np

# Sample data generation
np.random.seed(123)

# Create student score data
sample_data = pd.DataFrame({
    'student_id': range(1, 31),
    'grade': np.random.choice([1, 2, 3], 30, replace=True),
    'class': np.random.choice(['A', 'B', 'C'], 30, replace=True),
    'gender': np.random.choice(['M', 'F'], 30, replace=True),
    'math': np.random.randint(60, 101, 30),
    'english': np.random.randint(65, 101, 30),
    'science': np.random.randint(70, 101, 30)
})
```

01 각 학년별로 몇 명의 학생이 있는지 계산하시오.

02 성별에 따른 수학 과목의 평균 점수를 계산하시오.

03 각 반별로 영어 과목의 최고 점수를 찾으시오.

04 학년과 성별에 따른 과학 점수의 표준편차를 계산하시오.

05 각 반별로 모든 과목(수학, 영어, 과학)의 평균, 중앙값, 최솟값, 최댓값을 계산하시오.

14장

문자열 조작

R

1. 문자열 추가 및 제거
2. 문자열 추출
3. 패턴 매칭 함수
4. 문자열 변환 함수
5. 문자열 분할과 결합
6. 문자열 반복

Python

1. 문자열 추가 및 제거
2. 문자열 추출
3. 패턴 매칭 함수
4. 문자열 변환 함수
5. 문자열 분할과 결합
6. 문자열 포매팅: f-strings

데이터는 크게 정형 데이터와 비정형 데이터로 나눌 수 있습니다.

- 정형 데이터: 규칙에 따라 구성되어 있어 수치만으로 의미를 쉽게 파악할 수 있는 데이터입니다. 사람의 나이 데이터는 정수로 구성된 정형 데이터입니다.
- 비정형 데이터: 규칙이 정해져 있지 않아 수치적으로 의미를 판단하기 어려운 데이터입니다. 문자열, 음성, 이미지, 영상 등이 이에 해당합니다.

인간은 비정형 데이터를 직관적으로 이해할 수 있지만, 0과 1로만 데이터를 처리하는 컴퓨터는 비정형 데이터를 바로 처리할 수 없습니다. 따라서 비정형 데이터를 컴퓨터가 이해하기 쉽게 정형 데이터로 변환하는 과정이 중요합니다. 특히, 문자열 데이터를 처리하는 것은 데이터 분석 및 텍스트 마이닝과 같은 작업에서 매우 중요한 부분입니다.

이러한 이유로, 문자열 조작은 단순한 데이터 정제 작업을 넘어, 텍스트 기반 정보에서 구조화된 의미를 추출하고, 분석 가능한 형태로 가공하는 핵심 기술로 자리 잡고 있습니다. 이번 장에서는 문자열 데이터를 효과적으로 다루기 위한 다양한 조작 기법들을 소개하겠습니다.

R

stringr 패키지 소개

stringr은 문자열(string) 조작에 특화된 패키지로, 문자열 처리와 관련된 다양한 기능을 제공합니다. stringr의 주요 특징은 다음과 같습니다.

(1) 일관된 함수 이름: 모든 함수가 'str_'로 시작하여 직관적으로 이해하기 쉽습니다.
(2) 벡터 연산 지원: 문자열 벡터에 대해 한 번에 작업을 수행할 수 있어 효율적입니다.
(3) 정규 표현식 지원: 복잡한 패턴 매칭과 문자열 조작이 가능합니다.

stringr을 사용하기 위해서는 먼저 패키지를 설치하고 불러와야 합니다.

```
# 패키지 설치
install.packages("stringr")

# 패키지 로드
library(stringr)
```

1 문자열 추가 및 제거

1.1 문자열 길이: str_length()

stringr 패키지의 str_length() 함수는 문자열에 포함된 모든 문자(공백 포함)의 개수를 반환합니다.

예시

```
str_length("Hello, World!")
```

실행 결과

```
> str_length("Hello, World!")
[1] 13
```

1.2 문자열 추가: str_pad()

stringr 패키지의 str_pad() 함수는 문자열을 지정된 길이로 만들기 위해 특정 문자를 채워 넣는 함수입니다. 문자열의 왼쪽, 오른쪽 또는 양쪽에 원하는 문자를 추가하여 문자열의 길이를 일정하게 맞출 수 있습니다.

기본 구조

```
str_pad(string, width, side, pad)

파라미터(parameter)
  - string: 대상 문자열 또는 문자열 벡터
  - width: 문자열의 최종 길이
  - side: 문자열을 추가할 방향(left, right, both)
  - pad: 문자열을 추가할 문자
```

예시

```
# 문자열 길이가 10이 될 수 있게 왼쪽에 'A'로 채움
str_pad("hello", width = 10, side = "left", pad = "A")

# 문자열 길이가 20이 될 수 있게 양쪽에 공백(" ")을 추가
str_pad("welcome", width = 20, side = "both", pad = " ")
```

실행 결과

```
> # 문자열 길이가 10이 될 수 있게 왼쪽에 'A'로 채움
> str_pad("hello", width = 10, side = "left", pad = "A")
[1] "AAAAAhello"
>
> # 문자열 길이가 20이 될 수 있게 양쪽에 공백(" ")을 추가
> str_pad("welcome", width = 20, side = "both", pad = " ")
[1] "      welcome       "
```

1.3 문자열 제거: str_remove(), str_remove_all()

stringr 패키지의 str_remove() 함수는 문자열에서 처음 발견되는 패턴을 한 번만 제거하는 반면, str_remove_all() 함수는 문자열에서 모든 패턴을 제거합니다.

기본 구조

```
str_remove(string, pattern)
str_remove_all(string, pattern)

파라미터(parameter)
  - string: 대상 문자열 또는 문자열 벡터
  - pattern: 제거할 패턴
```

예시

```
# 예제 문장 생성
sentences <- c(
    "The cat sat on the mat",
    "The dog chased the cat",
    "I like the coffee in the morning"
)

# 첫 번째로 나오는 'the'만 제거
str_remove(sentences, "the")

# 모든 'the'를 제거
str_remove_all(sentences, "the")
```

실행 결과

```
> # 예제 문장 생성
> sentences <- c(
+     "The cat sat on the mat",
+     "The dog chased the cat",
+     "I like the coffee in the morning"
+ )
>
> # 첫 번째로 나오는 'the'만 제거
> str_remove(sentences, "the")
[1] "The cat sat on  mat"          "The dog chased  cat"          "I like  coffee in the morning"
>
> # 모든 'the'를 제거
> str_remove_all(sentences, "the")
[1] "The cat sat on  mat"        "The dog chased  cat"        "I like  coffee in  morning"
```

1.4 공백 제거: str_trim()

stringr 패키지의 str_trim() 함수는 문자열의 공백을 제거합니다.

기본 구조

```
str_trim(string, side)

파라미터(parameter)
    - string: 대상 문자열 또는 문자열 벡터
    - side: 공백을 제거할 방향(left, right, both)
```

예시

```
# 공백이 포함된 예제 데이터
text <- c("  Hello  ", "  R programming   ", "  Python ")

# 양쪽 공백 제거
str_trim(text, side = 'both')
```

```
# 왼쪽 공백 제거
str_trim(text, side = 'left')

# 오른쪽 공백 제거
str_trim(text, side = 'right')
```

실행 결과

```
> # 공백이 포함된 예제 데이터
> text <- c("  Hello  ", "   R programming   ", "   Python ")
>
> # 양쪽 공백 제거
> str_trim(text, side = 'both')
[1] "Hello"         "R programming" "Python"
>
> # 왼쪽 공백 제거
> str_trim(text, side = 'left')
[1] "Hello  "           "R programming   " "Python "
>
> # 오른쪽 공백 제거
> str_trim(text, side = 'right')
[1] "  Hello"           "   R programming" "   Python"
```

2 문자열 추출

2.1 부분 문자열 추출: str_sub()

stringr 패키지의 str_sub() 함수는 문자열의 일부분을 추출합니다.

기본 구조

```
str_sub(string, start, end)

파라미터(parameter)
   - string: 대상 문자열 또는 문자열 벡터
   - start: 시작 위치(기본값 1)
   - end: 끝 위치(기본값 -1, 즉 문자열의 끝)
```

예시

```
# 문자열 벡터 생성
text_vector <- c("Hello World", "R Programming", "Data Science")

# 각 문자열의 처음 4글자 추출
str_sub(text_vector, 1, 4)
```

```
# 각 문자열의 마지막 5글자 추출
str_sub(text_vector, -5)

# 각 문자열의 2~5번째 글자 추출
str_sub(text_vector, 2, 5)
```

실행 결과

```
> # 문자열 벡터 생성
> text_vector <- c("Hello World", "R Programming", "Data Science")
>
> # 각 문자열의 처음 4글자 추출
> str_sub(text_vector, 1, 4)
[1] "Hell" "R Pr" "Data"
>
>
> # 각 문자열의 마지막 5글자 추출
> str_sub(text_vector, -5)
[1] "World" "mming" "ience"
>
>
> # 각 문자열의 2~5번째 글자 추출
> str_sub(text_vector, 2, 5)
[1] "ello" " Pro" "ata "
```

2.2 패턴 매칭 문자열 추출: str_subset(), str_extract()

stringr 패키지의 str_subset() 함수는 패턴이 존재하는 문자열을 추출하고 패턴이 존재하지 않는 경우 빈 문자형 벡터가 반환됩니다. 반면 str_extract() 함수는 패턴의 등장 횟수에 상관없이, 패턴이 하나라도 존재한다면 패턴을 벡터 형태로 반환하고 없으면 결측값(NA)을 반환합니다.

기본 구조

```
str_subset(string, pattern)
str_extract(string, pattern)

파라미터(parameter)
    - string: 검색할 문자열 또는 문자열 벡터
    - pattern: 추출할 패턴(정규 표현식 사용 가능)
```

예시

```
# 예제 문장 벡터 생성
sentences <- c(
    "The cat sat on the mat",
    "Dogs are friendly pets",
    "The weather is nice today",
    "I love programming",
    "The coffee is hot"
)

# str_subset() - 'the'를 포함하는 문자열 전체를 반환
str_subset(sentences, 'the')

# str_extract() - 'the' 패턴만 추출
str_extract(sentences, "the")

# 패턴이 존재하지 않는 경우
str_subset(sentences, 'xyz123')  # character(0) 반환
str_extract(sentences, 'xyz123')  # NA 반환
```

실행 결과

```
> # 예제 문장 벡터 생성
> sentences <- c(
+     "The cat sat on the mat",
+     "Dogs are friendly pets",
+     "The weather is nice today",
+     "I love programming",
+     "The coffee is hot"
+ )
>
> # str_subset() - 'the'를 포함하는 문자열 전체를 반환
> str_subset(sentences, 'the')
[1] "The cat sat on the mat"    "The weather is nice today"
>
> # str_extract() - 'the' 패턴만 추출
> str_extract(sentences, "the")
[1] "the" NA     "the" NA     NA
>
> # 패턴이 존재하지 않는 경우
> str_subset(sentences, 'xyz123')   # character(0) 반환
character(0)
> str_extract(sentences, 'xyz123')  # NA 반환
[1] NA NA NA NA NA
```

3 패턴 매칭 함수

3.1 패턴 검색: str_detect()

stringr 패키지의 str_detect() 함수는 각 문자열에 대해 패턴이 존재하면 TRUE, 그렇지 않으면 FALSE를 반환합니다.

기본 구조

```
str_detect(string, pattern)

파라미터(parameter)
    - string: 대상 문자열 또는 문자열 벡터
    - pattern: 찾을 패턴
```

예시

```
# 예제 문장 벡터 생성
sentences <- c(
    "London is a beautiful city",
    "Paris is the city of love",
    "Tokyo is very modern",
    "New York never sleeps"
)

# 'on'이 포함된 경우 TRUE, 그렇지 않을 경우 FALSE를 반환
str_detect(sentences, pattern = 'on')
```

실행 결과

```
> # 예제 문장 벡터 생성
> sentences <- c(
+     "London is a beautiful city",
+     "Paris is the city of love",
+     "Tokyo is very modern",
+     "New York never sleeps"
+ )
>
> # 'on'이 포함된 경우 TRUE, 그렇지 않을 경우 FALSE를 반환
> str_detect(sentences, pattern = 'on')
[1]  TRUE FALSE FALSE FALSE
```

R

3.2 패턴 시작 확인: str_starts()

stringr 패키지의 str_starts() 함수는 주어진 데이터들에서 가장 앞에 나오는 문자 또는 패턴(정규 표현식)이 있는지 검사해서 TRUE/FALSE를 출력한다.

기본 구조

```
str_starts(string, pattern)

파라미터(parameter)
    - string: 대상 문자열 또는 문자열 벡터
    - pattern: 찾을 패턴
```

예시

```
# 예제 문장 벡터 생성
sentences <- c(
    "The cat sat on the mat",
    "A dog runs in the park",
    "The sun is shining bright",
    "Birds are singing"
)

# 문장 앞에 'The'가 포함된 경우 TRUE, 그렇지 않을 경우 FALSE를 반환
str_starts(sentences, 'The')

# 문장 앞에 'The'를 포함한 문자열만 추출
sentences[str_starts(sentences, 'The')]
```

실행 결과

```
> # 예제 문장 벡터 생성
> sentences <- c(
+     "The cat sat on the mat",
+     "A dog runs in the park",
+     "The sun is shining bright",
+     "Birds are singing"
+ )
>
> # 문장 앞에 'The'가 포함된 경우 TRUE, 그렇지 않을 경우 FALSE를 반환
> str_starts(sentences, 'The')
[1]  TRUE FALSE  TRUE FALSE
>
>
> # 문장 앞에 'The'를 포함한 문자열만 추출
> sentences[str_starts(sentences, 'The')]
[1] "The cat sat on the mat"    "The sun is shining bright"
```

3.3 패턴 매칭 위치 반환: str_which()

stringr 패키지의 str_which() 함수는 주어진 데이터들에서 특정 문자를 포함한 문자열의 인덱스를 반환합니다.

기본 구조

```
str_which(string, pattern)

파라미터(parameter)
    - string: 대상 문자열 또는 문자열 벡터
    - pattern: 찾을 패턴
```

예시

```
# 예제 문장 벡터 생성
sentences <- c(
      "Welcome to R",
      "Python is great",
      "Learning to code",
      "Data Science",
      "R programming"
)

# "to"를 포함하는 문자열의 인덱스를 반환
str_which(sentences, "to")
```

실행 결과

```
> # 예제 문장 벡터 생성
> sentences <- c(
+     "Welcome to R",
+     "Python is great",
+     "Learning to code",
+     "Data Science",
+     "R programming"
+ )
>
> # "to"를 포함하는 문자열의 인덱스를 반환
> str_which(sentences, "to")
[1] 1 3
```

3.4 패턴 발생 횟수: str_count()

str_count() 함수는 주어진 데이터에 포함된 패턴(부분 문자열)의 발생 횟수를 반환합니다.

기본 구조

```
str_count(string, pattern)

파라미터(parameter)
    - string: 대상 문자열 또는 문자열 벡터
    - pattern: 찾을 패턴
```

예시

```
# 예제 문장 벡터 생성
sentences <- c(
      "The cat sat on the mat",
      "The dog chased the cat",
      "I like the coffee in the morning",
      "Look at the stars",
      "Tell me the truth"
)

# 각 문장에서 "the"가 등장하는 횟수를 계산
str_count(sentences, "the")
```

실행 결과

```
> # 예제 문장 벡터 생성
> sentences <- c(
+     "The cat sat on the mat",
+     "The dog chased the cat",
+     "I like the coffee in the morning",
+     "Look at the stars",
+     "Tell me the truth"
+ )
>
> # 각 문장에서 "the"가 등장하는 횟수를 계산
> str_count(sentences, "the")
[1] 1 1 2 1 1
```

4 문자열 변환 함수

4.1 대소문자 변환: str_to_lower(), str_to_upper()

stringr 패키지의 str_to_lower()와 str_to_upper() 함수는 각각 대문자를 소문자로, 소문자를 대문자로 바꿔주는 함수입니다.

예시

```
# 예제 문장 벡터 생성
sentences <- c(
    "The cat sat on the mat",
    "The dog chased the cat",
    "I like the coffee in the morning"
)

# 대문자를 소문자로 변환
str_to_lower(sentences)

# 소문자를 대문자로 변환
str_to_upper(sentences)
```

실행 결과

```
> # 예제 문장 벡터 생성
> sentences <- c(
+     "The cat sat on the mat",
+     "The dog chased the cat",
+     "I like the coffee in the morning"
+ )
>
>
> # 대문자를 소문자로 변환
> str_to_lower(sentences)
[1] "the cat sat on the mat"            "the dog chased the cat"
[3] "i like the coffee in the morning"
>
> # 소문자를 대문자로 변환
> str_to_upper(sentences)
[1] "THE CAT SAT ON THE MAT"            "THE DOG CHASED THE CAT"
[3] "I LIKE THE COFFEE IN THE MORNING"
```

4.2 문자열 치환: str_replace(), str_replace_all()

stringr 패키지의 str_replace()와 str_replace_all() 함수는 특정 문자를 다른 문자로 치환해 주는 함수입니다. str_replace()는 첫 번째 일치하는 패턴을, str_replace_all()은 모든 일치하는 패턴을 대체합니다.

기본 구조

```
str_replace(string, pattern, replacement)
str_replace_all(string, pattern, replacement)

파라미터(parameter)
  - string: 대상 문자열 또는 문자열 벡터
  - pattern: 찾을 패턴
  - replacement: 대체할 문자열
```

예시

```
# 예제 데이터 벡터 생성
fruit <- c("banana", "apple", "mango", "papaya")

# 첫 번째 일치하는 a를 n으로 대체
str_replace(fruit, pattern = 'a', replacement = 'n')

# 모든 일치하는 a를 n으로 대체
str_replace_all(fruit, pattern = 'a', replacement = 'n')
```

실행 결과

```
> # 예제 데이터 벡터 생성
> fruit <- c("banana", "apple", "mango", "papaya")
>
> # 첫번째 일치하는 a 를 n 으로 대체
> str_replace(fruit, pattern = 'a', replacement = 'n')
[1] "bnnana" "npple"  "mnngo"  "pnpaya"
>
> # 모든 일치하는 a를 n 으로 대체
> str_replace_all(fruit, pattern = 'a', replacement = 'n')
[1] "bnnnnn" "npple"  "mnngo"  "pnpnyn"
```

5 문자열 분할과 결합

5.1 문자열 분할: str_split()

stringr 패키지의 str_split() 함수는 문자열에 포함된 모든 패턴(pattern)을 기준으로 문자열을 나눠서 list() 객체 형태로 반환합니다.

기본 구조

```
str_split(string, pattern )
```

파라미터(parameter)
- string: 분할할 문자열
- pattern: 분할 기준이 되는 구분자

예시

```
# 공백을 기준으로 문자열을 반환
str_split("R is a programming language" , pattern = " ")
```

실행 결과

```
> # 공백을 기준으로 문자열을 반환
> str_split("R is a programming language" , pattern = " ")
[[1]]
[1] "R"           "is"          "a"           "programming" "language"
```

5.2 문자열 결합: str_c()

stringr 패키지의 str_c() 함수는 여러 개의 문자열을 하나의 문자열로 결합할 때 사용되며, 이때 각 문자열 사이에 특정 문자를 삽입하여 합칠 수 있습니다.

기본 구조

```
str_c( string1, string2, ..., sep = " ")
```

파라미터(parameter)
- string1, string2, ...: 결합할 문자열들
- sep: 각 문자열 사이에 삽입할 구분자(기본값은 "")

예시

```
#sep 인자를 사용하여 각 문자열 사이에 "*"를 삽입하여 문자열 결합
str_c( "Life", "is", "too", "short", "we", "need", "R" , sep = "*" )
```

실행 결과

```
> #sep 인자를 사용하여 각 문자열 사이에 "*"를 삽입하여 문자열 결합
> str_c( "Life", "is", "too", "short", "we", "need", "R" , sep = "*" )
[1] "Life*is*too*short*we*need*R"
```

6 문자열 반복

6.1 문자열 반복: str_dup()

stringr 패키지의 str_dup() 함수는 주어진 문자열을 주어진 횟수(times)만큼 반복해서 출력합니다.

기본 구조

```
str_dup(string, times)

파라미터(parameter)
    - string: 반복할 문자열
    - times: 반복할 횟수
```

예시

```
# 문자열 정의
text <- "Hello"

# "Hello"를 3번 반복한 문자열 생성
str_dup(text, 3)

# "R"을 5번 반복한 문자열 생성
str_dup("R", 5)
```

실행 결과

```
> # 문자열 정의
> text <- "Hello"
>
> # "Hello"를 3번 반복한 문자열 생성
> str_dup(text, 3)
[1] "HelloHelloHello"
>
> # "R"을 5번 반복한 문자열 생성
> str_dup("R", 5)
[1] "RRRRR"
```

6.2 변수를 삽입하여 새로운 문자열 생성: str_glue()

stringr 패키지의 str_glue() 함수는 중괄호({})를 통해 변수, 표현식, 함수 결과를 문자열에 쉽게 삽입하여 vector() 객체 형태로 반환합니다.

예시

```
# 기본 사용
name <- "홍길동"
age <- 25
str_glue("제 이름은 {name}이고, {age}살 입니다.")

# 수식 사용
x <- 10
str_glue("x의 제곱은 {x^2}입니다.")

# 함수 사용
current_time <- Sys.time()
str_glue("현재 시각은 {format(current_time, '%Y-%m-%d %H:%M:%S')}입니다.")
```

실행 결과

```
> # 기본사용
> name <- "홍길동"
> age <- 25
> str_glue("제 이름은 {name}이고, {age}살입니다.")
제 이름은 홍길동이고, 25살입니다.
>
> # 수식 사용
> x <- 10
> str_glue("x의 제곱은 {x^2}입니다.")
x의 제곱은 100입니다.
>
> # 함수 사용
> current_time <- Sys.time()
> str_glue("현재 시각은 {format(current_time, '%Y-%m-%d %H:%M:%S')}입니다.")
현재 시각은 2025-06-06 16:14:19입니다.
```

R 연습문제

01 "Hello, World!"에서 "World"를 "R"로 바꾸세요.

02 "apple,banana,cherry"를 쉼표로 분리하세요.

03 "HELLO world"를 모두 소문자로 바꾸세요.

04 "123-456-7890"에서 숫자만 추출하세요.

05 "data.csv"에서 확장자(.csv)를 제거하세요.

06 "abracadabra"에서 'a'의 개수를 세세요.

07 "R is awesome"의 길이를 구하세요.

08 "Hello"와 "World"를 공백으로 구분하여 결합하세요.

09 "Data Science"에서 "Science"의 위치를 찾으세요.

10 "python,java,r,sql"에서 모든 단어를 대문자로 바꾸세요.

Python

Python은 문자열 조작을 위한 다양한 내장 함수를 제공합니다. Python 문자열 함수의 주요 특징은 다음과 같습니다.

(1) 직관적인 함수 이름: split(), join(), replace() 등 이해하기 쉬운 이름을 사용합니다.
(2) 체이닝 지원: 함수를 연속해서 호출할 수 있어 효율적입니다.
(3) 정규 표현식 지원: re 모듈을 통해 복잡한 패턴 매칭과 문자열 조작이 가능합니다.
(4) 유니코드 지원: 다양한 언어의 문자를 자연스럽게 처리할 수 있습니다.

정규 표현식을 사용하기 위해서 re 모듈을 임포트합니다.

```
import re  # 정규표현식 사용 시 필요
```

1 문자열 추가 및 제거

1.1 문자열 길이: len()

len() 함수는 문자열에 포함된 모든 문자(공백 포함)의 개수를 반환합니다.

예시

```
print(len("Hello, World!"))
```

실행 결과

```
In [102]: print(len("Hello, World!"))
13
```

1.2 문자열 추가: rjust(), ljust(), center()

rjust(), ljust(), center() 함수들은 문자열을 지정된 길이로 만들기 위해 특정 문자를 채워 넣는 함수입니다. 문자열의 왼쪽, 오른쪽 또는 양쪽에 원하는 문자를 추가하여 문자열의 길이를 일정하게 맞출 수 있습니다.

기본 구조

```
string.rjust(width, fillchar):문자열 오른쪽 정렬, 왼쪽에 지정된 문자를 채움
string.ljust(width, fillchar): 문자열 왼쪽으로 정렬, 오른쪽에 지정된 문자를 채움
string.center(width, fillchar): 문자열 중앙에 정렬, 양쪽에 지정된 문자를 균등하게 채움

파라미터(parameter)
    - width: 문자열의 최종 길이
    - fillchar: 채울 문자(기본값은 공백)
```

예시

```
# 문자열 길이가 10이 될 수 있게 왼쪽에 'A'로 채움
print("hello".rjust(10, 'A'))

# 문자열 길이가 20이 될 수 있게 양쪽에 공백을 추가
print("welcome".center(20))
```

실행 결과

```
In [104]: # 문자열 길이가 10이 될 수 있게 왼쪽에 'A'로 채움
     ...: print("hello".rjust(10, 'A'))
AAAAAhello

In [105]: # 문자열 길이가 20이 될 수 있게 양쪽에 공백을 추가
     ...: print("welcome".center(20))
      welcome
```

1.3 문자열 제거: replace()

replace() 함수는 문자열에서 특정 패턴을 다른 문자열로 교체하는 함수입니다. 교체할 문자열을 ''로 지정하면 특정 패턴을 제거할 수 있습니다.

기본 구조

```
string.replace(old, new, count)

파라미터(parameter)
    - old: 교체할 문자열
    - new: 새로운 문자열
    - count: 교체할 최대 횟수(기본값은 모두 교체)
```

예시

```
# 예제 문장 생성
sentences = [
    "The cat sat on the mat",
    "The dog chased the cat",
    "I like the coffee in the morning"
]

# 첫 번째로 나오는 'the'만 제거
print([s.replace('the', '', 1) for s in sentences])

# 모든 'the' 제거
print([s.replace('the', '') for s in sentences])
```

실행 결과

```
In [106]: # 예제 문장 생성
     ...: sentences = [
     ...:     "The cat sat on the mat",
     ...:     "The dog chased the cat",
     ...:     "I like the coffee in the morning"
     ...: ]

In [107]: # 첫 번째로 나오는 'the'만 제거
     ...: print([s.replace('the', '', 1) for s in sentences])
['The cat sat on  mat', 'The dog chased  cat', 'I like  coffee in the morning']

In [107]:

In [108]: # 모든 'the' 제거
     ...: print([s.replace('the', '') for s in sentences])
['The cat sat on  mat', 'The dog chased  cat', 'I like  coffee in  morning']
```

1.4 공백 제거: strip(), lstrip(), rstrip()

strip(), lstrip(), rstrip() 함수들은 각각 문자열의 양쪽, 왼쪽 그리고 오른쪽에서 공백 또는 원하는 문자들을 제거할 수 있습니다. 입력파라미터에 아무것도 지정하지 않으면 모든 공백을 제거합니다.

기본 구조

```
string.strip(chars): 양쪽(좌 · 우) 공백/문자 제거
string.lstrip(chars): 왼쪽 공백/문자 제거
string.rstrip(chars): 오른쪽 공백/문자 제거

파라미터(parameter)
    - chars: 제거할 문자들 (기본값은 모든 공백)
```

예시

```
# 공백이 포함된 예제 데이터
text = ["  Hello  ", "  Python   ", "  Programming "]

# 양쪽 공백 제거
print([t.strip() for t in text])

# 왼쪽 공백 제거
print([t.lstrip() for t in text])

# 오른쪽 공백 제거
print([t.rstrip() for t in text])
```

실행 결과

```
In [108]: # 모든 'the' 제거
     ...: print([s.replace('the', '') for s in sentences])
['The cat sat on  mat', 'The dog chased  cat', 'I like  coffee in  morning']

In [108]:

In [109]: # 공백이 포함된 예제 데이터
     ...: text = ["  Hello  ", "  Python   ", "  Programming "]

In [110]: # 양쪽 공백 제거
     ...: print([t.strip() for t in text])
['Hello', 'Python', 'Programming']

In [111]: # 왼쪽 공백 제거
     ...: print([t.lstrip() for t in text])
['Hello  ', 'Python   ', 'Programming ']

In [112]: # 오른쪽 공백 제거
     ...: print([t.rstrip() for t in text])
['  Hello', '  Python', '  Programming']
```

2 문자열 추출

2.1 부분 문자열 추출: 슬라이싱

Python에서는 슬라이싱을 사용하여 문자열의 일부분을 추출할 수 있습니다.

기본 구조

```
string[start:end:step]

파라미터(parameter)
    - start: 시작 인덱스(기본값 0)
    - end: 끝 인덱스 (기본값 len(string))
    - step: 건너뛸 간격(기본값 1)
```

예시

```
# 문자열 벡터 생성
text_list = ["Hello World", "Python Programming", "Data Science"]

# 각 문자열의 처음 4글자 추출
print([text[:4] for text in text_list])

# 각 문자열의 마지막 5글자 추출
print([text[-5:] for text in text_list])

# 각 문자열의 2~5번째 글자 추출
print([text[1:5] for text in text_list])
```

실행 결과

```
In [113]: # 문자열 벡터 생성
     ...: text_list = ["Hello World", "Python Programming", "Data Science"]

In [114]: # 각 문자열의 처음 4글자 추출
     ...: print([text[:4] for text in text_list])
['Hell', 'Pyth', 'Data']

In [115]: # 각 문자열의 마지막 5글자 추출
     ...: print([text[-5:] for text in text_list])
['World', 'mming', 'ience']

In [116]: # 각 문자열의 2~5번째 글자 추출
     ...: print([text[1:5] for text in text_list])
['ello', 'ytho', 'ata ']
```

2.2 패턴 매칭 문자열 추출: findall()

Python의 re.findall() 함수는 패턴이 존재하는 모든 문자열을 리스트로 반환합니다. re.search()는 첫 번째로 매칭되는 패턴을 찾습니다. 패턴을 입력할 때는 r을 붙여줘야 합니다.

기본 구조

```
re.findall(pattern, string)
re.search(pattern, string)
```

파라미터(parameter)
- pattern: 찾을 패턴(정규 표현식 사용 가능)
- string: 검색할 문자열

예시

```
# 예제 문장 리스트 생성
sentences = [
    "The cat sat on the mat",
    "Dogs are friendly pets",
    "The weather is nice today",
    "I love programming",
    "The coffee is hot"
]

# findall() - 'the'를 포함하는 모든 패턴 찾기
print([re.findall(r'the', sentence, re.IGNORECASE) for sentence in sentences])

# search() - 첫 번째 'the' 패턴 찾기
print([bool(re.search(r'the', sentence, re.IGNORECASE)) for sentence in sentences])
```

실행 결과

```
In [117]: # 예제 문장 리스트 생성
     ...: sentences = [
     ...:     "The cat sat on the mat",
     ...:     "Dogs are friendly pets",
     ...:     "The weather is nice today",
     ...:     "I love programming",
     ...:     "The coffee is hot"
     ...: ]

In [117]:

In [118]: # findall() - 'the'를 포함하는 모든 패턴 찾기
     ...: print([re.findall(r'the', sentence, re.IGNORECASE) for sentence in sentences])
[['The', 'the'], [], ['The', 'the'], [], ['The']]

In [119]: # search() - 첫 번째 'the' 패턴 찾기
     ...: print([bool(re.search(r'the', sentence, re.IGNORECASE)) for sentence in sentences])
[True, False, True, False, True]
```

3 패턴 매칭 함수

3.1 패턴 검색: re.search()

re.search() 함수는 문자열에서 패턴을 찾아 매치 객체를 반환합니다. 패턴을 입력할 때는 r을 붙여줘야 합니다.

기본 구조

```
re.search(pattern, string)

파라미터(parameter)
    - pattern: 찾을 패턴
    - string: 대상 문자열
```

예시

```
# 예제 문장 리스트 생성
sentences = [
    "London is a beautiful city",
    "Paris is the city of love",
    "Tokyo is very modern",
    "New York never sleeps"
]

# 'on'이 포함된 경우 True, 그렇지 않을 경우 False를 반환
print([bool(re.search(r'on', sentence)) for sentence in sentences])
```

실행 결과

```
In [120]: # 예제 문장 리스트 생성
     ...: sentences = [
     ...:     "London is a beautiful city",
     ...:     "Paris is the city of love",
     ...:     "Tokyo is very modern",
     ...:     "New York never sleeps"
     ...: ]

In [121]: # 'on'이 포함된 경우 True, 그렇지 않을 경우 False를 반환
     ...: print([bool(re.search(r'on', sentence)) for sentence in sentences])
[True, False, False, False]
```

3.2 패턴 시작 확인: startswith()

startswith() 함수는 문자열이 지정된 접두사로 시작하는지 확인합니다.

기본 구조

```
string.startswith(prefix, start, end)

파라미터(parameter)
    - prefix: 검사할 접두사
    - start: 검사 시작 위치(선택사항)
    - end: 검사 종료 위치(선택사항)
```

예시

```
# 예제 문장 리스트 생성
sentences = [
    "The cat sat on the mat",
    "A dog runs in the park",
    "The sun is shining bright",
    "Birds are singing"
]

# 문장 앞에 'The'가 있는지 확인
print([sentence.startswith('The') for sentence in sentences])

# 'The'로 시작하는 문장만 추출
print([s for s in sentences if s.startswith('The')])
```

실행 결과

```
In [122]: # 예제 문장 리스트 생성
     ...: sentences = [
     ...:     "The cat sat on the mat",
     ...:     "A dog runs in the park",
     ...:     "The sun is shining bright",
     ...:     "Birds are singing"
     ...: ]

In [122]:

In [123]:
     ...: # 문장 앞에 'The'가 있는지 확인
     ...: print([sentence.startswith('The') for sentence in sentences])
[True, False, True, False]

In [124]:
     ...: # 'The'로 시작하는 문장만 추출
     ...: print([s for s in sentences if s.startswith('The')])
['The cat sat on the mat', 'The sun is shining bright']
```

3.3 패턴 매칭 위치 반환: find()

find() 함수는 주어진 데이터들에서 특정 문자를 포함한 문자열의 인덱스를 반환합니다.

기본 구조

```
string.find(string, start, end)

파라미터(parameter)
    - string: 찾을 문자열
    - start: 검색 시작 위치(선택사항)
    - end: 검색 종료 위치(선택사항)
```

예시

```
# 예제 문장 리스트 생성
sentences = [
    "Welcome to Python",
    "Python is great",
    "Learning to code",
    "Data Science",
    "Python programming"
]

# "to"를 포함하는 문자열의 인덱스를 반환
print([s.find("to") for s in sentences])
```

실행 결과

```
In [124]:
    ...: # 'The'로 시작하는 문장만 추출
    ...: print([s for s in sentences if s.startswith('The')])
['The cat sat on the mat', 'The sun is shining bright']

In [125]: # 예제 문장 리스트 생성
    ...: sentences = [
    ...:     "Welcome to Python",
    ...:     "Python is great",
    ...:     "Learning to code",
    ...:     "Data Science",
    ...:     "Python programming"
    ...: ]

In [126]:
    ...: # "to"를 포함하는 문자열의 인덱스를 반환
    ...: print([s.find("to") for s in sentences])
[8, -1, 9, -1, -1]
```

Python

3.4 패턴 발생 횟수: count()

count() 함수는 주어진 데이터에 포함된 부분 문자열의 개수를 반환합니다.

기본 구조

```
string.count(sub, start, end)

파라미터(parameter)
  - sub: 찾을 문자열
  - start: 검색 시작 위치(선택사항)
  - end: 검색 종료 위치(선택사항)
```

예시

```
# 예제 문장 리스트 생성
sentences = [
    "The cat sat on the mat",
    "The dog chased the cat",
    "I like the coffee in the morning",
    "Look at the stars",
    "Tell me the truth"
]

# 각 문장에서 "the"가 등장하는 횟수를 계산
print([sentence.count("the") for sentence in sentences])
```

실행 결과

```
In [126]:
     ...: # "to"를 포함하는 문자열의 인덱스를 반환
     ...: print([s.find("to") for s in sentences])
[8, -1, 9, -1, -1]

In [127]: # 예제 문장 리스트 생성
     ...: sentences = [
     ...:     "The cat sat on the mat",
     ...:     "The dog chased the cat",
     ...:     "I like the coffee in the morning",
     ...:     "Look at the stars",
     ...:     "Tell me the truth"
     ...: ]

In [128]: # 각 문장에서 "the"가 등장하는 횟수를 계산
     ...: print([sentence.count("the") for sentence in sentences])
[1, 1, 2, 1, 1]
```

4 문자열 변환 함수

4.1 대소문자 변환: lower(), upper()

lower()와 upper() 함수는 각각 대문자를 소문자로, 소문자를 대문자로 바꿔주는 함수입니다.

기본 구조

```
string.lower(): 소문자로 변경
string.upper(): 대문자로 변경
```

예시

```
# 예제 문장 리스트 생성
sentences = [
    "The cat sat on the mat",
    "The dog chased the cat",
    "I like the coffee in the morning"
]

# 대문자를 소문자로 변환
print([s.lower() for s in sentences])

# 소문자를 대문자로 변환
print([s.upper() for s in sentences])
```

실행 결과

```
In [129]: # 예제 문장 리스트 생성
     ...: sentences = [
     ...:     "The cat sat on the mat",
     ...:     "The dog chased the cat",
     ...:     "I like the coffee in the morning"
     ...: ]

In [130]: # 대문자를 소문자로 변환
     ...: print([s.lower() for s in sentences])
['the cat sat on the mat', 'the dog chased the cat', 'i like the coffee in the morning']

In [131]: # 소문자를 대문자로 변환
     ...: print([s.upper() for s in sentences])
['THE CAT SAT ON THE MAT', 'THE DOG CHASED THE CAT', 'I LIKE THE COFFEE IN THE MORNING']
```

4.2 문자열 치환: replace()

replace() 함수는 특정 문자를 다른 문자로 치환해 주는 함수입니다. 세 번째 매개변수로 치환 횟수를 지정할 수 있습니다.

기본 구조

```
string.replace(old, new, count)

파라미터(parameter)
    - old: 교체할 문자열
    - new: 새로운 문자열
    - count: 교체할 최대 횟수(선택사항)
```

예시

```
# 예제 데이터 리스트 생성
fruit = ["banana", "apple", "mango", "papaya"]

# 첫 번째 일치하는 a를 n으로 대체
print([f.replace('a', 'n', 1) for f in fruit])

# 모든 일치하는 a를 n으로 대체
print([f.replace('a', 'n') for f in fruit])
```

실행 결과

```
In [132]: # 예제 데이터 리스트 생성
     ...: fruit = ["banana", "apple", "mango", "papaya"]

In [133]: # 첫번째 일치하는 a를 n으로 대체
     ...: print([f.replace('a', 'n', 1) for f in fruit])
['bnnana', 'npple', 'mnngo', 'pnpaya']

In [134]: # 모든 일치하는 a를 n으로 대체
     ...: print([f.replace('a', 'n') for f in fruit])
['bnnnnn', 'npple', 'mnngo', 'pnpnyn']
```

5 문자열 분할과 결합

5.1 문자열 분할: split()

split() 함수는 문자열을 지정된 구분자를 기준으로 분할하여 리스트로 반환합니다.

기본 구조

```
string.split(sep, maxsplit)

파라미터(parameter)
    - sep: 분할 기준이 되는 구분자(기본값은 공백)
    - maxsplit: 최대 분할 횟수(기본값 -1은 모두 분할)
```

예시

```
# 공백을 기준으로 문자열을 분할
print("Python is a programming language".split())

# 쉼표를 기준으로 문자열을 분할
print("apple,banana,cherry".split(","))
```

실행 결과

```
In [135]: # 공백을 기준으로 문자열을 분할
     ...: print("Python is a programming language".split())
['Python', 'is', 'a', 'programming', 'language']

In [136]: # 쉼표를 기준으로 문자열을 분할
     ...: print("apple,banana,cherry".split(","))
['apple', 'banana', 'cherry']
```

5.2 문자열 결합: join()

join() 함수는 여러 문자열을 하나로 결합할 때 사용되며, 각 문자열 사이에 구분자를 삽입할 수 있습니다.

기본 구조

```
separator.join(iterable)

파라미터(parameter)
    - separator: 각 문자열 사이에 삽입할 구분자
    - iterable: 결합할 문자열들의 이터러블(리스트 등)
```

예시

```
# 공백을 구분자로 사용하여 문자열 결합
print(" ".join(["Life", "is", "too", "short"]))

# 별표를 구분자로 사용하여 문자열 결합
print("*".join(["Life", "is", "too", "short"]))
```

실행 결과

```
In [137]: # 공백을 구분자로 사용하여 문자열 결합
     ...: print(" ".join(["Life", "is", "too", "short"]))
Life is too short

In [138]: # 별표를 구분자로 사용하여 문자열 결합
     ...: print("*".join(["Life", "is", "too", "short"]))
Life*is*too*short
```

6 문자열 포매팅: f-strings

f-strings는 중괄호({})를 통해 변수, 표현식, 함수 결과를 문자열에 쉽게 삽입할 수 있습니다.

예시

```
# 기본 사용
name = "홍길동"
age = 25
print(f"제 이름은 {name}이고, {age}살 입니다.")

# 수식 사용
x = 10
print(f"x의 제곱은 {x**2}입니다.")

# 함수 사용
from datetime import datetime
current_time = datetime.now()
print(f"현재 시각은 {current_time:%Y-%m-%d %H:%M:%S}입니다.")
```

실행 결과

```
In [139]: # 기본 사용
     ...: name = "홍길동"
     ...: age = 25
     ...: print(f"제 이름은 {name}이고, {age}살입니다.")
제 이름은 홍길동이고, 25살입니다.

In [140]: # 수식 사용
     ...: x = 10
     ...: print(f"x의 제곱은 {x**2}입니다.")
x의 제곱은 100입니다.

In [141]: # 함수 사용
     ...: from datetime import datetime
     ...: current_time = datetime.now()
     ...: print(f"현재 시각은 {current_time:%Y-%m-%d %H:%M:%S}입니다.")
현재 시각은 2025-06-06 16:30:35입니다.
```

Python 연습문제

01 "Hello, World!"에서 "World"를 "Python"으로 바꾸세요.

02 "apple,banana,cherry"를 쉼표로 분리하세요.

03 "HELLO world"를 모두 소문자로 바꾸세요.

04 "123-456-7890"에서 숫자만 추출하세요.

05 "data.csv"에서 확장자(.csv)를 제거하세요.

06 "abracadabra"에서 'a'의 개수를 세세요.

07 "Python is awesome"의 길이를 구하세요.

08 "Hello"와 "World"를 공백으로 구분하여 결합하세요.

09 "Data Science"에서 "Science"의 위치를 찾으세요.

10 "python,java,r,sql"에서 모든 단어를 대문자로 바꾸세요.

15장

시계열 데이터 조작

R

1. 시계열 데이터 생성: seq.Date()
2. 시계열 인덱싱
3. 시계열 결측치 다루기
4. 시계열 처리 유용한 함수

Python

1. 시계열 데이터 생성: pd.date_range()
2. 시계열 인덱싱
3. 시계열 결측치 다루기
4. 시계열 처리 유용한 함수

시계열 데이터는 시간에 따라 순차적으로 측정된 데이터를 의미합니다. 시계열 데이터를 분석하는 것은 주로 시간에 따른 패턴을 발견하거나 미래의 값을 예측하는 데 사용됩니다. 이러한 분석을 위해서는 시계열 데이터에 대한 전처리 및 분석 방법이 필요하며, 이는 일반적인 횡단면 데이터의 전처리 및 분석 방법과 차이가 있습니다.

시계열 데이터와 횡단면 데이터의 차이를 간단히 비교해 보면 다음과 같습니다.

(1) 횡단면 데이터(Cross-sectional data)

- 특정 시점에서 여러 개체에 대한 관측값을 의미합니다.
- 예를 들어, 2021년 기준으로 모든 주요 도시의 인구는 횡단면 데이터의 예입니다.
- 이러한 데이터는 시간의 흐름을 고려하지 않고 특정 시점에서의 상태를 분석하는 데 유용합니다.

(2) 시계열 데이터(Time-series data)

- 일정한 시간 간격으로 한 개체 또는 여러 개체의 관측값을 수집한 데이터를 의미합니다.
- 예를 들어, 10년 동안 매월 서울의 평균 기온은 시계열 데이터의 예입니다.
- 시계열 데이터는 시간에 따라 순차적으로 측정된 데이터로, 경제 지표, 주가, 기상 관측 등 다양한 분야에서 사용됩니다.

이러한 차이 때문에 시계열 데이터는 다음과 같은 주요 특징을 가지고 있습니다.

(1) 시간 순서: 데이터가 시간 순서대로 정렬되어 있습니다.
(2) 주기성: 일정한 주기로 반복되는 패턴을 가질 수 있습니다.
(3) 추세: 장기적인 증가 또는 감소 경향을 보일 수 있습니다.
(4) 계절성: 특정 계절이나 시기에 따라 반복되는 패턴을 가질 수 있습니다.

이러한 특징을 기반으로 이번 장에서는 시계열 데이터를 조작하는 방법에 대해 알아보겠습니다.

1 시계열 데이터 생성: seq.Date()

seq.Date() 함수는 특정 범위의 날짜와 시간 데이터를 손쉽게 생성할 수 있습니다. 이 함수는 시작 날짜와 종료 날짜, 혹은 시작 날짜와 기간을 지정하여 유연한 시계열 데이터를 생성힐 수 있도록 실계되있습니다.

기본 구조

```
seq.Date(from, to, length.out, by)

파라미터(parameter)
  - from: 시작 날짜
  - to: 종료 날짜
  - length.out: 생성할 날짜 개수
  - by: 날짜 간격

by 옵션
  - day: 일 단위
  - week: 주 단위
  - month: 월 단위
  - quarter: 분기 단위
  - year: 연 단위
```

참고사항

- 날짜 생성 시 "2023-01-01"과 같은 문자열 형식으로 지정해야 합니다.
- to를 사용하지 않고 length.out을 사용할 경우, 주기(by) 옵션을 함께 사용해야 합니다.

예시

```
# 2023년 1월 1일부터 1월 10일까지의 날짜 생성
dates <- seq.Date(from = as.Date("2023-01-01"),
                  to = as.Date("2023-01-10"),
                  by = "day")
print(dates)

# 2일 간격으로 5개의 날짜 생성
dates <- seq.Date(from = as.Date("2023-01-01"),
                  length.out = 5,
                  by = "2 days")
print(dates)

# 주 단위로 4개의 날짜 생성
dates <- seq.Date(from = as.Date("2023-01-01"),
                  length.out = 4,
                  by = "week")

print(dates)
```

실행 결과

```
> # 2023년 1월 1일부터 1월 10일까지의 날짜 생성
> dates <- seq.Date(from = as.Date("2023-01-01"),
+                   to = as.Date("2023-01-10"),
+                   by = "day")
> print(dates)
 [1] "2023-01-01" "2023-01-02" "2023-01-03" "2023-01-04" "2023-01-05" "2023-01-06" "2023-01-07"
 [8] "2023-01-08" "2023-01-09" "2023-01-10"
>
> # 2일 간격으로 5개의 날짜 생성
> dates <- seq.Date(from = as.Date("2023-01-01"),
+                   length.out = 5,
+                   by = "2 days")
> print(dates)
[1] "2023-01-01" "2023-01-03" "2023-01-05" "2023-01-07" "2023-01-09"
> # 주 단위로 4개의 날짜 생성
> dates <- seq.Date(from = as.Date("2023-01-01"),
+                   length.out = 4,
+                   by = "week")
>
> print(dates)
[1] "2023-01-01" "2023-01-08" "2023-01-15" "2023-01-22"
```

2 시계열 인덱싱

시계열 데이터를 다룰 때 날짜나 시간을 인덱스로 설정하여 데이터를 효율적으로 접근, 분석할 수 있습니다. xts 패키지를 사용하여 시계열 데이터 생성하여 효과적으로 다룰 수 있습니다. 이러한 패키지들은 시계열 데이터의 인덱싱과 조작을 위한 다양한 기능을 제공합니다.

R

데이터 준비

```
# 라이브러리 설치
install.packages('xts')

# 패키지 로드
library(xts)

# 2022-2023년 일별 부동산 데이터 생성
dates <- seq.Date(from = as.Date("2022-01-01"),
                  to = as.Date("2023-12-31"),
                  by = "day")
set.seed(42)  # 재현 가능한 결과를 위한 시드 설정

# 가상의 부동산 데이터 생성
df <- data.frame(
    price = rnorm(length(dates), 1000, 100),
    transactions = sample(1:10, length(dates), replace = TRUE),
    area = sample(c("강남", "서초", "송파", "마포", "성동"), length(dates), replace = TRUE),
    type = sample(c("아파트", "오피스텔", "단독주택"), length(dates), replace = TRUE)
)

# xts 객체 생성
xts_data <- xts(df, order.by = dates)
print(xts_data)
```

실행 결과

```
> # 패키지 로드
> library(xts)
>
> # 2022-2023년 일별 부동산 데이터 생성
> dates <- seq.Date(from = as.Date("2022-01-01"),
+                   to = as.Date("2023-12-31"),
+                   by = "day")
> set.seed(42)  # 재현 가능한 결과를 위한 시드 설정
>
> # 가상의 부동산 데이터 생성
> df <- data.frame(
+     price = rnorm(length(dates), 1000, 100),
+     transactions = sample(1:10, length(dates), replace = TRUE),
+     area = sample(c("강남", "서초", "송파", "마포", "성동"), length(dates), replace = TRUE),
+     type = sample(c("아파트", "오피스텔", "단독주택"), length(dates), replace = TRUE)
+ )
>
> # xts 객체 생성
> xts_data <- xts(df, order.by = dates)
> print(xts_data)
               price transactions area     type
2022-01-01 1137.0958           10 마포 오피스텔
2022-01-02  943.5302            8 강남 단독주택
2022-01-03 1036.3128            9 성동 오피스텔
2022-01-04 1063.2863            7 송파 오피스텔
2022-01-05 1040.4268            8 송파 아파트
2022-01-06  989.3875            4 강남 오피스텔
2022-01-07 1151.1522            5 성동 단독주택
2022-01-08  990.5341            1 성동 단독주택
2022-01-09 1201.8424            9 송파 오피스텔
2022-01-10  993.7286            9 강남 오피스텔
         ...
2023-12-22 1032.8640            1 송파 아파트
2023-12-23 1146.6511            3 송파 오피스텔
2023-12-24  964.3990            4 송파 아파트
2023-12-25 1026.1468            4 성동 아파트
2023-12-26 1033.3329            5 송파 아파트
2023-12-27 1142.2193            4 서초 오피스텔
2023-12-28 1066.3877            6 서초 오피스텔
2023-12-29  892.6345            7 서초 단독주택
2023-12-30  930.3098            2 마포 단독주택
2023-12-31  925.3870            8 서초 아파트
```

2.1 시계열 인덱싱

시계열 데이터는 xts 객체에서는 날짜를 기준으로 데이터를 쉽게 조회하거나 필터링 할 수 있습니다. 기존 데이터프레임 인덱싱 방법과 유사하며 연, 월 등 범위 조회가 가능하다는게 특징입니다.

기본 구조

data.frame["time_index"]: 특정 날짜의 데이터 접근
data.frame[c("time_index1", "time_index2")]: 여러 날짜 접근
data.frame["time_index1/time_index2"]: 특정 날짜 범위 접근
data.frame["/time_index2"]: 특정 날짜 이전 접근
data.frame["time_index1/"]: 특정 날짜 이후 접근

예시

```
# 단일 날짜의 데이터 접근
xts_data["2023-01-01"]

# 여러 날짜의 데이터 접근
xts_data[c("2023-01-03", "2023-01-05")]

# 특정 날짜 범위 접근
xts_data["2022-01-01/2022-01-05"]

# 특정 날짜 범위 이후 접근
xts_data["2023-03-26/"]

# 특정 연도 데이터 선택
xts_data["2023"]

# 특정 연도 범위 접근
xts_data["2022/2023"]

# 특정 월 범위 접근
xts_data["2023-01/2023-02"]
```

실행 결과

```
> print(xts_data["2023-01-01"])
               price transactions area      type
2023-01-01  975.6753            9 성동 오피스텔
>
>
> xts_data["2023-01-01"]
               price transactions area      type
2023-01-01  975.6753            9 성동 오피스텔
>
>
> # 단일 날짜의 데이터 접근
> xts_data["2023-01-01"]
               price transactions area      type
2023-01-01  975.6753            9 성동 오피스텔

> # 단일 날짜의 데이터 접근
> xts_data["2023-01-01"]
               price transactions area      type
2023-01-01  975.6753            9 성동 오피스텔
>
> # 여러 날짜의 데이터 접근
> xts_data[c("2023-01-03", "2023-01-05")]
               price transactions area      type
2023-01-03  861.4002            9 강남    아파트
2023-01-05 1034.9082            9 서초 오피스텔
>
> # 특정 날짜 범위 접근
> xts_data["2022-01-01/2022-01-05"]
               price transactions area      type
2022-01-01 1137.0958           10 마포 오피스텔
2022-01-02  943.5302            8 강남 단독주택
2022-01-03 1036.3128            9 성동 오피스텔
2022-01-04 1063.2863            7 송파 오피스텔
2022-01-05 1040.4268            8 송파    아파트
```

```
> # 특정 연도 데이터 선택
> xts_data["2023"]
               price transactions area     type
2023-01-01  975.6753            9 성동 오피스텔
2023-01-02 1189.2202            6 강남 오피스텔
2023-01-03  861.4002            9 강남 아파트
2023-01-04  958.5176            2 송파 오피스텔
2023-01-05 1034.9082            9 서초 오피스텔
2023-01-06 1162.8442            8 강남 오피스텔
2023-01-07 1008.8522            2 서초 아파트
2023-01-08 1123.9151           10 마포 오피스텔
2023-01-09  835.5444            7 송파 아파트
2023-01-10 1144.6357            8 강남 아파트
       ...
2023-12-22 1032.8640            1 송파 아파트
2023-12-23 1146.6511            3 송파 오피스텔
2023-12-24  964.3990            4 송파 아파트
2023-12-25 1026.1468            4 성동 아파트
2023-12-26 1033.3329            5 송파 아파트
2023-12-27 1142.2193            4 서초 오피스텔
2023-12-28 1066.3877            6 서초 오피스텔
2023-12-29  892.6345            7 서초 단독주택
2023-12-30  930.3098            2 마포 단독주택
2023-12-31  925.3870            8 서초 아파트

> # 특정 연도 범위 접근
> xts_data["2022/2023"]
               price transactions area     type
2022-01-01 1137.0958           10 마포 오피스텔
2022-01-02  943.5302            8 강남 단독주택
2022-01-03 1036.3128            9 성동 오피스텔
2022-01-04 1063.2863            7 송파 오피스텔
2022-01-05 1040.4268            8 송파 아파트
2022-01-06  989.3875            4 강남 오피스텔
2022-01-07 1151.1522            5 성동 단독주택
2022-01-08  990.5341            1 성동 단독주택
2022-01-09 1201.8424            9 송파 오피스텔
2022-01-10  993.7286            9 강남 오피스텔
       ...
2023-12-22 1032.8640            1 송파 아파트
2023-12-23 1146.6511            3 송파 오피스텔
2023-12-24  964.3990            4 송파 아파트
2023-12-25 1026.1468            4 성동 아파트
2023-12-26 1033.3329            5 송파 아파트
2023-12-27 1142.2193            4 서초 오피스텔
2023-12-28 1066.3877            6 서초 오피스텔
2023-12-29  892.6345            7 서초 단독주택
2023-12-30  930.3098            2 마포 단독주택
2023-12-31  925.3870            8 서초 아파트

> # 특정 월 범위 접근
> xts_data["2023-01/2023-02"]
               price transactions area     type
2023-01-01  975.6753            9 성동 오피스텔
2023-01-02 1189.2202            6 강남 오피스텔
2023-01-03  861.4002            9 강남   아파트
2023-01-04  958.5176            2 송파 오피스텔
2023-01-05 1034.9082            9 서초 오피스텔
2023-01-06 1162.8442            8 강남 오피스텔
2023-01-07 1008.8522            2 서초   아파트
2023-01-08 1123.9151           10 마포 오피스텔
2023-01-09  835.5444            7 송파   아파트
2023-01-10 1144.6357            8 강남   아파트
2023-01-11  930.9440            2 마포   아파트
2023-01-12  972.3569            2 마포 오피스텔
2023-01-13  889.0581            7 마포 단독주택
2023-01-14 1013.3869            4 송파 단독주택
2023-01-15 1178.5339            5 강남 오피스텔
2023-01-16 1242.2163            5 서초 오피스텔
2023-01-17  892.3171            1 서초 오피스텔
2023-01-18 1048.5941            4 마포   아파트
```

```
2023-01-19 1138.8522           7 성동 오피스텔
2023-01-20  980.4343           7 송파 오피스텔
2023-01-21  978.1825           5 송파   아파트
2023-01-22  969.5222           2 마포 단독주택
2023-01-23 1059.7833           4 송파 단독주택
2023-01-24 1139.7429           7 송파 오피스텔
2023-01-25 1068.7620           6 마포 단독주택
2023-01-26 1032.0188           2 송파 오피스텔
2023-01-27  969.8130           7 성동 단독주택
2023-01-28 1049.8349           7 서초 오피스텔
2023-01-29  945.0463          10 성동   아파트
```


2.2 날짜별 필터링

시계열 데이터의 연도(year), 월(month), 일(day), 요일(weekday) 등의 요인을 기준으로 데이터를 필터링할 수 있습니다. xts 패키지 내에서는 .indexwday(), .indexmday(), .indexmon(), .indexyear() 들은 함수를 사용하여 시계열 데이터를 필터링할 수 있습니다.

기본 구조

```
xts_data[.indexwday(xts_data) == 1]: 월요일 데이터 필터링

주요 인덱스 함수
  .indexwday(): 요일 (0-6, 일요일이 0)
  .indexmday(): 일
  .indexmon(): 월 (0-11)
  .indexyear(): 연도
  endpoints(): 특정 기간의 끝점 찾기()
```

예시

```
# 특정 월 데이터 필터링 (6,7,8월)
summer_data <- xts_data[.indexmon(xts_data) %in% c(5,6,7)]  # 0부터 시작하므로 5,6,7
print(head(summer_data))

# 특정 요일 데이터 필터링
monday_data <- xts_data[.indexwday(xts_data) == 1]              # 일요일이 0
weekend_data <- xts_data[.indexwday(xts_data) %in% c(0,6)]  # 주말 데이터

print(head(monday_data))
print(head(weekend_data))

# 월초 데이터 필터링
month_start <- xts_data[.indexmday(xts_data) == 1]
print(head(month_start))

# 월말 데이터 필터링
month_end <- xts_data[endpoints(xts_data, "months")]
print(head(month_end))
```

```
# 복합 조건 필터링 : 여름철(6-8월) 월요일 데이터
summer_mondays <- xts_data[.indexmon(xts_data) %in% c(5,6,7) &
                          .indexwday(xts_data) == 1]
print(head(summer_mondays))
```

실행 결과

```
> print(head(summer_data))
                price transactions area     type
2022-06-01  844.8455            3 강남 단독주택
2022-06-02 1116.7170            5 마포 오피스텔
2022-06-03  972.6354            5 마포 단독주택
2022-06-04  953.2155            8 서초   아파트
2022-06-05  876.1748            6 성동   아파트
2022-06-06  999.2238            5 서초   아파트
>
>
> # 특정 월 데이터 필터링 (6,7,8월)
> summer_data <- xts_data[.indexmon(xts_data) %in% c(5,6,7)]  # 0부터 시작하므로 5,6,7
> print(head(summer_data))
                price transactions area     type
2022-06-01  844.8455            3 강남 단독주택
2022-06-02 1116.7170            5 마포 오피스텔
2022-06-03  972.6354            5 마포 단독주택
2022-06-04  953.2155            8 서초   아파트
2022-06-05  876.1748            6 성동   아파트
2022-06-06  999.2238            5 서초   아파트
>
> # 특정 요일 데이터 필터링
> monday_data <- xts_data[.indexwday(xts_data) == 1]  # 일요일이 0
> weekend_data <- xts_data[.indexwday(xts_data) %in% c(0,6)]  # 주말 데이터
>
> print(head(monday_data))
                price transactions area     type
2022-01-03 1036.3128            9 성동 오피스텔
2022-01-10  993.7286            9 강남 오피스텔
2022-01-17  971.5747            3 서초 오피스텔
2022-01-24 1121.4675            4 송파 단독주택
2022-01-31 1045.5450           10 성동 단독주택
2022-02-07  914.9092            2 송파 단독주택
> print(head(weekend_data))
                price transactions area     type
2022-01-01 1137.0958           10 마포 오피스텔
2022-01-02  943.5302            8 강남 단독주택
2022-01-08  990.5341            1 성동 단독주택
2022-01-09 1201.8424            9 송파 오피스텔
2022-01-15  986.6679            1 마포 오피스텔
2022-01-16 1063.5950            6 마포   아파트
```

3 시계열 결측치 다루기

시계열 데이터의 결측치 처리 방법은 순차적 순서와 시간적 종속성을 고려하여 관측치 간의 시간 관련 패턴을 최대한 보존하는 방향으로 결측치를 다뤄야 하기 때문에 일반적인 결측치 처리하는 방법론과 차이가 있습니다. 그렇지 않을 경우에는 부정확한 결과를 초래할 수 있습니다. 따라서 시계열 데이터의 결측치 처리는 특별한 주의가 필요합니다.

데이터 준비

```
# 시계열 데이터 생성
dates <- seq(as.Date("2023-01-01"), by = "month", length.out = 15)
set.seed(42)
prices <- seq(1000, 2000, length.out = 15) + rnorm(15, 0, 10)

# 데이터프레임 생성
df_missing <- data.frame(
  date = dates,
  price = prices
)

# 의도적으로 결측치 생성 (약 20% 데이터를 NA로 설정)
missing_indices <- sample(1:nrow(df_missing), 6)
df_missing$price[missing_indices] <- NA
```

실행 결과

```
> # 월초 데이터 필터링
> month_start <- xts_data[.indexmday(xts_data) == 1]
> print(head(month_start))
               price transactions area     type
2022-01-01 1137.0958           10 마포 오피스텔
2022-02-01 1070.4837            3 서초 단독주택
2022-03-01 1028.4883            8 강남 오피스텔
2022-04-01 1139.2116            2 마포   아파트
2022-05-01  850.6375            8 강남 단독주택
2022-06-01  844.8455            3 강남 단독주택
>
> # 월말 데이터 필터링
> month_end <- xts_data[endpoints(xts_data, "months")]
> print(head(month_end))
               price transactions area     type
2022-01-31 1045.5450           10 성동 단독주택
2022-02-28  700.6910            7 서초   아파트
2022-03-31 1082.1773            9 강남 오피스텔
2022-04-30 1013.7256            5 성동 단독주택
2022-05-31  995.9302            5 서초 단독주택
2022-06-30 1015.1456            7 강남 단독주택
>
> # 복합 조건 필터링 : 여름철(6-8월) 월요일 데이터
> summer_mondays <- xts_data[.indexmon(xts_data) %in% c(5,6,7) &
+                            .indexwday(xts_data) == 1]
> print(head(summer_mondays))
               price transactions area     type
2022-06-06  999.2238            5 서초   아파트
2022-06-13  963.7262           10 강남 단독주택
2022-06-20  977.0222            1 강남 오피스텔
2022-06-27 1064.3009            9 서초   아파트
2022-07-04  972.0741           10 서초 오피스텔
2022-07-11  965.4912            7 강남   아파트
```

```
> # 시계열 데이터 생성
> dates <- seq(as.Date("2023-01-01"), by = "month", length.out = 15)
> set.seed(42)
> prices <- seq(1000, 2000, length.out = 15) + rnorm(15, 0, 10)
>
> # 데이터프레임 생성
> df_missing <- data.frame(
+     date = dates,
+     price = prices
+ )
>
> # 의도적으로 결측치 생성 (약 20% 데이터를 NA로 설정)
> missing_indices <- sample(1:nrow(df_missing), 6)
> df_missing$price[missing_indices] <- NA
> df_missing$price
 [1] 1013.710       NA       NA       NA 1289.757 1356.082 1443.687       NA 1591.613       NA
[11] 1727.334       NA 1843.254 1925.784 1998.667
```

3.1 전,후 방향 채우기: na.locf()

'zoo' 패키지의 na.locf() 함수에서 fromLast = FALSE 또는 fromLast = TRUE 옵션을 사용하면 결측치의 전후 데이터를 활용하여 대체할 수 있습니다. 이는 시계열 데이터의 연속성과 시간적 종속성을 유지하기 위한 가장 간단한 방법입니다.

기본 구조

na.locf(object, fromLast = FALSE, maxgap = Inf)

파라미터(parameter)

- object: 결측치가 포함된 데이터
- fromLast: FALSE면 전방향, TRUE면 후방향 채우기(기본값: FALSE)
- maxgap: 채울 수 있는 연속된 NA의 최대 개수(기본값: Inf)

예시

```
# 패키지 로드
library(zoo)

# 전방향 채우기
na.locf(df_missing$price, fromLast = FALSE)

# 후방향 채우기
na.locf(df_missing$price, fromLast = TRUE)

# 전방향 채우기 2개로 제한
na.locf(df_missing$price, fromLast = FALSE, maxgap = 2)
```

실행 결과

```
> # 패키지 로드
> library(zoo)
>
> # 전방향 채우기
> na.locf(df_missing$price, fromLast = FALSE)
 [1] 1013.710 1013.710 1013.710 1013.710 1289.757 1356.082 1443.687 1443.687 1591.613 1591.613
[11] 1727.334 1727.334 1843.254 1925.784 1998.667
>
> # 후방향 채우기
> na.locf(df_missing$price, fromLast = TRUE)
 [1] 1013.710 1289.757 1289.757 1289.757 1289.757 1356.082 1443.687 1591.613 1591.613 1727.334
[11] 1727.334 1843.254 1843.254 1925.784 1998.667
>
> # 전방향 채우기 2개로 제한
> na.locf(df_missing$price, fromLast = FALSE, maxgap = 2)
 [1] 1013.710       NA       NA       NA 1289.757 1356.082 1443.687 1443.687 1591.613 1591.613
[11] 1727.334 1727.334 1843.254 1925.784 1998.667
```

3.2 보간법을 이용한 처리: na.approx(), na.spline()

시계열 보간법은 시계열 데이터의 연속성을 고려하여 결측치를 채우는 방법으로, 데이터 간의 시간적 패턴과 종속성을 최대한 보존하며 결측치를 처리하는 데 활용됩니다. na.approx()와 na.spline() 함수를 통해 결측치를 처리할 수 있습니다.

기본 구조

na.approx(x, method = "linear", maxgap = Inf, rule = 1): 선형 보간
na.spline(x, method = "fmm", maxgap = Inf, rule = 1): 스플라인 보간

파라미터(parameter)
- x: 결측치를 포함한 시계열 데이터
- maxgap: 보간할 최대 결측치 개수
- rule: 데이터 범위 밖의 값 처리 방법(1: 범위 밖 NA, 2: 선형 외삽)

예시

```
# 선형 보간
na.approx(df_missing$price)

# 스플라인 보간
na.spline(df_missing$price)

# 보간 개수 2개로 제한
na.approx(df_missing$price, maxgap = 2)

# 전방향 선형 보간
na.approx(df_missing$price, rule = 2)

# 후방향 선형 보간
na.approx(df_missing$price, rule = 1)
```

실행 결과

```
> # 선형 보간
> na.approx(df_missing$price)
 [1] 1013.710 1082.721 1151.733 1220.745 1289.757 1356.082 1443.687 1517.650 1591.613 1659.474
[11] 1727.334 1785.294 1843.254 1925.784 1998.667
>
> # 스플라인 보간
> na.spline(df_missing$price)
 [1] 1013.710 1108.149 1178.186 1234.996 1289.757 1356.082 1443.687 1521.700 1591.613 1662.446
[11] 1727.334 1781.358 1843.254 1925.784 1998.667
>
> # 보간 개수 2개로 제한
> na.approx(df_missing$price, maxgap = 2)
 [1] 1013.710       NA       NA       NA 1289.757 1356.082 1443.687 1517.650 1591.613 1659.474
[11] 1727.334 1785.294 1843.254 1925.784 1998.667
>
> # 전방향 선형 보간
> na.approx(df_missing$price, rule = 2)
 [1] 1013.710 1082.721 1151.733 1220.745 1289.757 1356.082 1443.687 1517.650 1591.613 1659.474
[11] 1727.334 1785.294 1843.254 1925.784 1998.667
>
> # 후방향 선형 보간
> na.approx(df_missing$price, rule = 1)
 [1] 1013.710 1082.721 1151.733 1220.745 1289.757 1356.082 1443.687 1517.650 1591.613 1659.474
[11] 1727.334 1785.294 1843.254 1925.784 1998.667
```

4 시계열 처리 유용한 함수

R은 시계열 데이터를 효과적으로 처리하기 위한 다양한 유용한 함수를 제공합니다. 아래는 시차 변수 생성, 차분, 누적 연산, 그리고 롤링 윈도우 등 시계열 데이터 처리에 자주 사용되는 함수들입니다.

데이터 준비

```
# 일별 주식 데이터 생성 (2023년 데이터)
dates <- seq(as.Date("2023-01-01"), as.Date("2023-12-31"), by = "week")
set.seed(42)

df <- data.frame(
  date = dates,
  price = rnorm(length(dates), 1000, 50),  # 주가
  volume = sample(1000:5000, length(dates), replace = TRUE)  # 거래량
)

data_xts <- xts(df[, c("price", "volume")], order.by = df$date)

print(head(data_xts))
```

실행 결과

```
> # 일별 주식 데이터 생성 (2023년 데이터)
> dates <- seq(as.Date("2023-01-01"), as.Date("2023-12-31"), by = "week")
> set.seed(42)
>
> df <- data.frame(
+     date = dates,
+     price = rnorm(length(dates), 1000, 50),  # 주가
+     volume = sample(1000:5000, length(dates), replace = TRUE)  # 거래량
+ )
>
> data_xts <- xts(df[, c("price", "volume")], order.by = df$date)
> print(head(data_xts))
               price volume
2023-01-01 1068.5479   4431
2023-01-08  971.7651   3998
2023-01-15 1018.1564   3343
2023-01-22 1031.6431   1148
2023-01-29 1020.2134   4043
2023-02-05  994.6938   2592
```

4.1 시차 변수 생성: lag()

lag() 함수는 데이터를 특정 기간만큼 앞이나 뒤로 이동시켜 시차(lagged) 데이터를 생성할 때 사용합니다. 주가의 전일 대비 등락을 분석하거나 시계열 예측 모델을 만들 때 유용합니다.

기본 구조

```
lag(x, k = 1)

파라미터(parameter)
  - x: 시차를 적용할 벡터
  - k: 이동할 기간 수
```

예시

```
# 1주 전 가격
data_xts$one_week_prc <- lag(data_xts$price, k = 1)

# 4주 전 가격
data_xts$four_week_prc <- lag(data_xts$price, k = 4)

head(data_xts)
```

실행 결과

```
> # 1주 전 가격
> data_xts$one_week_prc <- lag(data_xts$price, k = 1)
>
> # 4주 전 가격
> data_xts$four_week_prc <- lag(data_xts$price, k = 4)
>
> head(data_xts)
               price volume one_week_prc four_week_prc
2023-01-01 1068.5479   4431           NA            NA
2023-01-08  971.7651   3998    1068.5479            NA
2023-01-15 1018.1564   3343     971.7651            NA
2023-01-22 1031.6431   1148    1018.1564            NA
2023-01-29 1020.2134   4043    1031.6431     1068.5479
2023-02-05  994.6938   2592    1020.2134      971.7651
```

4.2 시계열 차분: diff()

diff() 함수는 [(다음행 - 현재행)]을 계산하여 데이터의 변화량을 계산합니다. 이는 시계열 데이터의 추세를 제거하고 변동성 또는 성장률 등을 분석하는 데 유용합니다.

기본 구조

```
diff(x, lag = 1)
```

파라미터(parameter)

- x: 차분할 벡터
- lag: 차분할 기간

예시

```
# 1주 차분 (수익률 또는 변화량)
data_xts$diff_1w <- diff(data_xts$price, lag = 1)

# 4주 차분
data_xts$diff_4w <- diff(data_xts$price, lag = 4)

head(data_xts)
```

실행 결과

```
> # 1주 차분 (수익률 또는 변화량)
> data_xts$diff_1w <- diff(data_xts$price, lag = 1)
>
> # 4주 차분
> data_xts$diff_4w <- diff(data_xts$price, lag = 4)
> head(data_xts)
               price volume one_week_prc four_week_prc   diff_1w   diff_4w
2023-01-01 1068.5479   4431           NA            NA        NA        NA
2023-01-08  971.7651   3998    1068.5479            NA -96.78283        NA
2023-01-15 1018.1564   3343     971.7651            NA  46.39133        NA
2023-01-22 1031.6431   1148    1018.1564            NA  13.48671        NA
2023-01-29 1020.2134   4043    1031.6431     1068.5479 -11.42971 -48.33451
2023-02-05  994.6938   2592    1020.2134      971.7651 -25.51964  22.92868
```

4.3 롤링(rolling)

롤링 윈도우(Rolling Window) 또는 이동 윈도우(Moving Window)는 시계열 데이터를 분석할 때 매우 유용한 기법입니다. 이는 데이터의 특정 구간(window)을 기준으로 순차적으로 이동하면서 다양한 통계 계산을 수행하는 방법입니다.

zoo 패키지의 rollmean() 함수나 slider 패키지의 slide_dbl() 함수를 사용하여 이동 평균, 이동 표준편차, 이동 최댓값, 이동 최솟값, 이동 중앙값 등 다양한 통계량을 계산할 수 있습니다.

R

기본 구조

```
rollmean(data, k, fill = NA)

파라미터(parameter)
  - data: 계산할 벡터
  - k: 윈도우 크기
  - fill: NA를 채울 방법
```

```
slide_dbl(data, fun, .before)

파라미터(parameter)
  - data: 계산할 벡터
  - fun: 적용할 함수
  - .before: 윈도우 크기
```

예시

```
library(zoo)

# 3주 이동 평균
data_xts$ma_3w <- rollmean(data_xts$price, k = 3, fill = NA)

# 다양한 통계량 계산을 위한 라이브러리
library(slider)

# 3주 이동 표준편차 (slider 패키지)
data_xts$sd_3w <- slide_dbl(data_xts$price, sd, .before = 2)

# 3주 이동 최소값
data_xts$min_3w <- slide_dbl(data_xts$price, min, .before = 2)

# 3주 이동 중앙값
data_xts$median_3w <- slide_dbl(data_xts$price, median, .before = 2)

head(data_xts)
```

실행 결과

```
> # 3주 이동평균
> data_xts$ma_3w <- rollmean(data_xts$price, k = 3, fill = NA)
>
> # 다양한 통계량 계산을 위한 라이브러리
> library(slider)
>
> # 3주 이동 표준편차 (slider 패키지)
> data_xts$sd_3w <- slide_dbl(data_xts$price, sd, .before = 2)
>
> # 3주 이동 최소값
> data_xts$min_3w <- slide_dbl(data_xts$price, min, .before = 2)
>
> # 3주 이동 중앙값
> data_xts$median_3w <- slide_dbl(data_xts$price, median, .before = 2)
>
> head(data_xts)
               price volume    ma_3w     sd_3w    min_3w median_3w
2023-01-01 1068.5479   4431       NA        NA 1068.5479  1068.548
2023-01-08  971.7651   3998 1019.490 68.435796  971.7651  1020.157
2023-01-15 1018.1564   3343 1007.188 48.405191  971.7651  1018.156
2023-01-22 1031.6431   1148 1023.338 31.409729  971.7651  1018.156
2023-01-29 1020.2134   4043 1015.517  7.265913 1018.1564  1020.213
2023-02-05  994.6938   2592 1030.161 18.917124  994.6938  1020.213
```

4.4 누적합, 누적곱: cumsum(), cumprod()

누적 연산 함수들은 시계열 데이터를 순차적으로 처리하면서 이전 데이터들의 누적된 결과를 계산하는 함수입니다.

기본 구조

```
cumsum(x): 데이터의 누적 합계 계산
cumprod(x): 데이터의 누적 곱을 계산
```

예시

```
# 시계열 데이터 생성 (2023년 월별 매출 데이터)
dates <- seq(as.Date("2023-01-01"), as.Date("2023-12-31"), by = "month")
set.seed(42)

# 데이터프레임 생성
df <- data.frame(
  date = dates,
  sales = rnorm(length(dates), 1000, 100),
  growth_rate = rnorm(length(dates), 1.02, 0.01)
)

# 누적합
df$cum_sales <- cumsum(df$sales)

# 누적곱
df$cum_growth <- cumprod(df$growth_rate)

head(df)
```

실행 결과

```
> # 누적합
> df$cum_sales <- cumsum(df$sales)
>
> # 누적곱
> df$cum_growth <- cumprod(df$growth_rate)
>
>
> head(df)
        date     sales growth_rate cum_sales cum_growth
1 2023-01-01 1137.0958   1.0061114  1137.096   1.006111
2 2023-02-01  943.5302   1.0172121  2080.626   1.023429
3 2023-03-01 1036.3128   1.0186668  3116.939   1.042533
4 2023-04-01 1063.2863   1.0263595  4180.225   1.070013
5 2023-05-01 1040.4268   1.0171575  5220.652   1.088372
6 2023-06-01  989.3875   0.9934354  6210.040   1.081228
```

R 연습문제

해당 데이터셋을 사용하여 다음 문제를 해결하세요.

```
# 패키지 로드
library(dplyr)
library(xts)

# 시드 설정
set.seed(42)

# 2023년 일별 데이터 생성
dates <- seq(as.Date("2023-01-01"), as.Date("2023-12-31"), by="day")

# 데이터프레임 생성 (tibble 대신 기본 data.frame 사용)
df <- data.frame(
  close_price = rnorm(length(dates), 50000, 5000),
  volume = sample(10000:100000, length(dates), replace = TRUE)
)

# 트렌드 생성을 위한 누적합
df$close_price <- df$close_price + cumsum(rnorm(length(dates), 0, 100))

# 의도적으로 결측치 생성
missing_indices <- sample(1:nrow(df), 50)
df$close_price[missing_indices] <- NA

# xts 형태로 변환
df <- xts(df, order.by = dates)
```

01 데이터에서 6월부터 9월까지의 목요일 종가만 추출하세요.

02 데이터에서 매월 첫째 주 화요일 종가만 추출하세요.

03 데이터에서 4월부터 10월까지의 첫째 주 주말(토요일, 일요일) 데이터만 추출하세요.

04 데이터에서 2023년 7월 부터 9월까지의 누적 거래량을 산출하세요.

05 데이터에서 close_price의 결측치를 선형 보간법(linear interpolation)으로 채우고, 처리 전후의 결측치 수를 비교하세요.

06 데이터에서 1일 전, 5일 전 가격을 새로운 컬럼으로 추가하세요.

07 데이터에서 일간, 주간(7일), 월간(30일) 로그 수익률을 각각 계산하여 새로운 컬럼으로 추가하세요.

08 데이터에서 5일, 20일, 60일 이동 평균을 계산하여 새로운 컬럼으로 추가하세요.

09 데이터에서 결측일을 제거하고 단순 누적 수익률을 계산하세요.

10 데이터에서 결측일을 제거하고 log()와 diff()를 이용해 로그 누적 수익률을 계산하세요.

Python

1 시계열 데이터 생성: pd.date_range()

pandas의 date_range() 함수는 특정 범위의 날짜와 시간 데이터를 손쉽게 생성할 수 있습니다. 이 함수는 시작 날짜와 종료 날짜, 혹은 시작 날짜와 기간을 지정하여 유연한 시계열 데이터를 생성할 수 있도록 설계되었습니다.

기본 구조

```
pd.date_range(start, end, periods, freq='D')

파라미터(parameter)
  - start: 시작 날짜
  - end: 종료 날짜
  - periods: 생성할 날짜 개수
  - freq: 날짜 간격

freq 옵션
  - D: 일 단위(기본값)
  - B: 영업일 단위
  - W: 주 단위
  - M: 월 단위(월말 기준)
  - MS: 월 단위(월초 기준)
  - Q: 분기 단위
  - A: 연 단위
  - H: 시간 단위
  - T 또는 min: 분 단위
  - S: 초 단위
```

예시

```
import pandas as pd

# 2023년 1월 1일부터 1월 10일까지의 날짜 생성
date = pd.date_range(start='2023-01-01', end='2023-01-10')
print(date)
```

```
# 2023년 1월 1일부터 시작하여 10개의 날짜 생성
date = pd.date_range(start='2023-01-01', periods=5)
print(date)

# 2일 간격으로 5개의 날짜 생성
date = pd.date_range(start='2023-01-01', periods=5, freq='2D')
print(date)

# 주 단위로 4개의 날짜 생성
date = pd.date_range(start='2023-01-01', periods=4, freq='W')
print(date)
```

실행 결과

```
In [6]: # 2023년 1월 1일부터 1월 10일까지의 날짜 생성
   ...: date = pd.date_range(start='2023-01-01', end='2023-01-10')
   ...: print(date)
DatetimeIndex(['2023-01-01', '2023-01-02', '2023-01-03', '2023-01-04',
               '2023-01-05', '2023-01-06', '2023-01-07', '2023-01-08',
               '2023-01-09', '2023-01-10'],
              dtype='datetime64[ns]', freq='D')

In [7]: # 2023년 1월 1일부터 시작하여 10개의 날짜 생성
   ...: date = pd.date_range(start='2023-01-01', periods=5)
   ...: print(date)
DatetimeIndex(['2023-01-01', '2023-01-02', '2023-01-03', '2023-01-04',
               '2023-01-05'],
              dtype='datetime64[ns]', freq='D')

In [8]: # 2일 간격으로 5개의 날짜 생성
   ...: date = pd.date_range(start='2023-01-01', periods=5, freq='2D')
   ...: print(date)
DatetimeIndex(['2023-01-01', '2023-01-03', '2023-01-05', '2023-01-07',
               '2023-01-09'],
              dtype='datetime64[ns]', freq='2D')

In [9]: # 주 단위로 4개의 날짜 생성
   ...: date = pd.date_range(start='2023-01-01', periods=4, freq='W')
   ...: print(date)
DatetimeIndex(['2023-01-01', '2023-01-08', '2023-01-15', '2023-01-22'], dtype='datetime64[ns]', freq='W-SUN')
```

2 시계열 인덱싱

시계열 데이터를 다룰 때 날짜나 시간을 인덱스로 설정하여 데이터를 효율적으로 접근, 분석할 수 있습니다. 시계열 인덱스는 데이터의 시간 흐름을 나타내며, 데이터 필터링, 집계, 시각화와 같은 다양한 작업을 쉽게 수행할 수 있도록 돕습니다. 이를 통해 시계열 데이터를 활용한 분석의 유연성이 높아집니다

데이터 준비

```
# 2022-2023년 일별 부동산 데이터 생성
dates = pd.date_range(start='2022-01-01', end='2023-12-31')
np.random.seed(42)  # 재현 가능한 결과를 위한 시드 설정

# 가상의 부동산 데이터 생성
df = pd.DataFrame({
    'price': np.random.normal(1000, 100, len(dates)),  # 평균 1000만원, 표준편차 100의 가격
    'transactions': np.random.randint(1, 10, len(dates)),  # 일일 거래량
    'area': np.random.choice(['강남', '서초', '송파', '마포', '성동'], len(dates)),  # 지역
    'type': np.random.choice(['아파트', '오피스텔', '단독주택'], len(dates)),  # 부동산 유형
}, index=dates)
```

실행 결과

```
In [10]: # 2022-2023년 일별 부동산 데이터 생성
    ...: dates = pd.date_range(start='2022-01-01', end='2023-12-31')
    ...: np.random.seed(42)  # 재현 가능한 결과를 위한 시드 설정
    ...:
    ...: # 가상의 부동산 데이터 생성
    ...: df = pd.DataFrame({
    ...:     'price': np.random.normal(1000, 100, len(dates)),  # 평균 1000만원, 표준편차 100의 가격
    ...:     'transactions': np.random.randint(1, 10, len(dates)),  # 일일 거래량
    ...:     'area': np.random.choice(['강남', '서초', '송파', '마포', '성동'], len(dates)),  # 지역
    ...:     'type': np.random.choice(['아파트', '오피스텔', '단독주택'], len(dates)),  # 부동산 유형
    ...: }, index=dates)

In [11]: print(df)
                  price  transactions area  type
2022-01-01  1049.671415             6   마포   아파트
2022-01-02   986.173570             2   송파  단독주택
2022-01-03  1064.768854             5   마포  단독주택
2022-01-04  1152.302986             4   서초  단독주택
2022-01-05   976.584663             9   서초  단독주택
...                 ...           ...  ...   ...
2023-12-27   981.601666             7   송파  단독주택
2023-12-28  1001.843393             9   마포   아파트
2023-12-29  1034.758171             1   강남   아파트
2023-12-30   946.024032             7   마포  오피스텔
2023-12-31   922.169527             8   마포   아파트

[730 rows x 4 columns]
```

2.1 시계열 데이터 접근

시계열 데이터는 날짜를 기준으로 데이터를 조회하거나 필터링할 수 있습니다. 기존 데이터프레임 인덱싱 방법과 유사하며 연, 월 등 범위 조회가 가능하다는 것이 특징입니다.

기본 구조

```
DataFrame.loc['time_index']: 특정 날짜의 데이터 접근
DataFrame.loc[['time_index1', 'time_index2']]: 여러 날짜 접근
DataFrame.loc['time_index1':'time_index2']: 특정 날짜 범위 접근
```

예시

```
# 단일 날짜의 데이터 접근
df.loc['2023-01-01']

# 여러 날짜의 데이터 접근
df.loc['2023-01-03':'2023-01-05']

# 특정 날짜 범위 접근 :
df.loc['2022-01-01':'2022-01-05']

# 특정 날짜 범위 이후 접근
df.loc['2023-03-26':]

# 특정 연도 데이터 선택
df.loc['2023']

# 특정 연도 범위 접근
df.loc['2022':'2023']

# 특정 월 범위 접근
df.loc['2023-01':'2023-02']
```

실행 결과

```
In [13]: # 단일 날짜의 데이터 접근
    ...: df.loc['2023-01-01']
Out[13]:
price            959.877953
transactions              6
area                     성동
type                   오피스텔
Name: 2023-01-01 00:00:00, dtype: object

In [14]: # 여러 날짜의 데이터 접근
    ...: df.loc['2023-01-03':'2023-01-05']
Out[14]:
                  price  transactions area  type
2023-01-03  1001.259240             8   강남  단독주택
2023-01-04  1009.767610             6   마포  단독주택
2023-01-05   922.699022             3   송파  오피스텔

In [15]: # 특정 날짜 범위 접근 :
    ...: df.loc['2022-01-01':'2022-01-05']
Out[15]:
                  price  transactions area  type
2022-01-01  1049.671415             6   마포   아파트
2022-01-02   986.173570             2   송파  단독주택
2022-01-03  1064.768854             5   마포  단독주택
2022-01-04  1152.302986             4   서초  단독주택
2022-01-05   976.584663             9   서초  단독주택
```

```
In [16]: # 특정 날짜 범위 이후 접근
    ...: df.loc['2023-03-26':]
Out[16]:
                  price  transactions area   type
2023-03-26   894.078648             4   마포   단독주택
2023-03-27   993.732090             8   성동   단독주택
2023-03-28  1095.514232             2   강남   단독주택
2023-03-29   901.427395             1   강남    아파트
2023-03-30  1050.404652             3   마포   오피스텔
...                 ...           ...  ...    ...
2023-12-27   981.601666             7   송파   단독주택
2023-12-28  1001.843393             9   마포    아파트
2023-12-29  1034.758171             1   강남    아파트
2023-12-30   946.024032             7   마포   오피스텔
2023-12-31   922.169527             8   마포    아파트

[281 rows x 4 columns]
```

```
In [18]: # 특정 연도 데이터 선택
    ...: df.loc['2023']
Out[18]:
                  price  transactions area   type
2023-01-01   959.877953             6   성동   오피스텔
2023-01-02  1022.409248             9   송파   오피스텔
2023-01-03  1001.259240             8   강남   단독주택
2023-01-04  1009.767610             6   마포   단독주택
2023-01-05   922.699022             3   송파   오피스텔
...                 ...           ...  ...    ...
2023-12-27   981.601666             7   송파   단독주택
2023-12-28  1001.843393             9   마포    아파트
2023-12-29  1034.758171             1   강남    아파트
2023-12-30   946.024032             7   마포   오피스텔
2023-12-31   922.169527             8   마포    아파트

[365 rows x 4 columns]

In [19]: # 특정 연도 범위 접근
    ...: df.loc['2022':'2023']
Out[19]:
                  price  transactions area   type
2022-01-01  1049.671415             6   마포    아파트
2022-01-02   986.173570             2   송파   단독주택
2022-01-03  1064.768854             5   마포   단독주택
2022-01-04  1152.302986             4   서초   단독주택
2022-01-05   976.584663             9   서초   단독주택
...                 ...           ...  ...    ...
2023-12-27   981.601666             7   송파   단독주택
2023-12-28  1001.843393             9   마포    아파트
2023-12-29  1034.758171             1   강남    아파트
2023-12-30   946.024032             7   마포   오피스텔
2023-12-31   922.169527             8   마포    아파트

[730 rows x 4 columns]
```

```
In [20]: # 특정 월 범위 접근
    ...: df.loc['2023-01':'2023-02']
Out[20]:
                  price  transactions area  type
2023-01-01   959.877953             6   성동   오피스텔
2023-01-02  1022.409248             9   송파   오피스텔
2023-01-03  1001.259240             8   강남   단독주택
2023-01-04  1009.767610             6   마포   단독주택
2023-01-05   922.699022             3   송파   오피스텔
2023-01-06  1002.451017             8   서초   단독주택
2023-01-07  1049.799829             9   서초   오피스텔
2023-01-08  1145.114361             1   송파   오피스텔
2023-01-09  1095.927083             9   강남   단독주택
2023-01-10  1215.318246             6   서초    아파트
2023-01-11   923.265244             6   성동   단독주택
2023-01-12  1087.232064             4   송파    아파트
2023-01-13  1018.334201             1   송파   오피스텔
2023-01-14  1218.980293             8   서초   오피스텔
2023-01-15   919.170171             2   강남    아파트
2023-01-16   916.027816             1   성동   오피스텔
```

Python

2.2 날짜별 필터링

시계열 데이터의 연도(year), 월(month), 일(day), 요일(weekday) 등의 요인을 기준으로 데이터를 필터링할 수 있습니다. Pandas의 DatetimeIndex는 이러한 요인들을 속성으로 제공합니다. 이를 통해 월말, 월초, 주말, 월요일 등의 특정 조건을 만족하는 데이터를 쉽게 추출할 수 있습니다.

기본 구조

DataFrame[DataFrame.index.weekday == 1]: 월요일 데이터 필터링

주요 시계열 요인 속성
- year: 연도
- month: 월(1-12)
- day: 일
- weekday: 요일(0-6, 월요일이 0)
- quarter: 분기(1-4)
- week: 연중 몇 번째 주
- dayofyear: 연중 몇 번째 일
- is_month_start: 월의 시작일 여부
- is_month_end: 월의 마지막일 여부

예시

```
# 특정 월 데이터 필터링
summer_data = df[df.index.month.isin([6, 7, 8])]  # 6,7,8월 데이터
print(summer_data.head())
```

```
# 특정 요일 데이터 필터링
monday_data = df[df.index.weekday == 0]           # 월요일 데이터
weekend_data = df[df.index.weekday.isin([5, 6])]  # 주말 데이터

print(monday_data.head())
print(weekend_data.head())

# 월초 데이터 필터링
month_start = df[df.index.is_month_start]
print(month_start.head())

# 월말 데이터 필터링
month_end = df[df.index.is_month_end]
print(month_end.head())

# 복합 조건 필터링: 여름철(6-8월) 월요일(0) 데이터
summer_mondays = df[(df.index.month.isin([6, 7, 8])) & (df.index.weekday == 0)]
print(summer_mondays.head())
```

실행 결과

```
In [25]: # 특정 월 데이터 필터링
    ...: summer_data = df[df.index.month.isin([6, 7, 8])]  # 6,7,8월 데이터
    ...: print(summer_data.head())
                  price  transactions area  type
2022-06-01  1034.644821             8   서초   아파트
2022-06-02   931.997528             2   서초  단독주택
2022-06-03  1023.225370             4   강남  오피스텔
2022-06-04  1029.307247             2   서초  오피스텔
2022-06-05   928.564858             5   송파  오피스텔

In [26]: # 특정 요일 데이터 필터링
    ...: monday_data = df[df.index.weekday == 0]  # 월요일 데이터
    ...: weekend_data = df[df.index.weekday.isin([5, 6])]  # 주말 데이터
    ...:
    ...: print(monday_data.head())
    ...: print(weekend_data.head())
                  price  transactions area  type
2022-01-03  1064.768854             5   마포  단독주택
2022-01-10  1054.256004             9   마포  단독주택
2022-01-17   898.716888             6   성동  오피스텔
2022-01-24   857.525181             5   송파  단독주택
2022-01-31   939.829339             3   송파  단독주택
                  price  transactions area  type
2022-01-01  1049.671415             6   마포   아파트
2022-01-02   986.173570             2   송파  단독주택
2022-01-08  1076.743473             1   성동  단독주택
2022-01-09   953.052561             5   강남  오피스텔
2022-01-15   827.508217             5   강남   아파트
```

```
In [27]: # 월초 데이터 필터링
    ...: month_start = df[df.index.is_month_start]
    ...: print(month_start.head())
                  price  transactions area  type
2022-01-01  1049.671415             6   마포   아파트
2022-02-01  1185.227818             5   서초  단독주택
2022-03-01  1097.554513             8   강남   아파트
2022-04-01  1009.707755             9   성동   아파트
2022-05-01  1079.103195             7   성동  오피스텔

In [28]: # 월말 데이터 필터링
    ...: month_end = df[df.index.is_month_end]
    ...: print(month_end.head())
                  price  transactions area  type
2022-01-31   939.829339             3   송파  단독주택
2022-02-28  1033.126343             9   강남  단독주택
2022-03-31  1051.326743             8   마포  오피스텔
2022-04-30  1075.193303             8   강남   아파트
2022-05-31  1025.049285             3   송파   아파트

In [29]: # 복합 조건 필터링 : 여름철(6-8월) 월요일(0) 데이터
    ...: summer_mondays = df[(df.index.month.isin([6, 7, 8])) & (df.index.weekday == 0)]
    ...: print(summer_mondays.head())
                  price  transactions area  type
2022-06-06  1186.577451             9   서초   아파트
2022-06-13   917.931768             4   강남  단독주택
2022-06-20   911.048557             2   강남  단독주택
2022-06-27  1145.353408             6   마포  오피스텔
2022-07-04   977.653721             3   마포  오피스텔
```

2.3 시계열 리샘플링: resample()

resample()은 시계열 데이터를 특정 주기로 리샘플링하는 함수로, 데이터의 시간 간격을 조정하거나 요약 통계를 계산할 때 유용하게 사용됩니다. 예를 들어, 일별 데이터를 주별, 월별, 혹은 연별 데이터로 변환하거나, 시간 간격을 더 세분화할 수도 있습니다.

기본 구조

DataFrame.resample(rule)

파라미터(parameter)
- rule: 리샘플링 주기

리샘플링 주기(rule)
- 'D': 일별
- 'W': 주별
- 'ME': 월별
- 'QE': 분기별
- 'YE': 연별
- 'h': 시간별
- 'min': 분별
- 's': 초별

Python

예시

```
# 주별 평균값으로 리샘플링
weekly_mean = df.price.resample('W').mean()
print(weekly_mean.head())

# 월별 평균값으로 리샘플링
monthly_mean = df.price.resample('ME').mean()
print(monthly_mean.head())

# 월별 합계로 리샘플링
monthly_sum = df.price.resample('ME').sum()
print(monthly_sum.head())

# 분기별 중앙값으로 리샘플링
quarterly_median = df.price.resample('QE').median()
print(quarterly_median.head())

# 분기별 첫 번째 값으로 리샘플링
quarterly_first = df.price.resample('QE').first()
print(quarterly_first.head())

# 분기별 마지막 값으로 리샘플링
quarterly_last = df.price.resample('QE').last()
print(quarterly_last.head())
```

3 시계열 결측치 다루기

시계열 데이터의 결측치 처리 방법은 순차적 순서와 시간적 종속성을 고려하여 관측치 간의 시간 관련 패턴을 최대한 보존하는 방향으로 결측치를 다뤄야 하기 때문에 일반적인 결측치 처리하는 방법론과 차이가 있습니다. 그렇지 않을 경우에는 부정확한 결과를 초래할 수 있습니다. 따라서 시계열 데이터의 결측치 처리는 특별한 주의가 필요합니다.

데이터 준비

```
# 패키지 로드
import pandas as pd
import numpy as np

# 시계열 인덱스 생성
dates = pd.date_range(start='2023-01-01', periods=15, freq='ME')
```

```
# 가상의 가격 데이터 생성
np.random.seed(42)
prices = np.linspace(1000, 2000, 15) + np.random.normal(0, 10, 15)

# DataFrame 생성
df_missing = pd.DataFrame({'price': prices}, index=dates)

# 의도적으로 결측치 생성
missing_indices = np.random.choice(df_missing.index, size=6, replace=False)
df_missing.loc[missing_indices, 'price'] = np.nan

print(df_missing)
```

실행 결과

```
In [54]: # 라이브러리 로드
    ...: import pandas as pd
    ...: import numpy as np
    ...:
    ...: # 시계열 인덱스 생성
    ...: dates = pd.date_range(start='2023-01-01', periods=15, freq='ME')
    ...:
    ...: # 가상의 가격 데이터 생성
    ...: np.random.seed(42)
    ...: prices = np.linspace(1000, 2000, 15) + np.random.normal(0, 10, 15)
    ...:
    ...: # DataFrame 생성
    ...: df_missing = pd.DataFrame({'price': prices}, index=dates)
    ...:
    ...: # 의도적으로 결측치 생성
    ...: missing_indices = np.random.choice(df_missing.index, size=6, replace=False)
    ...: df_missing.loc[missing_indices, 'price'] = np.nan
    ...:
    ...: print(df_missing)
                  price
2023-01-31  1004.967142
2023-02-28          NaN
2023-03-31  1149.334028
2023-04-30  1229.516013
2023-05-31          NaN
2023-06-30          NaN
2023-07-31  1444.363557
2023-08-31  1507.674347
2023-09-30          NaN
2023-10-31  1648.282743
2023-11-30  1709.651537
2023-12-31  1781.056988
2024-01-31  1859.562480
2024-02-29          NaN
2024-03-31          NaN
```

3.1 전,후 방향 채우기: ffill(), bfill()

결측치가 있는 시계열 데이터를 전방 또는 후방의 값으로 채우는 가장 간단한 방법은 pandas의 ffill() 또는 bfill() 함수를 데이터프레임에서 직접 사용하는 것입니다. 이는 시간 순서와 연속성을 유지하면서 결측 데이터를 보완하는 데 유용합니다.

기본 구조

```
DataFrame.ffill(limit=None)
DataFrame.bfill(limit=None)
```

파라미터(parameter)

- limit: 결측치를 몇 개까지만 채울지 지정하는 정수

예시

```
# 전방향 채우기(forward fill)
df_missing['ffill'] = df_missing['price'].ffill()

# 후방향 채우기(backward fill)
df_missing['bfill'] = df_missing['price'].bfill()

# 전방향 채우기(최대 2개까지만)
df_missing['ffill_2'] = df_missing['price'].ffill(limit=2)

# 결과 출력
print(df_missing)
```

실행 결과

```
In [83]: # 전방향 채우기 (forward fill)
    ...: df_missing['ffill'] = df_missing['price'].ffill()
    ...:
    ...: # 후방향 채우기 (backward fill)
    ...: df_missing['bfill'] = df_missing['price'].bfill()
    ...:
    ...:
    ...: # 전방향 채우기 (최대 2개까지만)
    ...: df_missing['ffill_2'] = df_missing['price'].ffill(limit=2)
    ...:
    ...: # 결과 출력
    ...: print(df_missing)
                  price        ffill        bfill      ffill_2
2023-01-31  1004.967142  1004.967142  1004.967142  1004.967142
2023-02-28          NaN  1004.967142  1149.334028  1004.967142
2023-03-31  1149.334028  1149.334028  1149.334028  1149.334028
2023-04-30  1229.516013  1229.516013  1229.516013  1229.516013
2023-05-31          NaN  1229.516013  1444.363557  1229.516013
2023-06-30          NaN  1229.516013  1444.363557  1229.516013
2023-07-31  1444.363557  1444.363557  1444.363557  1444.363557
2023-08-31  1507.674347  1507.674347  1507.674347  1507.674347
2023-09-30          NaN  1507.674347  1648.282743  1507.674347
2023-10-31  1648.282743  1648.282743  1648.282743  1648.282743
2023-11-30  1709.651537  1709.651537  1709.651537  1709.651537
2023-12-31  1781.056988  1781.056988  1781.056988  1781.056988
2024-01-31  1859.562480  1859.562480  1859.562480  1859.562480
2024-02-29          NaN  1859.562480          NaN  1859.562480
2024-03-31          NaN  1859.562480          NaN  1859.562480
```

3.2 보간법을 이용한 처리: interpolate()

시계열 보간법은 시계열 데이터의 연속성을 고려하여 결측치를 채우는 방법으로, 데이

터 간의 시간적 패턴과 종속성을 최대한 보존하며 결측치를 처리하는 데 활용됩니다. interpolate() 함수는 다양한 보간 방법과 옵션을 통해 결측치를 처리할 수 있습니다.

기본 구조

```
DataFrame.interpolate(method='linear', limit=None, limit_direction=None, limit_area=None,
downcast=None)

파라미터(parameter)
  - method: 보간 방법(기본값: 'linear')
  - limit: 보간할 최대 결측치 개수
  - limit_direction: 보간할 방향(기본값: None)

method 옵션
  - 'linear': 선형 보간법을 사용하여 결측치를 채움
  - 'spline': 3차 스플라인 보간법을 사용하여 부드러운 곡선으로 결측치를 채움

limit_direction 옵션
  - 'forward': 앞쪽 방향으로 보간
  - 'backward': 뒤쪽 방향으로 보간
  - 'both': 양쪽 방향으로 보간
```

예시

```
# 모든 열 출력 설정
pd.set_option('display.max_columns', None)

# 선형 보간
df_missing['linear'] = df_missing['price'].interpolate(method='linear')

# 스플라인 보간 (3차)
df_missing['spline3'] = df_missing['price'].interpolate(method='spline', order=3)

# 보간 개수 2개 제한
df_missing['linear_limit2'] = df_missing['price'].interpolate(method='linear', limit=2)

# 보간 개수 2개 제한 + 앞쪽 방향
df_missing['linear_limit2_forward'] = df_missing['price'].interpolate(method='linear',
limit=2, limit_direction='forward')

# 보간 개수 2개 제한 + 뒤쪽 방향
df_missing['linear_limit2_backward'] = df_missing['price'].interpolate(method='linear',
limit=2, limit_direction='backward')

# 전체 결과 출력
print(df_missing)
```

Python

실행 결과

```
In [75]: # 선형 보간
    ...: df_missing['linear'] = df_missing['price'].interpolate(method='linear')
    ...:
    ...: # 스플라인 보간 (3차)
    ...: df_missing['spline3'] = df_missing['price'].interpolate(method='spline', order=3)
    ...:
    ...: # 보간 개수 2개 제한
    ...: df_missing['linear_limit2'] = df_missing['price'].interpolate(method='linear', limit=2)
    ...:
    ...: # 보간 개수 2개 제한 + 앞쪽 방향
    ...: df_missing['linear_limit2_forward'] = df_missing['price'].interpolate(method='linear', li
limit_direction='forward')
    ...:
    ...: # 보간 개수 2개 제한 + 뒤쪽 방향
    ...: df_missing['linear_limit2_backward'] = df_missing['price'].interpolate(method='linear', l
limit_direction='backward')
    ...:
    ...: # 전체 결과 출력
    ...: print(df_missing)
                  price       linear      spline3  linear_limit2  \
2023-01-31  1004.967142  1004.967142  1004.967142    1004.967142
2023-02-28          NaN  1077.150585  1068.492079    1077.150585
2023-03-31  1149.334028  1149.334028  1149.334028    1149.334028
2023-04-30  1229.516013  1229.516013  1229.516013    1229.516013
2023-05-31          NaN  1301.131861  1306.857923    1301.131861
2023-06-30          NaN  1372.747709  1376.083671    1372.747709
2023-07-31  1444.363557  1444.363557  1444.363557    1444.363557
2023-08-31  1507.674347  1507.674347  1507.674347    1507.674347
2023-09-30          NaN  1577.978545  1576.570172    1577.978545
2023-10-31  1648.282743  1648.282743  1648.282743    1648.282743
2023-11-30  1709.651537  1709.651537  1709.651537    1709.651537
2023-12-31  1781.056988  1781.056988  1781.056988    1781.056988
2024-01-31  1859.562480  1859.562480  1859.562480    1859.562480
2024-02-29          NaN  1859.562480  1949.196373    1859.562480
2024-03-31          NaN  1859.562480  2068.415192    1859.562480

            linear_limit2_forward  linear_limit2_backward
2023-01-31            1004.967142             1004.967142
2023-02-28            1077.150585             1077.150585
2023-03-31            1149.334028             1149.334028
2023-04-30            1229.516013             1229.516013
2023-05-31            1301.131861             1301.131861
2023-06-30            1372.747709             1372.747709
2023-07-31            1444.363557             1444.363557
2023-08-31            1507.674347             1507.674347
2023-09-30            1577.978545             1577.978545
2023-10-31            1648.282743             1648.282743
2023-11-30            1709.651537             1709.651537
2023-12-31            1781.056988             1781.056988
2024-01-31            1859.562480             1859.562480
2024-02-29            1859.562480                     NaN
2024-03-31            1859.562480                     NaN
```

4 시계열 처리 유용한 함수

Pandas는 시계열 데이터를 효과적으로 처리하기 위한 다양한 유용한 함수를 제공합니다. 아래는 시차 변수 생성, 차분, 누적 연산, 그리고 롤링 윈도우 등 시계열 데이터 처리에 자주 사용되는 함수들입니다.

데이터 준비

```
# 패키지 로드
import pandas as pd
import numpy as np

# 일별 주식 데이터 생성(2023년 데이터)
dates = pd.date_range(start='2023-01-01', end='2023-12-31', freq='W')
np.random.seed(42)

df = pd.DataFrame({
    'price': np.random.normal(1000, 50, len(dates)),  # 주가
    'volume': np.random.randint(1000, 5000, len(dates)),  # 거래량
}, index=dates)

print(df.head())
```

실행 결과

```
In [87]: # 일별 주식 데이터 생성 (2023년 데이터)
    ...: dates = pd.date_range(start='2023-01-01', end='2023-12-31', freq='W')
    ...: np.random.seed(42)
    ...:
    ...: df = pd.DataFrame({
    ...:     'price': np.random.normal(1000, 50, len(dates)),  # 주가
    ...:     'volume': np.random.randint(1000, 5000, len(dates)),  # 거래량
    ...: }, index=dates)
    ...:
    ...: print(df.head())
                  price  volume
2023-01-01  1024.835708    2495
2023-01-08   993.086785    4134
2023-01-15  1032.384427    2162
2023-01-22  1076.151493    2522
2023-01-29   988.292331    3640
```

4.1 시차 변수 생성: shift()

shift() 함수는 데이터를 특정 기간만큼 앞이나 뒤로 이동시켜 시차(lagged) 데이터를 생성할 때 사용합니다. 주가의 전일 대비 등락을 분석하거나 시계열 예측 모델을 만들 때 유용합니다.

기본 구조

```
DataFrame.shift(periods=1)

파라미터(parameter)
  - periods: 이동할 기간 수(양수: 과거 값으로 시프트, 음수: 미래 값으로 리드(lead))
```

예시

```
# 1주 전 가격
df['price_shift_1'] = df['price'].shift()

# 4주 전 가격
df['price_shift_4'] = df['price'].shift(periods=4)

# 전체 결과 출력
print(df.head())
```

실행 결과

```
In [90]: # 1주 전 가격
    ...: df['price_shift_1'] = df['price'].shift()
    ...:
    ...: # 4주 전 가격
    ...: df['price_shift_4'] = df['price'].shift(periods=4)
    ...:
    ...: # 전체 결과 출력
    ...: print(df.head())
                  price  volume  price_shift_1  price_shift_4
2023-01-01  1024.835708    2495            NaN            NaN
2023-01-08   993.086785    4134    1024.835708            NaN
2023-01-15  1032.384427    2162     993.086785            NaN
2023-01-22  1076.151493    2522    1032.384427            NaN
2023-01-29   988.292331    3640    1076.151493    1024.835708
```

4.2 시계열 차분: diff()

diff() 함수는 [(다음행 – 현재행)]을 계산하여 데이터의 변화량을 계산합니다. 이는 시계열 데이터의 추세를 제거하고 변동성 또는 성장률 등을 분석하는 데 유용합니다.

기본 구조

```
DataFrame.diff(periods=1)

파라미터(parameter)
  - periods: 차분할 기간 수(양수: 앞으로, 음수: 뒤로)
```

예시

```
# 1주 간 가격 변화량
df['diff_1w'] = df['price'].diff()

# 4주 간 가격 변화량
df['diff_4w'] = df['price'].diff(4)

# 전체 결과 출력
print(df.head())
```

실행 결과

```
In [93]: # 1주 간 가격 변화량
    ...: df['diff_1w'] = df['price'].diff()
    ...:
    ...: # 4주 간 가격 변화량
    ...: df['diff_4w'] = df['price'].diff(4)
    ...:
    ...: # 전체 결과 출력
    ...: print(df.head())
                  price  volume    diff_1w    diff_4w
2023-01-01  1024.835708    2495        NaN        NaN
2023-01-08   993.086785    4134 -31.748923        NaN
2023-01-15  1032.384427    2162  39.297642        NaN
2023-01-22  1076.151493    2522  43.767066        NaN
2023-01-29   988.292331    3640 -87.859162 -36.543376
```

4.3 변화율 연산 : pct_change()

pct_change() 함수는 [(다음행 - 현재행)÷현재행]을 계산하는 함수로써 변화율 연산 함수는 시계열 데이터의 변화율을 계산할 때 사용됩니다. 이는 성장률이나 수익률을 계산할 때 유용합니다.

기본 구조

```
DataFrame.pct_change(periods=1)

파라미터(parameter)
  - periods: 변화율 계산 기간(기본값: 1)
```

예시

```
# 1주 전 가격 대비 변화율
df['pct_change_1w'] = df['price'].pct_change()

# 4주 전 가격 대비 변화율
df['pct_change_4w'] = df['price'].pct_change(periods=4)

# 전체 결과 출력
print(df.head())
```

실행 결과

```
In [95]: # 1주 전 가격 대비 변화율
    ...: df['pct_change_1w'] = df['price'].pct_change()
    ...:
    ...: # 4주 전 가격 대비 변화율
    ...: df['pct_change_4w'] = df['price'].pct_change(periods=4)
    ...:
    ...: # 전체 결과 출력
    ...: print(df.head())
                  price  volume  pct_change_1w  pct_change_4w
2023-01-01  1024.835708    2495            NaN            NaN
2023-01-08   993.086785    4134      -0.030980            NaN
2023-01-15  1032.384427    2162       0.039571            NaN
2023-01-22  1076.151493    2522       0.042394            NaN
2023-01-29   988.292331    3640      -0.081642      -0.035658
```

4.4 롤링 윈도우(rolling window) : rolling()

롤링 윈도우(이동 평균 등)는 데이터의 특정 구간(window)을 기준으로 계산을 수행하는 방법입니다. rolling() 함수를 통해 이동 평균, 이동 표준편차, 이동 최댓값, 이동 최솟값, 이동 중앙값 등 다양한 통계량을 계산할 수 있습니다.

기본 구조

```
DataFrame.rolling(window).통계함수()

파라미터(parameter)
  - window: 계산에 사용할 구간 크기(예: 3일, 7일 등)
```

예시

```
# 3주 이동 평균
df['roll_mean_3w'] = df['price'].rolling(window=3).mean()

# 이동 표준편차
df['roll_std_3w'] = df['price'].rolling(window=3).std()

# 이동 최대값
df['roll_max_3w'] = df['price'].rolling(window=3).max()

# 이동 최소값
df['roll_min_3w'] = df['price'].rolling(window=3).min()

# 이동 중앙값
df['roll_median_3w'] = df['price'].rolling(window=3).median()

# 전체 출력 결과
print(df.head())
```

실행 결과

```
In [97]: # 3주 이동 평균
    ...: df['roll_mean_3w'] = df['price'].rolling(window=3).mean()
    ...:
    ...: # 이동 표준편차
    ...: df['roll_std_3w'] = df['price'].rolling(window=3).std()
    ...:
    ...: # 이동 최대값
    ...: df['roll_max_3w'] = df['price'].rolling(window=3).max()
    ...:
    ...: # 이동 최소값
    ...: df['roll_min_3w'] = df['price'].rolling(window=3).min()
    ...:
    ...: # 이동 중앙값
    ...: df['roll_median_3w'] = df['price'].rolling(window=3).median()
    ...:
    ...: # 전체 출력 결과
    ...: print(df.head())
```

```
              price  volume  pct_change_1w  pct_change_4w  roll_mean_3w  \
2023-01-01  1024.835708    2495            NaN            NaN           NaN
2023-01-08   993.086785    4134      -0.030980            NaN           NaN
2023-01-15  1032.384427    2162       0.039571            NaN   1016.768973
2023-01-22  1076.151493    2522       0.042394            NaN   1033.874235
2023-01-29   988.292331    3640      -0.081642      -0.035658   1032.276084

            roll_std_3w  roll_max_3w  roll_min_3w  roll_median_3w
2023-01-01          NaN          NaN          NaN             NaN
2023-01-08          NaN          NaN          NaN             NaN
2023-01-15    20.853784  1032.384427   993.086785     1024.835708
2023-01-22    41.552389  1076.151493   993.086785     1032.384427
2023-01-29    43.929681  1076.151493   988.292331     1032.384427
```

4.5 누적합, 누적곱: cumsum(), cumprod()

누적 연산 함수들은 시계열 데이터의 누적된 값을 계산할 때 사용됩니다.

기본 구조

```
DataFrame.cumsum(): 데이터의 누적 합계를 계산
DataFrame.cumprod(): 데이터의 누적 곱을 계산
```

예시

```
# 시계열 데이터 생성(2023년 월별 매출 데이터)
dates = pd.date_range(start='2023-01-01', end='2023-12-31', freq='ME')
np.random.seed(42)

# 데이터프레임 생성
df = pd.DataFrame({
    'sales': np.random.normal(1000, 100, len(dates)),           # 월별 매출
    'growth_rate': np.random.normal(1.02, 0.01, len(dates)),  # 월별 성장률
}, index=dates)

# 월별 매출의 누적합 계산
df['cumulative_sales'] = df['sales'].cumsum()

# 월별 성장률의 누적곱 계산(누적 성장률)
df['cumulative_growth'] = df['growth_rate'].cumprod()

# 전체 출력 결과
print(df.head())
```

실행 결과

```
In [99]: # 시계열 데이터 생성 (2023년 월별 매출 데이터)
    ...: dates = pd.date_range(start='2023-01-01', end='2023-12-31', freq='ME')
    ...: np.random.seed(42)
    ...:
    ...: # 데이터프레임 생성
    ...: df = pd.DataFrame({
    ...:     'sales': np.random.normal(1000, 100, len(dates)),  # 월별 매출
    ...:     'growth_rate': np.random.normal(1.02, 0.01, len(dates)),  # 월별 성장률
    ...: }, index=dates)
    ...:
    ...: # 월별 매출의 누적합 계산
    ...: df['cumulative_sales'] = df['sales'].cumsum()
    ...:
    ...: # 월별 성장률의 누적곱 계산 (누적 성장률)
    ...: df['cumulative_growth'] = df['growth_rate'].cumprod()
    ...:
    ...: # 전체 출력 결과
    ...: print(df.head())
                  sales  growth_rate  cumulative_sales  cumulative_growth
2023-01-31  1049.671415     1.022420       1049.671415           1.022420
2023-02-28   986.173570     1.000867       2035.844985           1.023306
2023-03-31  1064.768854     1.002751       3100.613839           1.026121
2023-04-30  1152.302986     1.014377       4252.916825           1.040874
2023-05-31   976.584663     1.009872       5229.501487           1.051149
```

Python 연습문제

해당 데이터셋을 사용하여 다음 문제를 해결하세요.

```
# 패키지 로드
import pandas as pd
import numpy as np

# 시드 설정
np.random.seed(42)

# 2022-2023년 일별 주식 데이터 생성
dates = pd.date_range(start='2023-01-01', end='2023-12-31')

# 주식 데이터프레임 생성
df = pd.DataFrame({
    'close_price': np.random.normal(50000, 5000, len(dates)),  # 종가
    'volume': np.random.randint(10000, 100000, len(dates)),    # 거래량
}, index=dates)

# 실제 주가처럼 보이도록 누적합을 이용해 가격 트렌드 생성
df['close_price'] = df['close_price'] + np.cumsum(np.random.normal(0, 100, len(dates)))

# 의도적으로 일부 결측치 생성
missing_indices = np.random.choice(df.index, size=50, replace=False)
df.loc[missing_indices, 'close_price'] = np.nan
```

01 데이터에서 6월부터 9월까지의 목요일 종가만 추출하세요.

02 데이터에서 매월 첫째 주 화요일 종가만 추출하시오.

03 데이터에서 4월부터 10월까지의 첫째 주 주말(토요일, 일요일) 데이터만 추출하세요.

04 데이터에서 2023년 7월 부터 9월까지의 누적 거래량을 산출하세요.

05 데이터에서 close_price의 결측치를 선형 보간법(linear interpolation)으로 채우고, 처리 전후의 결측치 수를 비교하세요.

06 데이터에서 1일 전, 5일 전 가격을 새로운 컬럼으로 추가하세요.

07 데이터에서 일간, 주간(7일), 월간(30일) 수익률을 각각 계산하여 새로운 컬럼으로 추가하세요.

08 데이터에서 5일, 20일, 60일 이동 평균을 계산하여 새로운 컬럼으로 추가하세요.

09 데이터에서 결측일을 제거하고 단순 누적 수익률을 계산하세요.

10 데이터에서 결측일을 제거하고 np.log()와 diff()를 이용해 로그 누적 수익률을 계산하세요.

R과 Python을 활용한 데이터분석

저 자 임상수·홍성주
발 행 인 김지영
발 행 처 자유아카데미
주 소 경기도 파주시 회동길 37-42
파주출판도시
전 화 031-955-1321
팩 스 031-955-1322
홈페이지 www.freeaca.com
전자우편 main@freeaca.com (대표)
editor@freeaca.com (편집)
crm@freeaca.com (영업)
등 록 제406-2003-017호, 1980. 7. 12
제1판1쇄 2025년 9월 10일 발행

저자와의
협의하에
인지생략

ISBN 979-11-5808-761-6 93000